KB009138

MEPHISTOPHELES
메피스토펠레스

The Devil in the Modern World
근 대 세 계 의 악 마

MEPHISTOPHELES

메피스토펠레스

The Devil in the Modern World

근대세계의 악마

제프리 버튼 러셀 지음, 김영범 옮김

르네상스

CONTENTS

차례

서문

여기 이 책과 이 시리즈의 앞선 책들을 저술하면서, 나는 유대교-기독교-이슬람교의 맥락에서 악마라는 관념을 추적해왔다. 악마라는 관념이 처음 시작되고 발전되었던 것이 바로 그러한 종교적인 전통을 통해서였기 때문이다. 악마라는 존재가 유일하게 선하고 전능하신 신이라는 개념과 대비되는 이러한 일원론적인 종교에서 이 문제가 가장 날카롭게 부각되기 때문에, 이러한 종교들이야말로 이 문제를 가장 정면으로 직시해왔다. 한편으로는 나 자신의 문화적 언어적 지식의 바탕이기도 하면서, 또 한편으로는 기독교와 기독교 문화에서 비롯된 철학적 전통들이 가장 분명하게 악의 문제를 형성하고 맞서왔기 때문에, 나는 특히 기독교에서 나타난 관념을 추적해왔다. 가능한 한 솔직하고 폭넓게 진리를 추구하려는 욕구 말고는 어떤 종파적 인식이나 정통성도 추종하거나 집착하지 않았다.

이 시리즈에서, 『데블(*The Devil*)』은 신약시대를 관통하는 초창기부터의 주제를 다루었고, 『사탄(*Satan*)』은 5세기까지 초기 기독교를 다루었으며, 『루시퍼(*Lucifer*)』는 중세를 다루었다. 그리고 이 책은 종교개혁부터 현재에 이르는 시기를 다룬다. 이 앞의 세 책은 악마의 개념에 대해 어느 정도 세부적인 사항까지도, 일치된 발전과정을 보여주었다면, 이 네 번째 책은 전통에서 갈라져나온 것을 보여준다. 이 책의 제목은 이러한 전통의 분열 과정을 반영한다. 메피스토펠레스라는 이름은 16세기에 파우스트의 전설에 나오는 악마와 같은 존재로부터 만들어진 것이기 때문이다. 결국 파우스트 전설은 괴테에 의해 만들어진 명백한 비기독교도인 파우스트의 비전통적 관점 속으로 서구문학을 이끌고 갔다.

종교개혁을 통해 프로테스탄트와 가톨릭 사이가 갈라지면서 분열의 과정이 시작되지만, 원래 프로테스탄티즘은 악마론에 관한 한 가톨릭의 전통을 따라왔기 때문에, 이 개념이 결정적으로 갈라지는 것은 17세기 말에야 겨우 가시화된다. 그 당시에, 마녀광란이 불신을 받게 되자 악마의 개념도 함께 불신을 받게 되었고, 18세기 계몽주의에 나타난 합리론적인 철학들은 기독교 전통의 인식론적인 토대를 침식해 들어갔고 더 나아가 악마론도 약화시켰다. 18세기 말에 이르러 대부분의 교육받은 사람들(기독교인들을 포함해서)은 악마의 개념을 폐기할 태세였다. 그러나 바로 그때, 낭만주의의 영향으로 강력하고 양의적인 상징으로서 악마가 되살아났다. 낭만주의 시대의 악마는 독재에 대항하는 고귀한 저항으로 인격화되거나 적어도 자유와 자기애(自己愛)라는 다소 모호한 전형의 역할을 하였다. 19세기 말에 이르러, 악마는 인간의 타락과 어리석음에 대한 냉소적인 은유로, 문학, 미술, 그리고 음악에서 상당히 대중적인 상징이 되었다. 20세기의 대량 학살과 전쟁은 근본적인 악에 대해 진지한 철학적 관심을 다시 불러일으켰고, 악마는 다시 한번 근대 신학이 다루는 진지한 주제가 된다.

역사에서 다루는 개념처럼 이렇게 미묘한 분야에서 번역은 뉘앙스와 핵심을 놓칠 수 있기 때문에, 극소수를 제외하고 내가 원어로 읽을 수 있는 저작들만을 논했다. 특별한 언급이 없는 한 여기 나온 번역은 내가 한 것이다. 나는 줄곧 악마의 이론을 지칭할 때 "디아볼로기(diabology)"라는 용어를 사용했다. 엄밀히 말하면, 이 용어는 "디아볼롤로기(diabolology)"(그리스어 diabolos+logos)가 되어야 하겠지만, 익숙하지도 않고 현학적이며, 발음하기도 너무 어려워서 내가 현대어로 바꾸었다.

지난 20년 동안 나는 이 주제를 탐구하고 숙고하면서 내 견해는 계속 발전해왔다. 알 수 없었던 것을 알게 되었고, 결국에 남는 것이라곤 알고자 하는 욕망뿐이었다. 왜냐하면 지혜가 지식보다 위대하고 지혜보다 더 위대한 것은 사랑이므로.

난 이 책을 쓰는 데 특히 도움을 준 분들에게 깊이 감사한다. 스튜어트 애트킨스, 카를 버크호트, 리처드 콤스톡, 카라 엔로스, 로버트 에릭슨, 알베르토 페레이로, 샐리 피츠제럴드, 에이브러햄 프리슨, 데

이비드 그리핀, 로버트 그리핀, 엘로이즈 헤이, 리처드 헬거슨, 월터 카우프먼, 핸리 앤스거, 제럴드 라르손, 레오나르드 마삭, 파멜라 모건, J.시어 매기, 마이클 오콘넬, 노먼 라비츠, 케릴 릭스, 디아나 러셀, 잭 미저드, 마이클 화이트크르. 나는 또한 연구위원회와 샌타바바라 캘리포니아 대학의 Interlibrary Loan Department에도 감사를 드린다.

제프리 버튼 러셀

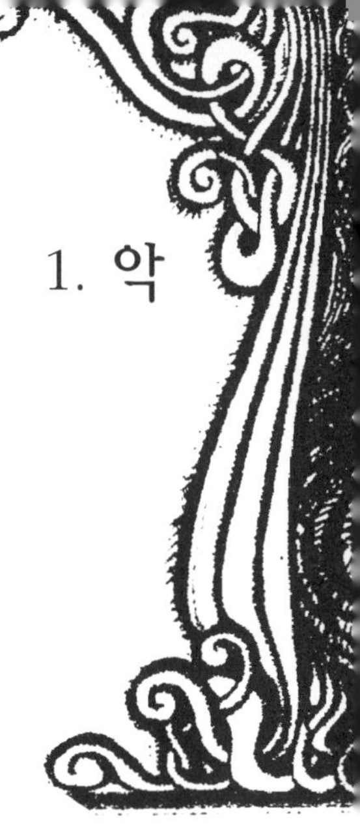

1. 악

기본적으로 악을 가장 잘 상징하는 것은 악마이다. 근본적인 악이 존재한다는 것은 최근에 유행하는 상대주의에 눈멀지 않은 사람들에게는 분명한 사실이다. 세계적인 차원에서 근본적인 악은 기꺼이 전 지구를 핵 위기에 몰아넣으면서 스스로를 표출한다. 지구상에 있는 모든 생명체들을 죽이는 데 필요한 양의 약 70배가량의 핵무기가 무기고에 채워져 있는데도, 우리들은 어느 개인에게도 어느 민족이나 이념에게도 이익을 주지 못하고 수백만의 사람들을 끔찍한 죽음으로 몰아넣을 수도 있는 전쟁 준비만을 완강하게 하고 있다. 하루하루 점점 더 위험한 길로 내려가도록 부추기는 것은 어떤 힘인가? 어떤 이익 때문에 이 지구를 핵으로 파괴하려 하는가? 처음부터 무한한 잔인성과 악의를 가진 세력만이 이 우주를 파괴하기를 원했다. 핵전쟁을 피하려면, 우리는 반드시 근본적인 악과 정면으로 맞서야 한다.

개인적인 차원에서 근본적인 악은 이해할 수 없는 잔인한 행동을 통해 스스로를 드러낸다. 우리가 악을 실재적으로 가장 가까이 접할 수 있는 것은 우리들 자신이나 다른 사람들 안에 존재하는 악을 직접 경험하는 것이다. 아마도 반(反)사회적인 이상성격자만이 이러한 직접적인 직관력이 부족할 것이다. 1984년, 11월 14일자 UPI는 다음과 같이 보도했다.

> 29세의 신시아 팔머와 그녀의 애인인 36세의 존 레인은 팔머 부인의 4세짜리 딸을 오븐 안에서 태워 죽인 사건에 대해 무죄를 주장했다. 체포 직전에 이웃들에게 자신들은 "루시퍼(Lucifer)를 요리" 하고 있었다고 진술한 그 두 사람은 앤드로스코긴 법정에 소환되었다. 그들은 10월 27일에 자신들의 임대 아파트에서 체포되었다. 안젤라 팔머는 뻣뻣하게 탄 채로 전기 오븐에서 발견되었고, 오븐의 문은 의자로 막아 채워져 있었다.

나는 지속적으로 악을 두 가지 범주로 정의해왔다. 첫 번째는 감정을 지닌 존재들이 느끼는 고통과 같은 수동적인 악이다. 고통이란 두려움, 불안, 공포, 고뇌, 우울 또는 절망 등이 아픔이나 위협 또는 아픔에 대한 기억과 동반되면서 의식적으로 느껴지는 것이다. 두 번째는 능동적인 악인데, 직접 나서서 감각을 지닌 존재가 다른 존재에게 고통을 가하도록 부추기는 것이다. 전통적으로, 악은 세 가지 범주로 나뉘어져 왔다. ① 형이상학적인 악, 창조된 세계에 내재하는 완전함의 결핍, ② 자연 발생적인 악, 암이나 태풍 같은 "자연의 행위"에서 기인하는 고통, ③ 도덕적인 악, 고의로 자진해서 고통을 가하는 것. 어떤 의미에서 세 가지 범주가 서로 중복되기도 하지만, 우리는 주로 도덕적인 악에 관심을 기울인다. 그 이유는 신이 존재한다면, 궁극적으로 자연 발생적인 악에 대한 책임은 신의 것이기 때문이다.

근본적인 악의 본성은 위에 제시된 예를 통해 나타난다. 오븐 안에서 당한 아이의 고통은 절대적이며 강렬한 고통이다. 이 지구와 생명체에 대한 사랑이 강하면 강할수록, 사랑을 왜곡하는 악에 대한 고뇌는 더 커진다. 악에 대해 민감하게 반응하는 것은 사랑으로부터 말미암은 것이다.

악마는 근본적인 악을 상징한다. 그러면 악마는 어떤 의미로 존재하는가?

이 질문의 핵심은 어떤 의미라는 것이다. 어떤 방향으로 악마라는 존재에 접근할 것인가를 우선 알아야 한다. 우리는 마치 유효한 세계관은 단 하나뿐이고, 사물을 바라보는 방법도 단 하나뿐이며, 진리에 도달하는 접근방식에는 단 하나만이 있는 것처럼, 어떤 것이 "실재"하거나 아니면 "실재하지 않는다"고 생각해왔기 때문에, 우리가 어떤 방식으로 알 수 있는가라는 문제에는 익숙하지 않은 듯하다. 지난 세기 동안에 자연과학에 지나치리만큼 권위를 부여해왔기 때문에, 대체로 우리는 진리에 도달하는 유일한 방법은 자연과학을 통하는 것이라고 별 거부감 없이 가정해버린다. 우리 사회에서, 이러한 전제는 너무나 폭넓게 뿌리내리고 있어서 "상식"으로 여겨진다. 그러나 철학자들이나 과학자들은 진리체계에도 여럿이 있듯이 실재에 도달하는 접근방식도 다양하다는 것을 알고 있다. 과학은 그러한 접근방법 가운데 하나일 뿐이다. 그리고 다른 여타의 접근방식과 마찬가지로 과학도 때때로 변화하고, 신념이라는 설명할 수 없는 전제를 기반으로 하는 인간 정신의 산물이다. 과학이 기반하고 있는 것을 과학적으로 증명할 수도 없고, "외재적이고 객관적인 세계가 인간 의식에 영향을 받지 않으면서 거기 바깥에 있다는 것을 증명할 수도 없다…… 물리학의 양적인 특성은 물리적 세계를 객관적으로 보증해주지 않는다…… 사물에 접근하는 주관적인 방법과 객관적인 방법 사이의 의미 있는 경계—실질적인 차이도—도 존재하지 않는다."[1)]

그렇다고 해서 인간의 경험에서 가장 인상적이고 극적인 체계를 구성해왔던 과학의 가치를 떨어뜨리려는 것은 결코 아니다. 그러나 과학도 자체적인 한계를 가지고 있으며, 그 한계를 넘어 마치 또 다른 은하계가 존재하는 것처럼 또 다른 지식체계가 존재하는 것이다. 이러한 체계들은 과학과 유사한 면이 없지는 않지만 상당히 다른 사유의 양태를 가지고 있다. 그 체계들 가운데는 역사, 신화, 시, 신학, 예술, 그리고 분석 심리학 등이 있다. 이렇게 다양한 진리체계들이 인간의 과거에도 있었고 앞으로도 계속해서 존재할 것이다. 다른 지적인 존재들에게는 어떤 사유구조가 존재할까라고 추측할 수 있을 뿐이다.

그러므로 어떤 진리체계에서는 진리였던 것이 다른 체계로는 설명되지 않을 수도 있다. 예술은 유황산의 구성물을 설명할 수 없고, 과학은 그리스의 항아리가 지닌 아름다움을 판단할 수 없다. 어떤 체계에서 "진리"였던 것이 다른 체계에서는 통하지 않을 수도 있으며, 어떤 체계에서 "실재"하는 것이 다른 데서는 "실재"하지 않을 수도 있다.

물론 그렇다고 해서 진리란 절대로 존재하지 않는다는 의미는 아니다. 유황산에 대한 어떠한 진술도 혹은 항아리의 아름다움에 대한 판단도 다른 것과 마찬가지라는 뜻은 아니다. 진리는 결코 단순하지 않으며, 진리를 그렇게 단순하게 만들려는 시도는 수포로 돌아갈 것이다. 그러나 적어도 이것이 "모든 것은 상대적이다"라는 단순한 견해에 적용되지는 않는다. 진리에 도달하기는 어렵다. 진리란 정적이기보다는 동적이며, 알려는 사람과 알려진 것 사이의 긴장관계 속에 존재한다. 우리는 결코 궁극적 진리를 온전히 이해할 수는 없지만, 우리 자신의 체험과 명쾌한 사고에 의해 그리고 범주들간의 혼란이 없다면 진리에 이르는 길 정도는 알 수 있다.

악마는 존재하는가? 이에 대한 답은 간단하지는 않지만 혼동되어서도 안 된다. “절대적으로”, “그 자체로” 인식될 수 있는 것은 없다. 이런 입장은 어떤 사태를 전체적으로 이해할 때 취해야 할 첫 번째 단계이다. 우리는 직접적이고도 절대적으로 알 수 있는 단 한 가지 사실이 있는데, 그것은 바로 “사유하는 존재가 있다”는 사실이다. 개별적인 실체로서 우리들 자신의 존재를 포함해서 여타의 모든 것은 사유를 통해서만 이해된다. 사람들은 느릅나무 한 그루를 지각하지만, 그 나무에 대한 사유, 즉 뇌를 통해 스며든 감각적인 인상에 의해 형성되고 그러면서 알고 있던 정신구조에 동화되는 사유가 없다면 느릅나무 자체에 대해 알지 못한다. 이런 과정을 통해 지각된 것이 나무 자체의 실재에 부합될 수 있다는 것을 그 어떤 것도 보증해주지 않는다. 이런 식으로 지각된 것이 (확실하지는 않아도) 어느 정도 실재적인 모습에 부합될 수도 있지만, 나무의 실재 모습은 너무나도 복잡하고 다면적이어서 사람들의 관념은 기껏해야 나무의 실재적인 모습에서 아주 작은 부분만을 포함할 수 있을 뿐이다.

물론, 우리는 살아가면서, 우리가 사유하는 관념들과 실재가 일치하는 듯이 생각한다. 그렇지 않았더라면, 우리들은 살아남지도 진화하지도 못했을 것이므로 이는 상당히 타당한 행위이다. 상대주의적인 사유가 우리에게 줄 수 있는 것은 거의 없다. 나무는 우주선이다라는 말보다 나무는 자라고 있는 식물이다라는 말이 더욱 그럴듯하다. 하지만, 이미 이 두 가지는 과학적인 범주이다. 느릅나무는 일정한 변종,

천사들 중의 한 명인 잔느 수녀를 꾀기 위한 계략을 꾸미고 있는 아스모데우스, 발람, 그리고 아스타르트. 펠릭스 라비스, 1975(브뤼셀, 이시 브라쇼 미술관).

형태, 크기를 가지고 있을 뿐만 아니라, 이 나무는 또한 "토템"이나 "아름다움의 상징" 또는 "존 스미스가 교수형에 처해진 나무"이기도 한데, 이러한 모든 것들은 과학 이외의 진리체계 내에서는 유효할 수도 있는 그 나무에 대한 진술들이라는 것이 훨씬 그럴듯하다. 만일 나무를 밤에 보았다거나, 아니면 태어날 때부터 장님인 경우 혹은 4만 킬로미터 상공의 여객기에서 나무를 보았다면, 그 나무가 얼마나 다르게 보였을지 상상해보라. 개나 딱따구리, 나무좀, 그리고 직녀성에 사는 사람들에게 나무는 얼마나 다르게 지각되는지 생각해보라. 굉장히 다른 감각들, 매우 다른 두뇌구조, 엄청나게 다른 정신구조, 이런 것들 때문에 나무라는 것을 매우 다르게 지각하게 되는 것이다.

이런 사실을 알게 되면, 모든 사유체계는 제한적이고 불확실하다는 것을 이해하게 된다. 진리는 어떤 하나의 체계로 요약되지는 않지만 다양한 진리체계를 통해 수렴되는 것이며, 우리가 도달할 수 있는 유일한 진리는 역동적인 탐구와 진리를 추구하려는 정신적인 의도 안에 존재한다. 나무는 일종의 식물이고, 우주의 아름다움을 나타내는 기호이며, 하나의 토템이고, 전신주에 사용되는 원료이면서 역사적인 기념물이 되기도 한다. 이런 진술들은 서로를 배제하지 않으면서도, 나무의 실재에 대해 다양하게 표현하는 데 유효하다.

따라서 악마가 존재하는지 그렇지 않은지에 대한 물음에 대한 대답이 단 하나뿐일 수는 없다. 오늘날 대부분의 사람들이 이러한 관념을 진부한 것으로 심지어는 "반증된" 것으로 간단하게 처리해버린다는 사실은, 과학과 연관되지 않은 물질을 통해 판단할 것을 강요받는 과학 자체의 혼란에서 초래된 것이다. 악마의 존재란 과학을 통해서는 의미 있게 접근할 수 없는 것인데, 그 이유는 정의상 과학은 물질을 탐구하는 데 제한되어 있어 영적인 것에 대해서는 아무 말도 할 수 없기 때문이다. 더 나아가 악에 대한 문제는 도덕적인 가치의 문제이고, 다시 말하지만 과학적 정의는 도덕적 가치를 담보할 수 없다. 결국, 도덕적 악은 원인과 결과의 문제라기보다는 자유로운 선택의 문제이고, 과학은 어떠한 원인도 가지고 있지 않은 자유의지에 따른 결정에 대해 제대로 탐구할 수 없다.

오늘날의 많은 사람들은 과학에 의해 탐구될 수 없는 문제는 어떤 방법으로도 탐구할 수 없다고 믿는 것 같다. 물질만이 유일한 실재이며, 과학이 탐구할 수 없다면 진정한 실재가 아니라는 확신 때문에, 사람들은 악마라는 관념을 의미 없는 것으로 치부해버린다. 이제 과학적인 의미에서 악마는 정말로 존재할 수 없다. 하지만, 악마는 신학적인 의미에서, 신화나 심리적인 의미에서 존재할 수 있고, 과학과 마찬가지로 이러한 접근방식도 진리를 추구할 수 있다.

이 책은 악마를 역사적으로 다룬다. 역사는 과거를 파헤쳐 얻은 자료로 우리 자신의 선입견을 공고히 하기보다는 낯선 사유의 양태에 우리 정신을 열어놓으려고 노력한다. 역사는 당대에 널리 퍼진 세계관이야말로 영원한 진리일 것이라는 이상한 가정을 거부한다. 하지만, 근대 사학자들은 자신들이 딜레마에 빠진 것을 알게 된다. 한편으로 역사가들은 유물론에 경도되었다. 다른 한편으로, 역사가들은 더욱 강력하게 상대주의에 경도되었는데, 그 상대주의는 역사가들로 하여금 유물론을 받아들이게 했다. 왜냐하면 유물론은 20세기 후반의 가장 일반적인 관점이었고, 대부분 새로 유행하는 방법론의 기초가 되었기 때문이다. 유물론은 "행위가 있는 곳"에 존재한다. 사적 유물론은 상당한 가치를 산출했지만 한계에 시달리기도 했는데, 그 첫 번째는 관념론에 대한 유물론의 우위를 전제할 만한 강력한 철학적 근거가 없다는 것이다.[2] 즉, 궁극적인 실재란 적어도 "물질"만큼이나 공고하게 존재할 만한 "관념"이다. 악마에 대해 고려할 때, 사적 유물론자들은 악마란 과학적으로 존재하지 않는다는 인식에서 시작해서 어느새 다음과 같은 가정들을 내려버린다. 악마는 역사적으로도 존재하지 않는다. 그러한 관념은 과학에 의해 이미 낡은 것으로 드러난 어리석은 생각이며, 본질적으로 연구의 대상도 될 수 없고, 그런 생각을 초래하는 "정신구조"—사적 유물론자들이 유일한 실재로 간주하는 물적 · 사회적 조건에 의해 형성되는—를 사람들이 이해하는 데 도움을 주기 위해 사용될 뿐이다.

이런 부류의 딜레마는 좀더 관념론적인 방법을 취하면 모면할 수 있다. 관념론적인 역사학자들은 자신들의 세계관과 동시대인들의 세계관이 과거와 마찬가지로 불확실하다는 것을 알고 있다. 그러므로 그들은 기꺼이 다른 문화권의 세계관으로부터 배우려고 하고, 관념들은 물적 조건에 영향을 받을 뿐만 아니라 영향을 주기도 하며, 관념 자체도 수명과 의미를 가지고 있는 그 자체로도 중요한 것이라고 믿는다. 악마라는 관념은 악의 본질을 이해하는 데 중요한 개념이고, 그것만으로도 진리를 지향한다. 역사적으로 악마는 악에 대한 진실을 추구하는 매우 오래되고 매우 영향력 있는 개념으로 존재한다.[3)]

진리를 추구할 때, 우리는 실체(사물 그 자체)가 아니라 현상, 실체로부터 인간이 만들어낸 개념을 통해 지식을 얻는다. 느릅나무의 본질 그 자체는 하나의 실체이므로 직접적으로 알 수 없는 것이다. 그 나무에 대한 관념은 하나의 현상이므로 알 수 있는 것이다. 현상이란 사람들의 정신이나 감각, 그리고 나무 그 자체 사이의 긴장관계에 의해 형성되므로 주관적이거나 상대적인 것만은 아니다. 현상은 개체적일 뿐만 아니라 집합적이기도 하다. 느릅나무라고 하는 집합적인 현상은 많은 사람들이 공유하는 느릅나무라고 하는 개념이 된다. 이러한 현상은 입증될 수도 있고, 이해될 수도 있으며, 설명될 수도 있다. 나무라는 현상은 개인들 사이에서 동일하게 받아들여지지 않으며, 나무가 가진 집합적인 현상도 집단이나 사회에서 동일하게 받아들여지지 않는다. 이러쿼이 사람이나 고대 가나안 사람들, 그리고 오리건의 벌목꾼들은 나무라는 현상을 다 제각기 다르게 받아들인다. "나무"와 같은 현상들은 가변적일 수 있지만, 그런 현상들이란 외적인 실재에서 기인하는 것이기 때문에, 인간이 만들어낸 구성물에서만 기인하는 현상에서 나타나는 가변성보다는 두드러지지 않는다. 인간이 만들었던 것, 그것들은 본질적으로 바뀔 수 있다. 예를 들어, "헌법(政體)"은 시간이 지나면서 본질적으로 바뀌어왔던 현상이다. "헌법"이 변화하는 것을 막는 것을 알려면 외형적인 실재를 관찰해서는 안 되고 전통을 관찰해야 한다. "헌법"이라는 것은 기존의 전통에 의해 결정된다. "나무"는 역사적으로뿐만 아니라 과학적으로도 정의될 수 있지만, "헌법"을 정의하는 유일하게 효과적인 방법은 전통을 기술함으로써 역사적으로 정의하는 것이다.

"악마"는 역사를 통해서 제대로 연구될 수 있는데, 역사는 악마에 대한 믿음을 신학적 가설로 머무르게 하지 않으며, 과학과 달리 현상에 관해 직접적으로 언급할 수 있다. 악마의 역사란 신학, 신화, 그리고 문학과 같은 악마를 이해하는 여타의 양태들을 포괄하고 있으므로, 이런 면에서, 다른 여타의 접근방식보다 우월하다. 그러므로 악마의 역사라는 관점에서 악마는 가장 제대로 정의될 수 있다.

"악마의 역사"는 가능하지도 않은 악마 자체의 역사를 의미하지 않고, 현상들의 역사, 악마라는 개념의 역사를 의미한다. 이 개념은 시대에 따라 변화한다. 악마는 근본적으로 다른 네 가지 양태를 가지고 있었다. ① 신에게서 독립된 원리, ② 신의 한 양상, ③ 창조된 존재, 타락한 천사, ④ 인간이 지닌 악의 상징. 서로 다르지만, 이러한 변형된 양태들은 전통을 형성하는 데 기여했고, 천년이 넘도록 이러한 전통은 점진적으로 어떤 견해들을 밀어내고 배제하면서 또 다른 견해들을 유지해왔다. 전통이 변화함에 따라, 반드시 더 나아지는 것은 아니더라도—1687년 당시의 악마에 대한 견해가 1387년의 견해보다는 더 나을 수 있다는 의미에서—더 풍부해지는 것은 사실이다. 그리고 전통이 풍부해지면 진리에 가까워진다. 악마에 대한 진리에 가장 가까이 갈 수 있는 방법은 전통을 전체적으로 연구하는 것이다. 프로테스탄트의 종교개혁이 시작되고 있었을 때, 악마라는 개념은 1,500년 동안 다듬어져 왔었고, 그 안에 여전히 많은 모순들을 가지고 있더라도, 폭넓고 깊이 있는 의견의 일치에 도달하였다. 이러한 의견의 일치는 가톨릭과 프로테스탄트 사이의 차이점을 좁히면서 종교개혁 내내 계속되었다. 하지만, 17세기가 끝날 무렵에, 새로운 관념과 가치들이 폭넓고 다양하게 쏟아지면서 이러한 일치된 견해에 틈이 벌어지기 시작했다. 이것이 17세기의 종교개혁과 함께 시작되는 이 책의 내용이다.

2.
종교개혁 시대의 악마

16세기를 거치면서 루터 시대와 셰익스피어 시대 사이가 연결된다. 영혼의 세계로부터 인간의 세계에 이르기까지 악을 인식하는 무게 중심에 심원한 변화가 목격되었던 것도 바로 이 시기였다. 16세기의 종교개혁은 프로테스탄트와 가톨릭 사이에 신학적인 차이를 초래하게 된다. 이러한 차이는 처음에는 작은 것이었지만 급속하게 벌어지면서 마침내 서구사회를 지배하게 된 비기독교적이고 세속적인 견해가 성장하도록 추동하였다.

복잡한 일련의 사건들을 담고 있는 종교개혁은 크게 세 부분으로 나누어진다. 학식 있고 상대적으로 보수적인 개신교의 지도자 마틴 루터(1483-1546), 존 칼뱅(1509-1564), 그리고 울드리치 츠빙글리(1484-1535)가 주도한 "주교에 의한 종교개혁"과, 재침례교도, 유니테리언교도, 그리고 토마스 뮌처(1489-1525)가 주도한 급진적인 종교개혁, 그리고 이그나티우스 로욜라(1491-1556)의 생애와 트렌트(1545-1563) 공의회로 대표되는 가톨릭의 종교개혁. 이러한 운동들은 또한 데시데리우스 에라스무스(1466?-1536)로 상징되는 인문주의적 학문의 성장과도 연관(때로는 일치하기도 하고 그렇지 않기도 하면서)된다. 전통적으로 종교개혁의 시작은 루터가 '면죄부에 관한 95개의 반박문'을 발표했던 1517년, 10월 31일로 기록된다. 루터는 1521년 1월 3일 파문을 당했다. 1529년, 슈파이어 의회에서 독일의 루터파 귀족들의 항의(Protest)에서 "프로테스탄트"라는 말이 나왔다. 분열주의에서 시작된 종교전쟁은 1648년 베스트팔렌 조약이 맺어질 때까지 계속되었다. 이것은 콘스탄티누스 시대 이래로 기독교와 서구 사상의 역사에서 가장 중요한 시기에 벌어진 역사적인 사건들이었다.[1)]

16세기에 나타난 악마에 대한 가설들에는 대부분 본질적으로 전통적이거나 심지어 중세적인 견해가 존속되었다. 마술, 루터, 칼뱅, 가톨릭의 종교개혁, 신비주의자들, 파우스트 이전 문학 등 이 모든 것에서 악마에 대한 인식은 과거의 방식을 답습하고 있었다. 악마론의 역사에서 나타난 급격한 변화는 종교개혁이 아니라 18세기의 계몽주의와 함께 시작되었다. 가톨릭이나 프로테스탄트 모두 종교개혁의 사상은 중세 사상의 연속이었다. 루터, 칼뱅 심지어 츠빙글리까지도 지난 천년 동안 서구사상을 규정해왔던 아리스토텔레스 학파, 스콜라주의,

아우구스더누스주의적인 양태를 띠고 있었다. 한편, 근본적으로 다른 두 가지 세계관—이교도의 마술과 물질과학—이 나타나 전통적인 기독교 체제에 전면적으로 도전해오기 시작했다. 종교개혁의 논쟁은 좁게는 이전의 아우구스티누스-아리스토텔레스적인 전통 안에서 경합하는 견해들에 초점이 맞추어졌다.

후기 중세 사상의 많은 지류들이 종교개혁이라는 해협으로 자유롭게 흘러들었다. 유명론, 특히 가브리엘 비엘(1425?-1495)의 오컴주의는 커다란 영향력을 지속적으로 발휘하였다. 14, 15세기의 "새로운 방법"인 유명론은 인간의 책임에 관한 논쟁에서 자유의지를 주장하는 입장과 운명예정론을 주장하는 입장 모두를 지지하였다. 오컴주의는 신과 인간의 절대적인 자유를 강조했다. 한편으로 오컴주의는 신의 절대 자유와 그에 따르는 신의 전능함을 확신하였지만, 다른 한편으로는 인간 개개인의 자유도 강조하였다. 비엘처럼 자유의지에 대한 극단적인 옹호자는 진실하게 도덕적으로 노력하고 선행을 베풀면 은총을 받을 수 있고, 은총에 힘입은 도덕적 노력으로 보상을 받을 수 있다고 주장했다. 이에 반대하는 루터는 불쾌한 반응을 보였고, 일반적으로 가톨릭과 프로테스탄트 종교개혁자들은 은총이란 어떤 방법으로도 얻을 수 없는 거저주시는 신의 선물이라는 의견에 동의하였다. 16, 17세기에 벌어진 논쟁은 다소 협소한 문제들, 즉 신의 은총은 모든 것에게로 확대되는지, 그리고 일단 신의 은총이 확대되면 그에 반대할 자유가 있는지 여부에 대한 문제로 초점이 맞추어졌다. 당시 신론의 대체적인 경향은 운명예정론이었지만, 가톨릭과 프로테스탄트들은 신도들에게 자신들의 구원과 벌은 영원히 정해져 있던 것이라고 감히 말하지는 않았으므로, 교단에서 자유의지를 설파하는 "실재론적인 펠라기우스주의자들"로 남아 있었다.

신의 진리에 도달하기 위한 논리적인 능력에 대한 유명론적인 회의론은 종교개혁의 사유에서 두드러진 여러 사상을 낳았다. 그 가운데 하나가 이성보다는 신앙을 강조하는 신앙주의였다. 신앙주의와 밀접하게 연관되어 있는 것은, 이성적인 담론보다는 계시적이고 성서를 통한 종교를 강조하는 것이다. 이 두 경향은 종교개혁을 여는 열쇠가 되었다. 오직 신앙만으로, 오직 성경만으로. 이러한 관념들은 한편으로 교회의 타락(비록 다소 과장되었더라도)과 15세기의 후스주의와 같은 중세의 반교권 운동에서 기인하는데, 한편으로는 주교나 목사들의 권위적인 구조는 필요하지 않을 수도 있다는 '오직 신앙만으로, 오직 성경만으로' 에서 추론된 반교권주의를 강화시켰다. 교황권의 자격에 대한 회의론이 15세기 공의회 운동 이래로 활발하게 전개되었다. 또한 유명론은 14세기에서 17세기에 걸쳐 절정에 달했고, 루터주의자 야코프 뵈메, 그리고 가톨릭의 아빌라의 테레사와 십자가의 요하네스와 같은 아주 두드러진 예를 남기면서 신비주의를 조장하였다.

이렇게 대체로 보수적인 전통주의하에서, 사회가 근본적으로 변화하면서 세계관이 급진적으로 변화할 조짐을 서서히 보이고 있었다. 도시와 중간 계급이 성장하면서 아울러 성직자들 이상으로 읽고 쓰는 능력이 증진됨으로써 중간 계급은 자신들의 힘으로 성경을 읽고 해석할 수 있게 되었다. 더 중요한 것은, 교육받은 사람들의 수가 증가하면서 세속적인 관심사에 주의를 기울이게 되었다. 돈벌기, 사업을 일으키는 것과 가족을 부양하는 일. 이러한 발전에 추가적으로 국가권력과 국제적인 영향력에 관심을 갖는 세속적인 민족-국가가 생겨났다. 이제 관심의 초점은 점진적으로 저 세상에서 이 세상으로 자연스럽게 옮아가게 되었다.

16세기에 이탈리아에서 북쪽으로 퍼져나간 인문주의는 회의론적이고 비판적인, 그리고 세속적인 사유를 초래하게 되었다. 유명론은 신앙과 지성을 구분함으로써 경험적이고 물질적인 과학이 성장하게 되었다. 다른 한편에서 등장한 세계관은 연금술이었는데, 1세기 동안 과학과 활발하면서도 복잡한 경쟁관계를 유지해왔다. 수십 년 전까지만 해도, 연금술은 마술과 뒤섞여 오해를 받아왔고, 저급한 형태의 아리스토텔레스주의가 낳은 무지의 산물로 여겨졌었다. 마술 하면 우리 마음속에 유치한 이야기, 무대 마술사들, 엉성하고 무슨 일이든 벌어질 것 같은 환상과 깊이 연관되어 있어서 르네상스 마술이 얼마나 복잡한 사유구조를 가지고 있었는지 이해하기 힘들었다. 우주는 “교감”이라는 거대한 체계 안에서 모든 부분이 다른 모든 부분에 영향을 주는 통일체라는 생각이 저변에 흐르는데, 이는 우주의 어떠한 부분도 다른 부분으로부터 떨어져 존재할 수 없다는 것을 의미한다. 별, 광물, 식물, 그리고 인간의 육체와 정신 이 모든 것들은 주로 감추어져 있지만(비밀의) 그럼에도 불구하고 규칙적이고 이성적으로, 그리고 알 수 있는 방식으로 상호작용한다.[2)]

과학적인 세계관도 연금술의 세계관도 악마에 대해서는 여지를 남겨주지 않았다. 그러나 잊혀질 준비가 되어 있지 않은 악마는 자신을 떠받치는 지식의 구조가 흔들리기 시작하는 바로 그 순간에 절정에 달했다. 루터의 신학과 마녀광란의 발발로 인해 악마의 존재에 대한 믿음이 생겼다. 그리고 근본적으로 서로 다른 세 개의 세계관—아리스토텔레스의 영향을 받은 기독교, 연금술, 그리고 물질과학—사이에 충돌이 발생하고 있다는 것을 어느 누구도 인식하지 못한 것 같았다. 이것은 마치 은하계의 충돌과 같았고, 이때 사람들이 알아챌 수 없을 정도로 너무나 광대한 규모로 상호 침투 현상이 일어났다. 그 결과 불가피하게 용어상의 혼란이 초래되었는데, 그 가운데 최악의 경우가 마술(magic)과 요술(witchcraft)이 혼동되는 것이다. 몇몇 16세기 지식인들은 "자연적인 마술"(연금술, 지적인 마술)로부터 "불경스런 마술"(저속한 요술이나 주술)을 구분해내려고 시도하였지만, 보수적이고 아리스토텔레스를 신봉하는 진영의 많은 지식인들은 모르고 혹은 알면서도 마술사들을 불신하도록 두 말을 혼동하게 만들었다. 아리스토텔레스의 영향에서 『마술사의 홀림(*De la démonomanie des sorciers*)』(1580)이라는 책을 저술한 장 보댕은 그 차이를 잘 알면서도 마술사와 마녀들을 연관시키는 데 주저하지 않았다. 마술적인 세계관이, 부분적으로 이러한 부정한 연관성 때문에 사그라들면서, 과학이 아리스토텔레스주의와 마술이라는 잔해 위로 상처 하나 입지 않고 나타나게 되었다.

마녀광란은 중세에서 유래하지만 16, 17세기에도 왜곡된 모습으로 왕성하게 나타났다. 당시의 기독교 신학에 따르면, 마녀들은 악마와 공식적으로 한패가 되어 자신들을 악마에게 바친 사람들이었고, 그 대가로 사탄은 그들에게 마술의 능력을 보상으로 주었으며, 마녀들은 그러한 능력을 나쁜 목적으로 사용하였다. 마녀들은 사람들을 무력하게 하고, 불임이 되게 하거나, 곡식을 마르게 하고, 병을 퍼뜨리며, 가축들을 말라 죽게 하였다. 요컨대, 모든 자연 발생적인 재앙도 마녀들에게 책임을 씌울 수 있었다. 악마에 사로잡힘과 신들림, 정신병, 그리고 마음이나 행동의 급격한 변화 역시 그들의 탓으로 돌려졌다. 그들은 공개적으로 그리스도를 비난하고, 악마를 숭배했으며, 빗자루나 검혹은 동물을 타고 "마녀집회(sabbat)"로 날아가거나 아니면 간단하게 공중 부양으로 이동해 야밤에 만났다. 그들은 근친상간의 난교를 벌였고, 기독교를 믿는 아기들을 납치해서 제물로 바쳐 성찬식을 흉내내어 아기의 살을 먹거나 거기서 나온 지방을 약이나 독으로 사용하였다. 마녀들은 전 유럽에 걸쳐 모든 지방에서 발견될 수 있었는데, 기독교

마녀들이 동물 형상을 하고 있는 친밀한 악령들의 도움을 받아 악마의 연회에 참석하기 위해 출발 준비를 하고 있다. 한스 발둥 그리엔, 1514(비엔나, 알베르티나 소묘관).

공동체에 대항하는 사탄의 지배 아래서 하나의 거대한 공모관계를 맺고 있는 듯 보였다.

그런 공모관계는 결코 존재하지 않았지만, 교황의 판결, 가톨릭의 공의회, 프로테스탄트의 종교회의, 규문주의 심의기관, 세속적인 법정, 그리고 중요한 학자들 모두가 반복해서 그러한 사실이 존재했음을 선언하였다. 수많은 사람들이 의심을 받고, 고문을 당하거나 고문의 위협을 당했고, 아마도 십만 명 이상의 사람들이 처형을 당했을 것이다. 이노센트 8세가 칙서 "가장 바람직한 것에 관하여"를 발표하자 이러한 광란은 봇물 터지듯 했으며, 그 칙서는 종교재판관 스프렝거와 인스티토리스가 지은 『마녀의 철퇴(*Malleus maleficarum*)』(1486)라는 책의 서문에 포함되어 엄청난 영향력을 발휘했다.

마녀광란은 당시의 지적인 조류—유명론적 회의론, 연금술, 그리고 인문주의—와 역행하는 것이었지만, 마술이나 과학과 같은 경쟁적인 사상에 대항해서 아리스토텔레스의 사상을 옹호하는 학자들에 의해 부추겨졌다. 대부분의 마녀광란은 엘리트들이 조작해낸 것이었고, 점차적으로 교단이나 법정으로부터 자신들의 문제들을 해명하는 근거로 마녀광란을 탐욕스럽게 받아들인 사람들에게로 퍼져나갔다. 시간과 장소에 따라 그 정도는 달랐지만, 그 지역에서 발생한 재앙이나 사회적인 긴장 때문에 사태가 악화되기도 하였다(예컨대, 마녀광란의 강도는 곡물에 맥각병이 발발하는 것과 연관되기도 하였다). 그것은 분명히 종교개혁으로 인한 종교적 사회적 긴장관계로 인해 악화되었다. 그리고 마녀광란은 그동안 쇠퇴해왔다가 다시 화려하게 권세를 가지고 자신의 왕국으로 돌아온 악마라는 관념이 다시 살아나는 데 원인이기도 결과이기도 하였다.[3)]

요술 이외에도, 프로테스탄트의 종교개혁 자체도 악마라는 개념이 부활하는 데 중요한 요인이 되었다. 프로테스탄트가 오직 신앙만으로, 오직 성경만으로—권위의 유일한 원천으로서의 성경—를 강조한다는 것은 당연히 사탄에 대한 신약의 가르침을 존중한다는 것을 의미하는 것이었다. 요술을 두려워했기 때문에 개혁가들은 더 지나치게 나아갔다. 성경에서 유래하지 않았다고 생각되는 모든 결과들을 역사에서 제거하는 데 열중했음에도 불구하고, 그들은 모든 중세의 악마론 전통을 사실상 무비판적으로 받아들였다. 긴 안목으로 보면, 신의 절대적인 권위를 강조하고 어떤 존재라도 인간과 신을 중재할 수 있다는 믿음을 강력하게 거부한 것이 사탄의 권능에 대한 회의주의를 조장했을는지도 모른다. 그러나 만일 그랬다 하더라도, 그렇게 하는 데 2세기는 걸렸을 것이다.

대체로 악마에 대해서 가톨릭보다는 프로테스탄트가 더 강한 관심을 보였다. 루터의 『악마서』에 나오는 루터의 신학과, 프로테스탄트적인 연극이나 시 모든 것에서 악마의 권능이 더욱 강력하고 폭 넓은 것으로 묘사되었는데, 이는 기독교가 발생한 최초의 몇 세기 이래 그 어떤 시대에서도 발견할 수 없을 정도였다. 그 이유는 아마도 프로테스탄트가 악마추방 의식과 사적 고해를 제거했기 때문일 것인데, 그러한 종교적 장치들을 통해 악마의 존재에 대한 믿음이 억제되고 조절될 수 있었던 것이다. 더욱 중요한 것은 종교적인 반대자에 대한 선전전을 벌일 때 악마의 도움을 빌리고자 하는 유혹이었다. 프로테스탄트의 목사들에게 교황은 적그리스도였다. 오소리의 프로테스탄트 주교, 존 베일(1495-1563)은 수행자의 모습으로 나타난 사탄이 "자신들은 신앙심이 깊고" 수도에 정진하므로 성경을 공부하지 않아도 된다고 자랑했으며, 교황은 자신들이 진짜 기독교와 싸울 때 도와주는 좋은 친구라고 주장했다고 말했다.

그와 반대로, 가톨릭의 악마추방 의식에서는 악령들이 피해자들의 몸에서 소리를 지르며 도망가면서 프로테스탄트의 교의를 찬양했다고 보고되었다. 전쟁으로까지 비화된 가톨릭과 프로테스탄트, 그리고 여러 분파로 나누어진 프로테스탄트들 사이의 종교적인 긴장관계는 악마는 어디에든 숨어 있다는 생각을 조장하였다.

16세기에 악마의 권세가 융성하게 된 또 다른 중요한 이유는 프로테스탄트주의에서뿐만 아니라 이그나티우스 로욜라로 대표되는 가톨릭의 새로운 내향적인 특성에서도 찾아볼 수 있는 기독교 의식의 내적인 선회였다고 할 수 있다. 초기부터 악마의 적은 하나님, 그리스도 또는 전체 기독교 공동체로 간주되어왔다. 만일 사탄의 공격을 받으면,

MALLEVS MALEFICARVM,

MALEFICAS ET EARVM hæresim frameâ conterens,

EX VARIIS AVCTORIBVS COMPILATVS, & in quatuor Tomos iustè distributus,

QVORVM DVO PRIORES VANAS DÆMONVM versutias, præstigiosas eorum delusiones, superstitiosas Strigimagarum cæremonias, horrendos etiam cum illis congressus; exactam denique tam pestiferæ sectæ disquisitionem, & punitionem complectuntur. Tertius praxim Exorcistarum ad Dæmonum, & Strigimagarum maleficia de Christi fidelibus pellenda; Quartus verò Artem Doctrinalem, Benedictionalem, & Exorcismalem continent.

TOMVS PRIMVS.

Indices Auctorum, capitum, rerùmque non desunt.

Editio nouissima, infinitis penè mendis expurgata; cuique accessit Fuga Dæmonum & Complementum artis exorcisticæ.

Vir siue mulier, in quibus Pythonicus, vel diuinationis fuerit spiritus, morte moriatur; Leuitici cap. 10.

LVGDVNI,
Sumptibus CLAVDII BOVRGEAT, sub signo Mercurij Galli.

M. DC. LXIX.
CVM PRIVILEGIO REGIS.

종교재판관인 스프렝거와 인스티토리스가 쓴 『마녀의 철퇴』의 표지 장정. 이 판본은 1669년에 나와서, 그 오랜 인기를 증명했다. 초판은1486년에 출판되었고, 마녀광란을 일으킨 가장 영향력 있는 책이었다.

적어도 당신은 도움을 청할 수도 있는 위대한 군대의 일부라고 느낄 수 있을 것이다. 그러나 이제는 당신과 악마만이 있을 뿐이다. 당신 혼자, 개인으로서 악마와 대적해야 할 책임이 있다. 하나님의 은총이 신앙심을 지켜준다는 것을 어느 누구도 부인하지는 못하지만, 새롭게 등장한 내적인 반성은 악마를 받아들이기도 하는 연약한 신앙심의 조짐에 대해 자신의 영혼을 반성하는 짐을 개인들에게 지웠다. 베일 주교가 보기에 진정한 기독교의 도전은 연약함, 불성실, 냉담함 또는 부족한 신앙심과 자비를 보이는 자신의 영혼을 반성하는 것이었다. 이러한 조짐들은 악마가 지닌 권세의 표시이기도 하다. 중세의 기독교는 사탄에 대항해 싸우는 개별적인 성인들의 투쟁에 일종의 유비를 제공했지만, 성인이란 비상한 힘을 지닌 사람이었고 영웅이었으며, "하나님의 활동가"였고, 그가 지닌 엄청난 신앙심은 그를 지켜주고 적을 의기양양하게 패주시키게 해주었다. 그러나 이제는 영광스런 방패와 검으로 무장한 빛나는 성인은 없고 고독한 기독교인만이 혼자 성경을 붙들고 서재에 틀어박혀 자신의 죄와 불확실한 믿음, 유혹의 권세에 대한 두려움에 고뇌하고 있을 뿐이다.

생물학에 대항해서, 인간의 사회적 본성에 반해서, 바울이 주장한 그리스도의 신령한 몸인 교회에 대치되는, 초기 기독교 공동체의 실천에 반해서, 수세기에 걸친 기독교의 전통에 반해서, 개인적인 자립과 경쟁을 강조하게 되면서 기독교인들은 악이라고 하는 강풍에 노출된 채 벌거벗겨져 황야에 남겨진 것과 같았다. 당시 문학에 나타난 영웅들은 메피스토펠레스와 함께 한밤중 십자로에 홀로 서 있는 파우스트와, 세 명의 마녀와 함께 히스가 무성한 황야에 홀로 있던 멕베스였다는 데 의문의 여지가 없었다. 고독은 공포를 불러일으켰고, 공포는 악마의 권능을 과장하는 견해를 초래했다.[4)]

악마의 세력이 엄청난 증가를 보였던 이 시대에는 역시 명백한 회의론이 등장하였다. 유명론, 인문주의, 연금술, 그리고 과학의 세계관은 사탄에게는 거의 여지를 남기지 않았다. 더욱이, 내향적인 개인주의에 의해 초래된 다소 과장된 공포는 많은 사람들의 가슴에 악의 세력에 대한 믿음에 대항하는 강렬한 심리적 반작용을 유발했음에 분명했다. 두려울 만큼 과도한 요술과 종교적 투쟁은 다른 이들에 대한 의심을 불러일으켰다. 이탈리아의 프로테스탄트 아콘시오는, 악마가 최선을 다해서 했던 일은 기독교인들이 서로에게 적대하도록 부추겼고, 모든 기독교인들에게(물론, 가톨릭과 유니테리언 교도들을 제외하고) 관용을 요구한 것이라고 쓰고 있다.[5)] 1563년 요한 위어(Johann Wire)는 자신의 저서 『마술론(*On Magic*)』에서 요술과 악마론에 대해 회의를 표명했고, 몽테뉴(1533-1592)는 요술이라는 존재가 사람 죽이기를 정당화할 만큼 확고하게 충분히 확립되어 있는 것은 결코 아니었다고 주장했지만, 이러한 견해들은 다른 시대의 지식인들 사이에는 매우 드문 것이었다. 평신도들이 가지고 있는 단호한 회의심은 지식인들의 회의론을 능가하는 것이었다. 키스 토마스는 더함의 브라이언 워커가 "신 또는 악마가 존재한다고 난 믿지 않는다. 내가 보는 것 이외의 어떠한 것도 난 믿지 않을 것이다"라고 선언했다고 보고한다.

이러한 회의론에 대한 신자들의 반응은 "악마도 없고 구세주도 없다"였다. 신자들은, 기독교에서 두 번째로 잘 알려진 존재인 악마가 기독교의 전통에서 제거될 수 있다면, 다른 어떤 존재라도 마찬가지로 제거될 수 있지 않을까 생각했다. 신약에서 말하는 것처럼 그리스도가 악마의 권세로부터 우리를 구원하기 위해 오지 않았다면, 그는 절대로 우리를 구원할 수가 없다. 신과 악마가 일관성있게 공존하는 세계관이 그렇지 않은 세계관에 의해 대치되었다는 것은 악마의 존재뿐만 아니라 신의 존재도 궁극적으로 의심스럽다는 것을 의미했다. 신의 존재가 의심되는 과정은 좀더 오래 걸렸을 뿐이다.[6]

아우구스티누스와 스콜라주의자들의 낡은 세계관은 여전히 루터(1483-1546)의 사상 속에 생생하게 살아 있었다. 사막의 교부들 이래로 어느 누구보다도 루터는 자기 신학의 더 많은 부분과 사적인 관심을 악마에게 쏟았던 인물이었다.[7] 루터는 법과대학에 진학할 계획이었는데 여행중에 낙뢰를 맞은 친구의 죽음을 계기로 신께 서약을 하고 1505년 에르푸르트의 아우구스티누스 수도회에 들어갔다. 에르푸르트에서 그리고 나중엔 비텐베르크에서 아리스토텔레스, 비엘, 그리고 유명론이라는 새로운 방법론을 공부하였다. 그는 이후에 아리스토텔레스의 이론을 거부하게 되지만, 유명론적인 스콜라주의의 여러 가설들을 저버린 적이 없었다. 1513년에 교황 레오 10세가 면죄부의 판매를 선언하게 되자, 1511년부터 비텐베르크에서 성서학 교수로 재직하고 있던 루터는 교회가 취하는 방향에 의문을 갖기 시작했다. 또한 그는 사제로서 자신의 자격에 대해 매우 고통스럽게 양심의 가책을 느끼고 있었다. 1515년경에, 루터는 개인적인 개종을 경험하게 되었고, 이를 통해, 신의 은총이 없으면 선행이나 노력도 아무런 가치가 없고, 오직 신앙만이 우리를 구원해줄 수 있다고 확신하게 되었다. 루터는 1517년에 95개조의 반박문을 발표했고, 그 이듬해에는 교황권을 괴물이라고 지칭하고 있었다. 1519년 존 에크와의 라이프치히 논쟁을 통해서, 루터는 신앙을 오직 성서에만 기초할 것을 주장하고, 전통이나 교황, 그리고 공의회와 같은 여타의 권위를 거부하면서 성서 중심주의라는 원칙을 채택하였다. 1520년에 "나는 교황청을 악마에 홀린 것으로 그리고 적그리스도의 왕위로 생각한다"(WA 6.595-612)고 반박한 루터를 교황은 힐난하였다. 그 다음해에 루터는 공식적으로 파문을 당했고, 온건주의자들의 중재 노력은 수포로 돌아가고 분열이 시작되었다.

가장 왕성한 기독교 작가였던 루터의 신학은 아퀴나스나 칼뱅처럼 체계적이기보다는 아우구스티누스처럼 개괄적이면서 암시적이다. 그런 이유는 주로 중세의 신학(특히, 유명론)이나 신비주의, 그리고 무엇보다도 성경을 깊이 천착해서 표출된 자신의 심리적 상황 때문이다.

그러한 사상은 또한 다른 신학자들과의 논쟁을 통해 형성된 것이기도 했다. 루터만큼이나 논쟁적인 기독교 학자는 찾아보기 힘들 정도다. 아우구스티누스처럼 루터의 견해들은 그가 동의하지 않았던 사람들에 대해 그가 어떤 반응을 보였는가라는 측면에서 이해되어야 한다. 루터의 사상에서, 단 하나의 유효한 근거는 신앙과 성경이었다(WA 10/3.208-209). 성경 다음으로 중요한 전거는 아우구스티누스였다. 그러나 루터는 자신이 신봉하는 "진짜" 아우구스티누스와, 루터가 생각하기에 아우구스티누스의 영향을 받기는 했지만 이성의 영역을 지나치게 확대한 스콜라주의자들을 대비시켰다. 신의 은총이 없으면 이성은 우리를 어디에도 데려다주지 못하고, 신앙의 빛으로 성경을 읽을 때 신의 은총은 우리를 가장 잘 가르친다. 이성은 적절한 범위 내에서 이미 신앙과 성경을 통해 배운 진리를 이해시키기 위한 보조적인 역할로만 사용되어져야 한다.

루터에게 근본적인 것은 역시 절대적인 신의 전능함과 그 결과로 생긴 운명예정설이었다. 1525년에, 루터는 에라스무스의 『자유의지론』(1524)을 논박하기 위해 『부자유의지론』을 집필하였다. 이 책과 1529년 교리문답서, 그리고 그의 저작 여기저기에서, 루터는 다른 모든 것들이 신의 주권에 대해 비논리적이고 불경스러운 제한을 가할 뿐이라고 주장하면서 절대적인 운명예정설을 받아들였다. "그러므로" 루터는 말하기를, "우리는 극단적으로 모든 자유의지를 부정하고 모든 것을 신에게 돌려야 한다"(WA 18.755)라고 하였다. 인간이란 존재는 스스로 구원에 이를 능력을 전혀 가지고 있지 못하고, 신의 권세 안에 있거나 아니면 신이 사악한 것들을 지배할 권한을 준 사탄의 권세 안에 있다. 그리스도는 모든 사람을 위해서가 아니라 선택받은 자들을 위해서만 죽은 것이다.[8] 대담하게 운명예정론이라는 난제와 씨름하면서, 루터는 양심의 가책을 느꼈다. 만일 이 우주 전체가 그토록 치밀하게 예정되어 있다면, 성찬이나 설교 혹은 성육신 자체가 왜 필요하겠는가? 루터는 이러한 문제들을 해결할 수 없었으나 신의 권능에 어떤 식으로든 제한을 두려고 하지 않았다. 여기서 그는 다시 한번 칼뱅을 제외하고 신실한 유명론자가 되었고, 아마도 이전에도 이후에도 그토록 굽히지 않고 일관되게 신의 전적인 전능함을 단언한 기독교 신학자는 없었다.

루터가 믿기에 전능함이란 두 겹으로 되어 있었다. 첫째, 신은 자연에 대한 전능함을 갖는다. 즉, 신은 우주의 창조자이며, 창조자의 자격으로 그가 선택한 대로 우주를 정확히 만드는 것은 완전히 그의 자유이다. 이 우주의 모든 것들은 우연히 생겨난 것이 아니라 신이 의도한 목적하에 존재한다. 신이 선택하지 않으면 존재하지 않는다. 둘째로, 신은 신학적인 의미에서 전능함을 갖는다. 신은 만물을 멀리에서 지켜보고 있기도 하지만 순간순간 직접 개입하신다. 이것은 신이 그곳에 없는 신이 아닌 단번에 우주안의 티끌까지도 꿰뚫고 있는 존재임을 말한다. 신은 지배권을 손에서 놓은 적이 없고, 하늘과 땅, 지옥, 악마, 그리고 모든 창조물들을 지휘한다. 만일 신이 모든 것을 지휘하지 않는다거나 어떤 것이라도 신의 권세가 없이도 이루어진다면 신은 조롱거리가 될 것이다(WA 12.587; 18.718). 아우구스티누스나 아퀴나스와 같은 과거의 위대한 신학자들은 실제로 예정되어 있던 우주를 기술할 때도 명목적으로 자유의지를 긍정하였지만, 루터는 특히 자유의지와 신의 전능함이 양립할 수 있다는 것을 부인하였다. 어떤 것이 존재하더라도 그것은 신에게서 유래된 것이고, 자연적이고 신학적인 신의 의지가 없으면 아무것도 이루어지지 않는다.

이런 우주 안에서, 신은 직간접적으로 악의 원인이 된다. 루터도 이 점에 대해서는 묵인하면서, 신이 지닌 두 가지 양상을 구별하면서, 공평무사하고 엄격하며 외견상 잔인한 얼굴을 가진 신과 다정하고 자비로우며 사랑스러운 얼굴을 가진 신을 대비하였는데, 이런 모습들을 우리는 신의 계시를 통해서만 알 수 있다. 오직 유일한 신만이 존재하지만, 우리 같은 제한된 인간들은 신을 선과 악을 결정하는 두 가지 형상으로 바라보는 경향이 있다. 악이 존재한다면, 그것은 신의 의지일 수밖에 없다. 그러나 신은 또한 선이 악에 대항하기를 원한다. 그러므로 신이 악을 원하면서도 선을 원하고, 악을 원하지 않으면서도 선을 원하지 않는다고 말할 수 있다.[9] 인간의 제한된 지각으로는, 어떤 것들은 선하게 보이고 다른 것들은 악하게 보이지만, 신이 하신 모든 일이다 선하므로, 궁극적으로 악도 선이다(WA 1.75; 18.708; 31/1.447). 우리는 신이 뜻한 바를 이해할 수 없는 경우도 있다. 예를 들어, 악은 우리가 지은 죄에 대한 벌일 수도 있다(WA 3.223-224). 신은 또한 마음이 강팍해지는 것, 그리고 시련에 책임이 있다.[10] 시련은 심판, 시험, 의심, 절망, 공포, 그리고 황폐함이 뒤섞여 있는 것이고, 신이나 악마가 우리들에게 보낸 것이다. 시련은 우리의 모든 의심, 우리의 모든 두려움, 그리고 양심의 가책을 이용하며, 신앙으로 완전하게 무장하지 않은 그 누구라도 파멸시킬 수 있다.[11]

그러므로 신은 명백하게 이율배반적인 존재—이 개념은 루터가 신비주의자들에게서 차용한 것이다—이다. 신은 분노이며 사랑이다. 신은 의절(義絕)이며 은총이다. 신은 법이며 자비이다. 신은 사악함을 원하기도 하고 사악한 자들을 미워하기도 한다. 아무런 도움도 받지 않은 순수한 이성으로는 이러한 신비를 벗길 수 없다. 은총을 받지 않으면, 우리는 신을 어리석고 무분별하며 무섭고 잔인하다고 생각한다(WA 16.142). 선과 악에 대한 우리의 생각은 신과 다르고, 신보다 무한히 열등하므로, 우리가 항상 신의 목적 안에 숨어 있는 선을 이해할 수 있는 것도 아니다. 우리는 신이 선과 악을 모두 원하는 이중의 의지를 가지고 있다고 인식한다. 우리는 악과 죄를 신의 의지로 볼 수 있지만, 신의 의지가 그리스도의 모습으로 우리에게 계시되면, 선으로 나타난다. 사실 이러한 외관상의 이중성은 우리가 이해할 수 없는 하나로 통합된 신의 의지에서 기인한다(WA 18.550). 이러한 외견상의 이율배반의 이면에 나타나는 신의 모습은 순수한 선과 사랑이다. 신은 악마의 가면 아래 자신의 모습을 숨기지만, 신이 지닌 선과 권능, 그리고 자비는 형이상학이 아니라 경험을 통해서만 이해될 수 있다.[12] 신의 의지는 모든 악을 궁극적인 선으로 바꾸면서 모든 악에도 심지어는 지옥에서도 존재한다(WA 6.127; 13.591). 루터는 명백하고도 단호하게 이러한 어려운 교의를 신이 지닌 절대적인 전능함의 결과로 보았다.

신의 감추어지고 단호한 의지는 악마의 의지로 나타날 수 있다.[13] 악마는 신이 지닌 한 측면이 현시된 것이라고 말하려고도 하였지만, 악마의 의지란 외관상으로만 신의 의지와 같기 때문에, 루터는 그렇게 말하지 않았다. 악마와 신이 같은 일을 의도하더라도, 그들의 목적은 동일하지 않다. 악마가 신의 일부가 아니라면, 신의 도구이다. 신이 창조하지 않았다면 악마는 존재하지 못했을 것이고, 신이 악마로 하여금 악하도록 원하지 않았다면 악마는 악하지도 않았을 것이며, 신이 악마에게 악행을 허락하지 않았다면 악마는 악을 저지르지도 못했을 것이다. 어떠한 악행에서도—예를 들면, 시련—악마와 신은 모두 적극적인 역할을 한다. 시련은 악마에게서 그리고 신에게서도 기인되지만, 그 차이는 동기에 있다. 신이 모든 행위에서 궁극적으로 자애로운 목적을 가지고 있는 반면에, 악마는 항상 파괴를 목적으로 한다. 아무런 도움을 받지 않은 지성은 어떤 상황에서도 신과 악마의 차이를 구별할 수 없지만, 신의 은총과 신앙심을 통하면 사람들은 신의 손길과 악마의 손길을 구분할 수 있다.(WA 5.387; 11.24; 15.451; 40/2.13)

악마란 밭을 가는 데 사용하는 갈고리나 괭이와 같은 신의 도구이다. 괭이는 자신의 용도에 맞게 잡초를 제거하는 데 사용되면서 만족하지만, 신의 손을 벗어날 수도 없고 자신이 원하지 않는 곳에 있는 잡초라고 해서 일을 피할 수도 없고 아름다운 정원을 가꾸는 본연의 목적을 저버릴 수 없다(WA 16.203; 18.709; 45.638-639). 그러므로 악마는 언제나 신의 일을 대행한다. 1527년, 한 목사가 살해당했을 때, 루터는 그 일에 충격을 받아 깊은 고뇌에 빠져들었다. 그 일은 나쁜 사람이 저지른 일이었고 그 나쁜 사람은 악마의 도구였다. 그러나 악마 또한 신의 도구가 아니었던가. 이 살인 사건을 통해 하나님께서 하시고자 하신 일은 모든 사람들에게 조지 목사처럼 헌신적인 목사가 되도록 독려하고자 한 것이라고 루터는 주장했다. 이 살인 사건은 분노하고 있는 악마의 증오뿐만 아니라 자비롭고 온정적인 하나님의 명령을 통해 저질러진 것이었다. 하나님이 모든 원자와 모든 별의 행로를 주관하는 이 우주 안에서 어떻게 이런 일이 있을 수 있었을까?[14] 모든 악은 악마와 하나님으로부터 나오지만, 그 속에서 악마는 악을 원하고 하나님은 거기에서 나온 선을 원한다. "하나님은 악마에게 악행을 저지르도록 부추기지만, 직접 악을 저지르지는 않는다."[15] 하나님은 악마의 모든 노력을 선으로 바꾸려 하므로, 하나님은 악마를 거슬러서가 아니라 악마 안에서 그리고 악마를 통해서 선을 행하면서 스스로 악마를 통해 존재한다(WA 15.644; 18.709; 40/3.519). 한 사건에서 하나님이 원하는 선은 하나님의 본래의 행위이고, 악마를 통해 하나님이 원하는 악은 하나님의 또 다른 행위이다. 예를 들어, 하나님의 시련이 욥을 괴롭혔을 때, 하나님의 또 다른 행위는 욥을 유혹하는 것이었지만, 하나님의 본래의 행위는 욥의 신앙을 강하게 만드는 것이었다. 악도 악마도 없다면, 그래서 덕행이 어떤 도전도 받지 않으면 이내 시들게 된다(WA 40/2.417).

신이 악마를 통해 작용한다는 것을 알게 되면 사람들은 무기력해지고 전율을 느끼게 될 수도 있다. 신의 은총을 받지 못하면, 사람들은 하나님이 가지고 있는 선을 의심하게 된다. 그러나 그리스도로 육화되어 나타나는 하나님의 자비를 통해 우리는 계시된 하나님, 즉 자비롭고 사람을 사랑하는 하나님을 알 수 있다. 그리스도의 사랑을 통해, 너무나도 가혹한 이 세상에서 우리가 이해할 수 있는 것은 하나님의 사랑이 늘 존재하며, 본래의 의도는 결여된 적이 없다는 것이다.[16)]

하나님의 절대적인 전능함을 옹호하고자 하는 사람이라면 누구든지 루터와 유사한 입장을 취할 수밖에 없다. 모든 것이 하나님으로부터 나온 것이라면, 악도 악마도 하나님으로부터 나온 것이다. 그러나 이렇게 단호한 일원론으로 인해 악을 묵인하게 되는 것은 아니다. 하나님의 명령하에 악마가 악행을 저지르지만, 하나님도 역시 악을 미워하고 우리들이 악에 맞서 싸우기를 원한다. 격전지로서의 모든 인간의 마음과, 그리고 적이든 동지이든 모든 인간의 영혼과 더불어 하나님은 악에 맞서 단호하게 싸운다.

절대적인 전능함으로 통제되는 우주에서, 개별적인 인간에게는 자유가 없다. 사람들은 하나님의 의지나 악마의 의지에 복종해야 한다. 영혼이란 말(馬)과 같다고 루터는 말했다. 하나님이 말을 탔을 때는 하나님이 원하는 곳으로 가고 악마가 탔을 때는 악마가 선택한 곳으로 간다. 하나님과 악마에게는 그들 사이에 무엇을 탈지가 문제 되지만, 말에게는 아무런 선택권이 없고 누가 안장에 앉든 그저 복종할 뿐이다.[17)]

루터는 자신의 영혼 속에서 이러한 투쟁이 격렬하게 일어나는 것을 느꼈다. 루터의 악마론은 성경과 전통에서뿐만 아니라 개인적인 경험에서 기인한 것이었다. 헤이코 오버만이 기술한 것처럼, "그의 전 생애는 악마와의 전쟁이었다". 이 말은 과장이 아니다. 루터의 세계관은 각각의 개인과 일반적인 인간성은 그리스도와 악마 사이의 긴장관계에 놓여 있다는 것이었다. 루터는 이 두 가지를 직접 경험하였고, 악마를 배제하고는 그리스도와 자신이 너무나 깊이 경험했던 바로 그 긴장관계에 대해 문제를 제기할 수 없었다. 사막의 교부나 중세의 성인들이 경험했듯이, 누군가의 신앙이 깊어지면 악마는 더욱 격렬하게 공격한다고 루터는 느꼈다. 루터는 악마가 가능한 모든 방법—유혹, 착란,

그리고 육체적인 현현—을 통해 하나님의 계획을 막으려 한다고 보고 하였다. 악마는 루터의 난로 뒤에서 달그락 소리를 내었고, 바르트브루크 성에서는 지붕에서 견과류를 던졌고, 계단 아래로 통을 던지기도 하였다. 코브루크에서는 악마가 뱀이나 별의 모습으로 루터 앞에 나타났고, 돼지처럼 들리도록 꿀꿀거렸으며, 마치 학자인양 루터와 논쟁을 벌였다. 악마는 악취를 풍겼고, 가끔씩 루터의 내장에 숨어 있어서 이 개혁가의 마음속에서는 배설물이나 가스로 연상되었다. 루터의 영혼을 가두어두려는 사탄의 열망이 너무나도 주도면밀한 나머지 사탄은 "(루터의 아내) 카티에보다 루터와 더 자주 잠을 잤다". 악마에 대한 루터의 관심은 그의 어머니와 이웃들, 그리고 선생님에 의해 어릴 때 이미 마음에 자리잡았다고 오버만은 주장한다. 루터는 악마를 배설물과 연관지었는데, 그러한 연관성이 중세의 오랜 전통의 일부라는 것을 이해하면, 악마란 단지 강박관념에 사로잡힌 인격의 산물에 불과한 것처럼 보이기도 한다. 이것은 의심의 여지도 없이 이 개혁가의 만성 변비와 관련이 있을 뿐만 아니라, 전통과 일반인들과 구체적인 수준에서 효과적으로 의사소통하고자 하는 욕망, 그리고 욕설을 퍼붓는 그의 경향과도 관련이 있다. 그리고 또한 신학적인 정당성도 부여받았다고 오버만은 주장한다. 인간의 몸은 하나님의 성전이기는 하지만, 그 기능은 약하고 우스꽝스러운데 아마도 배설행위야말로 가장 불합리한 기능일 것이다. 루터는 예수가 귀하게 만든 인간 몸의 신성함과 사탄이

염소 형상의 악마가 마녀 연회를 집행하고 있다. 고야, 1821-1822(마드리드, 프라도 박물관).

흉내내고 조롱해서 모욕을 주었던 어리석은 측면을 대조하였다.[18] 악마는 신을 섬기려는 루터 자신의 노력을 방해하려고 하면서 만일 그런 노력을 포기한다면 자신을 내버려둘 거라고 루터는 생각했다(WA 32.121; 40/2.172; WAB 4.288).

이 우주의 역사에서 루터가 설명한 악마의 역할은 사실상 중세의 전통과 동일하다. 루시퍼는 천사 가운데 가장 높은 신분으로 선하게 창조되었지만 자신의 창조자를 거역하기로 결심했다. 이러한 행동의 동기는 감히 신을 모방하고자 하는 자만심과 인간의 본성을 천사의 본성보다 위에 놓아 천사보다는 인간이 되고자 했던 신의 선택 때문에 생긴 인간에 대한 질투심이었다.[19] 악마는 천국 밖으로 내던져졌고, 그래서 복수심에 불타 아담과 이브를 타락시켰다. 원죄의 결과로 하나님은 인간을 악마에게 넘겨주고 악마를 이 세상의 왕으로 삼았다(WA 12.394; 13.89; 19.644). 인간들이 악마의 권세 안에 들게 되자, 악마는 인간을 매일 괴롭히고, 폭풍이나 질병, 그리고 정신적 우울과 같은 자연발생적인 악의 원인이 되었다(WA 36.564; 37.152-153; 43.64). 설상가상으로, 악마는 계속해서 인간의 편에서 죄를 짓도록 유혹하고 있다. 악의 제일 원인인 악마는 모든 개별적인 죄의 원인이기도 해서 개인들에게는 절망을 가져다주고 국가간에는 전쟁을 야기한다.[20] 악마는 개별적인 악령들에게 모든 개인들이 죄를 짓도록 부추기는 임무를 부여하고, 악마와 그의 악령들은 모든 곳에서 자신들이 택한 어떤 형태로든, 심지어는 그리스도의 모습으로도 나타날 수 있다.[21] 모든 죄인들은 악마의 종이 되는 것이다.[22]

인간을 지배하는 사탄의 권세는 예수 그리스도가 성육신됨으로써 좌절된다.[23] 그리스도가 강림하기 전에, 사탄은 인간을 지배하는 자신의 권세를 확신했었는데, 그리스도가 왔을 때, 사탄은 격분했다. 왜냐하면 사탄은 주가 자신을 파멸시킬 것을 알았기 때문이다.[24] 악마는 그리스도가 세례를 받고 광야로 나오자마자 그를 유혹해서 그리스도가 자신의 사역을 수행하는 바로 그 순간부터 가로막으려고 애를 썼다.[25] 그러나 신은 그리스도를 이 기고만장한 방해자에 대항할 수 있는 방해자로 만들었고, 그리스도는 사탄을 계속해서 호되게 쳤다. 성육신을 통해서, 기적과 복음을 통해서, 그리스도의 고난을 통해서. 악마는 그리스도에 대한 경솔한 분노로 그리스도의 고난을 역모했는데, 하나님은 오히려 악마를 물리치는 데 그리스도의 수난을 이용했고, 그 증거가 바로 그리스도의 부활이었다.[26] 이 세상과 육체, 그리고 악마는 계속해서 사람들을 유혹하려 하지만, 지배할 권세를 더 이상 가지고 있지 않다. 작은 한마디—구세주라는 이름—만으로 그들을 쓰러뜨릴 수 있다. 계속해서 그리스도는 악마를 쳐부수면서 마침내 마지막 심판에 이르게 된다. 그때까지, 그리스도의 나라는 이 세상의 나라이기도 한 악마의 나라와 지속적으로 대립한다. 하나님의 나라는 그리스도를 따르는 자들의 것이고, 은총과 계시, 성경과 신앙에 대한 헌신으로 특징지워진다. 이 땅의 나라는 죄와 그에 대한 법에 의존하고 이성에 대한 믿음을 갖는 특징이 있다. 보이지 않는 교회, 그리스도를 수장으로 하는 기독교 공동체는 천국에 속하지만, 눈에 보이는 타락한 교회는 이 땅의 나라에 속한다. 여기에 중립지대란 없다. 모든 사람은 어느 한 나라에 속해서만 살 수 있다.[27]

많은 사람들이 악마를 따르기로 결심하므로 악마는 여전히 이 세상에서 권세를 누린다. 어떤 사람들은 계획적으로 악마와 결탁한다. 루터는 요술을 의심하지 않았고, 기도를 통해 그리스도를 공식적으로 부인했었던 비텐베르크의 한 학생을 구원했다. 모든 죄인들은 마치 이교도나 이단자들, 가톨릭 신자들, 수도사들, 이슬람교도들, 그리고 급진적인 프로테스탄트들이 했던 것처럼 악마의 무리를 위해 복무한다. 교황 자신도 적그리스도이다.[28] 온 세상이 하나님과 악마 사이의 긴장 관계 안에 있다는 견해를 가지고 있던 루터는 교회 내적인 논쟁을 순수한 의견의 불일치 혹은 정치적인 문제로 보지 않았다. 이것들은 항상 광범위한 전쟁에 속하는 양상들로 보았다.

악마의 권세는 "이 세상만큼이나 크고, 넓게 남아 있으며, 하늘에서 지옥까지 뻗어 있다". 하지만 "악한 영은 하나님의 선함이 허락하는 범위 안에서만 그 권세를 사용할 수 있다".[29] 그리스도는 기독교인들이 악마에 대항해 싸울 때 마음대로 사용할 수 있는 많은 무기들을 무기고에 저장해둔다. 예를 들면, 세례, 성경, 복음, 성례전, 그리고 찬송가 등이다.[30] 루터가 대중적인 악마론에 기여한 바로 가장 잘 알려진 것은 그의 유명한 찬송 "우리 하나님은 강한 요새이시니"인데, 여기에 나타난 주제는 그리스도가 악마를 물리치는 것이다.

우리 구주는 강한 요새이시니,
강한 무기와 방패이시다.
주는 우리가 필요할 때 도와주시고
그 모든 것이 우리의 소유가 된다.
오래된 악한 적은
옛 원수 마귀는 우리를 얻고자 힘을 쓰며,

자신의 잔인한 계획을
엄청난 힘과 잔인한 교활함으로 세운다.
이 땅의 어느 것도 그와 같은 것은 없다.
하지만 온 세상에 악마들로 가득 차 있어
우리를 삼키려고 하여도
우리는 두렵지 않다
우리는 여전히 구원될 것이므로.
이 땅의 왕이
아무리 흉포하더라도
우리를 해할 수는 없다
그의 권세에 심판이 내려지면
작은 한마디 말로도 그를 넘어뜨릴 수 있다.[31]

우리가 악마에 대항해서 방어할 수 있는 모든 힘은 예수 그리스도의 힘에 의존한다. 그러한 힘과 더불어, 프로테스탄트 종교개혁 자체도 강력한 방어수단이다.[32]

또한 루터는 좀더 직접적인 수단을 사용하기도 했다. 루터는 자신의 학생 요한 슐라긴하우펜에게서 직접 악령을 쫓아냈다.[33] 루터는 또한 경박함, 조소, 난폭함, 추잡함, 멸시, 모욕, 음란함 등—적극적이고 독단적이며, 세속적이고 명랑한 모든 것—에 관한 생각을 정리하여 악한 것이 자라나는 시련들과 우울증을 피하게 했다. 악마에 대한 최선의 방어 가운데 하나는 카티에와 잠자리에 드는 것이었다.[34] 마지막 때가 되면, 악마는 자신을 따르는 어리석은 인간들과 더불어 마지막으로 그리고 철저하게 파멸될 것이다. 선택받은 자들은 모두 하나님의 나라로 들어갈 것이므로 더 이상 악마가 필요하지 않게 될 것이며, 하나님의 나라에서 악마와 그의 종들은 영원히 추방될 것이다(WA 26.509).

루터의 사상은 당시의 종교적인 심성을 급격하게 바꾸는 역할과 동기가 되었다. 개혁 그리고 평신도의 신앙심에 일어난 대중적인 운동은 15세기 독일 전역을 휩쓸었다. 16세기에, 루터가 가진 비범한 설득력과 열정은 앞선 흐름들을 새로운 종교적 방향으로 바꾸었다. 루터의 추종자들, 필리프 멜란히톤과 기타 많은 사람들은 종교개혁의 이념을 널리 퍼뜨렸다. 루터의 독일어 성경 번역은 그 당시부터 교육받은 독일인들에게 모범이 될 만큼 폭넓은 지지를 받았고, 루터의 이념은 설교에서나 유명한 책, 그리고 교리문답에서도 논쟁이 되었다.

교리문답—어떤 것들은 성직자들이 평신도들을 가르칠 때 도움이 되도록 씌어졌고, 어떤 것들은 직접 평신도들을 위해 씌어졌다—을 통해서 충실한 신자들은 믿음에 필요한 관점을 갖게 된다. 교리문답서는 고해하기 전에 통회자들을 위한 도덕적인 지침서로 처음 사용되었던 15세기 이전에는 존재하지 않았다. 출판된 형태로 나오게 되자 좀더 폭넓게 사용되게 되었다. 이러한 생각은 아이들이나 안수례를 준비하는 사람들을 위한 지침으로 확대되었고, 가톨릭뿐만 아니라 프로테스탄트에서도 재빠르게 채택하였다. 1470년, 디트리히 코델의 "크리스텐스피겔(Christenspiegel)"은 독일어로 출판된 최초의 교리문답서이다. 루터는 1508–1509년에 아이들을 위한 교리문답을 썼고, 그의 영향력은 1529년의 크고 작은 교리문답에 미쳤고, 그의 추종자 멜란히톤은 1540-1543년에 어린이용 교리문답을 작성하였다.[35] 교리문답은 공식적인 신앙고백, 즉 가톨릭은 트렌트 공의회에서, 프로테스탄트는 아우구스부르크 신앙고백, 39개 신조, 그리고 웨스트민스터 신앙고백을 통해서 지지를 받았다.

이러한 문서들에서 나타난 악마의 위치는 분명하기는 하지만 좀처럼 두드러지지는 않는다. 악마의 존재나 영향력, 그리고 기독교인들과 기독교에 대한 악마의 위협은 무시되어서는 안 된다. 예를 들어, 카니시우스의 교리문답에는 사탄이 67번 나오고 예수는 63번밖에 나오지 않는다. 가장 명확한 진술은 1529년, 루터의 대 교리문답에서 발견되는데, 여기서 개혁자들은 주기도문, 사도신경, 세례, 그리고 성찬기도와 관련해서 악마를 논한다.[36] 여전히, 악마에 대해 관심을 갖는 것은 권장되고 있지 않았고, 마녀광란의 절정기에도, 교리문답에서 악마에 대한 언급이 잠잠했다는 것은—비록 악마라는 존재가 성경이나 전통에서 분명하게 나타나지만—기독교인들에게 믿을 수 있고 적절한 관심의 대상으로 여겨지지 않았음을 의미한다. 기독교인들은 그림자로부터 자신들의 시선을 주님의 빛으로 돌리도록 요청받았다.

종교개혁의 두 번째 지도자 요한 칼뱅은 인문학과 법률, 그리고 신학을 공부하고, 루터의 사상을 1520년경에 접하게 되었다. 1530년대 초쯤에 프로테스탄트로 개종하였고, 1536년부터 1541년까지 마틴 부처의 영향을 받았던 제네바와 스트라스부르에서 벌어진 종교개혁의 지도가가 되었다. 칼뱅은 자신의 『기독교 강요』에서 개진된 명확하고도 이성적인 복음주의의 입장을 통해서 자기자신의 신앙과 복음주의자들을 박해하는 프랑수아 1세를 저지하려는 정치적인 노력을 천명했다. 루터의 노작들보다 더욱 방법론적이고 논리적이며 정리된 칼뱅의 『기독교 강요』는 이른바 개혁적이고 복음주의적인 기독교의 기초가 되었다.[37)]

칼뱅은 열광적으로 오직 신앙 그리고 오직 성경의 원리에 찬동하였다. 인간의 본성은 원죄를 저지를 때 타락하였으므로, 본래의 이성은 신앙의 빛이 없으면 어떠한 진리도 얻을 수 없으며, 본래의 도덕성은 은총의 도움이 없이는 죄만을 저지를 뿐이다. 진정한 지식은 성령이 신앙으로 구원받은 사람들을 위해 해석해놓은 성경에서 나오는 것이다. 칼뱅은 하나님의 완전한 전능함을 주장한 루터의 견해에 동의했다. 하나님은 우주 안에 있는 모든 요소들을 완전하게 통제한다. 어떠한 운명이나 요행, 우연 또는 자유도 하나님의 완전한 주권을 제한하지 못한다. 이는 악에 대한 책임도 하나님에게 있음을 의미한다. 하나님이 악을 제정한 이유는 우리가 해명할 수 없는 미스터리이다. 하지만, 칼뱅은 하나님이 오직 하나의 단일한 의지만을 가지고 있다고 주장했다. 비록 우리의 제한된 지능으로는 하나님이 선과 악을 동시에 행하는 것처럼 보이지만, 하나님은 항상 궁극적인 선을 행한다. 냉철하고 강력한 논리로 칼뱅은 하나님이 악을 허락했을 뿐이라는 것을 부정할 수 있었다. 신은 "강팍한 자기 마음이 확인되도록 파라오를 사탄에게 넘겼"을 때처럼, 악을 허락할 뿐만 아니라 적극적으로 악을 원한다. 인간의 모든 악행에는, 세 가지 요소가 함께 작용한다. 죄를 지으려는 인간의 의지, 악에 대한 악마의 의지, 그리고 궁극적인 선에 대한 하나님의 의지. 모든 악인들에게는, 사탄과 신은 동시에 각각의 목적을 위해 역할을 한다.[38]

칼뱅의 교리에서 주장하는 이중적인 예정론은 직접적으로 그리고 논리적으로 절대적인 전능함이라는 교리에서 흘러나온 것이다. 때때로, 칼뱅은 이따금씩 자유의지를 지지했지만, 그때 자유의지가 의미하는 바는 죄의 속박으로부터의 자유, 은총을 통해 얻은 자유였고, 진정한 자아가 되도록 우리를 자유롭게 하는 것이다. 우리는 은총을 거부할 권한이 없다. 신이 택한 사람들은 하나님을 거부할 수 없고, 신이 택하지 않은 사람들은 구원받을 길이 없다. 은총이라는 선물을 받으면 반드시 신앙이 생기게 된다. 예정론이란 "신의 의지에 따라 모든 개별적인 인간 존재에 발생하도록 정해진 영원한 신의 명령이다. 어떤 사람들에게는 영원한 생명이 주어지고, 다른 어떤 사람들에게는 영원한 저주가 주어진다. 따라서 개인이 각각의 목적에 따라 창조되었기 때문에 삶과 죽음도 예정되어 있는 것이다".[39] 칼뱅은, 예정론이 "끔찍한 교리"임을 인정했지만, "하나님은 인간을 창조하기 전에 미래의 마지막 운명까지 예지한다는 것을 어느 누구도 부인할 수 없기 때문에 예정론이 필요한 것이고, 신의 의지에 따라 운명을 정하기 때문에 신은 미래의 운명을 예지한다고 주장하였다".

칼뱅은 다음과 같이 교리를 정리했다. 하나님은 이 세상을 기초하기 전에 구원받을 자들을 선택한다. 하나님은 이 세상을 기초하기 전에 거부되거나 저주받을 자들을 선택한다. 그리고 그들을 기탄없이 악마에게 보낸다(「요한복음」 13:27). 그러므로 아담의 타락은 이 세상을 만들기 전에 예정되었던 것이다. 모든 인간들이 아담과 이브로 인해 타락했다는 것은 「고린도전서」 5장 22절과 「로마서」 5장 18절에 분명하게 나와 있다. 하지만 칼뱅이 모든 인간은 아담과 하나가 된다는 것을 긍정한다는 점에서 바울에게 적극적으로 찬동했지만, 인간은 누구나 하나님과 하나가 되어, 제2의 아담이 될 수 있다는 생각을 거부하였다. 그리스도는 모든 사람들을 구원하러 온 것이 아니라 하나님이 선택했던 사람들만을 영원히 구원하기 위해 왔던 것이다. 그리스도가 모든 사람들을 구원하지 않은 이유는 알 수 없지만, 그렇게 하지 않은 것은 두 가지 측면에서 분명하다. 죄인들이 너무 많다는 것, 그리고 하나님은 공과와 상관없이 은총을 줄 수도 거두어들일 수도 있는 절대적인 자유와 권한을 가지고 있다는 것. 신을 제한할 수 있는 것은 아무것도 없으므로, 신이 예정하지 않았던 어떤 것이 존재하거나 발생할 수 있다는 생각은 도저히 할 수 없다. 이중예언설은 절대적인 전능함이라는 생각에서 대담하고도 일관되게 추론된 것이지만, 그러한 관념은 신의 공의가 없다면 그의 자비란 제한적인 것으로 보일 수 있으며, 또한 하나님은 영원한 신의(神意)에 따라 구원하거나 저주할 수 있으므로 성육신의 핵심이 사라져버리는 것처럼 보인다(Inst. 3.23.5).

칼뱅의 체계 내에서 악마의 역할은 루터의 이론에 나타난 것과 유사하다. 일단 칼뱅은 천사와 악령들은 인간 정신에 내재하는 관념일 뿐이라는 무신론적인 견해를 단호하게 거부하면서 시작했다(Inst. 1.14.19). 하지만 비록 칼뱅이 루터가 했던 것처럼 악마에게 상당한 이론적인 무게를 두었지만, 그렇게 많은 관심을 두었던 것도 아니었다. 이 부분에서 칼뱅은 다른 독일 학자들보다 일관성이 있다. 사탄에 대한 강렬한 경험 때문에 루터는 자신의 엄격한 일원론을 거스르면서 악마에게 이 세상의 엄청난 힘을 부여하였다. 칼뱅이 가지고 있는 사탄에 대한 관념은 경험보다는 신학에서 도출된 것이었다. 결과적으로, 칼뱅이 악마에게 부여한 영역은 더 협소하게 되었다. 사탄은 전적으로 하나님에 의해 통제되고, 하나님이 특별히 악마에게 부여하지 않은 어떠한 악도 생각할 수 없다. 사탄은 단순히 하나님의 심판을 집행할 뿐이다. "진노의 종인 사탄을 통해 하나님의 심판을 수행하기 위해, 하나님은 원하는 대로 인간의 용도를 결정하고, 그들의 의지를 자극하고, 인간들의 노력을 강화한다."[40]

사탄의 타락과 활동에 관해 특별하게 언급된 부분이 성경에 거의 나오지 않는다는 것을 알고 있었기 때문에, 칼뱅은 이 문제들에 대해서 자세하게 연구하는 것은 적절하지 않다고 주장했다.[41] 하지만, 칼뱅이 사탄에 관해 논의해야 되는 경우에는, 대체로 중세에 확립된 사탄의 속성을 거론하였다. 즉, 사탄은 물질적 정신적 힘을 가지고 있고, 사탄은 인간을 유혹해서 원죄를 짓게 하거나 개별적인 죄를 짓게 하는 원인이 되며, 이단이나 천주교 제도, 그리고 요술의 원인이 된다. 비록 선택받은 자들에 대해 악마가 발휘하는 영향력은 명목적일 뿐이지만, 인간에 대한 지배력은 하나님이 허락한 것이고, 사탄의 왕국을 파괴하는 것이 주된 목적인 그리스도의 구원을 통해 악마의 지배력을 제거하는 것도 하나님 뜻대로 이루어지는 것이다. 그리스도는 악마에게 지불하기 위한 몸값이 결코 아니다. 오히려 그리스도는 용도가 끝난 도구를 처리하듯이 악마를 쳐부순다. 악은 성육신 이후에도 신의 뜻에 의해 잔존한다. 사탄을 이긴 그리스도의 승리는 완전한 것이지만, 승리의 완전한 "현현은 마지막 날까지 유예된다고 말하는 것이 적절한데", 그때가 되면 사탄은 완전하게 절멸될 것이다(「누가복음」 19:12). 그리스도의 수난 이후에도 죄가 잔존한다는 사실은 그 이전에도 죄가 있었다는 것보다도 놀랄 일은 아니다. 그리스도의 구원 사명의 영향력은 시공간적으로 전방위로 확장되므로, 하나님의 입장에서, 그리스도가 나타난 이후뿐만 아니라 그 이전의 사람들을 구원하는 것은 영원히 이루어져야 할 행위이다.[42]

츠빙글리, 그리고 뮌처나 재침례교도들과 같이 급진적인 개혁론자들의 악마론은 보편주의적인 경향—타락한 천사들을 포함해서 모든 것들의 구원에 대한 믿음—과 개별적인 악마의 존재에 대한 약간의 무신론적인 경향을 제외하면 루터나 칼뱅의 이론과 크게 다르지 않다. 1550년 베니스에서 열린 종교회의에서, 이탈리아의 비정통파 재침례교주의자들은 천사의 존재와 처녀 잉태, 그리고 그리스도의 신성뿐만 아니라 악마와 지옥의 존재를 부정하였다. 계몽주의적 이신론자들의 선구자인 이 반(反)삼위일체론자들은 처음부터 사탄의 존재를 믿는 것에 대항하는 마지막 수단이었지만, 프로테스탄트들과 가톨릭 신자들은 모두 너무나 생소했던 그러한 회의론에 대해 강력한 조치를 취했다.[43]

가톨릭의 종교개혁과 프로테스탄트의 종교개혁은 일반적으로 개혁운동의 두 진영으로 받아들여진다. 그러나 그 둘간의 심각한 차이로 인해 각각의 신봉자들은 서로에게 공격의 칼날을 세웠는데 그 결과 양 진영에서 보여주는 여러 관념들은 서로 반대되는 것으로 형성, 강화되는 경향을 보였다. 여전히, 이러한 대립은 평신도에 대한 지도에 관심이 증가하면서 신학과 교회의 역사에 대해 비판적으로 연구하고, 교회 조직에 대해 재평가하는 등 많은 건설적인 양상으로 발전하였다.

가톨릭 종교개혁의 체계적인 신학은 중세의 실재론으로 돌아가는 경향을 보였다. 이그나티우스 로욜라, 로베르트 벨라미네(1542-1621), 그리고 프랜시스코 수아레즈(1548-1617)와 같은 제수이트와 주로 관련된 실재론이 체계적으로 부활하면서 유명론과 아우구스티누스주의는 대체로 무시되었다. 토마스 아퀴나스의 교리는 거의 교조적인 진리의 영역으로까지 부활되어 토미즘(Thomism)으로 격상되었다. 교황권이 가톨릭으로 남아 있는 일부 교회에 대한 지배권을 공고히 하면서, 로마는 최초로 가톨릭 신론의 중심이 되었고, 신론과 교황의 권위가 밀접하게 연결되게 되었다. 새로운 토미즘은 새로운 신학을 내놓지 않았고, 계시를 기초로 하면서 하나님의 은총의 도움을 받아 이성은 우주에 대해 객관적으로 진실된 견해를 구축할 수 있다는 신념으로 스콜라주의의 체계를 세밀하게 정리하는 데 몰두하였다. 이러한 접근방식의 미덕은 중세 신학의 귀중한 통찰들을 계승한다는 것이고, 단점은 너무나 경직되어 있어 새로운 관념이나 접근방식을 배제함으로써, 근대 사상이 지닌 부정적인 면뿐만 아니라 긍정적인 면도 거부하게 된다. 프로테스탄티즘은 장점과 단점을 동시에 가지고 있었다. 즉, 이 사상은 너무나 왕성하게 전통을 거부함으로써 많은 통찰들을 놓치게 되었고, 새로운 사조에 열려 있었지만, 때때로 너무나 빠르게 그리고 무비판적으로 새로운 것들을 받아들였다. 상대적으로 개방적인 프로테스탄트주의는 프로테스탄트의 교파 내에서 악마론에 관한 새로운 사상들이 매우 자주 나타났지만, 반면에 가톨릭주의에서는 20세기 후반까지 스콜라주의를 신봉하였다. 1948년에 출판된 『사탄』이란 제목의 영향력이 있는 카르멜파 수사가 쓴 선집은 악마에 관한 한 토미즘의 영향을 받은 최후의 영향력 있는 책이었다.[44]

떠오르는 교황의 권위, 그리고 토미즘의 부활이라는 맥락에서, 1545년과 1563년 사이에 트렌트 공의회가 여러 차례 열렸고, 악마와 악령들에 관한 토마스주의적 견해를 암묵적으로 승인하였다. 공의회의 결정을 존중하기는 해도 여전히 신론에서 악마론을 삭제하려고 하는 근대의 가톨릭 신학자들은 이 문제를 피하는 경향을 보여왔다. 한편, 단 두 개의 보편공의회—제4차 라테라노 공의회(1215)와 트렌트 공의회—만이 악마에 관해서 명확한 견해를 내놓았다. 다른 한편으로, 사실상 모든 기독교 신학자들, 교황들, 그리고 공의회는 교회가 처음 시작할 때부터 현재까지 악마의 존재와 권세를 전제해왔다. 트렌트 공의회에서는 악마의 존재를 확인하는 절차는 생략되었는데, 그 이유는 어느 누구도 이를 문제삼지 않을 정도로 악마의 존재를 당연시했기 때문이다. 더 나아가, 세 개의 칙령을 통해 악마가 활동하는 양상을 정의한다. 「에베소서」 6장 12절을 인용한 제3차 회의에서 악마의 존재를 당연한 것으로 받아들이고, 제5차 회의에서는 원죄로 인해 악마가 사람들을 지배하게 되었다는 것을 확인하고, 프로테스탄트주의를 포함해서 고금의 이단들이 존재하게 된 원인 제공자인 악마를 비난한다. 제14차 회의에서는 사람들을 신앙으로부터 멀리하게 하려는 악마의 노력 속에 나타난 간교함을 기술한다.

악마도 역시 수도사나 신비주의자들의 견해 속에 자신의 관습적인 위치를 차지하고 있었다. 명상을 통해 신과의 강력한 결속을 체험하는 기독교의 특징은 어디서나 신이 함께한다는 강한 믿음과 신과의 합일을 향한 부단한 기도생활의 강조에 있다. 신비주의자들에게는, 하나님과 하나가 되려는 영혼과 우주의 진행을 가로막으려는 어떤 것이라도 모두 악마의 수작이다. 당신이 그러한 목표에 더욱 가깝게 접근할수록, 악마는 당신의 관심을 돌리려고 더욱 노력한다. 이런 이유 때문에, 신비주의자들은 종종 강렬하고 직접적으로 악마를 경험하곤 한다. 그들은 깊은 자기반성을 통해 영혼 안에 내재된 악한 경향을 정확하게 알게 된다. 16세기의 가장 영향력 있는 수도사들은 카르멜파의 수도사 아빌라의 테레사와 십자가의 요한, 루터주의자 야코프 뵈메, 그리고 예수회(제수이트)의 창시자 이그나티우스 로욜라였다.

영적인 훈련을 위해 체계적인 규율을 제안한 로욜라는 인간의 치명적인 적은 그리스도를 섬기려는 올바른 목표로부터 모든 그리스도인의 관심을 돌리도록 함으로써 자기자신의 종으로 삼으려 한다는 것을 날카롭게 인식하고 있었다. 악마는 자신의 불타는 옥좌에 앉아 자신의 악령들을 이 세상 모든 곳으로 보낸다. 언제든지 이 열렬한 악령들이 제시하는 유혹으로부터 어느 누구도 자유로울 수 없다. 악마는 세속적인 즐거움과 육감적인 쾌락이 우리를 행복하게 해줄 것이라고 설득하려 한다. 우리는 종종 속아서 따라가지만 그 결과는 언제나 같다. 걱정, 슬픔, 그리고 황폐함. 때로는 사탄이 우리를 위로하는 듯하지만, 아무리 좋은 것을 준다고 해도 실제로는 자신의 악한 의도일 뿐이지 절대로 인간의 이익을 위한 것은 아니다. 이그나티우스는 영혼의 분별력에 대해 사막의 교부들이 가지고 있던 통찰을 다듬었다. 우리가 신을 지향하면, 우리 마음속의 선한 영혼이 작용해서 항상 평화와 기쁨, 희망, 신앙, 자비, 회개의 눈물과 사랑, 그리고 정신의 고양을 증진시키지만, 악한 영혼이 작용하면 혼란, 우울, 세속적인 것에 대한 관심, 그리고 영혼의 고갈이 초래된다. 하지만, 우리가 습관적으로 죄에 빠져들어 하나님을 멀리하게 되면, 우리에게 회개의 의지를 촉구하는 선한 영혼의 행위는 가혹한 듯이 보이지만, 우리를 속여 거짓된 삶과 더불어 거짓된 평화를 누리게 하는 악한 영혼의 행동은 호감이 가고 쉬운 듯이 보인다. 그러므로 악으로부터 선을 구별하려면, 영혼 자체의 영향력뿐만 아니라 우리 자신의 기본적인 방향성을 이해할 필요가 있다. 모든 악마의 권능과 간계는, 그것이 아무리 대단하더라도, 예수 그리스도의 우월한 힘에 직면하게 되면 즉각 굴복하고 만다. 이그나티우스는 악마를 물리치는 변함없이 효과적인 방법을 제시한다. 즉, 그리스도를 향한 확고부동한 신앙이 그것이다.

루터주의 신비주의자 야코프 뵈메(1575-1624)는 선과 악 모두 하나님으로부터 유출된 것이라고 생각한다. 그 둘이 균형을 유지할 때, 우주는 하나님을 향하게 된다. 그러나 빛을 무시하고 어둠에 초점을 맞추면 우주의 조화는 깨진다. 최고의 천사 루시퍼는 자신의 본성 안에 이 두 가지 성질을 담고 있지만, 어둠만을 좇음으로써 불균형한 세상을 거리낌없이 원했다. 루시퍼는 하나님이 만든 이 세상을 뒤틀려고 하고, 우리의 "중심", 즉 우리의 영혼이 존재하는 바탕으로 들어와서, 거기서 자신의 간교한 술책을 이용해서 우리들을 조화와 통합으로부터 멀어지게 만든다. 끊임없이 하나님에게서 흘러나오는 물을 끌어와 마시면서, 마치 발원지에 의존하는 샘물처럼 영혼이 "텅 빈 겸손함으로 남아 있는 한, 그 영혼은 안전하고 평화로울 것이다".[45)]

위대한 수도사 아빌라의 테레사(1515-1582)와 십자가의 요한(1542-1591)은 카르멜파의 질서를 개혁하는 데 깊이 관여하였다. 테레사는 하나님의 사랑에 초점이 맞추어진 영혼이 그리스도가 사는 영혼의 "본부(central mansion)"에 도달하기 전에 거쳐야 하는 기도의 단계에 대한 논의로 널리 알려져 있다. 테레사는 신비주의의 본질과 수도적 삶에 수반하는 탈선적 현상을 날카롭게 구별했다. 즉, 신비주의란 하나님 자신의 사랑과 은총에 의해 고취되는 하나님에 대한 깊은 사랑과 묵상이며, 환상 무아경(테레사는 "서스펜션"이나 "황홀"이란 용어를 더 선호했다),

공중부양, 성흔 등은 주제에서 벗어난 것들이라고 말했다. 이러한 현상들은 사탄의 목적에 맞도록 쉽게 조작될 수도 있다. 사탄은 속기 쉬운 사람들을 타락시키기 위해 그러한 현상들을 환영으로 만들어낼 수 있다. 이러한 것들이 신에게서 나올 때부터 악마는 그것들을 왜곡해서 우리로 하여금 자랑하게 만들 수 있고, 혹은 진실로 신을 경험하는 것보다도 그것들에 더 관심을 갖도록 만들 수도 있다. 요한은 영적인 선물에 대한 탐욕을 경고했다. 요한은 명상하는 삶의 목적이 하나님으로부터의 영적 총애를 얻고자 함이 아니라 하나님께 나아감에 있어 인간적 의지와 욕망을 버리는 것이라고 말한다.[46]

테레사가 비록 악마를 너무 심각하게 받아들이는 경향에 대해 경고를 했고, 악마의 권능을 경멸해야 한다고 충고했지만, 그녀와 요한은 모두 언제 어디서나 모든 기독교인들, 특히 어떤 대가를 치르더라도 하나님과 연합하려는 목표를 가진 수도사들을 가로막고 힘써 방해하는 존재로 사탄을 인식했다. 신실한 영혼으로 그리스도가 세운 방어벽에 악마는 무력했지만, 적어도 그렇게 나약한 모습 속에서도 악마는 혼란스럽고 무미건조하며 혐오스러운 순간에 이성적이고 선한 기색으로 뛰어든다. 여러 가지 책략을 사용하므로, 악마의 유혹은 다양해 보인다. 악마는 독선과 거짓된 겸손을 부추기고, 기도를 방해한다. 악마는 신의 은총을 받아들이는 것에 대해 죄의식을 느끼게 만들고, 수고스럽고 무거울 뿐 아무 소망도 없는 짐을 지우려 한다. 악마는 다른 사람들에게 까다롭게 굴도록 만들고, 지성에 환영과 착란을 일으키며, 우리가 명상을 통해 얻은 이해력이 환영에 불과하다는 의구심과 두려움을 불러일으킨다. 우리는 가끔 악령들이 마치 공을 앞뒤로 던지는 것처럼 우리 자신의 영혼에 대한 통제력을 잃고 있다는 느낌을 받을 때가 있다. 때로는 한 발짝도 앞으로 나아가지 못한다고 느끼기도 하지만, 배가 멈추어 섰을 때도, 하나님은 아무도 모르게 배를 타고 노를 저어 우리를 움직이게 해준다.

이러한 유혹에 굴복하지 않은 사람들에 대해서, 사탄은 직접적이고도 가시적인 공격을 가한다. 사탄은 주로 보이지 않는 형상을 하고 지속적으로 테레사에게 접근했다. 테레사는 강한 거짓, 기만, 그리고 위선의 모습으로 나타나는 사탄의 존재를 감지하곤 했다. 어떤 때 사탄은 눈에 보이는 형상으로 나타났다. 사탄이 테레사의 왼손 위에 보기 싫은 모습으로 있었다. 사탄의 몸은 그림자도 드리우지 않는 불꽃을 발산했다. 무시무시한 입으로 사탄은 테레사에게 지금까지는 그녀가 자신을 피해왔지만, 이제는 곧 잡힐 것이라고 경고하였다. 테레사가 십자가 표시를 하면 사라졌다가, 곧 다시 나타났다. 테레사는 마침내 성수를 뿌려 사탄을 물리쳤다. 그 이후로, 테레사는 악마를 격퇴하는 데 가장 효과적인 물질적인 은총의 표시로 성수를 권장하였다. 악마는 몸을 숨긴 채 자주 그녀를 때리곤 했다. 그녀는 천사들과 악령들이 싸우는 환상과 지옥에서 고문을 하는 환상을 보곤 하였다.

루터와 마찬가지로 테레사와 요한의 글을 통해 전통적인 악마론을 주장했던 대체적인 경향은 16세기 사상의 영향을 받고 있음을 알 수 있다. 그러한 글들은 무비판적인 중세의 성인전 연구나 성인전의 부속 작품 정도로 간단히 취급될 수는 없기 때문에 근대 사학자들에게도 문제를 제기하게 되었다. 그러한 저작물들은 직접 경험한 사람들에 의해 씌어진 자전적인 이야기들이다. 그 경험들은 정말로 어떤 것들이었을까? 심층 심리학과 같은 근대적인 견해들은 새로운 시각과 새로운 문제를 제공하지만, 새로운 것이든 오래된 것이든 어떤 사고방식도 진리를 훼손시켜서는 안 되며 테레사 자신의 의견을 간과하는 어떤 해석도 그것은 단순한 환원주의에 불과할 뿐이다.

사탄의 도상을 그린 시각예술 작품은 중세 후기까지 계속되었는데, 히에로니무스 보슈(1516년 사망)와 그의 추종자 피터 브뤼겔(1569년 사망)과 같은 사람들은 사탄의 도상을 변형 확장시켰다. 보슈의 도상학은 전통적인 기독교 세계관과 밀접하게 상응했지만, 복잡하고 다양한 상징을 도입해서 여러 수준으로 해석할 수 있는 길을 열었고, 악의 초점을 악마적인 것에서 인간적인 것으로 옮겨놓았다. "이 사람을 보라", "빌라도 앞의 그리스도", 그리고 "십자가를 진 그리스도"와 같은 그림에서 나타나는 그리스도의 고통을 즐거워하는 만족스런 얼굴들은 셰익스피어가 시에서 성취했던 것들을 미술로 옮겨놓은 예들이다. 보슈 예술의 특징인 기괴함은 흉물스런 악을 묘사하는 데 특별한 기능을 수

행한다. 악령과 악마적인 인간들의 혼란스럽고 뒤틀린 얼굴들은 "십자가를 진 그리스도"에 나오는 평온한 얼굴과 대조를 이룬다.[47)]

16세기 문학에 나타난 악마론은 크게 파우스트 이전 문학, 파우스트 설화, 그리고 파우스트 이후 문학으로 나눠볼 수 있다. 한 가지 매우 유행했던 장르는 악마서(Teufelsbücher)였는데, 주로 루터주의적인 목사들이 프로테스탄트 평신도들을 계도하기 위해 쉬운 언어로 쓴 것들이다. 1545년경부터 17세기 초반까지 전성기를 누리면서, 그러한 문학작품들은 여러 가지 형식으로 나타났다. 즉, 논문, 개론서, 편지, 시, 그리고 연극. 각각의 책이 지닌 특징은 특정한 악과 그와 연관된 특별한 악령들에 대해 논한다는 점이다. 옷 입고, 먹고, 마시고, 저주하고 사냥하고 춤추고, 극장 가고 하는 세속적인 관심의 이면에는 언제 어디서고 활동하면서 개인들의 의식을 미혹시키고, 가족이나 교구, 국가나 국제적인 관심사에 불화를 유포하는 매우 강력한 존재인 악마가 숨어 있다.[48)]

루터와 마녀광란의 영향 아래서, 그리고 당시의 가혹한 종교적 긴장관계로 인해, 16세기 문학에서는 이전 세기보다 악마를 훨씬 더 심각하게 받아들이는 경향을 보였다.[49)] 어떤 작품들은 가볍고 풍자적인 중세 후기의 전통을 유지하고, 어떤 것들은 마녀에 대해서도 회의적인 논조를 드러냈지만, 또 다른 작품들은 마녀들을 자신들의 악의 영주로 삼아서 숭배를 표시하는 진지한 논문들도 있었다.

그리스도를 조소하는 사람들의 얼굴은 악마처럼 형상화되곤 했다. 히에로니무스 보슈, 1450-1516(겐트, 보자르 미술관).

가장 인기 있는 장르는 천사들의 타락이나 태초에 악한 천사들에 대한 그리스도(또는 미가엘)의 영광스런 승리를 묘사한 서사시나 연극이었다. 명확하게 성경에 의해 뒷받침되지는 않았지만 하늘에서 벌어진 이러한 전쟁은 「요한계시록」 12장을 근거로 해서 중세의 많은 작가들에 의해 당연시되었다. 하지만, 이런 관념은 중세 후기의 신비극에서는 거의 나타나지 않았고, 특히 루터나 칼뱅은 이러한 생각을 거부하였다. 하지만 전통적인 드라마와 그에 어울리는 우아한 고전적인 전쟁의 심상은 「일리아드(Iliad)」나 「아에네이드(Aeneid)」와 같은 고전적인 서사시의 전통을 기독교적인 신화에 적용하려 했던 16, 17세기의 수많은 시인이나 극작가들에게는 너무나 매혹적인 것이었다. 그러한 작품들에 나타난 장엄한 전쟁 장면에서, 그리스도나 그의 대리인 미가엘은 사탄—이들의 성격은 부분적으로 아이네아스의 적 투르누스와 같은 고전적인 영웅의 대항자로부터 물려받은 것이다—과의 극렬한 전투에 얽혀 있는 서사적 영웅들이다.

이러한 서사시들은, 또한 중세의 미스터리들뿐만 아니라 악마와 그의 무리들이 하늘 밖으로 내던져진 이후에 지옥에서 악마가 개최한 회의를 회상하는 장면들을 담고 있다. 때때로 이 서사시들은 논쟁의 빌미를 제공한다. 나오게오르구스(Naogeorgus)의 「팜마쿠스(Pammachus)」에 보면, 교황은 루터가 지휘하는 그리스도의 군대에 대항해서 지옥의 세력들을 전투 대형으로 이끈다. 그로티우스의 중요한 연극 〈아담의 추방(Adamus exul)〉에서, 루시퍼는 하나님을 미워하고, 그래서 하늘나라의 기쁨으로부터 자신을 쫓아냈기 때문에 하나님을 "난폭한 뇌신"이라고 부른 것으로 묘사되어 있다. 하나님을 그의 왕좌에서 제거할 수 없다는 것을 깨달은 루시퍼는 그에 대한 복수로 하나님이 자신의 형상대로 만든 창조물들을 파괴할 계획을 세운다. 아담과 이브를 타락시킬 수 있으면, 그들과 함께 지옥의 비참함에 동참할 수 있다. 아담을 유혹하는 데 실패한 후에, 악마는 설득력 있는 감언이설로 이브를 꾀는 데 성공한다. 그래서 아담도 충성과 사랑을 저버리고 그의 부인과 함께한다. 사탄은 그후로 인간이 감내해야 하는 고통을 감상하면서 즐거워한다. 그로티우스는 사탄을 내부로부터 이해하면서 독자들에게 악마의 감정과 모티브를 포착할 수 있도록 함으로써 낭만주의의 모티브가 될 것을 미리 암시하고 있다. 그로티우스가 그리는 사탄은 자신을 묶고 있는 속박을 억울해하고, 그리고 자유롭지 못하다면 더 나을 것도 없다고 절규하면서 자유를 갈망한다.

대표적으로 니콜로 마키아벨리(1469-1527)와 프랑수아 라블레(1483-1553)와 같은 사례를 제외하면, 회의론과 마찬가지로 풍자의 목소리는 그 세기 초에 약화되었다. 라블레의 『가르강튀아와 팡타그뤼엘』은 최초로 악마적인 존재들을 동정적이고 심지어는 그들이 일으킨 반란을 정당화하는 모습을 제시한 중요한 저작이었다. 거인 가르강튀아와 그의 아들 팡타그뤼엘(이 이름은 아르놀 그레방의 중세 신비극에서 유래된 것이다)은 우스꽝스럽고 세속적인 악령들이다.[50] 가장 흥미로운 등장인물은 파늪주인데 그의 이름—"모든 일을 하는 자"—은 악마의 다면적인 성격을 암시한다. 전통적인 악마처럼, 파늪주도 자신의 외모나 의상, 목소리, 그리고 예절들을 상황에 맞게 변화시킨다. 그는 연금술의 중심지로 알려진 톨레도에서 공부를 했고, 거기서 그는 "악마학부학장이며 수도원장인 피카트리"와 함께 연구하였다.[51] 파늪주는 18, 19세기 파우스트 문학에 나오는 세속적인 메피스토펠레스의 전형이다. 큰 키, 잘생긴 외모, 우아함, 그리고 귀족의 혈통, 가만히 살펴보면 창백하고 얼굴에 난 작은 돌기들, 그리고 300살이 넘은 나이로 그의 악마적인 태생을 분별할 수는 있지만.

파우스트—그리스도, 성모 마리아, 그리고 악마 이후에—는 서구의 기독교 문화사에서 유일하게 가장 인기 있는 인물이다. 16세기에서 현재까지 연극, 회화, 시, 소설, 오페라, 칸타타, 그리고 영화에서 파우스트와 그의 악마적인 동료 메피스토펠레스가 등장했다. 파우스트의 전설과 밀접하게 연관된 돈 후안의 전설까지 포함하면—모차르트의 돈 지오반니로부터 쇼의 『지옥의 돈 후앙』에까지 나타났던—, 이 이야기는 500년 동안 서양 예술의 중심 테마가 된다.[52]

파우스트의 전설은 역사적으로 실존했던 인물의 삶을 바탕으로 한다. 이 인물은 철학과 신학을 공부했고, 철학으로 학위를 받은 후에 연금술로 바꾸었으며, 그후로 타락해서 돈을 받고 별점을 쳐주거나 미래를 예언해주었다고 한다. 수많은 영향력 있던 사람들이 그의 기지에 감명을 받았던 것 같고, 어떤 사람들은 그 사람을 협잡꾼으로 알고 있었다. 이 사람의 신원이 역사적으로 확실하게 밝혀진 것은 아니다.[53] 가장 최초의 자료는 트리테미우스가 1507년에 쓴 것이다. 루터와 그의 추종자들이 이 역사적인 인물을 전설상의 인물로 바꾸어놓는 데 중요한 역할을 한 것으로 보인다. 연금술을 인간의 지성으로 신성한 지식을 얻으려는 헛되고 오만한 시도로 간주한 루터는 서둘러서 모든 마술을 마녀의 기술과 연관시켰다. 루터는 어떤 사람이 마술을 부리려 한다면, 악마의 도움을 받아야만 가능하다고 판단했다. 악마와 파우스트의 연관성이 최초로 증명된 것은 1540년경으로 거슬러 올라가고, 악마와 파우스트가 한패임이 최초로 언급된 것은 늦어도 1580년경일 것이다. 전설상에 파우스트가 행한 위업이 비범할수록, 루터주의자들은 더욱 단호하게 그가 악마와 연합되어 있다고 선언하였다. 일단 이런 기본적인 전제가 설정되면, 시몬 마구스, 테오필루스, 키프리안, 그리고 마녀의 기술로 거슬러 올라가서 고대의 전통적인 무리들과 파우스트가 연결될 수도 있다.

1540년대에, 루터의 제자 멜란히톤은 이른바 개인적인 면식을 바탕으로 했다고는 하지만, 이미 상당한 편견을 가지고 파우스트의 생에 관한 이야기를 썼다. 그리고 초기 글 중에서 상당 부분은 요하네스 가스트, 요하네스 만리우스, 그리고 볼프강 뷔트너를 포함하는 루터주의자들에 의해 작성되었다. 전적으로 파우스트에만 집중된 최초의 책은 『요한 파우스트 박사의 연대기』라는 제목으로 1587년에 요한 스피스에 의해 출판된 전설과 판타지가 혼합된 것이었다. 스피스 판본은 「파우스트 서(書)」로 알려지게 되었고 전 유럽에 걸쳐 수많은 번역본과 판본들이 나돌게 되었다.[54]

「파우스트 서」는 파우스트가 철학을 버리고 어떻게 마술로 전향했는가를 밝히고 있다. 프로테스탄트 종교개혁의 반스콜라스적 편견으로 인해, 「파우스트 서」에서 자신의 영혼을 사탄 학자에게 판 인물의 형상을 제시한 것은 당연하였다. 파우스트는 은총을 통해 지식을 얻는 것보다는 자신의 노력으로 성취하기를 갈망한다. 이러한 개별적인 반항은 파우스트의 죄를 인간의 원죄(아담과 이브가 지식의 나무에 달린 금단의 열매를 훔친 것)와 자만심(사탄 자신의 원죄)과 연결시킨다. 이것은 권위에 대항하는 낭만주의와 근대적인 반감의 전형이다. 마술에 관한 지식을 습득하기 위해, 파우스트는 악마를 불러내기로 결심한다. 밤에 십자로로 가서, 파우스트는 땅바닥에 마술의 원과 문자들을 새기고는 바알세불(마왕)의 이름으로 혼령을 불러낸다. 여기서 저자는 마술과 마녀의 기술, 연금술의 전통적인 기호나 상징을 악령을 부르는 마녀의 주문과 고의적으로 연관시킨다. 혼령은 용이나 불타는 구(球), 불이 붙은 사람, 그리고 마지막으로 프란체스코회 수사의 모습으로 나타난다. 이런 식의 변장으로 인해 그 혼령은 전통적 악마와 동일시되고, 수도사

16세기의 판화에서 괴테 이전의 파우스트 박사에 대한 개념이 나타난다.

의 형상으로 인해 파우스트는 수도사나 천주교도 지상에서의 악마의 주요 도구와 동일시된다. 파우스트가 루시퍼를 수장으로 하는 위대한 천사 계급의 한 일원이라고 그 혼령은 설명한다. 지옥에서 파우스트 자신은 엄청난 세력을 가지고 있지만, 학자들을 위해 복무하려면 먼저 필요한 허락을 받아야 하는 이 대왕의 종일 뿐이다.[55]

여기서 메피스토펠레스라고 읽히는 영혼의 이름은 4장의 제목과 5장의 본문에 처음으로 나타나고, 1587년판 「파우스트 서」에서 악마의 이름으로 처음 인증되어 나타났다. 이것은 전통적인 유대-기독교식이거나 민간으로 전승된 이름이 아니라, 어떤 르네상스의 인문주의자가 그리스나 라틴 또는 히브리적인 요소에서 끌어들인 새로운 신조어이다. 창시자나 그의 의도 등은 알려지지 않았고, 그래서 이 이름의 유래도 확실하지 않다. 주요 요소들은 '아니다' 라는 의미의 그리스 어 메(mē), '빛' 이라는 의미의 포스(phōs), 포토스(photos), 그리고 '사랑하는 자' 라는 의미의 필로스(philos)인데, 결국 '빛을 사랑하지 않는 자' 라는 뜻이 되어, 즉 '빛의 담지자' 라는 의미의 루시퍼에 대한 반어(反語)적인 패러디가 된다. 마지막 철자 필로스(philos)는 아리스토텔레스, 하데스 또는 아리스토파네스에서처럼, 표준적인 그리스어 어법에 맞추기 위해 필레스(philēs)로 바뀌었다. 그럼에도 불구하고, 셰익스피어는 『윈저의 유쾌한 부인들(*The Merry Wives of Windsor*)』에 나오는 메피스토펠레스에서 필로스라는 라틴화된 형태를 계속 사용하였다. 메포스트

(Mephost)—는 '신랄한, 유황의, 악취가 나는' 이라는 의미의 라틴어 메피스티스(mephistis)의 영향을 받아 메피스트(Mephist)—로 바뀐 것으로 보인다. 메피스토펠레스(Mephistopheles)라는 형태가 16세기적인 것이 아니라 사실 괴테적이기는 하지만, '거짓말쟁이' 라는 의미의 히브리어 토펠(tophel)도 또 하나의 가능한 요소로 볼 수 있다.[56] 이 이름이 불확실한 기원을 가진 순전히 근대적인 발명이라는 사실로 인해 새롭고 다양한 형태로 나타나는 근대적인 악마의 우아한 상징이 되었다.

메피스토펠레스는 루시퍼에게 가서 만일 파우스트가 자신의 육체와 영혼을 포기하고 지옥의 악마에게 준다면 그 학자를 위해 일해도 좋다는 허락을 받아낸다. 파우스트는 피로써 계약서를 작성하고는 그리스도를 부인하고, 기독교인들의 적이 되기를 약속한다. 이 계약은 중세의 테오필로가 맺은 계약을 본딴 것이지만, 이보다 더욱 직접적이고 구체적인 모범은 당시의 마녀들이 맺은 계약이었다. 테오필로는 자신의 명예와 권력을 돌려받는 대가로 자신의 영혼을 팔았지만, 기독교 공동체에 어떠한 해악이라도 끼칠 수 있다는 약속을 믿었던 것은 바로 마녀들이었다. 1587년, 마녀광란이 절정에 이르는 동안, 이 계약에 관한 이야기를 통해 마술사 파우스트가 마녀의 기술과 관련이 있다는 것은 모든 사람들에게 명확하게 되었던 것 같다. 파우스트의 집에서 발견된 것으로 알려진 이 계약의 내용에 따르면, 그가 죽을 때까지 24년간의 자유가 주어졌는데, 때가 되자 악마는 파우스트의 목숨을 빼앗으러 왔다고 한다.

이러한 협정에 (한 동안) 만족해서, 파우스트는 메피스토펠레스가 나타날 때마다 또 하나의 이해하기 어렵지 않은 반-가톨릭 단체인 프란체스코회 수도사의 형상을 취하도록 허락한다. 지옥의 본질에 대한 파우스트의 열정적인 질문에 대하여, 메피스토는 원래 루시퍼는 세라핌(제1계급의 천사)이었다고 설명하고, 계속해서 루시퍼를 타락한 천사라는 완전히 전통적인 방식으로 진술하고 있다.[57] 메피스토는 지옥을 불결하고, 유황으로 되어 있고, 불타고 있으며, 안개가 자욱하다—한마디로, 유해한—고 묘사한다. 그리고 파우스트의 요청에 따라 지옥 여행을 안내한다.[58] 지옥의 모습에 충격을 받은 파우스트는 참회를 신중히 생각하게 되나, 메피스토펠레스는 그럴 수 없다고 단호하게 말한다. 이 학자는 어떻게 하면 내가 빠져나올 수 있는가?라고 묻는다. 영혼이 대답하기를 겸손하게 신을 찬양하라. 그는 덧붙이기를 이것이야말로 해서는 안 될 일이라고 했다. 그러자 파우스트가 간청하기를, 이제라도 어떻게 해야 빠져나갈 수 있는가? 메피스토는 그를 무시한다. 너무 늦었다. 자만심이라는 원죄와 어리석음으로 인해, 파우스트는 용서받을 수 없는 절망이라는 최후의 죄를 추가하게 된다. 그는 자신을 신의 자비 앞에 내던져야만 지옥에서 탈출할 수 있다. 이것이 테오필로를 구한 방법이다. 그러나 파우스트는 거부한다. 교회에 관한 일이라면, 그는 어떤 종류의 복종보다도 영원한 고통과 신과의 결별을 택할 것이다. 신에게 복종하기를 거부함으로써 그는 더욱 잔인한 신에게 굴복해야 한다는 것을 깨닫지 못하므로 엄청난 아이러니가 그를 기다리고 있었다.

지옥을 돌아본 직후에, 지식과 권력에 대해 애초 가졌던 파우스트의 욕망은 정욕과 지배라는 불완전한 환상으로 바뀐다. 여기서 저자는 파우스트라는 인물 주변에 떠돌았던 대중적인 전설들을 너무나 열광적으로 끌어들였다. 하지만, 이런 이야기들은 스스로 악마—오히려 밀턴의 사탄처럼, 이 악마는 지옥의 왕으로 시작해서 결국엔 쉭쉭 소리를 내는 뱀이 되고 만다—에게 자신을 바친 사람의 타락한 모습을 보여주기 위해서 나름대로의 역할을 한 것이다. 파우스트는 로마로 여행을 떠나 (당연히) 음녀들과 주정뱅이들로 가득 찬 교황의 궁에서 열리는 축전에 참가하는데, 거기서 면전에서 휘파람을 불어 교황을 경멸한다 (다른 종류의 바람이었는데 루터가 불온한 부분을 삭제한 것일 수도 있다). 직설적인 영어 번역에 의하면 파우스트가 교황의 얼굴을 때린 것으로 나와 있다. 그후에, 파우스트는 콘스탄티노플로 여행을 떠나는데, 거기서는 예언자 무하마드인 척해서 술탄의 후궁에 들어갈 수 있었다. 그는 유럽을 주유하면서 별점이나 기타 마술을 황제나 주교들, 교수들, 그리고 제도공들에게 팔았다. 그의 착취방식은 약간은 야비하고 우스꽝스러운 것이었다. 그는 한 더미의 건초를 게걸스럽게 먹고 트로이의 헬렌을 불러내어 그녀와 욕정을 즐기지만, 그녀는 결국 마녀임이 드러난다.

약속된 24년이 가까워지면서, 파우스트는 여러 차례 자신의 결정에 후회했고, 그때마다 거절당하기도 하면서 한번은 자신의 영혼을 팔겠다는 계약에 서명을 하기도 한다. 마침내, 시간이 가까워졌을 때, 그는 동료들과 학생들을 불러서 모든 이야기를 자세히 말하면서, 그들에게 죄와 유혹, 악한 동료들, 그리고 악마의 간계에 대해 경고한다. 그는 일시적으로 이러한 경건한 행동이 자신에게 자비를 가져다주어 루시퍼가 영혼은 남겨두고 육체만을 가져갈 수도 있지 않을까 희망했던 것으로 보인다. 그러나 곧 이러한 희망이 헛된 것이었음을 알게 되어 파우스트는 실망하게 된다. 자정에, 학생들은 굉장한 바람이 일어 집이 흔들리는 것을 느끼고, 쉭쉭거리는 소리와 파우스트가 도와달라고 소리치는 것을 듣는다. 그리고 나서 모든 것이 고요해진다. 다음날 아침 그들은 쓰레기더미 위에 이상하게 잘린 채로 던져진 시체를 발견한다(다른 판본에는 그 시체의 목이 뒤로 꺾여졌다고 나온다).

파우스트는 고대의 데오빌로 전설을 근대에 어울리는 우화로 변형한다. 첫째, 이 이야기는 주제가 모두 같다. 중세의 이야기에서는, 악마와 그리스도 또는 성모 마리아, 또는 다른 성인들과의 긴장관계를 나타낸다. 데오빌로의 이야기에서는, 성모 마리아가 나타나서 사탄이 희생자의 목숨을 빼앗기 전에 그 약속을 깨서 악마를 쓰러뜨린다. 하지만, 파우스트 이야기에서는, 긴장관계가 악마와 인간으로 옮겨진다. 그는 스스로 곤경을 만들어, 할 수 있다면 스스로 빠져나와야 한다. 신의 자비를 구하기 위해 자신을 던지는 행위는 선택할 수 있는 사항이라고 생각하지 않는다.

두 번째, 이렇게 주제가 같은 이야기는 개인주의와 밀접하게 연관되어 있다. 프로테스탄트들은 영적인 세력과의 싸움에서 고립된 각각의 사람들이 벌이는 외로운 투쟁을 강조하기 때문에, 파우스트는 성인들의 공동체나 종파에 의지할 수 없다. 그는 고해성사나 성만찬조차도 생각하지 않는다. 루터주의자인 저자는 그를 구원하는 데 성모 마리아가 끼어들지 않기를 분명히 원했다.

셋째, 이 이야기들은 비관적인 색채를 띠고 있다. 중세의 전설에 의하면, 죄인들은 회개하면 구원을 받았는데, 여기서는 융통성 없이 죗값을 치를 뿐이다. 한번 죄를 지은 개인은 신으로부터 등을 돌리고 회개하지 않고 마음을 닫아버린다. 여기에는 예정론이나 운명론보다 더한 뭔가가 있다. 그러므로 이 이야기는 근대 염세주의의 근원과 매개가 되는 것이다. 오늘날의 공포영화처럼, 이 이야기는 선의 권능을 무시하는 대신에 악의 권능을 보여준다.

넷째, 이 이야기들은 프로테스탄트와 지식에 대한 근대적인 이중성을 드러낸다. 파우스트의 원죄는 자기자신과 권력을 위한 지식을 얻고자 하는 거만한 욕망이다. 중세의 유명론과 신비주의로부터 이어져 온 프로테스탄트주의는 신이 내린 은총의 도움을 받지 못한 영혼은 어떤 지식도 제대로 얻을 수 없다고 주장했고, 누구라도 지식을 이용하기 위해서 지식을 구하는 것은 환영이고 죄일 뿐이라고 주장했다. 얄궂게도 이런 생각은 한편에는 기독교와 다른 한편에는 과학, 그리고 학문 사이의 긴장을 조장하면서 끝이 났다. 물론, 근대적인 관점에 의하면, 일차적으로 지식은 인간의 안위를 위해 사용되므로 중요한 것이고, 그 다음으로는 신의 영광을 위해서가 아니라 그 자체를 위해서 중요한 것이다. 이런 식으로 두 관점이 구분되면서 수세기 동안 서양사상은 기형적으로 변모해갔다.

다섯째, 메피스토펠레스라는 캐릭터는 악마 캐릭터의 변화를 알리는 신호탄이었다. 적어도 그는 자신의 희생자에 대한 최소한의 동정심을 가지고 있었고, 자신이 일으킨 모반에 대한 후회의 기미를 포함해서 약간의 자기반성의 뜻을 내비춘다. 내면화되고 인간화된 사탄의 성격은 16세기와 17세기 후반의 후기 파우스트 문학에서 중요한 테마가 되었다.

파우스트 전설이 최초로 문학적으로 표출된 것은 크리스토퍼 말로(1564-1593)가 1588년이나 아니면 1589년에 쓴 『포스터스 박사』라는 작품이었다.[59] 말로가 쓴 작품의 줄거리는 「파우스트 서」를 주로 따른다. 말로의 장엄한 운문의 장면 사이사이에서 삐걱거리는 불협화음을 들을 수 있고, 어떤 장면들에서는 익살로 점철된 것을 보고 몇몇 비평가들은 말로에게 틀림없이 공동 집필자가 있었을 것이라고 주장하게 되었다. 그런 주장은 사실일 수도 있지만, 각 장의 불협화음은 원본

「파우스트 서」의 특징을 반영한 것일 뿐이고, 더욱이 지식에 목말라 하는 학자에서 우스꽝스러운 사기꾼으로 타락해가는 파우스트의 모습을 역설적으로 강조하기 위한 극적인 장치일 뿐이다. 파우스트의 첫번째 죄목은 자만심이다. 처음부터 파우스트는 메피스토펠레스를 조정해서 자기자신의 야망을 채울 수 있으리라고 상상한다.

> 그를 통해서, 나는 지상의 위대한 황제가 될 것이다.
> 그리고 다리를 만들어 흐르는 대기를 통해
> 바다를 건넌다, 한 무리의 사람들과 함께
> 아피륵 해변에 붙어 있는 언덕에서 즐길 것이다.
> 그 나라를 스페인으로 통하는 대륙으로 만들면
> 나의 통치에 기여할 것이다(1.3.329).

곧 감언이설로 메피스토펠레스는 거짓으로 약속하고, 위협을 가해서 유리한 위치를 차지한다. 메피스토펠레스가 지옥을 보여주었을 때, 파우스트는 극악무도한 상황을 알아차리기 시작하지만, 그는 최후의 치명적인 죄, 절망에 굴복하고 만다. 그는 그리스도가 자신을 구할 수 있다는 것을 믿지 않았다. 왜냐하면, 자기 죄를 회개한다는 것은 자신이 얻은 권력과 누렸던 너무나 많은 것들을 포기해야 하기 때문이다. "나는 회개한다. 그럼에도 나는 절망한다"(5.1.184). 결국, 악마는 비명을 지르는 그를 끌고가서는 그의 사지를 갈기갈기 찢어놓게 되고, 파우스트의 학생들은 다음날 아침 절단된 시체를 발견한다.

『파우스트』는 세속적인 명성과 권력에 대한 욕망이 파멸할 수밖에 없다는 메시지를 전달하는 전통적 기독교의 영향을 받은 극이다.[60] 도로시 세이어스(Dorothy Sayers)가 언급한 것처럼, 메피스토펠레스는 "정신적으로 미치광이인데, 다른 많은 미치광이들처럼, 매우 말재주가 좋고 교활하다."[61] 말로는 악마의 성격에 관한 전통적인 관점에다가 심리적인 깊이를 더 하였다. 메피스토펠레스는 자신의 지복(至福)을 빼앗긴 것에 대해 안타까워하는 것을 보면 전적으로 악은 아니다. 침울하고 내성적인 메피스토펠레스는 중세의 연극에 등장하는 어리석고 우스꽝스런 악마와는 거리가 멀고, 어떤 면에서 낭만주의적인 사탄의 모습을 예시하고 있다. 자신의 운명을 알아차리고 그는 깊은 후회에 빠진다.

> 지옥은 어떠한 제한도 없고 경계도 없다.
> 우리 자신이 있는 곳에서. 하지만 우리가 있는 곳이 지옥이다,
> 그리고 지옥이 있는 곳에 우리는 존재해야 한다.
> 그리고 결국, 모든 세상이 사리지게 되면,
> 그리고 모든 창조물들이 정화될 것이고,
> 모든 장소는 천국이 아니라 지옥이 될 것이다(2.1.513)

신이 존재하는 곳이야말로 현실이다. 그밖의 모든 것은 환영이고 무(無)라는 것을 메피스토펠레스는 알고 있다. "여기가 지옥이라면, 나는 왜 여기서 나갈 수 없는가"(1.3.300). 기독교인들 개개인은 자기자신의 운명에 대해 책임을 져야 하므로 악마는 파우스트를 유혹할 필요가 없고, 자신의 자만심과 욕망을 극복하기만 하면 파우스트는 주도권을 잡을 수 있다. 메피스토펠레스는 파우스트가 파멸하는 데 빌미를 제공한 것이 아니라 파우스트가 죄를 짓는 데 사용한 도구에 불과하다. 나중에 메피스토펠레스는 파우스트가 아낌없이 내던진 영혼을 지배하게 된 것이다. 이것은 그리스도와 사탄 사이의 투쟁이 아니라 근대의 인간이 고의로 자기자신의 삶을 파괴한 것에 해당한다.

악마는 그 시대의 수많은 여러 저작물 속에서 심각한 존재로 등장하지만, 세기 말에 이르자, 두 개의 대립되는 경향이 나타났다. 하나는 익살스런 악마가 부활된 것이고, 또 하나는 악의 초점이 악마에서 인간의 인격으로 이동한 것이다. 벤 존슨은 자신의 저작 『악마는 바보(*The Devil Is an As*)』(1616)에서 너무나 우스꽝스럽게 악마를 묘사하고 있으며, 존 웹스터는 소름끼치는 연극 〈하얀 악마(The White Devil)〉(c. 1608)와 〈말피의 공자(The Duchess of Malfi)〉(c. 1614)를 통해서, 인간적인 성질에서 기인된 악마적인 것들을 제시하고 있다.[62]

윌리엄 셰익스피어(1564-1616)의 작품 속에서, 영혼들은 직접적으로 나타나곤 하지만, 악마는 자신의 형상을 드러내지 않는다. 영혼들은 『맥베스』(1606)에 나오는 마녀들처럼 때로 악한 성격을 지니기도 하고, 때로는 햄릿의 아버지처럼 무섭고 모호한 성격을 지니기도 하며, 『한여름 밤의 꿈』(1595)에서처럼 신비롭기도 하고, 『윈저의 유쾌한 부인들』(1600)의 요정들처럼 익살맞기도 하다. 셰익스피어의 작품에서 악마적인 인간들, 즉 자신을 위해 악을 욕망하는 인간들보다는 악마적인 영혼들이 악과 공포에 대해 부담을 훨씬 덜 갖는다. 『타이터스 · 앤드로니커스』(1594)에서 아론, 『오셀로』(1604)에서 리처드 3세와 이아고, 『리어왕』(1606)에서 맥베스와 맥베스 부인, 그리고 고네릴, 에드문트, 그리고 리건.[63]

심지어 셰익스피어의 작품에 등장하는 영웅들도 악마적인 자취를 드러낸다. 햄릿은 사랑과 동정심을 거부하고, 자기 연민에 빠진 리어는 이 우주를 맹렬히 비난하며, 오셀로는 진정한 사랑을 이해하지 못하게 가로막는 집착을 시험해보려는 유치한 질투에 빠져 있다. 『겨울 이야기』에서 질투에 현혹된 레온테스는 자신의 아내를 가두고 그녀의 정부라고 잘못 의심한 남자를 죽이려 한다. 위대한 극작가도 당대에 악은 영혼의 형태보다는 인간의 형태로 제시됐을 때 더욱 설득력이 있다고 생각했다. 하지만, 셰익스피어의 작품에 나오는 등장인물들에게서, 악은 정상적인 인간의 죄나 악의 범위를 초월한다. 셰익스피어는 인간의 마음속에 악 자체를 위한 악, 우리들의 의식적인 실수나 결점을 초월하는 악에 대한 욕망이 있음을 감지했다. 이런 점에서, 적어도 셰익스피어는 악마의 존재를 믿었다.

『타이터스 · 앤드로니커스』에서, “이 모든 불행을 주도적으로 창조하고 음모한”(5.3.122) 아론은 “성육신한 악마”(5.1.40)라고 불리고, 그가 내뱉은 말들은 인간적인 동기를 뛰어넘는 악의를 드러낸다.

그는 입으로 잔인한 농담을 지껄이며 사람을 죽인다. 간호사를 죽이면서, 비웃듯이 말한다. “꽥, 꽥! 쇠꼬챙이에 매달릴 준비가 된 돼지처럼 그렇게 울어봐라”(4.2.146-147). 그는 자신의 범죄 행위를 자랑삼아 말한다. “제기랄, 내 행동을 통해 내 가치를 알아보라”(5.1.103). 그리고 그는 회개하기를 거부한다.

이것은 자신의 인간적인 욕망을 충족하려 하고, 그런 후에 자신이 치러야만 하는 대가에 두려워하는 파우스트가 지껄인 말이 아니다. 그것들은 심지어 사탄을 숭배하며 악을 일삼는 메피스토펠레스의 언사가 아닌 그의 잃어버린 지복에 대한 한탄이다. 이것들은 사탄의 말이고, 밀턴이 지옥에서 악마의 입으로 확인했던 것과 같은 거만한 무자비함을 나타낸다. 아론의 행동을 유발한 유일한 인간적인 동기는 자신이 인종적으로 일종의 기형이라고 생각했던 흑인이라는 것이다. 그는 자신의 동료들과 다른 외모를 가진 것에 대해 괴로워한다. 그러나 신보다 열등하게 창조된 것에 분노하는 루시퍼처럼, 흑인이라는 점에 대해 느꼈던 아론의 분노는 그 자체로 이 세상에 대한 무익하고도 비이성적인 증오가 된다. 그가 가지고 있는 분노는 핑계에 지나지 않는다.

왜냐하면 그것 때문에 자기 마음대로 행동해도 되는 충분한 이유가 될 수 없기 때문이다. 아론은 자기 마음대로 악을 위해서 악을 선택할 뿐이다.

리처드 3세는 또 하나의 극악무도한 망나니 악당으로 나온다. 이 인물은 셰익스피어가 세 개의 연극(『헨리 6세 2부』, 『헨리 6세 3부』, 그리고 『리처드 3세』)을 통해 주장하는 끊임없는 악의를 가지고 있다. 아론의 검은 색 피부처럼 리처드가 꼽추인 것이 그가 악행을 저지르는 하나의 징후이며 표면적인 동기이다.

> 하늘이 나의 몸을 이렇게 만든 이후로,
> 지옥은 그에 걸맞게 나의 정신도 불구로 만들었다
> (『헨리 6세 3부』, 5.6.78-83).

아론과 마찬가지로 리처드의 기형적인 모습은 자신이 저지른 행동의 동기라기보다는 오히려 핑계에 가깝다. 악 자체를 위한 악에 대한 욕망이 그의 본성에 스며 있다. 절망과 자기 연민, 고립과 단호한 악의로 가득 찬 그의 말들은 사탄과 같은 것이다. "나는 악한으로 결정되었다"라고 그는 차갑게 주장한다(『리처드 3세』, 1.1.30; 5.3.190-195). 사탄처럼 그도 처음부터 거짓말을 하고 살인을 저지른다. 그는 덕을 조롱하고 차갑고 냉소적인 농담으로 자신의 악한 본성을 과시한다. 결국 그는 희망이나 신뢰를 드러내놓고 무시함으로써 저주를 받는다.

> 나는 절망한다. 나를 사랑하는 피조물은 아무것도 없다.
> 내가 죽는다 해도, 어떤 영혼도 나를 불쌍히 여기지 않을 것이다.[64]

『자에는 자로』(1604)에 나오는 안젤로는 동기가 너무나 인간적이어서 전적으로 악마적이라고 할 수는 없지만, 클라우디오가 언급했듯이, "우리의 본성은 추구한다. 맛좋은 독을 게걸스럽게 먹는 쥐들처럼 / 목마른 악은 우리가 목마를 때, 우리를 죽인다." "나는 지금의 나이다. 나는 저주를 받을 것이고 나는 자비도 동정도 바라지 않는다. 나는 영원히 내 안에 갇힌 채, 나 자신으로 남을 것이다." 셰익스피어의 작품에 나오는 악역들이 전하는 이런 메시지는 오랜 역사를 지닌 것들이고, 이런 식의 표현들은 지옥에서 최초로 씌어진 것이다.

후기 비극—햄릿, 오셀로, 리어왕, 그리고 맥베스—에서 셰익스피어는 근본적인 악과 악령에 대해 그의 관심을 증폭시키고 있다. 햄릿은 악령도 아니고 그의 분노는 이해할 수 있는 정도이다. 그의 숙부가 아버지를 살해했고, 그의 어머니는 그 살인자와 결혼을 했다. 비텐부르그의 옛 친구들도 그를 죽이려 했다. 일단 스스로 복수하기로 마음을 먹자, 악마가 들어와서 점차 자신의 목적에 맞게 햄릿을 조정한다. 햄릿은 살인을 계획하고, 사랑하는 오펠리아를 멀리 보내 결국 미쳐

자살하게 만든다. 그는 재빠른 칼솜씨와 잔혹한 농담으로 폴로니어스를 패배시키려고 친절함을 팽개친다. 햄릿은 자신이 저지른 죄에도 불구하고 여전히 그를 사랑하는 어머니를 파멸시켜 굴욕을 줄 계획을 한다. 그는 왕이 자신의 죄를 뉘우치는 기도를 하고 있는 것을 알고는 회개하는 순간에 죽여서 구원을 받는 일이 없도록 클로디어스를 처형할 기회를 미룬다. 햄릿은 복수하는 재미를 완전히 없애는 것보다는 신이 주신 영혼을 잃는 편을 택한다. 마침내 그는 자기의 누이 오필리아의 원수를 갚으려고 했던 점잖은 사람, 레어티즈와의 싸움에서 숨을 거둔다.

주로 비평가들이나 연출자들이 잘못된 문에 맞춰보려고 애썼던 이 극의 열쇠는 햄릿 아버지의 유령이라고들 말한다. 피 흘리며 나타나는 그의 아버지는 1막 전체와 나아가 극 전체를 어둡게 만든다. 그 유령이란 것이 사실은 단순한 유령이라기보다는 악령이나 악마 자신에 가깝기 때문이다.[65] 그 유령이 정말로 어떠한 존재인가를 알 수 있는 방법은 셰익스피어가 유령을 통해 의도하려 했던 것이나 연극 속에서 어떤 기능을 담당하는지를 묻는 것이다. 분명히, 셰익스피어의 주된 의도는 그 유령이란 존재가 청중들에게, 등장인물들에게, 그리고 특히나 햄릿에게 모호하게 나타날 수도 있다는 것이다. 이 연극의 발단에서 유령을 보는 순간부터, 등장인물들은 그를 어떻게 봐야 할지 확신하지 못한다. 그는 유령인가 아니면 악령인가? 셰익스피어는 그런 모호함이 유지되기를 전적으로 바랬다.

그 가상의 유령이 진짜로 악령인지 아닌지는 우선 그 연극이 이교도적인 성격을 띠고 있는지 아니면 기독교도적인 성격을 띠고 있는지에 달려 있다. 마르켈루스는 어떠한 악한 영혼도 감히 나돌아다니지 못하는 예수 강림의 시기에 대해 논하면서 이 유령의 출현을 분명히 기독교적인 문맥(1.1.157-164) 안에 두고 있다. 하지만, 호라티오는 고대 로마의 전통을 언급하면서 이 유령의 출현을 이교도적인 맥락(1.1.112-125)에 두고 있다. 이 연극은 그리스 비극과 숙명적인 격정의 관점에서 읽을 수도 있고, 아니면 기독교의 원죄의 관점에서 읽을 수도 있지만, 애초의 애매모호함은 그대로 남을 수밖에 없다. 우리가 마르켈루스의 기독교적인 맥락을 따르는 한—셰익스피어의 극을 감상하는 청중들이나 셰익스피어 자신이 받아온 교육이나 기본적인 전제도 기독교적이다—기독교의 용어로 악령과 유령을 비교 검토할 필요가 있다. 가톨릭의 악마론과 프로테스탄트의 악마론 사이의 차이를 논하는 데 많은 노력들이 기울여졌는데, 몇몇 비평가들은 가톨릭은 연옥의 존재를 인정하고 반면에 프로테스탄트들은 인정하지 않으므로 햄릿의 유령은 가톨릭의 영향을 받은 것이라고 주장한다. 유령이 스스로 연옥에서 왔다고 말한 것은 사실이지만—비록 정통적인 어법은 아니지만—이 논쟁에서 중요한 문제는 유령에 대한 가톨릭과 프로테스탄트의 교리에 근본적인 차이가 없다는 것이다. 그레고리 대제를 포함해서 몇몇 사람들은 죽은 사람의 영혼이 꿈이나 환상을 통해 살아 있는 사람들에게 나타날 수도 있다고 주장하였지만, 대부분의 신학자들은 유령의 존재 가능성을 인정하지 않았다. "유령"이란 인간의 모습을 한 악령이나 악마일 가능성이 더 많다는 것이 표준적인 견해였다. 유령에 대한 미신이 계속되었고, 유령에 관한 이야기들은 셰익스피어의 시대에도 기독교적인 유럽에 존속하고 있었지만, 유령은 기독교 신학에서 결코 일관적인 위치를 차지한 적은 없었다. 당연히, 셰익스피어의 청중들이 대체로 신학적으로 세련된 견해를 가지지는 않았지만, 대부분은 유령이 출현한다고 하면 유령보다는 악령일 것이라고 추측했을 것이다.

등장인물들 스스로도 같은 식으로 반응한다. 그들은 유령이라고 하면 악령이라고 믿는 경향이 더 강했다.

호라티오는 햄릿에게 그것을 "너의 아버지와 같은 형상"(1.2.199)이라고 전한다. 그러나 햄릿은 자신이 직접 보기 전에는 믿지 못하고 의심한다. "만일 그것이 고귀한 아버지와 같은 사람이라고 한다면, 지옥이 입을 벌리고 있더라도 나는 그에게 말을 걸 것이다"(1.2.244-245). 햄릿이 그것을 보았을 때, 대담하게 말을 걸었지만, 그의 마음은 결코 진정되지 못한다.

그리고 즉시 햄릿은 결정적으로 마음을 정한다. "나는 당신을 햄릿, 왕, 아버지, 고귀한 덴마크인으로 부를 것이오"(1.4.44-45). 호라티오는 겁에 질려 왕자에게 경고한다. "만일 그것이 당신을 전장의 꼭대기로 데리고 가 다른 어떤 무시무시한 모습으로 변해 당신을 미치게 한다면 어쩔 것인가"(1.4.72). 그러나 햄릿은 이 일에 확신을 갖고 행하지만 그 통찰력은 그를 파멸로 이끌 비극적 실수에 다름아니었다. 그는 계속해서 의구심을 품는다.

그는 "왕에게서 양심의 가책으로 흔들리는 모습을 포착하기 위해" 일을 꾸미기 시작하고, 그 유령이 진실을 말했고 진짜로 그의 숙부가 아버지를 살해한 범인이라는 것을 알게 된다. 그가 몰랐던 것은, 악마가 영혼을 파괴하기 위해 진실을 말하는 방법을 매우 잘 알고 있다는 것과, 여기서 악마는 햄릿의 영혼뿐만 아니라 클로디어스 거트루드의 영혼도 갈망한다는 것이다.

유령의 모호성의 기능은 뚜렷하다. 즉, 유령은 햄릿을 헷갈리게 한 정도로 매우 애매모호한 존재임에 틀림없기에 청중을 속이기에도 충분한 것이다. 그 유령이 분명히 청중들이나 다른 등장인물들에게 사탄으로 확인될 수 있다면, 햄릿이 보여준 불신과 잘못된 통찰력은 설득력도 없고 동정의 여지도 없는 것이다. 악마가 유령처럼 햄릿을 속일 만큼 충분히 설득력을 가지고 있어야만 하고, 그래야 청중들을 포함해서 모든 인간들을 속일 수 있다고 주장할 수 있다.

셰익스피어의 첫 번째 의도는 유령의 모호함을 유지하는 것이었다. 그의 두 번째 의도는 사실 그 유령이란 것이 악령이고, 그래서 우리는 햄릿의 끔찍한 실수로 인해 감동을 받을 수도 있고 결말을 이해할 수도 있도록 만드는 것이었다. 셰익스피어는 청중들이 그 유령을 실제로 악령으로 짐작하고 있음을 알고 있고, 그 역시 그러한 짐작이 옳다는 것을 분명하게 암시한다. 그것은 자정 녘에 황폐하고 험하고 위험한 장소에서 나타난다. 호라티오가 하늘의 이름으로 그것에게 말을 하라고 명령할 때, 곧바로 사라졌다. 다시 나타났을 때, 그것은 새벽에 사라지고(1.1.139), 호라티오는 새벽의 전령에게 그것의 반응을 설명한다. "그것은 죄지은 것처럼 나타났다. 무서운 소환을 받은 듯이"(1.1.148-149, 1.2.217-218). 그의 안색은 불안해 보이고 "매우 창백"하다(1.2.233). 마르켈루스의 말은 낮이나 예수 강림 시기에는 걸어다닐 수 없는 악한 영혼과 그것을 연결시킨다. 그 유령은 연옥에서 나왔다고 밝히고 있지만, 악마가 진실을 말하리라고 기대하기는 어렵다. 왜냐하면 그렇게 하는 것은 그에게 불리하기 때문이다. 수세기 후의 이반 카라마조프의 사탄처럼, 악마는 자기자신의 목적을 위해 존재한다는 것을 부인한다. 유령은 시기심과 질투심이 강하며, 자부심이 강하고 거만하다. 유령이 묘사하는 클로디어스와 거트루드의 범죄 행위는 추잡함과 광포함으로 만연되어 있다(1.5.42-91). 유령은 햄릿에게 애정어린 말은 한마디도 하지 않는다. 죽은 왕이 아들에게 해준 유일한 충고가 복수에 대한 강요라는 것은 가장 확실한 거짓의 증거이다. 그 말이 거짓인 이유는 연옥에 있던 영혼은 구원을 받아서 신의 사랑을 강조하게 되기 때문에 그런 영혼이 복수를 강요할 수는 없다. 청중들에게 어느 정도 있는 그대로 명확하게 말하기 위해, 셰익스피어는 유령이 무대 밑, 즉 악마가 사는 장소로부터 햄릿과 호라티오에게 말을 하게 한다. 유령은 그들에게 맹세하도록 만든다. 즉, 호라티오에게는 비밀을 지키도록 햄릿에게는 복수를 하도록. 구원받은 영혼이라면 그런 서약뿐만 아니라 어떤 서약도 요구하지 않았을 것이다. 유령은 무대 아래에서 자신의 위치를 계속 바꾸고(악마는 변형자로서 가장 악명이 높다), 햄릿은 그것을 땅에 굴을 파는 두더지나 "공병"이라고 부르면서 기이하다고 조소한다(1.5.102-181). 셰익스피어는 그 유령을 악마라고 대놓고 말하는 것을 제외하고 모든 것을 다 한다. 셰익스피어는 우리도 의구심을 공유하고, 그래서 정확한 판단을 내리지 못하는 햄릿의 어려움을 이해할 수 있게 하기 위해서 직접적인 설명을 피하고 있는 것이다.

열쇠는 통찰력이다. 어떤 판단을 내릴 때 중요한 것은 좋은 나무는 좋은 열매를 맺고 나쁜 나무는 나쁜 열매를 맺는다는 인식을 바탕으로 한다. 열매가 나쁜데 나무가 좋을 수는 없다. 햄릿은 거칠게 말하고 복수를 강요하는 영은 신이 아니라 악마와 가깝다는 것을 알아차렸어야 했다. 하지만 그는 지독한 나약함으로 인해 "그것은 정직한 유령"(1.5.138)이라는 결론에 도달한다. 햄릿은 1막 2장의 독백에서 이미 자신은 어머니와 숙부에 대한 분노에 사로잡혀 있고, 자신의 영혼은 악한 영에게 기만당할 준비가 되어 있음을 드러냈기 때문에 햄릿이 저지른 실수들은 예견되었던 것이다. 자연스럽게, 악마는 그럴듯하게 자신을 속이고 속에 감추어진 진짜 모습을 보지 못하도록 선량한 누더기를 걸치고 나타난다. 분명한 동정심에서 유령은 햄릿에게 경고한다. "너의 마음을 더럽히지 말고, / 어떤 일이든 너의 영혼이 어머니에 대항하는 일은 도모하지 말게 하라"(1.5.86-87) 그러나 이미 유령은 너무나도 생생한 욕정과 살인의 화신으로 햄릿의 마음을 더럽혀놓은 후에 이런 말이 나왔고, 숙부의 부인에게는 어떤 불행도 초래하지 않으면서 숙부를 죽일 수 있다는 생각은 명백한 모순이 된다. 햄릿 자신의 증오가 악으로 통하는 영혼의 문을 열어, 악마가 자유롭게 드나든다. 햄릿이 복수심에 불타 계획을 진행할 수 있었던 것은 악마의 도움 때문이다. 점차 냉정하고 더욱 잔인해져서, 햄릿은 죄가 있는 클로디어스나 거트루드뿐만 아니라 오필리아, 레어티즈, 그리고 폴로니어스를 파멸시킨다. 햄릿이 레어티즈의 용서를 구한 것은 사실이다. 그리고 그 용서 안에 고통받는 햄릿의 영혼의 희망이 있을는지도 모른다. 그러나 덴마크(우주를 상징함)의 희망은 햄릿의 음모에 있는 것이 아닌 늙은 왕의 어두운 그림자를 일소할 새왕의 강림에 있는 것이다. 다시 열쇠는 통찰력이다. 그 유령을 아버지의 혼령으로 받아들이는 햄릿의 잘못된 선택을 이해할 수 있으면, 우리는 그 선택의 궁극적인 결말이 어떤 것인지를 알므로, 햄릿보다는 더 잘 알 수 있는 위치에 있게 되는 것이다. 햄릿과 호라티오는 어느 정도 의구심을 가질 수도 있지만, 청중들은 그렇지 않다. 유령이 촉구하는 일련의 행위 때문에 무고한 사람들이 죽고 파멸되고 몰락하게 되었다. 그 유령은 햄릿 왕의 혼령도 어떤 인간의 혼령도 아니었다.

『오셀로』에서, 셰익스피어는 악을 더욱 깊이 끌어들인다. 이아고는 인간과 악마의 중간쯤에 위치하는 인물이다. 그는 카시오를 질투한다는 인간적인 동기를 가지고 있는데, 오셀로가 자기 대신에 카시오를 부관으로 임명했고 나중에 그는 확신이 없음에도 불구하고 오셀로가 자기에게 부정한 짓을 했고 그 앙갚음으로 자기자신도 데스데모나를 탐했다고 주장한다(1.3.386, 2.1.289-315).[66] 이러한 동기들은 깊고 싸늘한 증오를 합리화한다. 아론의 검은 피부색과 리처드의 불구처럼, 이 첫 번째 동기는 이아고가 자기 마음대로 절대적인 악을 선택한 사실을 감추는 변명에 불과하다. 물론 『오셀로』에서 셰익스피어는 등장인물의 피부색을 바꾸어, 악역들이 흰 피부를 가지고 영웅이 오히려 검은 색 피부를 갖는다. 역설적으로, 이아고는 오셀로를 악마(1.192)라고 언급하지만, 나중에, 둘 중에 누가 지옥에서 왔는가가 분명해진다. 결국 이아고의 기만을 알아차린 오셀로는 그를 죽이려 한다. "나는 그의 발을 내려다보았다", 발 모양이 갈라져 있을 거라고 예측하면서 오셀로는 말한다. "우화에나 나오는 이야기지만, 네가 악마라면, 난 너를 죽일 수 없다." 그러자 이아고가 대답한다. "난 피를 흘리기는 하지만, 죽지는 않는다"(5.2.288-290).

베네치아 지배층에 타격을 가하면서 이아고는 오셀로, 데스데모나, 카시오, 로드리고, 그리고 에밀리아를 파멸시키는데, 이 모든 행동을 통해 그는 단 한번의 인간적인 자책도 하지 않는다. 그는 무자비하다.

> 그것은 생겨난 것이다.
>
> 이 세상의 빛에 지옥과 밤이 괴물처럼 태어나야 한다(1.3.403-404).

3막에서, 오셀로와 이아고는 서로 함께 무릎을 꿇고 이상한 의식을 치른다. 오셀로는 데스데모나에게의 복수를 맹세하고 이아고는 보답 차원에서 기지와 손과 마음으로 봉사를 다할 것을 맹세한다. 이 장면은 일종의 협약을 의미하는데, 오셀로가 파우스트이고 이아고가 메피스토펠레스의 역할을 하는 것 같다. 이렇게 서로 서약을 교환하는 것은 그 둘이 깨기로 결정한 결혼 서약을 끔찍하게 패러디한 것이다(3.3.462-481).[67] 이아고는 메피스토펠레스보다 악에 대해 더욱 무감각해지면서 그의 근본적인 범죄 행위들은 루시퍼와 같아진다. 자만심, 자기가 섬기던 신에 대한 배신, 무고한 자들에 대한 유혹, 부족한 회개심, 그리고 무엇보다도 거짓말. 그는 오셀로에게 분명하게 말한다. "나의 하나님, 당신은 내가 당신을 사랑한다는 것을 아십니다"(3.3.119).

『리어왕』에 나오는 에드문트, 고네릴, 그리고 리건의 악행에는 근거가 전혀 없는 것도 아니다. 에드문트의 구실은 자신이 서출이라는 것이다. 자신이 서자이기 때문에 아버지 글라우스터를 속여 자기의 형 에드가가 반역자라고 믿도록 속인다. 에드가는 추방을 당하고 콘월에게 눈을 잃은 글라우스터는 눈이 먼 채로 세상을 떠돌게 된다.[68] 에드문트는 자기편에 대항해서 음모를 꾸미고 리건을 유혹하려 하고, 남편 알바니에게서 고넬리를 농락하려 한다. 서자라고 하는 신분이 그토록 마음대로 저지른 악에 대한 해명이 될 수 없다. 상상을 초월한 악이 얄팍한 구실을 통해 자행된다. 에드문트는 소리친다.

> 속기 쉬운 아버지여! 그리고 고귀한 형은
> 그 본성이 해를 끼치는 것과는 너무나 거리가 먼
> 그는 아무도 의심하지 않는구나. 어리석은 정직함이여
> (1.2.187-192).

에드문트가 자기의 아버지와 형을 배반한 것은 두 여왕이 그들의 아버지와 누이들을 배반한 일을 반영한다. 이런 일들은 에드문트가 가졌던 악행의 동기도 없다. 고네릴의 남편 알바니는 아내에 대해 가지고 있던 생각에 있어서는 속지 않았다.

> 너 자신을 보라, 악마여!

이에 대해 악은 선한 자들을 위해 예비된다고 고네릴은 비웃으며 대답한다. "어머나 세상에 아저씨, 야옹!"(4.2.60-68).

『맥베스』는 죄악과 환상으로 가득한 어둡고도 안개 자욱한 세계를 무대의 배경으로 한다. 가장 성공적인 몇몇 작품들—1983년에 레어드 윌리엄슨(Laird Williamson)이 연출한 것처럼—에서는 악령들이 숨어서 등장인물들을 패망의 길로 몰고가는 연기가 전편에 흐른다. 처음부터 초자연적 존재들이 연극무대를 가득 채운다. 세 명의 마녀들이 연극에 나오는 최초의 등장인물들이고, 악마적인 것이 전체 극을 압도한다. 맥베스 자신은 악령도 아니고, 그의 동기는 인간적이다. 야심은 있지만 나약했던 이 사람은 굽힐 줄 모르는 야심에 찬 부인에게 사로잡혀 있다. 그녀의 악행과 절망, 몰락(5.3-4)은 극적이게도 그녀의 남편보다는 그 정도가 약하다. 맥베스 부인, 마녀들, 그리고 악마적인 것 이 모두는 가차없이 쇄도하는 초월적인 악에 휘말리는데, 이러한 악은 던컨, 맥더프 부인과 그녀의 아이들, 그리고 이 모든 불행한 영역을 제압한다. 운명에 따라서 맥베스를 휩쓸고 간 것은 바로 홍수 같은 악이었다. 파우스트와 마찬가지로, 맥베스도 자신의 근원적인 자만심과 야망에 사로잡혔다. 악에 한번 빠져들자 헤어나올 수가 없었다. 부질없이 자기자신을 억제하고 회개하려 하지만, 파우스트가 메피스토펠레스 때문에 그랬던 것처럼, 맥베스 부인 때문에 죄를 짓도록 강요받는다(5.3.22-28). 파우스트처럼, 맥베스의 마지막 죄는 최초의 죄가 자만심이었듯이 절망이다(5.3.22-28). 음울한 "내일과 내일"의 말(5.5.19-28)은 둔하고 무심한 절망과, 사탄이 우리들에게 가장 가져다주고 싶어하는 마음상태인 무의미함을 완벽하게 표출한 것이다. 시인인 신이 만든 이 세상은 맥베스와 사탄이 동등하므로, "바보들이 말하는 이야기처럼, 소문과 분노로 가득 차 있어, 아무런 의미도 없다"(5.4.19-28).

결국, 몰락한 자기의 성을 버리고 신하와 병사들에게 버림받고, 마녀들에게 배신당하고, 적에게 쫓겨 혼자 남았을 때 어떤 영웅적인 위대함이 맥베스에게 존재한다. "나는 굴복하지 않을 것이다"라고 그가 맥더프에게 말할 때, 우리의 가슴은 용기로 가득 차게 된다. 그러나 이것은 영웅주의가 아니라 몰락한 영혼의 필사적인 도발이다. "준비하라, 맥더프"(5.8.3334). 맥베스의 마지막 대사에는 온전하게 진실이 전도된다는 역설이 담겨 있다. 맥베스는 '이제, 그만' 이라고 말하지 않으므로 저주를 받는다. 파우스트나 밀턴의 사탄처럼, 스스로를 끝내지 않고는 끝낼 수 없는 자기 본성 때문에 너무나 많은 악행을 저질렀다. 그는 단순히 초월적인 악을 확장했을 뿐이다. 윌리엄슨이 연출한 맥베스에서는 탈권자의 잘린 머리가 영원히 마녀들이 보여주는 사탄의 머리를 향하면서 끝난다. 햄릿이 덴마크를 뒤덮었던 것처럼, 스코틀랜드를 뒤덮은 어둡고 악하고 비현실적인 분위기는 새로운 왕이 도래하면서 거두어진다.

루터에서 시작해서 셰익스피어로 끝난 16세기에는 악마와 악의 개념에 커다란 변화가 있었다. 셰익스피어 작품 속의 악역들은 초월적인 악이 자기들 안에서 작동하게 하고, 때로는 자신들을 압도하게도 하지만, 그들 자신이 악령은 아니다. 선이 악에 대항해서 싸우는 무대는 더 이상 하늘의 궁륭도 지옥의 구덩이도 아니고 바로 인간의 마음속이다. 그리고 기독교 공동체의 중심이라기보다는 자신의 신, 그리고 자신의 사탄과 홀로 맞서 있는 개개인들의 마음속이다. 부르주아라는 경쟁적인 사회가 흥기하면서 프로테스탄트의 신론과 연금술이 가지고 있던 개인주의가 자극을 받게 되었다. 마녀 기술에 대한 믿음과 악마라는 존재에 대한 믿음은 셰익스피어 시대에는 여전히 강하게 남아 있었고, 그러한 믿음을 떠받치던 세계관은 몰락하지는 않았지만, 서서히 저물어가고 있었다.

사탄의 악이 인간의 마음속에 내면화되어 자리잡게 되었다는 것은 적절한 설명일 수도 있다. 우리는 사탄의 본질에 대해서는 아무것도 모르며, 우리가 악마에 대해 말할 수 있는 것이라야 우리 자신의 마음으로 경험한 것이 전부이므로. 셰익스피어는 자기 작품 속의 악역들을 사탄의 이미지대로 만들었지만, 원래 사탄은 악한 인간들의 이미지대로 만들어졌던 것이다. 천년이 넘도록, 악은 천사의 권능으로 비춰져왔다가, 이제 악은 인간의 문제로 되돌아왔다. 하지만 셰익스피어가 그토록 직접적으로 그리고 직관적으로 이해했던 악이라는 초월적인 힘은 여전히 남아 있다.

3.
두 세계 사이의 악마

전통적인 기독교 세계관과 유물론을 기반으로 하는 이성주의적인 철학 사이의 투쟁은 17세기까지 계속되다가 결국 유물론의 승리로 끝났다. 이러한 승리는 갑작스러운 것도 그렇다고 완전한 것도 아니었다. 전통적이고, 스콜라적인 세계관이 침식되어가고 있다는 것이 영국의 찰스 2세(1660-1685)나 프랑스의 루이 14세(1643-1715)와 같은 지식의 선도자들에게는 분명했지만, 그런 상황이 모든 사람들에게 당연하게 받아들여지기까지 2세기의 시간이 흘러야 했다. 1600년대에 극소수 대담한 정신의 소유자만이 감히 표현하던 악마에 대한 잠재적인 회의론은 1700년대에 이르러 어느 사회에서도 일정한 기간 동안 (옳든 그르든) 지니고 있는 무언의 상식적인 가설의 일부가 되었다. 악마와 지옥에 대한 논의가 쇠퇴하게 된 것은 1660년 이후의 과학의 흥기, 대륙

(1618-1648)과 영국(1640-1660)에서의 끔찍한 종교 전쟁, 그리고 우주에 대한 냉철하고 이성적인 견해에 대한 갈망들을 포함해서, 수많은 진보에 의해 이루어진 것이었다. 프로테스탄트주의에서는, 루터와 칼뱅이 믿고 있는 전능한 하나님이 모호하게 자비롭고 멀리 떨어져 있는 신으로 대체되는 폭넓고, 관대하고, 밝은 아르마니아주의가 확산되면서 예정론에 대한 믿음은 줄어들었다.

사탄에 대한 논의가 줄어든 가장 중요한 이유 가운데 하나는 마녀 광란이 쇠퇴한 것이었다. 사람들은 뭔가에 위협을 받는 것, 즉 적개심을 가지고 있는 영들처럼 무서운 존재에게 위협을 받고 책임 추궁을 당하면서 위협을 받는 데 염증을 느끼게 되면서, 악령의 마술이 17세기 중반에 급격하게 쇠락하게 되었다. 악령의 마술에 대한 의구심과 책임 추궁은 어떤 지역에서는 엘리트 계급의 지배권을 흔들 만큼 광범위하게 일어났다. 그 엘리트 자신들이 위협받기 시작했을 때, 그들은 기꺼이 회의주의라는 새로운 통설로 대중들을 교육시키면서 자신들의 영향력을 발휘하였다. 이런 일이 일단 발생하자, 악령의 마술에 대한 믿음에 반대하는 이론적인 논쟁들이 활발하게 진행되기 시작했다. 악령의 마술이라는 중세 종교에 대한 비판을 서서히 펼쳐왔던 프로테스탄트들은 악마적인 마술이라는 것이 성서적인 근거를 전혀 가지고 있지 않다는 것을 뒤늦게 알아차렸다. 신학자들도 역시 악마라는 존재가 너무나 두드러져 실질적으로 악마를 하나님에게서 독립되어 보이게 할 위험성이 생겼다는 데 두려움을 갖기 시작하였다.[1) 『마술의 발견(*Discoverie of Witchcraft*)』(1584)이라는 작품을 여러 차례 17세기에 재출간하기도 했던, 레이놀드 스콧은 악령의 마술로 대표되는 지나친 악마론을 심하게 반대하였다. 스콧은 실증주의자도 과학적 유물론자도 아니다. 그는 과거의 세계관에 따라 글을 썼고, 자신은 사탄의 존재를 믿었다. 그러나 그가 보기에, 악령에 대한 성서에 의거한 참고 문헌들은 대화의 형태를 띠고 있고, 기독교는 우리로 하여금 악한 영들의 지속적인 공격 아래 놓이게 하는 미신을 필요로 하지도 묵인할 필요도 없었다. 세기말이 가까워지면서, 프로테스탄트들과 가톨릭 사이에 점차 증가하는 또 다른 견해는, 그리스도의 시대에 악령에 의한 신들림이 실재했다는 것이 신약에 의해 확인되었다 하더라도, 성경에는 사도 시기 이래로 어떤 신들림이 발생했다는 것을 우리들로 하여금 믿게 할 아무것도 존재하지 않는다는 것이다.

이러한 온건한 회의주의는 『악마론(*Daemonologie*)』을 쓴 스코틀랜드의 제임스 6세, 『마녀의 발견(*Discoverie of Witches*)』(1647)을 쓴 매튜 홉킨스와 같은 열렬한 마녀 신앙의 옹호자들에 의해 제압되었다. 홉킨스의 문헌은 저자가 전문적인 마녀발견자라고 부르는 것을 정당화하려는 자의적인 것이다. 그 세기의 후반에 접어들면서, 마녀 신앙에 대한 학문적이고 이성적인 옹호자들이 계속 나타나는데, 『마녀와 마법에 관한 철학적 고찰(*Some Philosophical Considerations Touching Witches*

글랜빌의 사두키스무스 트리엄파투스(Sadducismus triumphatus, 사두개교의 패배)는 마법에 대한 믿음을 학문적으로 옹호한 마지막 저작들 중의 하나였다. 권두화는 마법에 관한 여러 가지 표준적인 가설들을 보여주고 있다.

and Witchcraft)』(1666), 그리고 이 책의 개정 증보판 *Sadducismus triumphatus*(1681)를 쓴 조셉 글랜빌과 같은 사람들이 있다. 과학과 종교의 양립성을 믿는 열린 정신의 종교관용주의자 글랜빌은 모든 종류의 교조주의에 문제를 제기했고—이성주의자들의 교조주의를 포함해서—, 토머스 홉스의 유물론적 환원주의에 반대하였다. 그래서 글랜빌은 악마의 존재를 가볍게 처리하는 경향을 거부하였고, 악령들에 대한 보고들을 열린 마음으로 조사할 것을 탄원하였다. 메릭 캐서번의 『영혼, 마녀, 그리고 초자연적 권능을 증명하는 논문(*The Treatise Proving Spirits, Witches, and Supernatural Operations*)』(1672)에서는 경험론이 발흥되는 것을 인정했지만 대수롭지 않은 영적인 문제로 과학이 종말을 고해서는 안 된다고 경고했고, 비물질적인 실체에 대한 믿음을 옹호하려면 경험적이고 역사적인 증거가 뒷받침되어야 한다고 주장하였다.

그러나 결국 회의주의는 보편화되었다. 존 웹스터는 자신의 저작 『마법의 드러남(*Displaying of Supposed Witchcraft*)』(1677)에서 철저한 회의론적인 입장을 취했고, 1691년 네덜란드의 목사 발데사르 베커는 『요술에 걸린 세상(*De betoverte wereld*)』이라는 책을 출판했는데, 이 책은 악마와 악한 천사에 관한 모든 믿음들이 이교도의 신앙, 마니교도들의 영향을 받은 잘못된 성경 해석, 그릇된 가톨릭의 전통, 이러한 명백한 잘못을 버리지 못한 프로테스탄트의 실수에서 비롯된 것이라고 단언하였다. 요술에 걸린 이 세상을 진정시키기 위해 베커는 많은 노력을 하였고, 악령의 마술을 지적으로 옹호하는 경향에 대해 마지막으로 타격을 가한 것은 1718년 프랜시스 허치슨의 『마법에 관한 역사(*Historical Essay concerning Witchcraft*)』란 저작이었는데, 그때까지 허치슨은 이미 상당부분 개종된 청중들을 대상으로 설교를 하고 있었다.

1660년대와 1670년대에, 악령이란 인간이 지닌 악에 대한 상징 이외에 아무것도 아니라는 관념이 퍼지기 시작했다. 1700년대에, 신과 악마는 이 세상사 때문에 늘 바쁘다는 믿음 때문에 인간의 일에 좀처럼 간섭하지 않는다는 확신을 낳게 되었다. 종교적인 회의주의가 증가하면서, 영적인 존재는 설명될 수 없다고 주장한 홉스, 데카르트, 그리고 존 로크로 대표되는 철학적이고 이성적인 부류의 회의주의가 완성되었다. 그들의 전제하에서 그럴 수 없다면, 자기들의 설명 불가능한 가정들만이 유일하게 옳은 것이라고 주장하는 과거의 관념론자들만큼이나 새로운 유물론자들은 교조적이었다. 새로 등장한 회의주의의 가장 큰 결점은 충분히 회의적이지 않다는 것이었고, 그 근거의 불확실성을 직시하지 않는다는 것이다.

회의주의가 확산되면서 두 가지 종류의 저항을 만나게 되었다. 하나는 단순히 타성의 힘, 즉 사람들이 빠르게 자신들의 신념을 바꾸지 않는다는 것이었다. 이것은 신학에서뿐만 아니라 법률에서도 그랬고, 로버트 만드로는 악령의 마술에 관해서 선조들이 모아놓았던 방대하고 복잡한 판례가 모두 가치가 없었다는 것을 인정한 판사들의 대단한 용기를 설명하고 있다.[2] 두 번째는 회의주의가 자신들의 믿음의 기초를 허물고 있다고 믿는 일부 전통 기독교의 견해에 대한 합의된 의도적 반응이었다. 영국의 청교도 리처드 그린햄은 "악마는 없다고 우리에게 설득하기 위한 악마의 정책이다"라고 선언하면서 보들레르의 유명한 경구를 예견했다.[3] 악마론과 악령의 마술을 옹호하려는 이런 작가들의 열정은 온전치 못한 정신의 기이한 증거가 아니었다. 순수하게 영적인 존재의 실존에 문제를 제기하는 교리가 악마의 실존에 대한 회의주의에서 신 자체의 실존에 대한 회의주의로 이동할 수 있고, 이동하고 있다고 보았기 때문에, 그것은 전통적인 세계관에 따른 적절한 (잘못 오해되었더라도) 변론이었다.

대체로 17세기 회의론자들은 기독교에서 무신론이나 심지어 기계적인 이신론(理神論)으로의 전환을 촉구하지는 않았다. 오히려, 그들은 이성적이고 형이상학적인 입장에서 기독교를 옹호하는 특징을 가진 중립적 입장을 견지한다. 자연의 질서에서 초자연적인 것을 조심스럽게 분별해내는 제수이트들은 각각 적절한 영역에서 과학과 형이상학을 모두 사용하는 것을 옹호한다. 고트프리트 빌헬름 라이프니츠(1646-1716)의 원리는 본질적으로 여전히 형이상학적이고 스콜라적이었다. 라이프니츠는 지식이란 자연적인 이성에 기초한다고 주장했다. 계시는 자연 이성이 닿을 수 없는 지식을 제공하지만, 그러한 계시도 이성에 종속되어야 하는 것이다. 새로 부상한 이성주의자들과 중세의 스콜라주의자들 사이의 차이는, 전자가 기독교의 구원 계획이 점차 뒤로 물러나고 있는 상황에서, 신앙의 무게 중심이 계시보다는 이성 쪽으로 더 가까이 이동했다는 점이었다. 몇몇 이성주의자들은 이보다 더 나아가서, 기독교 신학의 인식론적인 독립성을 부정하면서 유물론적인 전제를 기반으로 하는 자연 이성이라는 측면에서 기독교를 해석하려 하였다. 이 과정에서, 논리적으로 세 단계(연대기적으로 겹쳐지는)가 발생했다. 첫째는, 기독교 신학이 모든 현상을 설명한다고 가정하였다. 두 번째 단계는, 신학과 과학이 공존하지만 그 각각은 독자적인 영역을 부여받는다. 세 번째 단계는, 과학이 모든 현상을 설명한다고 가정하면서 형이상학을 전적으로 부정한다. 17세기 후반과 18세기 사상에서 유물론의 점진적인 발전은 19, 20세기에까지 계속되는데, 궁극적으로 철학적인 관념론을 부정하는 분위기가 형성되었다.

철학적인 관념론이란 실체의 형상—개, 수레, 또는 왕—은 독립적이고 추상적인 실재라는 믿음인데, 그러한 실재가 개별적인 개, 수레, 왕을 반영한다는 것이다. 전통적으로, 하나의 실체는 두 가지 다른 방식으로 분석될 수 있었다. 하나는 형상에 따르는 것이고, 다른 하나는 물질적인 구성에 따르는 것이다. 한 가지 방법은 다른 종류의 실체보다 개를 본질적으로 개로 만들어주는 개의 질적인 특성을 통해 분석할 수 있다. 이것은 형이상학적인 방법이다. 다른 하나는 실체를 이루고 있는 물질적인 구성요소를 분석할 수 있는 것이다. 이것은 물리적이거나 일반적으로 "자연 철학"에 해당한다. 서구 사회가 점차적으로 경제 성장에 관심을 갖게 되면서, 명확하고 기술적인 결과를 산출할 수 있는 일관되고 통일적이면서 보편적인 과학이 필요하게 되었다. 그러면서 형이상학은 뭔가 부족하다고 생각되었다. "개"가 "수레"나 "왕" 심지어 "고양이"와 전혀 다르고 본질적으로 관계가 없다면, 그 모든 것들을 다루는 통합된 과학이 생겨날 수 없다. 그렇다고 해서 형이상학이 진리를 추구하는 데 유효한 학문분과가 될 수 없다는 뜻은 아니지만, 근대 서구 사회에서 요구되는 기술적인 결과를 산출하는 예측 가능하고 양화 가능한 과학은 될 수 없다는 뜻이다.

다른 한편, 17세기에서 20세기 초반에 이르기까지, 물질은 실재의 근원적인 기반이며 모든 창조물의 공통적인 기반이라고 믿어졌었고, 그래서 물질은 일반적이고 공통적인 원리를 기반으로 하는 공통과학의 주제가 될 수 있었다. 기술적인 성과들을 가능하게 했던 자연과학의 위세가 증가하면서 합리주의적 철학자들의 관심은 형이상학에서 물리학으로 옮아가고 있었다.

새롭게 등장한 합리주의의 최초의 중요한 철학자는 프랜시스 베이컨(1561-1626)이었는데, 그의 저서 『무신론에 대하여(*On Atheism*)』(1612; 2판, 1625)에는 종교에 대한 편견이 섞이지 않은 관대한 견해를 견지했다. 한편으로 신이란 존재가 늘 현시되기 때문에 진정한 무신론은 존재할 수 없고, 다른 한편으로 어떠한 종교도 설명 불가능하므로 관용이 필요하다고 주장했다. "시장의 우상"이라는 베이컨의 개념은 "악마"와 같은 여러 일반적인 낱말들이 인간 정신에 외재하는 어떤 것과 상응하지 않는다는 점에서 우상이라고 주장하면서 유명론적인 전통을 따른 것이었다.[4)]

당시 가장 영향력이 있던 철학자는 온건한 이성주의자 데카르트(1596-1650)였다. 데카르트는 『방법서설』(1637)과 『제1철학에 대한 성찰』(1641)에서 자신의 기본적인 원리를 밝히고 있다. 우리는 처음에 이 세상에 대해서 어떠한 가정도 하지 못하고, 최초의 원리들을 탐구하면서 시작하게 되는데, 직관을 통해 우리 안에 있는 그러한 원리들을 발견하게 된다고 데카르트는 말했다. 존재론적인 논증을 통해서 신이 존재한다는 것은 분명하다. 완전한 존재가 우리 안에 있다는 생각, 이러한 생각은 분명히 불완전한 우리의 정신으로부터 흘러나올 수는 없었고, 완전한 존재 그 자체로부터, 즉 신에게서 나오는 것이다. 우리는 모든 단계마다 문제를 제기하면서, 우주에 대한 탐사를 이성적으로 진행한다. 우리는 감각적인 지각들을 받아들이기로 한다. 왜냐하면 그러한 지각들은 우리에게 명확하고 분명한 관념들을 제공해주기 때문이고, 신은 정확한 지각을 전달하지 않는 감각을 우리에게 부여하지 않으므로 우리를 오도하지 않기 때문이다. 그러나 우리가 명확하고 분명하지 않은 관념을 받아들일 때는 반드시 중대한 실수가 발생할 수 있음을 데카르트는 충고했다.

베이컨은 경험론적인 방법의 근거를 발전시켰지만, 경험론이 성공을 거두기 위해서는 철학적인 체제가 필요했고, 데카르트가 그러한 체제를 제공했다. 데카르트는 체제를 잡는 데 필요한 근간을 유클리드 기하학에서 찾았다. 우주는 한계가 없는 무한한 유클리드 공간 안에 기하학적으로 구성되었다. 이 우주 안에 있는 물체들의 운동을 지배하는 법칙들은 엄밀하게 수학적이고, 물질적이며, 단일하고 변하지 않는다고 가정하면서, 우주의 수학적인 구조는 분명히 과학적인 지식의 바탕을 제공한다는 것이다. 이것이 사실이라면, 데카르트는 수학적으로는 틀렸지만, 자신이 세운 가설들은 옳았음이 판명되었고, 뉴턴이 『프린키피아(*Principia*)』를 저술했을 때, 일관적이고 과학적인 세계관의 기초가 형성되었다.

데카르트는 기독교를 옹호했지만, 궁극적으로 영적인 세계로부터 물질적인 우주를 분리하면서 이 둘을 이어주는 접점으로서의 창조의 행위를 남겨두었다. 태초에, 이러한 원리에 따라, 신은 자연의 법칙에 따라 우주를 창조했고, 그후에 우주가 기계적으로 작동하도록 물러났다. 이러한 방식 이외에는 신이 물질적인 세계에 영향을 미친다는 것을 설명할 수 없다. 우리의 타고난 이해력을 보충하기 위해 사용되는 계시를 통해서 영적인 세계가 존재한다는 것을 알고 있다. 계시를 기반으로 해서, 우리는 그리스도의 성육신이나 천사 혹은 악마의 존재를 받아들일 수 있지만, 자연계 내에서 그런 것들에 어떤 영향력을 부여해서는 안 된다. 이 세계와 신의 세계 사이의 어떠한 실질적인 관계도 거부하는 데카르트의 우주론은, 공간이 무한하다는 견해가 시간도 역시 무한하다는 견해에 의해 보충되면서 다시 한번 힘을 얻게 된 이신론이나 무신론의 전례가 되었다.

점차 종교적인 교의(敎義)들이 회의론적인 이성의 눈에 노출되기 시작하면서, 기독교인들은 스스로 비판자들에 대한 대응으로 신자들에게 가장 어려운 문제를 공개적으로 다루지 않으면 안 되었다. 바로 악의 문제였다. 데카르트 자신도 이 문제를 다루기 위해 이성적인 신론을 입론하려고 하였다. "제4 성찰"에서, 신의 존재가 죄나 자연 발생적인 재앙, 그리고 인간의 실수와 같은 분명하게 눈에 보이는 현상들과 조화되는지 그렇지 않은지를 물으면서 시작하였다. 철학자로서 데카르트는 실수의 문제를 유의해서 다루기로 결정했다. 왜 신은 지적으로 실수를 저지를 수 있는 존재를 만들었을까? 그는 이 문제를 네 부분으로 나누었다. 실수의 가능성과 신의 존재가 어떻게 모순을 일으키지 않을 것인가? 현존하는 악과 신의 존재는 어떻게 양립할 수 있는가? 인간 본성의 어떤 면 때문에 실수가 가능한 것인가? 인간 본성의 어떤 면 때문에 실수가 현존할 수 있는 것인가? 데카르트의 답은 자유의지에 대한 변론이라고 일컬어지던 것을 변형한 것이다. 실수는 신의 잘못이 아니라 우리의 잘못이다. 왜냐하면, 명확하고 분명한 관념의 영역을 넘어서 우리의 의지를 확장하기 때문이다. 하지만 우리에게 자유의지가 있어 실수를 선택할 수 있을지라도 신은 우리로 하여금 실수하지 않게 할 분명하고 명확한 생각들을 부여할 수 있었을 것이라고 이해했다. 그렇다면 신은 왜 우리들을 지식의 한계를 지닌 존재로 만들었을까? 이에 대한 데카르트의 답변은 이른바 심미적인 변론이라고 하는 것을 변형한 것인데, 본질적으로 불완전성이라는 의미에서 "악"의 형이상학적 필요성을 제시한 것이다. 신은 자신과 동일한 어떤 것을 창조하지 않고는 완전한 우주를 만들 수가 없었던 것이다. 이러한 창조 행위는 실재적이고 미분화된 우주가 아니라 신 자신의 동일성을 추인한 것일 뿐이지만, 실재하는 우주는 신과 동일할 수 없으므로, 필연적으로 불완전한 것이고, 형이상학적인 불완전함을 내포하고 있다. 신은 그 자신과 다른 어떤 것을 창조함에 있어 완전체, 즉 다른 차원에서 신과는 구별된 것들로 가득한 우주를 창조하기를 원했던 것 같다. 예컨대, 인간과 같은 어떤 창조물들은 제한적인 지성을 가질 것이고, 의지와 지식이 완전하게 같은 범위로 확장해나갈 수 없게 된다. 따라서 유비적으로 실수와 다른 악들은 필연적이다.[5]

토머스 브라운(1605-1682), 존 로크(1632-1704), 베네딕트 드 스피노자(1632-1677), 니콜라 말브랑슈(1638-1715), 그리고 존 톨런드(1670-1722)와 같은 이성주의자이면서 종교관용주의자들은, 종교와 도덕은 경험을 토대로 한 이성에 의해서가 아니라 계시에 의해서 적절하게 얻어지므로, 종교가 취해야 할 적절한 입장은 열린 마음으로 신앙에 대해 긴장감을 갖는 것이라고 주장한다. 기독교는 이성적인 분석에 종속되어야 하고, 특히 악마의 존재를 포함해서 어떤 것도 이성과 일치되지 않으면 거부되는 것이다.

이러한 이성주의적인 견해와 기독교가 화해하기 위한 노력들은 파스칼(1623-1662)이나 뉴턴과 같은 상당히 종교적인 과학자들에 의해 깊이 있게 이루어졌다. 하지만 뉴턴의 체계는 로크가 했던 것보다도 더욱 철저하게 형이상학의 근간을 허물어버리는 결과가 되었다. 그 이유는 지식의 기반으로서 논리를 경험적인 관찰로 대체했기 때문이다. 뉴턴이 그토록 확립하고자 했던 경험과학의 영향력이 커지면서, 경험적으로 입증할 수 없는 어떠한 주장도 쓸모없는 것이 되어버렸다. 이런 체계 내에서, 악마는 운을 다한 것이 되었다. 피에르 벨(Pierre Bayle, 1647-1706)이 악이라는 문제는 해결할 수 없고 이해할 수도 없는 미스터리이며, 측량할 수 없는 깊이를 가진 것이라는 결론을 치열한 지적 고투 끝에 내린 것도 전혀 이상한 일이 아니었다.[6]

이 시기에 이성적인 신론을 가장 의욕적으로 구축하려는 노력은 라이프니츠와 윌리엄 왕(1650-1729)의 유사한 저작에서 나타난다. 부분적으로 벨에 대한 대응으로 씌어진 윌리엄 왕의 『악의 기원(*De origine mali*)』(1702)과 라이프니츠의 『변신론(*Theodicy*)』(1697-1705)은 넓은 영향력을 누렸다. "변신론"이란 말은 바로 라이프니츠가 만들어낸 것이었다.[7] 라이프니츠는 통상적으로 신정론에 대해서 추론하는 방향을 뒤집었다. 대부분의 사상가들은 이 세상에서 관찰된 악의 존재에서 시작해서 그것을 바탕으로 신의 자비와 전능함에는 한계가 있을 수밖에 없다고 주장했다. 라이프니츠는 정반대로 신의 존재에서 시작했는데, 그는 신의 존재를 자명한 것으로 여겼다. 라이프니츠는 왜 모든 것이 존재해야만 하는지 물었다. 두 가지 논리적인 가능성이 있을 수 있다. 어느 것도 존재하지 않는 것, 그리고 어떤 것이 존재하는 것. 왜 어떤 것일지라도 결국 존재해야만 하는가? 그렇다면 그것은 놀라운 일이다. 명백한 동어반복, "존재하는 것은, 존재한다"라는 말은 사실 모든 형이상학적인 국면에서 가장 본질적인 부분을 이룬다. 존재하는 것이 절대적이며, 필연적인 본질 존재는 절대적이다. 일단 이런 점이 실질적으로 포착되면, 존재론적인 논증은 주목하지 않을 수 없다고 라이프니츠는 보았다. 절대적인 존재는 절대적인 존재이고 신은 신이다.

라이프니츠는 모든 것이 산출되고 모든 것이 의존하는 절대적인 존재는 전능하다고 논증을 계속한다. 어떠한 원리도 자기를 제한할 수 있는 신의 외부에는 존재하지 않는다. 그러한 절대적인 존재 역시 정의상으로는 완전한 것이다. 신의 본질이 절대적이라는 것은 신은 바뀌지 않는다는 것을 함축한다. 자기자신의 존재를 위해 정해둔 "규칙"은 바꾸지 않는다는 것을 의미하고, 결국 신은 자기자신의 규칙에 의해 스스로를 제한한다는 것이다. 신은 모순의 원리가 존재하는 우주를 창조한다. 이런 우주 안에서, 하나의 원은 동시에 원이 아닌 것이 될 수 없고 원이 사각형이 될 수도 없으며, 신이 스스로 설정한 규칙에 따라 신은 원을 사각형으로 만들 수 없다. 신은 다를 "수도 있었고", 다르게 창조되었을 수도 있다는 생각은 신의 본질에 잘못된 우연성을 끌어들인다. 신은 절대적으로 신이 존재하는 것이므로, 신이 다를 수도 있다거나 다른 세계를 창조했을 수도 있다고 말하는 것은 무의미하다. 신은 절대로 그리고 반드시 신이 창조한 세계를 창조한다. 라이프니츠에게 있어서 "세계"라는 말은 전우주를 의미한다. 여러 개의 우주가 존재한다는 것은 불가능할 것 같은 일임에도, 라이프니츠는 그 모든 것을 "세계"라는 말로 포섭한다.

이 우주는 신의 선함과 사랑, 그리고 창조적인 에너지가 흘러넘쳐서 만들어진 것이다(『변신론』, 412쪽). 우주는 신과 더불어 살아 있다. 라이프니츠는 순수 유물론을 거부했다. 형상이 전혀 존재하지 않는다면, 물질은 분화되지 않을 것이고, 개와 철학자 사이에는 어떠한 구분도 없게 된다. 또한 라이프니츠는 멀리 떨어져 있는 조물주가 기계적인 우주를 태엽 감았다가 내버려둔 것이라는 데카르트의 생각을 폐기했다. 오히려 그는 온 우주를 신에 의해 충만된 것으로 보았고, 비활성적이지 않고 실재로 활동적이며 원시적인 마음과 정신을 소유하고 있는 모나드들은 실질적으로 무한하다고 생각했다. 신에 의해 형성된 선재하는 조화에 따라 모나드는 우주를 형성한다. 이러한 우주에서, "악은 어디에서 나오는가? ……모든 존재들을 신으로부터 끌어오는 우리들은 어디에서 악의 근원지를 찾아야 할까?"(『변신론』, 135쪽)

신이 만일 선하면서도 전능하다면, 악은 존재할 수 없는 듯이 보일 수도 있다. 그러나 라이프니츠는 악은 단지 의미없는 겉보기에 불과할 뿐이라고 선언하는 데서 머무르는 쉬운(그리고 변론의 여지도 없는) 길을 택하지 않았다. 라이프니츠는 악이란 본질적으로 결핍이고 자기 자신의 본질을 가지고 있지 않다는 스콜라적인 관점을 받아들였지만, 그와 윌리엄 왕은 이 세상(아니면 적어도 우리가 경험하는 세상의 일부에서)은 실재적인 고통에 대한 실재적인 예들로 가득 차 있다는 사실을 대담하게 직시했다. 이런 식으로 존재하는 고통은 신의 존재와 어떻게 양립할 수 있는가? 라이프니츠와 윌리엄 왕은 이전보다 전통적인 견해를 더욱 명확하게 표명했다. 세 가지 종류의 악이 존재한다. ①형이상학적 악, 대체로 우주에 내재하는 결함, ②자연발생적인 악, 암으로 인한 고통과 같은 종류, ③그리고 도덕적인 악, 또는 죄(『변신론』, 136쪽). 이러한 악은 신의 선함과 양립할 수 있을 뿐만 아니라 어떤 식으로 창조된 우주이든지 간에, 신을 닮지 않은 우주이든 간에 절대적으로 필요한 영역이라고 주장한 점에서 데카르트의 논리를 계승했다. 신을 닮은 우주라면 신이 될 것이고, 그런 우주라면 자체적인 실존도 없고 따라서 목적도 없게 되므로 진정한 창조가 될 수 없다. 신만이 완전할 수 있으므로, 실재로 창조된 우주에는 불완전함이 수반된다.

신은 무한하고 넓은 사랑을 가지고 있으므로, 신은 하나의 우주 안에 가장 많은 수의 가장 좋은 요소들이 함께 존재할 수 있도록 창조하고 싶어한다. 영원 속에서 이루어진 단 한순간의 계산을 통해, 신은 가장 가능한 세계를 어림잡아 세상을 창조한다. 신이 내리는 이러한 "결정"은 일시적이고 존재론적으로 연속된 것이라기보다는 필연적이고 영원하다. 모든 완벽한 선이 또 다른 모든 선과 양립가능하다는 것은 불가능하다. 산의 강렬한 아름다움은 비옥한 평야가 받쳐주어야만 한다. 자유의지라는 미덕은 죄에 대한 실제적인 선택 가능성을 담고 있다. 모든 완전함을 만족시키는 세상은 논리적으로 불가능하다.

자연발생적인 악은 형이상학적인 악의 결과이다. 자연적 악은 선의 극대화를 위해 반드시 필요하기 때문이다. 기존의 어떤 악이 제거된다면, 이 세상은 대체로 더 나빠질 것이다. 근육 영양 장애나 토네이도가 제거되는 것이 어떻게 이 우주를 더 나쁘게 만드는 것인지 이해하기는 쉽지 않지만, 사물에 대한 우리의 견해는 극미한 영역의 공간과 시간에서 제한된다. 악 자체를 위해서가 아니라 더 큰 선을 위해서, 신은 자연발생적인 악을 원하는 것이다. 약간의 악은 우리를 벌하고 지도하고 경고하기 위해 존재할 수 있다고 주장하면서 라이프니츠는 기독교적인 전통을 따르고 있지만, 너무나 엄청나고 극심한 악은 그러한 목적에는 맞지 않는다는 점을 인정한다. 겉으로 보기에 균형이 맞지도 않고 근거도 없는 악이 어떤 역할을 할 수 있는지 당장은 이해할 수 없다는 것을 인정해야만 한다.

신은 도덕적인 악을 전혀 원하지 않았지만, 자유의지라는 더 큰 선에 따르는 필연적인 귀결로서 악을 허락한다. 이 부분에서 라이프니츠와 윌리엄 왕은 입장이 갈라지는데, 윌리엄 왕은 자유의지를 행하는 데 어떠한 동인도 전혀 없다고 주장하는 반면에, 라이프니츠는 자유의지를 행하는 것은 "이전에 드러난 선이나 악, 경향 또는 동기들에 의해 결정되거나 적어도 촉발된다고 주장했다"(『변신론』, 406쪽). 성 안젤무스의 견해를 따르는 윌리엄 왕의 주장이 더 우월한 듯이 보인다. 그 이유는 세상에 자유의지라는 것이 있다면, 지금처럼 그렇게 많은 죄를 필요로 하지 않았을 것이라는 논의를 제기하기 때문이다. 라이프니츠의 모델을 따르면, 신은 왜 죄의 범위를 제한하지 않았는지 묻지 않을 수 없지만, 윌리엄 왕의 모델을 따르면 그런 문제는 제기되지 않는다. 자유의지를 행하는 데 어떤 동인도 없다면, 그리고 선이나 악을 선택하는 것이 전적으로—기술적으로가 아니라—자유롭다면, 그런 세상에서 자유의지를 가진 존재는 죄를 더 적게 지을 수 있겠지만, 그렇다고 신이 죄를 창조했을 수도 있다고 결론지을 수는 없다. 신이 창조한 것이 진정한 자유였고, 자유로운 피조물은 자기 스스로 선택한다.

이 지점에서, 칸트가 지적했듯이, 임의 추출 견본이나 통계학의 문제가 제기된다. 신이 A나 B로 하여금 죄를 짓게 하지는 않았더라도, 그가 창조한 자유로운 존재 가운데 일정 부분은 확률적으로 죄를 지을 가능성이 많다는 것을 알고 있으면서도 신은 우주를 그런 식으로 창조했다. 그러나 라이프니츠는 위대한 선과 자유의지를 가진 존재가 있기 때문에 이 세상이야말로 가장 최선의 상태라고 반복해서 대답하곤 했다.

왜냐하면 양립 가능한 것들이 최상의 상태로 혼합되어 있다는 의미에서 지금이 모든 가능한 세계 가운데 최상이기 때문이라는 것이다. 라이프니츠는 우리가 지금보다 더 좋은 세상을 상상할 수 있음을 알고 있었지만, 우리 생각에 상상할 수는 있지만 자체의 고유한 모순들 때문에 실현 불가능하다고 주장했다. 이 세상에 존재하는 악은 우주의 필수적인 구성 요소—악이 없었다면 존재할 수 없었던—이고, 우리가 능력만 있다면 완전함에 가장 가까운 근사치로 우주의 조화를 볼 수 있다. 이것이야말로 가능한 최상의 세계이고, 정말로 신의 전능함과 자비가 존재하는 유일한 세계이다.

17세기 초의 강렬하고 모순에 찬 염세주의 이후에 등장하고 있었던 자신감에 넘치고 진보적인 부르주아 사회에 더욱 적합한 학설을 사람들은 좀처럼 생각할 수 없다. 볼테르는 『캉디드』에서 이러한 견해를 일방적으로 풍자해서 웃음거리로 만들었지만, 온화한 빛은 어둠의 심부를 꿰뚫지는 못함을 고백하지 않을 수 없다.

형이상학자들의 모든 견해를 살펴보면, 17세기 지식층과 일반 대중의 관심의 초점은 여전히 구세계관 내의 문제에 머물러 있었고, 자유의지에 관한 고색창연한 논쟁이 계속되고 있었다. 프로테스탄트측에서, 루터주의자와 칼뱅주의적 예정론자들의 관념은 자유의지를 주장하는 아르미니주의적 입론(야코뷔스 아르미니우스, 1560-1609)에 도전을 받았다. 가톨릭측에서는, 예정론을 주장하는 얀센주의자들(코르넬리스 얀센, 1585-1638)은 몰리노스주의자들(루이 드 몰리노스, 1535-1600)과 제수이트들이 주장하는 자유의지 편에 선 견해에 도전을 받았다. 프로테스탄트와 가톨릭의 예정론자들이 여러 차례의 논쟁에서 승리를 거두었는데, 18세기에 이르러, 자유의지 편에 선 견해가 실제적 관행으로 사용될 만큼 지배적이었다.

또 다른 저자들은 아담과 이브의 타락에 대해 주장했다. 이레나이우스로 거슬러 올라가는 "최소주의적" 입장을 따르는 몇몇 사람들은 최초의 조상들이 죄를 짓기 전에는 아이와 같은 천진한 상태에 있었고, 그래서 그들의 타락은 죄에 상당하는 실수였으며 인류의 영혼이 점차로 완성되어가는 계기가 되었다고 주장했다. 니사의 그레고리우스와 아타나시우스로 거슬러 올라가는 앞의 주장과 대립되는 "최대주의적" 입장에서는 최초의 조상들은 죄를 짓기 전에 신과 같았고, 그래서 그들이 타락한 것은 사탄만큼이나 괘씸하고 중대한 죄를 저지른 것이라고 주장했다. 아우구스티누스는 중도적인 입장을 채택했었고, 아담과 이브의 주권과 무고함을 묘사할 때 밀턴도 중도적인 입장을 따르려고 하였다.[8]

천사들의 본성 역시 논쟁의 초점이었다. 1700년대까지 천사에 대한 믿음은 지식인들 사이에선 시대에 뒤진 것으로 여겨지기 시작했다. 비록 17세기 초에는 그것을 당연한 것으로 인정했고, 그후엔 최초로 신에 대항한 집단이라는 공격적 천사론을 표방하는 신학자들이 열렬하게 옹호했지만 말이다.[9] 17세기 말 무렵에 천사에 대한 관심이 수그러든 것은 천사를 자연스럽게 신플라톤주의적인 구도 안에 위치시켰던 전통적인 견해와 연금술이 쇠퇴하고 있다는 징후였다. 천사들의 배교 행위는 "돌이킬 수 없고, 그들이 저지른 죄는 용서될 수 없으며, 격노한 신은 그들을 질타했기 때문에, 다시는 안식처로 돌아올 수 없었다"[10]는 전통적인 기독교의 보편적인 판결을 프로테스탄트들은 대체로 따랐지만, 사탄의 궁극적인 구원이라는 문제는 재침례교도들뿐만 아니라 소수의 아르마니우스주의자들 사이에서도 재론되었다.

17세기에 너무나 일반적이었던 회의론과 선부른 믿음 사이의 긴장으로 인해 "흑미사"(악마의 미사)라고 하는 새로운 현상이 생겨났는데, 이는 기독교에 대한 불신앙과 기독교의 악마에 대한 신앙이 이상하게 혼합된 것이다. 수세기에 걸쳐 악령의 마술이나 악마적인 세력이 인간의 무의식, 특히 성적인 탈선과 같은 혼란과 밀접하게 연관된 곳에서 보고되는 악마에 의한 신들림 사건들 속에서 흑미사를 둘러싼 환경이 형성되어왔던 것이다. 퀘벡에 사는 수녀였던 캐서린 드 생-어거스틴(1632-1668)은 다섯 살의 나이에 악마에게 공격을 받아 남은 생애

동안 그녀는 절망, 육욕, 폭식 등을 포함해서 온갖 종류의 유혹에 시달렸다고 전해진다.[11] 프랑스의 루동과 루비에르의 수녀들이 신들렸을 때, 사탄의 권능과 인간의 성적인 관심이 결합되어 집단 히스테리와 망상의 분위기로 나타나면서 교묘하게 정치적 목적으로 이용되었다. 루동의 우르술린 수녀회에 소속된 수녀가 신들렸다는 것은 잘 알려져 있다. 이 광란은 남들을 재치 있게 비꼬는 재주가 있어서 적을 많이 만들었고 성적으로도 방탕했던 우르반 그란디에라고 하는 한 목사에 집중되었는데, 그의 적들 가운데 일부 사람들이 그를 파멸시키기 위해 음모를 꾸며 그 목사가 수녀들을 유혹했고 그녀들로 하여금 악마에 사로잡히게 했다고 주장했다. 적어도 일부 수녀들은 자신들이 악마에게 성적인 희롱을 당해왔다고 믿었다. 루비에르에 있는 수녀원에서는, 수녀원에 들어오기 전에 고해 신부에게 유혹을 받았던 한 수녀가 신들림의 진원지가 되었다. 가톨릭의 맥락에서 사제에 의해 주재되는 성사(聖事)에서 성적 도착보다 더 불경스러운 것은 있을 수 없기 때문에, 이러한 현상들은 성에 대한 관심과 사제들이 연루되어 있다는 점에서—새로운 악마의 미사에서 중요하게 된 요소들—악령의 마술과는 다르다.[12]

1680년에 많은 사제들이 다음과 같은 혐의로 기소되었다. 검은색 초로 원을 만들어 그 중앙에서 벌거벗은 여인들의 몸 위에서 미사를 올리고, 집회를 이끌어 여인들과 성적인 접촉을 벌였으며, 제단에 우르반과 사탄 사이에 협정된 조항들에 나타난 악마와 그 일당들의 글씨와 서명.

서 제식적인 성교를 벌이거나, 아이들을 살해해서 그들의 피를 최음제를 조제하는 데 사용하고, 성체를 모독하고, 아이들의 피와 체액을 성배에서 뒤섞고, 악마를 불러들여 그들과 문서로서 협정을 맺기도 하였다. 이러한 악마 미사는 정치적으로 출세하거나 성적으로 우월해지기 위해 조신(朝臣)들이나 기타 영향력 있는 사람들의 지령에 의해 행해진 것으로 추정되었다. 루이 14세의 정부 가운데 한 사람이었던 몽테스팡 부인은 마술을 사용해서 여왕이 임신을 못 하게 해서 왕의 성적인 관심을 독차지하려 했다고 전해졌다.

이 문제에 대한 프로테스탄트의 태도는 가톨릭과는 상당히 달랐다. 루터 자신도 행하기도 하였지만, 프로테스탄트 교회들은 곧 봉헌이나 축도, 성수(전하는 바에 따르면, 서머싯의 한 농부는 "자신의 처가 어느 목사 못지않은 훌륭한 성수를 만들 거"라고 말했다고 한다)와 같은 악령을 쫓는 의식을 미신이라고 결정하였다. 청교도인 존 홀은 악령을 쫓는 의식을 "더러운 미신이고 조잡한 마술"이라고 불렀고, 영국 국교회는 1550년에 퇴마사 사무실을 폐쇄하였다. 기적의 시대는 초기 교회와 더불어 끝이 났고, 지금 만연하고 있는 것은 신의 영역, 자연법칙, 그리고 개인적인 신앙 사이의 합리적인 관계 설정이라는 것을 논증하는 것이었다. 이런 시대에, 악마는 성수나 십자가 표시, 주기도문 또는 악령을 물리치는 의식으로 격퇴될 수 없었고, 성직자는 신의 자비를 간청하면서 희생자를 위해 기도할 수 있을 뿐이다. 키스 토마스가 목격한

대로, 이것은 프로테스탄트들을 고통스러운 상황에 남겨두었다. 프로테스탄트 교회들은 악마에 사로잡히거나 홀릴 수 있다는 모든 전통적인 교리를 인정하였지만 그에 대응하는 교정수단들을 없애버렸다. 그럼에도 불구하고 프로테스탄트들은 적어도 가톨릭의 악령 쫓기 의식의 끔찍한 특징들과 말 많던 그러한 의식을 사용하지 않게 되었다.[13)]

예술 분야에서는 초월적인 악으로부터 인간의 마음속에 내재하는 악마적인 것으로 강조점이 이동하는 과정이 느리고 불규칙하였고, 문학에서, 특히 보수적인 스페인과 이 나라의 식민지에서는 전통적인 악마가 여전히 중요한 역할을 하고 있었다.[14)] 미겔 데 세르반테스(1547-1616), 로페 드베가(1562-1635), 그리고 칼데론 데라바르카(1600-1681) 등은 악과 악마를 진지하게 다루었지만, 악의 심리를 탐구함으로써 악마와 인간성을 밀접하게 맺어놓았다.[15)] 프로테스탄트적인 영국에서는, 존 버니언의 『천로역정』 역시 악이라는 초월적인 신보다는 내면적인 악령의 유혹과 죄를 더욱 강조하였다.[16)]

사탄에 관한 전통적인 이야기—하늘나라에서의 전쟁, 천사들의 타락, 아담과 이브가 빠진 유혹 등을 포함해서—를 다루는 연극과 시는 밀턴의 『실낙원』이 나오기 전후로 전 유럽에서 계속해서 유행하였다.[17)] 요스트 반 덴 폰델(1587-1679)이 다룬 주제—가장 우아하고 논리적인 것 가운데 하나이다—는 『루시퍼(*Lucifer*)』(1654)와 『추방된 아담(*Adam in Exile*)』(1664) 두 극에 포함되어 있다.[18)]

루시퍼는 세상이 창조된 직후에 천사들 사이에서 활동하기 시작한다. 가브리엘은 신이 인간으로 성육신하기로 결정하였고 천사들에게 주지 않았던 명예를 인간에게 준다고 천사들에게 알린다. 루시퍼는 이러한 명예와 아담과 이브 사이의 천진한 성적인 사랑 모두를 부러워한다.

폰델의 시나리오는 논리적인 문제를 일으킨다. 전통적으로 성육신이란 아담과 이브의 타락에 대한 하나님의 대응으로 생각되었고, 그 자체로 루시퍼가 타락했기 때문에 촉발된 것이다. 성육신에 대한 계획이 루시퍼의 타락보다 먼저 일어날 수 있었다는 이야기는 연대기적으로 논리에 맞지 않는다. 왜냐하면, 하나님이 영원하면서도 동시에 모든 사태에 대한 지식을 가지고 있다고 해서 시/공 연속체 속에서 정상적인 인과관계를 무시한다는 뜻은 아니기 때문이다. 게다가, 폰델은 시간적으로 설정된 이야기를 말하고 있다. 그의 시나리오에 문제가 있는 것은 그 자신의 잘못만은 아니다. 그것은 사탄의 행위 동기를 설명하는 전통적인 기독교의 설명방식이 일관성이 없는 데서 기인된 것이다. 사탄이 신과 같아지려는 자만심 때문에 죄를 지었던 것인가, 자기 자신의 조건대로 스스로 구원을 이루려는 자만심 때문에 그리고 때가 이르기 전에, 하나님의 지위를 부러워해서, 하늘나라에서 그리스도의 지위를 부러워해서, 하나님의 형상대로 만들어진 인간에 대한 부러움으로, 아니면 성육신으로 고귀한 존재가 된 인간에 대한 부러움 때문

영혼을 움켜쥐려고 죽어가는 사람의 주변에 악마들이 모여드는 동안, 보르기아의 성 프란시스가 악마에 사로잡힌 영혼을 구해낸다. 고야, 1788(발렌시아, 성당 교구 박물관).

에 죄를 지었던 것인가? 이런 여러 가능성들이 만족스럽게 정리된 적이 없었고, 자유의지를 행하게 하는 어떠한 동인도 존재하지 않는다는 견해만이 유일하게 논리적으로 일관된 것이다.

폰델은 계속해서 루시퍼— 아폴리온, 베리알, 바알세불, 그리고 그밖의 신뢰할 수 없는 천사들의 도움을 받아—가 하늘나라에서 반란을 역모하려고 했다는 것을 보여주려 한다. 파우스트처럼, 폰델이 그리고 있는 루시퍼는 계속해서 회개하려고 하지만 자만심과 절망이라는 두 가지 이유에서 회개를 거부한다. 그는 자신의 선택에 따라 그대로의 모습을 유지하려 한다. 여전히 폰델의 연대기는 특이하다. 왜냐하면, 루시퍼는 스스로 쫓겨나기 전에 아담과 이브의 타락을 꾀하기 위해 하늘에서 내려오기 때문이다. 이렇게 되면 한 가지 문제는 해결된다. 즉, 사탄은 하늘나라에서 추방당한 후에 지옥에 속박되므로 에덴을 방문하기 위해 속박에서 탈출한다고 설명될 필요도 없어지지만, 이 문제는 사건의 귀결을 이상하게 몰고가서 루시퍼의 원죄와 그가 인간을 유혹한 것을 동일시하는 쪽으로 흐른다. 이는 루시퍼가 자신의 마음을 바꾸어 신에게 대항하기 전에는 하늘나라에서 오랜 동안 살아왔다는 것을 의미하고, 천사가 가지고 있는 지식의 권능과 범위가 퇴화되었다는 견해이다.

여전히 하늘나라에서, 루시퍼는 하나님에게 종속되어 있는 것보다는 추방을 당해서라도 직접 지배권을 행사하는 것이 낫다고 생각하기 시작한다. 선한 천사들이 신에게 복종하기를 권고하지만, 육화된 신/인간을 존재론적으로 천사들보다 우위에 놓았기 때문에 신은 불공평하고 부당하다고 루시퍼는 반발한다. 천사 우리엘은 무대에 나타나서 청중들에게 하늘에서 벌어진 엄청난 전쟁을 묘사하고, 하늘에서 내쫓긴 루시퍼가 어떻게 끔찍한 두꺼비로 모습이 바뀌었는지를 자세히 설명한다.

『추방된 아담』에서, 폰델은 하늘에서 쫓겨난 후 루시퍼가 최초의 조상들을 유혹한다는 훨씬 전통적인 연대기로 돌아온다. 하나님과의 공개적인 전쟁에서 패한 후에, 루시퍼는 하나님이 사랑하는 피조물들을 통해 신에게 타격을 가하는 좀더 우회적인 방법으로 공격하기로 결심한다. 루시퍼는 지옥에 갇히는 벌을 선고받았는데, 거기서 그는 포로이면서 지배자이지만, 신은 그에게 인간을 유혹하도록 허락한다. 아스모데우스의 도움으로, 루시퍼는 뱀의 형상을 한 베리알을 보내 이브를 유혹하게 하고, 다시 이브는 아담을 유혹한다. 아스모데우스는 베리알의 계획이 성공한 것을 알리자 루시퍼는 기뻐했고, 반면에 아담과 이브는 낙원에서 추방당한다.

천사들과 인간의 타락에 관한 전통적인 이야기를 너무나 조리 있고 설득력 있게 만들어서 모든 세대들에 계속 통용되는 표준적인 설명 방식을 성립시킨 사람은 바로 존 밀턴이었다. 밀턴은 1608년에 태어나 독실한 프로테스탄트로 성장한 것으로 보인다. 1637년 이후, 대주교로드의 정책으로 그는 청교도들에 대한 깊은 공감을 갖게 되었다. 그러나 그의 종교적인 견해를 완전히 이해할 수는 없다. 그의 신학에는 성공회와 칼뱅주의적 요소가 모두 들어 있는데, 1650년대에 이르러 독립 교회주의와 아르미니주의로 옮아간 것으로 보인다. 1650년대 말에, 밀턴은 일관적이고 때로는 자신만의 독창적인 신학을 형성하였다. 가장 관련성이 깊은 저작으로는 『그리스도교 교의론(*Christian Doctrine*)』(1658–1660에 걸쳐 씌어졌으나 1825년에 가서야 출간됨), 『실낙원(*Paradise Lost*)』(1667, 1674년에 개정), 그리고 『복낙원(*Paradise*)』(1671) 등이 있다.[19] 그는 1674년에 사망했다.

밀턴은 『실낙원』을 구상하면서 거의 같은 시기에 전적으로 성서에 기반해서 일관된 논리를 가진 신학을 구성해보려는 노력의 일환으로 『그리스도교 교의론』이라는 작품을 썼다. 이와 유사한 작업에 도전하고 있는 다른 프로테스탄트 작가들과 마찬가지로, 밀턴은 자신의 해석과 범주들까지도 어느 정도로 성경이나 전통에서 유래된 것인지를 깨닫지 못하고 있었다. 악한 천사들에 대한 밀턴의 관점은 본질적으로 전통에 기반한 것이다. 폭넓고 다양한 기독교의 전통을 제대로 이해하지 못한 듯한 비평가들에 의해 밀턴의 작품들은 너무 지나치게 이단으로 치부되었다. 그들은 밀턴이 삼위일체론자가 아니라고 이야기했는데, 그것은 그의 시나 『그리스도교 교의론』을 제대로 읽지 않았기 때문이다. 더욱 설득력이 있는 견해는 밀턴이 "아리우스파"였다는 것인데,

이 견해도 시대착오적이고 너무 자명한 이야기이다. 가장 설득력 있는 견해는 밀턴이 성자(聖子)종속설, 즉 성자와 성령은 비록 진정한 신이지만, 하나님 아버지와 영원히 공존하지는 않는다는 견해에 경도된 경향을 보였다는 것이다. 이 우주는 하나님의 실체로부터 창조된 것이라는 밀턴의 신념은 오랜 전통, 특히 신비주의자들 사이의 전통을 배경으로 하고 있고, 초기 교회의 원초적인 '무(無)에서의' 라는 교리와 일치한다. 천사들이 어느 정도 육체적인 특성을 지닌다는 밀턴의 믿음은, 천사들은 창조될 때부터 모든 것을 아는 것은 아니라는 그의 견해와 마찬가지로 여러 스콜라 철학자들의 견해를 반영하는 것이었다.[20] 밀턴의 도식 속에서, 신은 천사와 인간들의 자유를 선언하고, 자유에 따르는 당연한 귀결로 악을 허락한다(『그리스도교 교의론』 1.4). 악마는 천사들로 하여금 하늘나라에서 반란을 일으키게 만든다(『그리스도교 교의론』 1.9). 하늘나라에서 추방된 후에, 악마는 복종할 필요 없이 자유로이 죄를 선택할 수 있는 아담과 이브를 유혹했다(『그리스도교 교의론』 1.11). 신은 악마의 권세를 쳐부수기 위해 그리스도로 육화되었다(『그리스도교 교의론』 1.14). 이런 내용들은 개략적으로 『그리스도교 교의론』에 나타난 전적으로 전통적인 악마론이다. 이 주제에 관해서 밀턴이 성공을 거둘 수 있었던 것은 정통적 신념에 따랐기 때문이 아니라 그가 채택했던 시적인 장대함과 섬세함 때문이다.

서사시 『실낙원』과 『복낙원』은 천사의 타락에서 시작해서 십자가의 구속에서 끝나는 기독교 구원사의 전 과정을 다룬다. 행위의 한 복판에서 시작되는 밀턴의 고전적인 방식을 따르기보다는 오히려, 나는 두 작품을 하나로 합쳐서 연대기적으로 논쟁의 과정을 따라간다. 이렇게 하면 작품 자체에는 무리가 되겠지만, 나의 의도는 문학적인 연구가 아니라 역사적인 접근 방식이다.

밀턴 자신의 의도는 시로 표현된 신학을 제시하는 것이다.

> 이 위대한 시제에 어긋남이 없이
> 영원한 섭리를 증명하여,
> 인류에 대한 하나님의 뜻이 옳음을 밝힐 수 있도록
> (『실낙원』 1.24-26)

밀턴의 신학론은 자유의지 논쟁과 영혼 형성 논쟁을 혼합한 것이다. 신은 이 세상을 선하게 창조하였고, 도덕적인 선은 자유의지 없이는 불가능하다. 인간과 천사들은 자유로이 악을 선택하고, 몇몇은 그렇게 하였다. 모든 것들을 선하게 바꾸는 신의 섭리 때문에 우리들은 비록 타락하지만 그러한 시험과 고통을 통해서 지혜를 배우는 계기가 된다. 궁극적으로 신은 예수 그리스도의 성육신과 수난을 통해서 우리를 구원한다. 이 드라마의 기원을 이해하려면, 처음으로 돌아가서 사탄의 타락을 통해 아담과 이브의 타락이 어떻게 예견되고 준비됐는지를 알아야 한다. 사탄의 드라마는 그 자체로 시의 대상이 될 수는 없지만 인간의 드라마를 위한 필수적인 배경이 된다. 사탄이 아니라 아담과 그리스도는 밀턴의 시에서 신학적인(반드시 극적일 필요는 없지만) 중심에 위치한다. 기독교의 전통을 따르는 밀턴에게, 악은 공허하고, 미친 것이고, 실재하지도 않으며, 비현실성에 초점이 맞추어진 것이며, 자기 파괴적이다.

밀턴은 『그리스도교 교의론』에서 했던 것처럼, 성경에 기초해서 이 시들을 지었지만, 두 작품 모두에서 그는 기독교 전통을 사용함으로써 한 차원을 추가하였고, 시 안에다가는 자신만의 시적이고 수사학적인 윤색을 통해 또 한 차원을 추가하였다. 밀턴의 시들이 어느 정도 신학적인 함축을 지니고 있는지를 말하기는 쉽지 않다. 아주 나쁜 시일 때만, 한편의 시는 신학적으로 보잘것없는 작품처럼 될 수도 있다. 그리고 현실은 여러 차원으로 이루어져 있다는 것을 밀턴은 잘 알고 있었다. 때로 밀턴은 신학적인 설명으로 현실을 표현했고, 죄와 죽음과 같은 비유에서처럼 때로는 우의적으로 표현하기도 하고, 지옥에 관한 논쟁에서처럼 신화적인 창작을 통해서 또 때로는 우주를 묘사할 때처럼 시적인 방법으로 표현한다. 밀턴은 과학적이거나 역사적인 설명 방식은 좀처럼 택하지 않았다. 단테처럼 밀턴의 우주는 어떤 가능한 일차원적 설명보다 더욱 더 현실적이다.

밀턴이 악마의 존재를 믿었는지 여부에 관한 문제는 이렇게 다차원적인 의미에서 이해되어야 한다. 그는 성경에서는 악마의 존재가 분명했다는 것을 알았고, 그 역시 시를 통해서도 사탄의 존재를 믿었다. 셰익스피어는 인간의 정신에 악마적 요소를 끌어들였고, 밀턴은 인간화된 악마의 특성을 악마에게 돌렸다. 밀턴의 사탄은 셰익스피어 작품 속의 악역들과 마찬가지로 스스로에게 사로잡혀 있고, 대체로 다른 피조물이나 우주의 현실을 제마음대로 무시한다. 사탄의 감정은 인간적이고 강렬하다. 왜냐하면 그 시는 자기 영혼의 깊은 곳에서 나오는 어두운 힘을 그리기 때문이다. 이렇게 생생하고 강렬한 사탄에 대한 묘사가 교육받은 사람들 사이에서 악마에 대한 믿음이 빠르게 쇠퇴하고 있을 때, 특히 속칭 영국의 왕정복고시기에 나타났어야 했는데 그렇지 않았던 것은 이상하다. 그러나 사실은 악마의 이미지는 신학적인 믿음이 사라진 후에도 오랫동안 인간의 마음속에 그 영향력이 계속 남아 있었다.

밀턴의 작품에 나오는 사탄의 심오한 권능 때문에 사탄이 실낙원의 실재적인 영웅이었는지 아니었는지에 대해서 오랜 동안 논쟁이 벌어졌다. 그 해답은 '영웅' 이 무엇을 의미하는지에 달려 있다. 순수하게 문학적인 의미에서, 영웅이란 가장 많은 역할을 하는 등장인물인 주인공을 말한다. 밀턴의 시대에 드라이든과 여타의 사람들은 이런 의미에서 사탄을 영웅으로 보았다. 이 시의 주제는 한편에 사탄 그리고 다른 한편에는 아담, 그리스도, 그리고 하나님 아버지 사이의 투쟁이다. 이 세 등장인물—그 가운데 둘은 신인데—은 다른 편에 위치한 한 인물과 균형을 맞추기 위해 함께 한쪽 편에 있어야 하는데, 이 점은 곧 한 인물이 갖는 극적 비중을 강조한다. 더 나아가, 변화하는 단 한 인물만이 줄거리를 이끌어갈 수 있으므로, 영원한 존재이면서 변화하지 않는 하나님 아버지는 영웅이 될 가능성이 거의 없고 그 아들도 영웅이 되기엔 너무 냉담하고 둔감하다. 주인공으로서 아담은 강한 한계를 가지고 있다. 관심이 아담에게 모아지기도 전에 신과 악마의 싸움은 벌써 반쯤 끝나버렸고, 영웅이 되기에 아담은 너무나 소극적이고 신이나 이브 그리고 악마로부터 너무 많은 영향을 받는다(어떤 비평가들은 극적인 영웅은 사실 밀턴이나 아니면 독자라고 주장해왔다).

하지만, 문학적인 의미에서 "영웅"은 이 연구의 실질적인 관심사인 도덕적인 의미의 영웅과는 구분되어져야 한다. 사탄이라는 등장인물이 숭배되어야 했는가? 모든 독자는 사탄의 기품—밀턴의 선배들에 의해 묘사된 것처럼 하늘에서 벌어진 전쟁에서 이미 나타났던 기품—에 매료된다. 하늘에서의 싸움은 확실히 극적이기 때문에, 일리아드나 아에네이드의 고전적인 전투에서처럼, 강력한 영웅들 사이에 불확실하게 터져나오는 일종의 충돌이어야 했다. 그러나 이러한 서사시들은 악역들을 영웅에 대항하는 존재로 명확하게 정의하지 않았다. 아킬레스와 헥토르는 모두 영웅들이고, 아이네아스의 적 투르누스 역시 영웅이며, 밀턴은 일부러 투르누스가 가진 속성 가운데 일부를 자기가 묘사하는 사탄에게로 옮겨놓았다. 투르누스처럼, 사탄도 적이면서 동시에 영웅일 수 있었다. 사실, 사탄은 하늘에서 벌어진 전쟁에서 거둔 그리스도의 승리를 고귀하고 장엄한 것으로 만들기 위해 필요했다. 또한 사탄은 약간의 스토아적인 미덕을 아이네아스와 공유하는데, 때때로 번갈아서 아이네아스는 후기 베르길리우스 문학에서 영웅으로보다는 배신자로 등장했다.[21]

밀턴의 선배들은 이 딜레마에서 벗어날 방법을 찾지 못했지만, 밀턴은 사탄을 영웅적으로 묘사하고 동시에 역설적인 거리를 취하면서도 행동과 대화, 그리고 사탄의 명백한 영웅주의는 위선이라는 방백을 보여줌으로써 사탄의 영웅주의에 의구심을 던질 수 있었다. 사탄 자신의 딸 신(Sin)과의 근친상간, 그의 추함(『실낙원』 2.115-116, 968-970; 3.681-685; 4.115-128, 835-849), 그의 악취(『실낙원』 9.445-446), 불결함(『실낙원』 10.630-634) 그리고 신에 대한 기괴한 패러디(『실낙원』 1.73, 110, 162-165, 247, 263; 3.375-382; 9.122-130; 10.444-454)에 직면하게 되면 사탄의 영웅적인 모습이 유지되기는 어렵다.

밀턴은 사탄의 성격을 상당히 매력적으로 설정하면서 그것이 어떤 의미를 함축하는지 정확하게 알고 있었다. 그는 독자들로 하여금 경외감에 사로잡히게 하고 싶었고, 무섭고 방종한 악마에게 매력을 느끼면서, 밝고 아름다운 넓은 세상으로 과감하게 나가지 않고 스스로 좁고 낮은 어둠에 이끌리도록 하고 싶었다. 그는 우리가 악마와 동일시되기를 바랐고, 그래서 시가 전개되면서, 점차로 드러나는 악마의 사악함과 무능함을 통해서 우리 자신의 죄와 연약함이 이해되기를 의도했다. 밀턴은 서사적인 영웅의 특징들을 사탄에게 적용시켜서 독자들이 실제로는 사랑으로 지배되는 세상에서 사랑이 없는 영웅주의의 공허함을 볼 수 있게 했다. 밀턴이 설정한 사탄이 지닌 시적인 개성은 너무나도 강해서 기독교에 대해 생소한 사람들은 사탄을 고귀한 존재로 오인할 수도 있지만(19세기 낭만주의자들이 그랬듯이. 5장을 보라), 밀턴이 의도한 식으로 읽게 되면 『실낙원』은 가장 잘 이해된다.[22] 이 시는 악마에게 "그리고 너, 자유의 수호자인 듯이 보이는 교활한 위선자여"(『실낙원』 4.957)라고 말하면서, 사탄의 왜곡된 모습에 대해 대체로 경고하고 있는 듯이 보인다.

『실낙원』에서 연대기적으로 시작되는 부분은 제5권 중간쯤인데, 그 부분에서 대천사 라파엘은 아담을 "과거 하늘에서 가지고 있었던 것"과 연관짓는다(『실낙원』 5.554, 562). 결국 밀턴에게는 두 가지 창조가 있다. 유형 무형의 모든 세계, 천사들과 심지어 역설적이지만 카오스를 포함하는 우주의 창조; 그리고 물질적 우주의 창조. 이 운문에서, 카오스는 처음부터 그저 거기에 설명도 없이 존재하지만, 『그리스도교 교의론』에서 밀턴은 신이 자신으로부터 우주를 발생시켜 창조했다고 설명했다.

몇몇 비평가들은 이런 견해를 우주가 무로부터 창조되었다는 전통적인 관념에 반하는 이단이라고 보았지만, 이러한 비판은 태초의 무로부터의 창조의 상태를 오해한 것이다. 무로부터의 창조에 대해 논의했던 초기 교부들은 혼돈이나 물질 또는 다른 어떤 원리도 하나님과 함께 영원히 공존한다는 생각에 반대했다. 단 하나의 원리만이 영원히 존재할 수 있을 뿐이다. 이후에, 많은 기독교 신학자들은 '무로부터의 창조'란 하나님이 문자 그대로 무로부터, 즉 자기로부터가 아니라 "무"라고 불리는 신비로운 어떤 것으로부터 창조한다는 것을 의미한다고 주장했다. 이것은 태초의 '무로부터 창조' 관점에 대한 오해—사실은 일종의 모순에 가깝다—이다. 세 번째 입장은 많은 신비주의자들이 지지하는 것으로 이 우주는 하나님 자신의 유출물이라는 입장이다. 그렇다고 해서 태초에 하나님이 세상을 창조할 무라고 불리는 어떤 것과 함께 신 자신의 외부에 앉아 있는 것은 아닐 것이다. 어쨌든 무(無)는 무(無)일 뿐이다. 신을 제외하면 우주를 산출할 수 있는 것은 아무것도 없다. 신은 우주와 동일한 시공간에 걸쳐 있다는 범신론은 기독교적인 입장에서는 분명히 이단이지만, 이 우주가 신 안에 포함되어 있다는 만유내재신론(萬有內在神論)은 이단이 아니다. 태초에 신은 존재한다.

> 심연에는 한계가 없나니, 이는 그것을 채우는 내가
> 무한하기 때문이니라. 또한 공간은 공허하지 않도다,
> 내 비록 제한받지 않고 스스로 물러나서

내 선을 나타내지는 않지만
그걸 하든 안 하든 자유이지만(『실낙원』 7.168-172).

이는 신이 카오스 전체를 일관된 세계로 만들 수도 있었지만, 그렇게 하지 않고 일부분을 무형의 상태로 남겨두기로 했음을 의미한다. 그 나머지로부터, 신은 실질적인, 자발적으로 신의 전능한 영역에서 벗어나서 우주와 신 사이를 실재적으로 구분될 수 있게 함으로써 신으로부터 떨어져서 자유롭게 행동할 수 있다는 의미에서 실질적인 우주를 만들어낸다. 이 우주는 신적인 특성을 지니지만, 신 그 자체와는 구분된다. 우주는 신이 외적으로 표현된 것이다.

최초의 창조가 이루어진 이후 그리고 물질적인 우주가 창조되기 전에, 신의 아들이 말씀의 권능으로 천사들을 창조한다(『실낙원』 5.835-838). 그러던 어느 "날" 신은 하늘의 모든 군대들을 자신의 옥좌 앞에 불러모아 이렇게 말한다.

오늘 나는 나의 독생자라고 일컬을 자를 낳아
이 성스러운 산 위에서 그에게 기름을 부었노니,
지금 너희가 보는 바와 같이
그는 내 오른편에 앉아 있노라. 나는 그를 너희의 머리로 임명하고,
하늘의 온 무릎을 그에게 꿇도록, 그리고 그를 주로 인정하도록

내 스스로 서약하였다(『실낙원』 5.603-608).

밀턴이 말하고자 하는 바는 신의 아들이 정말로 천사들이 창조된 이후에 태어났다는 것은 아니다. 밀턴은 "beget"라는 말을 17세기 작가들이 그랬던 것처럼 "exalt"라는 의미로 사용하고 있었다. "begetting"을 사용한 다른 구절에서처럼 분명하게. "그날, 위대한 아버지로부터 예우를 받고"(『실낙원』 5.662-663, 3.390-391, 5.835-838). 아버지가 신의 아들을 낳은 것은 "스스로-태어났다"고 거짓으로 자랑하는 사탄과 대조를 이룬다(『실낙원』 5.860).

하나님 아버지의 옥좌에 모인 천사의 군대들에게, 밀턴은 일종의 물질적인 본성을 부여한다. 라파엘을 통해 그는 지적하기를 단지 은유적으로 그렇게 표현했을 뿐이라고 한다. 왜냐하면 순수 정령들의 삶을 표현하기에는 인간 상상력의 한계가 있지만, 심지어 문자의 뜻까지도 기독교 전통의 범위 안에 들어 있기 때문이다. 이러한 전례들은 구약성서—아브라함이 식탁에서 세 명의 천사들을 접대할 때처럼—뿐만 아니라 스콜라 철학자들 사이에도 존재한다. 어느 경우에도, 밀턴이 강조하고자 하는 것은 천사들이 지닌 영적인 본성이다.[23]

이 무리들 가운데, 가장 최고의 천사 또는 최고의 천사들 가운데 하나가 루시퍼다. 밀턴은 사탄이라는 이름을 더 선호해서 『실낙원』에서는 루시퍼라는 이름을 단 세 번만 사용했고, 빛의 천사가 타락했을 때 그 이름이 바뀐 이유를 시로 나타냈다.

> 사탄, 그를 이제는 그렇게 부르지만, 그의 이전 이름은
> 더 이상 하늘에서 들리지 않는다(『실낙원』 5.658-659).

오직 성경을 통해서만 신학론을 입론하고자 했던 밀턴의 입장에는 루시퍼라는 이름을 사용하는 데 어떠한 정당성도 성경에서 발견할 수 없었다는 이유가 잠재되어 있다.[24] 이 운문에서는 의도적으로 하늘에서의 사탄의 지위에 관해서 분명하게 밝히지 않는다. 밀턴은 사탄을 대천사라고 부르는 한편, 사탄으로 하여금 세라핌과 케루빔을 지휘하게 하면서 사탄의 부관 바알세불을 거룹이라 칭한다. 성경에서는 사탄에게 천사의 지위를 부여하지 않았다는 것을 알고 있었기 때문에, 그가 입증해야 할 유일한 논지는 사탄이 하늘에서 그와 같은 위엄을 가지고 있어서 자연스럽게 지옥의 왕이 되었다는 것이라고 생각했다. 이 운문에서 밀턴은 사탄의 신과 같고, 왕과 같은 본성과 놀라운 위업을 묘사하려고 애썼다.

> 한편, 사탄은 전투태세를 갖추고
> 온힘을 집중한 채 테네리프 산이나 아틀라스 산처럼 버티고,
> 태연히 서 있다.

키는 하늘에 닿고, 투구 위에는
공포를 장식했다(『실낙원』 4.985-989).
그는 물 위에 길고 넓게 퍼진 채
둥둥 떠 있는데, 그 넓이는 수천 평에 이르고,
그 몸의 크기는 전설에 나오는 괴물의 크기만큼이나 거대하다(『실낙원』 1.195-197).[25]

이러한 엄청난 권세는 신의 아들이 천사들보다 높이 올라가게 되자 질투와 분노, 그리고 혐오로 바뀌었다.

그날은 위대한 아버지로부터 예우를 받고
또 기름 부음을 받은 메시아로 일컬어진 성자에 대한
질투심에 사로잡혀, 또 교만으로 인해
그 광경을 차마 보기 싫어
스스로 열등하게 되었다고 생각했느니라.
……
곧 그는 전군을 거느리고 그곳을 물러나,
지존의 보좌에 예배하지 않고 복종치 않으리라
결심했었다(『실낙원』 5.661–670).

그래서 사탄의 반역은 인간을 포함해서 물질적인 우주가 만들어지기 전에 일어난다.[26]

이러한 연대기를 선택함으로써 사탄의 타락을 어떤 이유로 받아들일지가 결정되었다. 한 측면으로, 사탄이 파멸하게 된 원인은 전능한 신이다. 하나님은 천사의 타락을 포함해서 있는 그대로의 우주를 원한다. 천사 압디엘은 사탄에게 말한다. "나는 너희들이 타락되기로 결정된 것을 보았다"(『실낙원』 5.878-879), 그리고 신의 절대적인 자유와 섭리가 이 운문을 압도한다(『실낙원』 1.211-220; 7.171-173). 하지만, 다른 차원에서, 신은 직접적으로 자신의 의지를 행사하지 않는데 그것은 그가 그의 창조물에게 부여한 자유를 통해 사물이 사물답게 되게 하기 위함이다. 하나님이 인간의 원죄라고 말했던 것은 역시 사탄에게도 적용된다.

> 그리하여 그도,
>
> 또 믿음 없는 그 자손들도 타락하리라. 누구의 잘못인가?
>
> 그들 자신이 아니라면 누구의 잘못인가? 얻을 수 있는 모든 것을
>
> 다 얻고도 은혜를 저버리다니,
>
> 타락하는 것은 자유이나, 서기에 충분하도록
>
> 내 그를 옳고 바르게 만들었도다(『실낙원』 3.95-99).[27]

세 번째 차원은 사탄이 타락하게 된 원인이다. 하지만 자유의지를 행하는 데는 어떤 동인도 있을 수 없으므로, 그러한 원인이란 없는 것이다. 계속해서, 네 번째 차원은 원인을 말할 수 없다면, 동기에 대해서는 말할 수 있다.

운문이 진행되는 동안에, 사탄의 동기는 자만심에서 질투로 다시 복수로 격하된다.[28] 자만심과 질투는 물론 전통적인 동기들로서 사탄의 "완고한 자만심"(『실낙원』 1.58)은 이 운문의 맨 처음부터 나온다.

> 그는 천사들의 도움을 받아
> 반역하기만 하면, 지고하신 분과 동등해지리라.
> 대망을 품고 하나님의 보좌와 그 주권에 맞서
> 하늘에서 불경스런 전쟁을 헛되이 일으켰더라(『실낙원』 1.40-43).

스콜라주의자들은 사탄이 신과 동등해지려고 계속 노력했다는 생각을 어리석은 것으로 거부했고, 사탄이 신과 비슷해지려고 시도했을 뿐이라는 자신들의 생각을 입증하기 위해서, 이사야의 통상적인 라틴어 번역(ero similis altissimo)에 의존하였다. 스테드만이 보여주었던 것은 바로, 밀턴이 트레멜리우스-유니우스의, "나는 가장 높은 지위와 동등해질 수 있다"라고 하는 훨씬 더 거만하게 허풍을 보여주는 번역을 사용했을 수도 있다는 것이다. "사탄"은 왕과 같은 권력, 그리고 힘, 자유, 이성, 영광을 지닌 신과 동등해지기를 갈망한다. 하지만 결국 가장 공통적인 목적은 신과 동등한 힘을 갖는 것이다"[29]라고 스테드만은 진술한다.

사탄은 스스로 "자만심과 그보다 더 나쁜 야심 때문에 나는 쇠락한다"(『실낙원』 4.40; 2.10; 5.860)라고 고백한다. 그 자만심에다가 신의 아들에 대한 질투가 더해진다. 신의 아들에 대한 질투는 전통적인 모티브이지만, 전통적으로 그것이 무엇을 의미하는지에 관해서는 일치된 적이 없다. 본질적으로 신의 아들의 우월한 본성에 대한 질투일 수도 있고, 아니면 신의 아들이 하늘에서 더 높은 지위로 올라간 것에 대한 질투이거나, 우주의 창조자로서의 역할에 대한 부러움이거나, 타락한 인간을 구원하는 신의 아들의 권능에 대한 질투를 의미할 수도 있다. 이에 대해 밀턴은 명확하게 언급하지 않는다. 밀턴이 채택한 연대기에 따르면 우주는 아직 존재하지 않았기 때문에 사탄은 그리스도가 우주를 창조하거나 지배하는 것에 대해 질투할 수 없었다. 더욱이 인간들이 아직 존재하지 않았기 때문에 구원에 대해서는 더욱 질투할 수 없었다(『실낙원』 5.644에 나오는 메시야에 대한 언급은 시대착오적이다). 밀턴은 그리스도가 아버지에 의해 지위가 올라가고 사탄이 복종하기를 거만하게 거부하는 극적인 순간, 신비극에서 하나님의 옥좌를 사탄이 찬탈하는 것과 비슷한 극적인 순간에 초점을 맞추기로 결정했다.

사탄은 아들의 권능에 의해 "상처받은 공로"(『실낙원』 1.98)를 가지고 있다고 생각했는데, 이런 생각은 그에게 "괴이하고 신기한 주장"(『실낙원』 5.855)으로 보였다. 밀턴이 보기에 신의 요구로 천사들이 신의 아들을 찬미하자, 사탄은 자신의 동료 천사들에게 비웃으며 말한다. "그대들은 고개 숙이고 굴종의 무릎을 꿇고자 하겠는가?"(『실낙원』 5.787-788; 1.35-40; 4.50-70; 5.661-665, 772-802, 853-858). 한번 파멸을 당하자 사탄은 질투심에 복수심이 더해지고, 인간이 창조될 때 신의 아들에 대한 질투심에 인간에 대한 질투심까지 더해진다. 이러한 상황을 먼저 이해하더라도 사탄의 지위는 불분명해진다. 사탄은 신이 선하고 전능하다는 것을 알면서도 반란을 일으킨 걸까, 아니면 신이 선하다는 것을 알고서 스스로 그 사실을 받아들이려고 하지 않은 걸까, 이것도 아니면 사탄은 정말로 신이란 부당한 폭군이라고 생각한 걸까?

밀턴의 연대기에 따르면, 우주에서 최초의 죄는 사탄이 반역을 꾀하는 순간에 발생했다. 그 결정의 순간에, 사탄의 이마에서 딸 신(Sin)이 튀어나왔다. 이 이미지는 유피테르의 이마에서 미네르바가 태어난 데서 유래하고, 성령의 인격화인 신성한 지혜의 패러디이다(『실낙원』 2.752-760). 죄인으로서 사탄이 처음으로 행한 짓은 동료 천사들을 설득해서 반역을 도모한 것이다. 사탄은 하나님을 "자신들의 적"으로 본다(『실낙원』 1.188). 사탄은 하나님의 옥좌 주변에 있던 군대들로부터 자신의 추종자들을 빼내어 하늘의 북쪽에 자신의 왕위를 옹립한다. 17세기 정치 개혁에 대한 혐오감을 반영하면서, 사탄은 신의 아들을 찬양하는 것은 미증유의 불법적인 경험이고, 천사로서 자신들의 위엄에 대한 근거 없는 모욕이라고 주장한다. 사탄은 평등과 민주주의를 옹호한다고 선언하는데, 나중에 지옥에서 기꺼이 압제적인 왕위를 휘두른다는 점에서 아이러니이다. 그럴듯하게 합리화한 것 가운데 하나는, 사탄은 창조된 순간을 기억할 수 없다고 천사들에게 일러주면서, 계속해서 천사들이 정말로 창조된 것이 아닐지도 모른다고 억측을 부리고, 결국 자신들이 실제로 "스스로-태어나, 스스로 양육되었다"(『실낙원』 5.860)는 인정할 수 없는 결론으로 넘어간다.

> 우리의 힘은 우리 자신의 것, 우리의 오른손은
> 누가 우리의 동료인가를 실증하기 위하여
> 최고의 과업을 우리에게 가르칠 것이다(『실낙원』 5.864-866).

모든 계급의 천사들을 포함해서 천사들 가운데 3분의 1가량이 사탄과 합세해서 반란을 일으킨다.[30]

즉각적으로 하늘에서 전쟁이 벌어진다.[31] 결론은 하나일 수밖에 없으므로, 사탄의 입장에서는 미친 짓이었다. 전능한 신에 대항해서 매우 효과적으로 전쟁을 이끌기 위해서, 모반을 이끄는 천사들의 입장에서는 어느 정도의 무용과 용맹성을 보여줄 필요가 있었고, 밀턴은 이러한 상황을 너무나 치열하게 그려서 자신에게는 다소 기묘한 시나리오가 나오게 되었다. 첫째 장면에서 밀턴은 사탄의 군대와 미가엘의 군대가 서로 맞닥뜨리게 하였고, 그래서 셋째 날 하나님은 반역자들을 진압하기 위해 아들을 보낼 수밖에 없게 되었다. 미가엘이 어렵게 궁지에 몰렸던 곳에서, 성자는 쉽게 승리를 거두어 패배당한 반역자들을 하늘 밖으로 던져버렸다.[32] 하나님은 그들을 철저하게 괴멸할 수도 있었지만, 자제하였다.

> 그는 자신의 힘을 반도 못 내어서 사격 도중에
> 우뢰를 쏘아 멎게 했느니라, 그의 의도가 그들의 멸망이 아니라
> 하늘에서 그들을 뽑아내고자 하는 것이었기에(『실낙원』 6.853-855).

신은 왜 그들을 절멸시키지 않았는가? 사실상 신이 더 많은 해를 끼칠 수 있는 힘을 그들에게 남겨두었을 때 사탄조차도 놀랐다.

> 우리를
> 그 음침한 감옥에 머무르게 하려거든
> 그 철문이나 더 단단히 잠그라(『실낙원』 4.897-899).

그에 대한 해답은 신이 악행을 하려는 모든 노력도 선행으로 바뀐다는 것을 사탄에게 가르치기를 원했고, 사탄에게 다음을 보여주고자

했던 것이다.

> 마침내 그의 모든 악의가 그로 인해 유혹당한 인간에게는
> 오직 무한한 선과 은총, 자비를 가져다 줄 뿐이요,
> 자신에게는 몇 곱의 파멸과 분노,
> 복수가 쏟아져내림을 보고 화가 치밀어 보게 되리라(『실낙원』 1.217-220).

사탄이 무슨 짓을 하든지 간에, 자기자신의 반역적인 머리로 되돌아올 것이고(『실낙원』 3.85-86), 하나님의 섭리로부터 아무리 많이 배운다 하더라도, 사탄은 결코 구원받을 수 없다. 인간들은 최초의 조상들이 다른 존재에게 유혹을 당했기 때문에 구세주를 가질 수 있지만, 사탄은 자기가 최초로 죄를 지었기 때문에 그럴 수 없다. 이브도 아담도 강요에 의해 죄를 지은 것은 아니므로, 비록 논리에는 맞지 않지만, 이것이 기독교의 전통이다.

> 첫 번째 무리들은 자기 꾐에 스스로 넘어가고,
> 스스로 부패하여 타락하였지만, 인간은 전자의 무리에
> 속아 넘어가 타락했다. 그러므로 인간은 자비를 바랄 수 있지만,
> 전자는 그렇지 않다(『실낙원』 3.129-132).

사탄의 타락으로 야기된 또 다른 결과는 이 우주에 죄가 생기게 되었다는 것이다. 하나님이 우주의 창조자인 것처럼 사탄은 "죄의 창조자"(『실낙원』 6.262)이다. 사탄의 죄로 인해, 이 세상은 비참하게 되었다.

어째서 너는
하늘의 복된 평화를 뒤흔들고, 네가 반역을 저지를 때만 해도 없었던
재난을 자연 속에 끌어들였느냐? 어째서 너는
수천의 천사들에게 악의를 불어넣었느냐?(『실낙원』 6.266-270)

자신의 선택에 의해 신의 은총으로부터 타락한 사탄과 타락한 천사들은 하늘에서 쫓겨난다.

감히 전능자에게 도전한 그를
무시무시한 타락과 파멸로 쳐서 꺾고
정화천에서 불붙여, 바닥 없는 지옥으로
거꾸로 내던지셨다. 거기서
영원한 사슬에 묶여 영원한 불길 속에서 살도록(『실낙원』 1.44-48).

사탄의 편에 들었던 모든 천사들은 사탄과 함께 떨어졌다.

루시퍼가 하늘로부터 추방당해
(일찍이 천사의 무리 중에서 다른 별보다
더 찬란했으므로 그를 이렇게 부른다)
그의 불을 뿜는 군대와 더불어 심연을 지나
그의 형장으로 떨어지고(『실낙원』 7.131-135).

그들은 "가을날의 낙엽처럼 무참하게 떨어졌고…… 거룹과 세라프는 홍수에 떠밀렸다"(『실낙원』 1.302, 324). 9일 동안 그들은 공중으로 떨어졌고 9일 동안 불타는 강에 쓰러져 있었다(『실낙원』 1.50-53; 6.871).[33]

9일 동안 그들은 떨어졌다. 어리둥절하여
혼돈은 포효하고, 그 거친 무질서 속을 가는
그들의 추락에 열배는 더 혼란을 느꼈다.
이런 대패주는 혼돈에게 파멸을 주었노라.
마침내 지옥은 입을 벌리고 그 전부를 받아서
그들 위로 닫혀버렸노라. 지옥은 그들에게 알맞은 처소
꺼지지 않는 불이 가득한 슬픔과 고통의 집이어라(『실낙원』 6.871-877).

결국, 천사들은 하늘에서 쫓겨나 카오스를 통해 지옥으로 들어간다. 그런데 이 지옥은 도대체 어디에 있는 것인가?

단테는 전통적으로 이 지옥을 지구의 중앙에 두고 있다. 왜냐하면, 프톨레마이오스가 생각하는 우주에서 지구의 중앙은 신의 하늘나라에서 가장 멀리 떨어진 곳이기 때문이다. 그리고 이렇게 멀리 떨어진 지점이 밀턴이 의도했던 곳이다.

여기 하늘 밖 어둠 속에
그들의 감옥을 정하고, 그들의 몫으로 하였다.
하나님 그리고 하늘의 빛으로부터 떨어진 그 거리가
중심에서 우주의 한 극점까지의 세 배나 되는 이곳에(『실낙원』 1.71-74).

그러나 밀턴의 연대기에 의하면, 물질적인 우주는 아직 형성되지 않았다(『그리스도교 교의론』 1.33). 나중에, 밀턴은 사탄이 지옥으로부터 카오스를 거쳐 하늘로 가는 여정을 묘사하는데, 그에 따르면 이 우주는 금줄에 장식물을 매단 것과 같다(『실낙원』 2.409-410, 1046-1055). 우주가 하늘로부터 매달려 있다면, 그리고 그 둘이 지옥으로부터 카오스에 의해 나누어져 있다면, 지옥은 어디 있단 말인가? 밀턴이 지옥을 묘사하기 위해 사용한 물리적인 이미지는 지구의 내부에 있다고 상상되는 것으로부터 가져온 것이지만—깊은 동굴들, 불타는 강, 그리고 히브리의 지옥에서 유래하는 유황 냄새—, 그가 묘사한 지옥은 지구 내

『실낙원』(6.875)에 실린 구스타브 도레의 삽화. 입을 벌리고 있는 지옥이 타락한 천사들을 가두고 있다. 판화, 1882.

부에 존재하지 않는다.

그렇다면 지옥은 어디에 존재하는가? 지옥은 어디에도 존재하지 않는다. 이것이야말로 밀턴이 그려낸 아름다움이다. 사탄이 자신의 왕위를 세우고 타락한 무리들과 함께 새로운 왕국을 세우려고 한 곳은 엄밀히 말하면 어디에도 존재하지 않는다. 악은 절대적으로 비존재라는 것을 완전하게 은유한 것이다. 밀턴은 일부러 자기 모순적이고 불가능한 지옥의 모습을 제시한다. 먼저, 물질적인 세계가 천사들이 몰락할 당시에 아직 창조되지 않았다면, 물질적인 이미지를 가지고 있지만 어떻게 지옥이 구체화될 수 있겠는가? 모든 것이 애매모호하다. 지옥이 아직 존재하지도 않는 물질세계의 내부 깊숙이에 있고 지옥의 외부에 존재하도록 창조된 우주의 내부에 존재한다. 지옥은 타락한 천사들이 사는 장소이지만, 그들의 마음속에 존재하면서 그들이 어디를 가든 함께한다. "내가 가는 어느 길이든 지옥으로 통하고 내 자신도 지옥에 있다(『실낙원』 4.75)." 지옥은 그들이 묶여 있는 감옥이면서 그들만이 그곳에서 나올 수 있다. 지옥은 시간과 이동이 멈춰진 채로 영원한 곳이다. 이 우주가 하늘의 다른 한편인 것처럼 지옥은 카오스의 다른 한편이다. 지옥은 "모든 생명이 죽고, 죽음만이 사는"장소이다(『실낙원』 2.265). 결국, 지옥은 어디에도 존재하지 않고 어떤 특징도 없으며, 실재보다는 무를 선택하는 사람들에게 어울리는 장소이다.

천사들이 타락했기 때문에, 신은 계속해서 두 번째 창조물을 만드는데, 그것이 물질세계이다. 신은 사탄이 하늘에서 벌인 파괴의 흔적을 보충하기 위해 과거의 영향력을 일소하도록 새로운 세계를 만들었다.

> 그러나 그의 마음이 이미 이루어진 손해를
> 어리석게도 내 손해로 생각하고, 하늘에서
> 백성을 절멸할 것이라고 으스대지 않도록
> 만일 자멸자를 잃는 것도 손실이라면, 나는 이 손실을
> 보충할 것이고 일순간에 다른 세계를
> 또한 한 사람으로부터 수없이 많은 인류를
> 창조하여, 여기 아닌 그곳에 살게 하리라(『실낙원』 7.150-156).

인간이라는 종은 타락한 천사들을 대신할 것이고, 마침내 인류가 구원받을 때, 인간들이 와서 하늘의 빈 공간을 채울 것이다(『실낙원』 9.146-157).

물질적인 우주를 만들 때, 먼저 신은 자기자신으로부터 카오스를 만들었다고 밀턴의 시는 설명한다. 카오스 안에 운동이 있었고, 운동을 측정하는 것은 시간이었으므로, 우주가 형성되기 전에 운동에 대해 이야기하는 것은 적절하다.

이 세계가 아직 존재하지 않고, 광막한 혼돈이
지금 이 천체들이 돌고 있는 곳.
(시간은 영원 속에 있으나, 운동에 맞춘다)(『실낙원』 5.577-581)

이 카오스로부터 신은 우주를 만든다.

나는 그의 말씀에 따라 이 세상의 원질
형태 없는 무더기가 쌓이는 것을 보았다.
혼란이 그의 목소리에 귀를 기울이고, 사나운 소요가
진정되고, 광대무변한 공간은 한계가 지어졌다(『실낙원』 3.708-711).

기독교 전통에서처럼 밀턴의 작품에서도, 이 일을 수행한 것은 바로 신의 아들이다.

너, 나의 말, 내가 낳은 아들이여, 너를 통해
나는 이 일을 실행할 것이니, 말하여 이루라!
만물을 덮는 나의 영과 힘을 너와 함께
보내노니, 타고 나가라. 그리하여 심연에 명하여
지정된 한계 안에서 하늘과 땅이 있게 할지어다(『실낙원』 7.163-167).

밀턴은 7권(218-630)에서 창조의 과정을, 그리고 8권에서 창조된 세계의 아름다움을 묘사한다. 우주에 존재하는 최고의 영광은 인간이었고, 사탄은 곧 이 영광을 훼손하려 할 것이다.

하지만 이제, 불타는 강으로부터 사탄은 지옥의 어둠을 둘러보지만, 그 어디에도 타락한 천사들로 채워져 있지 않았다. 사탄은 자신의 부관 바알세불을 보고 나서 모든 어둠의 군세, 밀턴이 명명한 대장들을 본다(『실낙원』 1.381-521). 그들이 지닌 천사와 같은 본성은 원래 신에 의해 창조되었기 때문에 그대로 남아 있다(『실낙원』 1.315-316, 358-360; 2.430). 그러나 그들의 의지는 악해지고 모습도 점차 자신들의 의지가 뒤틀리면서 그에 어울리게 변화한다. 『실낙원』에서 가장 인상적인 내용 가운데 하나는 사탄의 모습이 계속 기괴해짐에 따라서 사탄의 성격도 점점 더 악화되는 과정을 반영한 것이다. 가장 최초의 작가들은 타락하는 순간에 사탄의 모습이 기형으로 변하는 것을 묘사했고, 그림을 통해 밝은 천사들이 검게 변하고 하늘에서 떨어지면서 모습이 뒤틀리는 것을 보여준다. 하지만 밀턴의 작품에 나오는 사탄은 계속해서 영원히 변형된다.

가장 깊은 심연에서도 보다 더 깊은 심연이
나를 삼킬 듯이 입을 크게 벌리니,
거기에 비하면, 내가 고통을 당하는 이 지옥은 천국 같구나.

왕관과 권장(權杖)을 지니고 지옥의 높은 보좌 위에서
뽐내는 나를 그들이 떠받들 때,
나는 더욱 깊이 떨어진다(『실낙원』 4.76-91) .

처음에 사탄은 자신의 모습을 잃지는 않고, 대천사가 파멸한 후에 원래의 밝은 모습은 나타나지 않았지만(『실낙원』 1.591-593), 이미 쇠락의 확실한 징조를 가지고 있었다. 지옥에서 처음으로 바알세불을 보았을 때, 사탄은 파멸의 조짐이 그에게도 드리워져 있음을 알아차리고는, "오, 어떻게 타락했는가! 어떻게 변하였는가"라고 외친다. 그리고 나중에, 천사 제폰과 이투리엘이 사탄에게 다음을 상기시켰을 때,

생각하지 말라, 반역 천사여. 네 모습이
옛날과 같고, 광채도 여전하여 단정하고 맑게
하늘에 섰을 때처럼 인정받으리라고는.
그때의 그 영광은 네가 선에서 떠났을 때
네게서 떠난 것이다. 이제 너는 마치
네 죄와 같고 어둡고 더러운 처형의 장소를 닮았노라(『실낙원』 4.835-840).

계속되는 배신과 거짓말로 인해 사탄 자신이 얼마나 더 타락하게

『실낙원』(1.209-220)에 실린 구스타브 도레의 삽화. 사탄이 지옥의 불타는 웅덩이에 9일 동안 사슬에 묶여 있다. 판화, 1882.

될지 명확하게 깨닫지 못했기 때문에, 사탄은 수많은 동물의 모습—사자, 호랑이, 가마우지, 독수리 뱀—을 취하여 천사들과 사람들을 속인다. 그리고 나서 그렇게 했기 때문에 타락했다고 불평한다.

> 오 더러운 타락이여! 전에는 신들과 최상의 자리를 다투었던
> 내가 이제 별수 없이 짐승 속에 들어가, 짐승의
> 점액에 섞여 신의 높은 자리를 열망하던
> 이 본질을 육화하고 짐승처럼 되다니.
> 그러나 야심과 복수를 위해서는 어딘들
> 못 내려가겠는가? 야심을 품은 자는 높이 오른 만큼
> 낮게 내려가, 언젠가는 가장 비천한 것이
> 되지 않으면 안 된다(『실낙원』 9.163-171).

C. S. 루이스가 언급한 대로, 사탄은 점차로 밝은 천사에서 엿보고 염탐하고 거짓말하는 것으로 변하다가 결국 몸부림치는 뱀이 된다.[34)]

사탄은 자신이 던져졌던 불타는 강에서(그리고 잠시 동안 그 강에서 풀려나 신의 섭리가 향하는 방향을 알게 된다) 올라와, 바알세불에게 자신들이 직면한 고난과 미래의 계획에 대해 신중하게 말한다. 신을 폭군이라고 비난하고 자기자신의 증오와 복수를 높이 평가하면서, 사탄은 신에 대항해서 끈질기게 싸울 것을 요청한다. 이 모든 노력은 부질없는

허풍이며 맹목적인 무모한 짓이다. 왜냐하면, 신은 악하지 않고 신은 전능하기 때문에 아무리 계속해서 반란을 일으켜도 성공할 수 없다는 것을 사탄은 늘 알고 있기 때문이다. 사탄은 비록 그렇지 않은 척하지만. 그러나 사탄은 항상 현실보다는 환영을 진실보다는 왜곡을 선호한다. 그리고 사탄은 신을 패배시키고 싶어서 그렇게 할 수 있다고 스스로 설득한다(『실낙원』 1.84-127). 바알세불은 자신의 주인, 사탄에게 하늘의 폭군을 넘어뜨리는 데 거의 성공한 척하면서 사탄과 함께한다. 그러나 저변에 흐르는 걱정스러운 현실이 바알세불의 대답 속에 나타난다. 그는 자신들이 가지고 있던 천사의 지성이 거의 철저하게 파괴되었음을 인정하고, 자신들보다 못한 힘을 가지고 있었더라면 자신들의 권세를 극복할 수 없었을 테니까 신은 틀림없이 전능하다고 추측한다(1.128-156). 사실, 이 지긋지긋한 논쟁에 참여한 모든 악령들은 사탄이 결핍되어 있다는 사실을 알고 있었고, 사탄의 계획은 자기들의 통찰력이라고 하는 장점을 잃게 하는 것으로서 이는 사탄의 엄청난 죄악성과 무모함을 가늠케 하는 척도이다.[35] 사탄의 대응 자세는 악 그 자체를 위해 악을 선택하는 완전히 타락해버린 자신의 의지를 온전하게 표출한 것이다.

> 도대체 선행은 우리의 본분이 아니니,
>
> 그의 높은 뜻에 반항하여,

항상 악을 행하는 것이 우리의 유일한 즐거움이다.
따라서 만일 그의 섭리가 우리의 악에서
선을 찾아내는 것이라면,
우리의 할 일은 그 목적을 좌절시켜
언제나 선에서 악의 수단을 찾아내는 것이리라(『실낙원』 1.159-165).

이는 신의 섭리에 대항하는 조잡한 계획이다. 신이 아무리 선한 일을 해도 우리는 그것을 악으로 뒤틀어버리려고 하고, 우리는 그것이 선하다는 단순한 이유만으로도 선을 증오한다.

사탄은 자신의 죄악성으로 인해 더욱 강팍해진다.

안녕, 영원한 기쁨 깃들이는 복된 들판이여!
오라, 공포여! 환영한다,
음부여! 너 한없이 깊은 지옥이여,
너의 새 주인을 맞으라, 언제 어디서나
변치 않는 마음을 가진 우리들을.
마음은 마음이 제 집이다, 스스로
지옥을 천국으로 천국을 지옥으로 만들 수 있으리라.
천국에서 섬기느니 지옥에서 다스리는 편이 낫다(『실낙원』 1.249-263).

“나의 유일한 역할과 목적은 무(無)를 기꺼이 받아들여 선한 것은 무엇이든지 내가 할 수 있는 한 제거해버리는 것임을 나는 확언한다”고 사탄은 말한다. 다시 말하지만, 이것은 허풍에 지나지 않는 것이다. 왜냐하면 신의 섭리에 반대하는 그의 계획은 환상에 불과하기 때문이다. 실제로 신의 섭리는 모든 악을 선으로 바꾸어버린다. 베리알과 그 밖의 악령들은 판데모니움을 중심지로 삼아 지옥에 제국을 건설할 계획을 서둘렀다. 그러나 이처럼 냄새와 연기가 나고, 불결한 장소—실제로 어디에도 존재하지 않는—를 쾌적한 왕국으로 만들어보겠다는 생각은 참으로 어리석은 짓이다(『실낙원』 1.271-621).

악마도 나름대로 계획을 가지고 있었고 신도 새로운 세상과 타락한 천사들을 대신할 새로운 종을 계획하고 있었다. 이런 상황은 악마의 무리들로 하여금 박해자들에게 일격을 가할 기회를 주었다. 대놓고 싸워서는 신을 물리칠 길이 없으므로, 기만과 교활함으로 우리들의 목적을 달성할 것이다(『실낙원』 1.621-662). 사탄의 음모는 바알세불의 도움을 받아가면서, 우두머리 악령들을 회의에 불러모아 거기에서 악령들의 제안을 고려하는 듯하면서 바알세불을 앞세워 사탄의 계획을 다시 소개하고 이 극악무도한 군세를 동요시켜 자신의 생각을 받아들이게 한다.

사탄이 회의를 개회한다.

오르무스나 인도의 부가 무색하고
진주와 황금을 아낌없이 그 왕들에게
뿌려주는 화려한 동방의 부보다 찬란한 권좌에 높이
사탄은 자랑스럽게 앉아 있다(『실낙원』 2.1-S).

사탄이 하늘에 있는 신의 고귀한 지위를 흉내낸 왕위는 지옥의 다른 모든 것과 마찬가지로 무모한 환상에 불과하다(『실낙원』 5.755-771). 모인 무리들에게 행한 사탄의 첫 발언도 무모하기는 마찬가지였다. 왜냐하면, 자신들이 전능한 신을 물리칠 기회를 잡았고, 자신들의 파멸을 전화위복으로 바꾸어 타락하기 전에 누렸던 것보다 더 큰 영광을 마침내 얻을 것이라고 생각했기 때문이다(『실낙원』 2.11-42). 그래서 공허한 목소리로 이 가짜 왕은 이미 결정된 결과에 대한 의미 없는 논쟁을 시작한다. 계획적이고 이성적인 선택을 바탕으로 하는 것이 아니라 사탄이 지배하는 악에 이끌려, 그것도 미덕으로 포장되어, 각각의 악령이 발언을 한다.[36]

잃을 것이 아무것도 없었던 잔혹한 몰록이 맨 먼저 일어나 "고문자"에 대항하는 전쟁을 개시할 것을 권고한다. 신이 내릴 수 있는 유일한 더 큰 벌은 그들을 절멸시키는 것이었고, 그것마저도 사슬에 묶여 갇혀 있는 것보다는 오히려 더 나을 수도 있었다. 적에 대한 단순한 적의와 증오에서, 몰록—몇몇 근대의 군사 지도자들처럼—은 이길 수 없다는 것을 알면서 파괴적인 전쟁을 계획한다(『실낙원』 2.51-105).

달변가 베리알은 온갖 수사학과 카리스마 넘치는 마력으로 자신의 지리멸렬하고 노골적인 계획을 진척시키려 한다. 베리알은 말하기를 몰록은 지금 처지보다는 절멸당하는 것이 낫다고 생각하는 잘못을 저질렀다고 하면서 신은 자신들을 훨씬 더 잔인하고 강력하게 괴롭힐 수 있기 때문에 자신들을 절멸시키는 것만이 신이 가지고 있는 유일한 방법은 아니라고 주장한다. 여기 지옥에서 정착하기보다는 신의 진노가 가라앉기를 기다리면 아마도 사태가 더 나아질 것이라고 말한다. 베리알은 자신들의 타락이 누구 탓인지를 망각했기 때문에, 베리알의 생각은 몰록보다는 좀더 치밀하고 분명히 덜 무모하지만 역시 착각에 불과하다. 신의 진노가 가라앉는 문제는 신에게 달려 있는 것이 아니라 자신들의 죄를 회개하는 악령들에게 달려 있는 것이고, 베리알은 자기들이 그럴 수 없다는 것을 알고 있다. 자신들의 운명을 개선할 수 있는 유일한 방법이 있지만, 그렇게 하려고 하지 않는다(『실낙원』 2.106-227).

육욕보다는 물욕을 제시하기는 하지만, 매먼(mammon, 물욕의 상징)의 주장은 베리알과 비슷하다. 매먼은 생각하기를 자신들의 힘으로는 신의 자리를 찬탈할 수도 없고, 하늘나라를 다시 탈환할 수도 없으며, 회개하지도 않을 것인데, 그렇게 한다고 해도, 다시 반란을 일으킬 뿐이다. 왜냐하면 "억지로 할렐루야"를 부르는 나약한 것들과 함께 하늘나라에 올라가도 견딜 수 없기 때문이다. 그러니 여기에다 이 비옥한 땅을 파서 장대한 탑을 건설해서 도시와 제국을 짓게 하라. 그래서 자신들의 타락을 헛되게 하지 말자고 설득한다(『실낙원』 2.229-283). 지옥에 지은 거창한 장소들은 이전에 하늘에 지었던 거만한 탑들보다도 자신들을 구하는 데 도움이 되지 않을 것이라는 말을 매먼은 무시한다(『실낙원』 1.670-751).

모인 악령들이 베리알과 매먼 편으로 기우는 듯하자 이번엔 바알세불이 사탄의 계획이 마치 자기가 만든 것처럼 나서서 크게 떠들었다. 우아하고 근엄한 이인자로 인식되어 바알세불은 금방 존경을 받게 되었다. 조용하고 공손하게, 바알세불은 앞서 말한 자들의 망상을 폭로하지만 역시 똑같이 무모한 행동을 부추길 뿐이다. 우리는 여기서 지배자가 될 수도 없고 행복할 수도 없는데, 그 이유는 신이 이곳 지옥까지도 실질적으로 지배하기 때문이라고 그는 지적한다. 우리가 어떻게 생각하든지 간에, 자신들은 사슬에 묶인 죄수일 뿐이다. 신은 우주의 모든 곳에서와 마찬가지로 여기도 완전하게 장악하고 있다. 제 정신을 가졌다면 이러한 전제로부터 끌어낼 수 있는 결론은 분명했지만, 어느 악령도 명석한 지능이나 올바른 의지를 가지고 있지 못했다. 그들은 죄로 인해 스스로를 영원히 곡해해왔다. 이론적으로, 그들은 회개를 할 수도 있지만, 실제로 그렇게 하지 않았다. 그래서 바알세불이 권고한 것은 회개가 아니라 힘으로는 제압할 수 없는 신에 대한 간접적이고 보이지 않는 공격이었다. 바알세불은 악령들을 동요시켜서 인간을 경멸하고 증오하게 만든다. 천사들보다도 열등하지만 신의 총애를 받아 지위가 높아져, 경멸할 만한 하찮은 존재들이 자신들의 지위를 빼앗아 자신들은 비참해졌지만, 인간들은 행복해졌다. 신에게 직접적으로 대항할 수 없다면, 신에게 총애를 받는 이 하찮은 존재들을 타락시키고 지배함으로써 신을 위협할 것이다(『실낙원』 2.310-378).

악령들은 다음의 제안을 열광적으로 받아들인다.

> 인류를 그 근본 뿌리에서 멸망시키고, 땅과 지옥을
> 뒤섞어서 위대한 창조자에게 복수할 그런 모든 생각.

하지만 이 계획은 처음부터 물거품이 된다. "그들의 원한은 언제나 신의 영광을 확대시키는 데 기여한다"(『실낙원』 2.382-386)

이제 악령들은 자신들 가운데 누가 에덴으로 가서 그 일을 수행할지 결정해야만 한다. 사탄은 당당하게 자원하면서, 추종자들에게 자신의 용기와 주도권을 과시한다. 이는 나중에 천사 가브리엘—사탄이 임무를 수행하기 위해 떠났던 진짜 이유는 잠시 동안이나마 지옥의 고통에서 벗어나기 위한 것임을 이 천사가 폭로한다—에게 들킨 허장성세(선(Son)이 하늘나라에서의 책무를 담담하게 받아들인 것과 대비해서)에 불과하다(『실낙원』 2.417-465; 3.235-236; 4.920-924). 선뜻 출발한 사탄은 지옥의 문에 도달해서 딸 신(Sin)을 만난다. 처음에 사탄은 그녀를 알아보지 못했다. 그녀도 아버지처럼 자신의 처음 모습을 잃었기 때문이다. "나는 너를 알아보지 못했고, 지금껏 보지도 못했다 / 모습은 더욱 가증스럽구나"라고 사탄은 외친다. 그녀는 사탄과의 근친상간을 통해 "혐오스런 모습"을 한 아들 죽음과—이번엔 죽음이 어머니를 강간해서 끔찍한 자손의 피를 낳는다—를 잉태했을 때 자신의 아버지를 크게 기쁘게 한 적이 있다는 사실을 상기시킨다. 결국 악마, 죄, 그리고 죽음은 성 삼위를 끔찍하게 패러디한 것이다. (『실낙원』 2.681-870). 이러한 패러디는 신(Sin)이 신에게나 어울릴 만한 용어를 구사하며 사탄에게 말할 때처럼, 그들의 대화 속에 반영되어 나타난다.

> 당신은 내 아버지요, 창조자요
> 나의 존재를 부여했습니다. 당신이 아니면
> 내가 누구에게 복종하리까? 누굴 따르리까. 당신은 나를
> 곧 저 빛과 지복의 새 세상으로 데려다 줄 터이니(『실낙원』 2.864-867).

이처럼 타락한 세 악마가 곧 자신들의 집을 지을 새로운 세계가 이 땅이라는 것은 아이러니이다. 여기서 이미 죄와 죽음이 지옥과 땅에 연관될 것이라는 암시가 나타난다(『실낙원』 2.1024; 10.293-324).

이제 악마는 지옥의 문에서 빠져나와 카오스로 들어가는데, 카오

스란 하늘나라가 있는 실재와 하늘나라에 달려 있는 우주로부터 보잘것없는 지옥을 구별해주는 하찮은 장소인 카오스로 들어간다(『실낙원』 2.871-1055). 카오스를 떠나 사탄은 우주를 향해 간다. 그동안에 신은 허공을 가로질러 사탄의 여정을 주시하면서 이미 그에게 대응할 방법을 계획해놓고 있는데, 그것은 신의 아들의 기꺼운 자기희생인데 성부와 성자는 인류의 타락과 구원의 필요성을 이미 알고 있기 때문이다(『실낙원』 2.1-145). 마침내 사탄은 우주의 열 번째 혹은 가장 바깥 구역, 즉 제일 원동천(原動天, primum mobile)에 도달한다. 그곳에 자리를 잡고, 사탄은 마치 먹이를 노려보는 독수리같이 수동적인(patient) 우주를 내려다본다. 태양이 있는 구역으로 내려가 사탄은 거룹으로 변장해서 천사 우리엘을 만난다. 그곳에서부터 사탄은 땅으로 내려와 마침내 에덴 동산 근처의 니파테스 산에 내린다. 이 산은 나중에 사탄이 그리스도를 유혹했던 곳과 같은 산이다(『실낙원』 3.416-742; 11.381; 『복낙원』 3.252-265).

니파테스 산에 올라앉아서 사탄은 엄청난 독백을 쏟아낸다. 이것은 전적으로 악한 것이라는 밀턴의 지적과 사탄에 대한 우리의 지식이 없다면 신실한 영혼의 갈구로 여겨질 수도 있었던 말이다. 이 독백은 또 다른 사기 행위이다. 하지만 전적으로 그런 것만도 아니다. 비록 천박하고 약해졌지만, 사탄의 지력은 여전히 천사의 지성을 가지고 있어서, 멸시하듯 곁눈으로 보면서 또다시 그것을 거부하는 것처럼 보인다. 태양을 바라보면서, 사탄은 자신에게 진정한 빛이란 어떤 것인지를 그리고 하늘에서 밝고 고귀하게 사탄을 입신하게 해주고 충성과 사랑을 빚진 신에 대항에 일어선 자신의 자만심과 야망을 상기시켜 주어서 태양을 증오한다. 사탄은 자신에게 선택권이 있고, 자신이야말로 비참함의 원인임을 알고 있다(『실낙원』 4.31-74). 그러나 재빨리 사탄은 자기이해를 자기증오로, 자기증오를 절망으로 바꾸어 다시금 신을 증오하게 된다. 사탄의 마음속에 회개와 복종이라는 단어가 떠오르자마자 즉각 그것을 떨쳐버린다. 사탄은 스스로 다시 죄를 지을 수밖에 없음을 알고 있다. 사탄은 자신의 의지가 어디로 향할지를 알고 있다.

> 치명적인 증오의 상처 이렇게 깊을 때는
> 진정한 화해가 이루어질 리 없다.
> 이는 더 심한 불행, 더 무거운 타락으로 나를 이끌 뿐이다.
> 그래서 이토록 짧은 휴식을 이중의 고통으로 비싸게 사지 않을 수 없다.
> 나를 처벌한 자는 이것을 안다. 따라서 내가 평화를
> 원하지 않는 것처럼 그도 그걸 주지 않는다.
> 그러므로 모든 희망은 끊어졌다(『실낙원』 4.98-105).

멀리서 사탄의 독백을 경청한 우리엘은 뭔가 생각할 때면 일그러지는 사탄의 표정을 알아채고는, 이는 침착한 거룹이 아니라 땅에 사

는 순진한 주민들에게 위협적인 존재임을 알아차린다(『실낙원』 4.75-130). 처음부터 허장성세를 보인 사탄의 광기는 여기서 관찰자와 독자에게 명백하게 드러나게 된다.[37)]

사탄은 낙원에 가서는 가마우지의 모습을 하고 나무 뒤에서 그 아름다움을 내려다본다. 아름다운 이브를 바라보고 아담과 이브가 천진하게 끌어안고 있는 것을 보고는, 사탄은 다시 질투와 증오심이 들끓었다(『실낙원』 4.131-561). 한편, 가브리엘은 이 최초의 조상을 보호하기 위해 천사들에게 감시하게 하였고, 이 수호천사들 가운데 둘, 이투리엘과 제폰은 자고 있는 이브의 옆에 두꺼비처럼 쭈그리고 앉아 있는 사탄을 보게 된다. 사탄은 그녀의 귀에 대고 죄와 타락의 환상을 속삭이고 있었다. 이투리엘은 자신의 창으로 사탄을 툭 치자 원래의 모습이 튀어나왔다. 천사들은 바로 그가 일종의 악령이라는 것은 알았지만 자신들 앞에 있는 악령이 과거의 루시퍼였다는 것은 바로 알아차리지 못했다. 악마는 자신을 바로 알아보지 못한 데 대해서 화를 내었지만, 사탄이 겪어온 변화의 경위에 대한 진실을 언급하면서 제폰이 그를 힐책하자 사탄은 몹시 당황하였다.

악마는 겸연쩍게 서서,
선이 얼마나 무서운 것인지를 느끼고,
또 덕은 얼마나 아름다운가를 본다.

그 모습을 보면서 악마는 자신의 타락을 한탄한다(『실낙원』 4.846-849).

여전히, 사탄이 후회한 것은 자신이 악행을 저지르고 있다는 점이 아니라 원래의 모습과 위세를 잃어버린 점이었다.

두 천사들은 사탄을 가브리엘에게로 안내한다. 그리고 이 두 대천사들—하나는 타락하고 하나는 선택받은—은 대화를 시작한다. 사탄은 가브리엘의 충성심을 경멸하고, 자신의 용기와 신실함을 또다시 자랑한다. 가브리엘의 대답은 명쾌하고 직접적인 논거로 사탄을 압도하였다.

오, 그 이름, 충실이라는 그 거룩한 이름을 더럽혔도다!
누구에게 충실인가? 너의 반역 도당들에게?
악마의 군대여, 그 몸에 그 머리로다.
그리고 너 교활한 위선자, 이제 자유의
수호자인 체하는 자여, 일찍이 누가 너보다 더
아첨하고, 굽실거리고, 두려운 하늘의 군주를
노예처럼 숭배했더냐? 이들을 쫓아내고
너 자신 왕이 되려는 생각이 아니고 무엇이냐?(『실낙원』 4.951-961)

이 운문의 초점은 점점 더 아담과 이브에게 맞춰진다. 5권에서 자세히 묘사된 이브의 꿈은 9권에 나오는 중심 장면의 서두였고, 이 부분에서 최초의 부부는 처음으로 죄를 저지른다. 사탄이 두꺼비처럼 앉아서 이브의 귀에 속삭였지만, 꿈속에서 이브는 과일을 먹기만 하면 새로운 즐거움이 자신의 것이 된다는 것을 가르쳐주는 아름다운 천사의 모습으로 착각한다.

> 이 열매를 맛보고, 앞으로 신들 사이에서
> 스스로 여신이 되라. 땅에만 있지 말고
> 때로는 우리들처럼 공중으로 때로는
> 그대의 공로로 하늘로 올라가라(『실낙원』 5.77-80).

신은 루시퍼와 이브 모두를 위해 하늘의 복락을 준비하였다. 루시퍼가 지은 죄의 근원은 복락을 신의 은총을 통해 얻으려고 하지 않고 자신의 의지력과 장기로 얻어내려고 고집하였다는 데 있다. 그래서 사탄은 이브도 스스로의 노력으로 행복해질 수 있다고 똑 같은 잘못을 제안한 것이다. 이브의 꿈이 선한 영이 아니라 악한 영에게서 기인한 것 같다고 아담은 충고한다. 그럼에도 불구하고, 9권에서 이 꿈 때문에 이브는 실제로 유혹을 받아 타락하게 된다.[38)]

아담과 이브의 타락이 이 운문의 중심 주제라는 것은 서사시의 첫 부분에서도 명백하게 드러난다("인간의 최초의 불복종에 대해서"). 가브리엘의 명령으로 낙원에서 쫓겨난 사탄은 자신의 파멸을 초래할 적절한 구실을 찾아 땅을 배회한다. 사탄은 "모든 땅에서 가장 음흉한 뱀이 되기"로 정한다(『실낙원』 9.86). 사탄은 자진해서 뱀의 형상을 취하지만 나중에는 자신의 의지와는 반대로 이 형상으로 전환하고 만다(『실낙원』 1.34). 잠시 동안, 사탄은 자신이 더럽힐 이 땅의 아름다움을 음미하면서 머뭇거린다. 하지만 그를 잠시나마 멈추게 한 것은 사랑이나 동정심이 아니라 이 땅에서 즐기는 아담과 이브에 대한 질투심, 그리고 그런 것들을 만든 신에 대한 질투심이다. 신이 순수하고 사심 없는 사랑으로 이런 아름다움을 크게 베풀었을 수도 있다는 생각을 마지못해하면서도, 사탄의 어두운 마음으로는 신이 하늘나라에서 자신의 지위를 높이려고 거듭 궁리한 끝에 이 땅을 만든 것이 틀림없을 거라고 생각할 수 있을 뿐이다.

> 내 주위에서 쾌락을 보면 볼수록 마음에 한층 더 고통을 느끼니,
> 내가 찾는 것에 의해 내 자신의 비참을 덜고자 하는 것이 아니라,
> 남들을 나처럼 만들려는 것이다. 그로 인해 내게 불행이 더해질지라도.
> 나는 오직 파괴를 통해서만 내 무자비한 생각을
> 부드럽게 할 수 있을 따름이다(『실낙원』 9.119-129).

사탄은 자신이 저지른 악행으로 인해 자신의 운명을 더 나쁘게 만

『실낙원』(9.97-98)에 실린 구스타브 도레의 삽화. 생각에 잠긴 사탄이 아담과 이브의 행복과 자신의 불행을 비교하고 있다. 판화, 1882.

들지만, 그럼에도 불구하고 악행을 저지른다. 자신에게 무서운 결과를 초래하더라도 다른 사람들에게 독성적인 공격을 가하는 인간의 경향을 악마에게도 투영하였다. 악마의 궁극적인 즐거움은 "전능한 그가 6일 밤낮으로 만든 것을 하루 만에 깨뜨려버리는 것"이다(『실낙원』 9.136-138). 사탄은 자신의 노력에 대한 보답도 받지 못하면서 이러한 목적을 이루기 위해 그토록 애를 써야만 한다는 것이 얼마나 불공평한 일인지를 생각하면서 스스로를 불쌍하게 여긴다.

뱀—아직은 무고한 짐승으로서—이 자고 있는 것을 보고는, 사탄은 그의 입안으로 기어들어가 그를 장악했다(『실낙원』 9.187-190). 재앙이 그들을 기다리고 있음을 알지는 못했으나 위험의 가능성을 천사로부터 통보받은 아담은 이브에게 계속 함께 있자고 제안하지만, 그녀는 정원에 혼자 들어가기로 마음먹는데, 이 상황은 사탄이 바라던 바이고 이 기회를 재빨리 이용했다. 다시 이브를 보자마자, 사탄은 잠시 머뭇거린다. 사탄의 감각과 지력에는 여전히 원래의 능력이 남아 있어서 이브의 천진무구한 아름다움을 느낄 수 있었다.

> 그녀의 우아한 순진성과 온갖 몸짓의
> 자태, 또한 사소한 동작도 그의 악의를
> 억누르고, 그로부터 나오는 음흉한 간계의
> 힘을 달콤한 매력으로 빼앗는다.

그 때 그 악한 것은 자신의 악으로부터
빠져나와 한동안 적의도 간계도 증오도 질투도
복수심도 잊은 채 어리석게도 선으로 돌아간다(『실낙원』 9.459-466).

그래서 사탄은 자신의 뒤틀린 소망으로 인해 현실을 보는 눈을 멀게 한다.

하지만 하늘 한복판에 있어도, 늘
마음속에서 타는 뜨거운 지옥은, 곧 그의 기쁨을 짓밟고.
그는 곧 흉악한 증오심을 되살려 해악의 온갖 생각을
기꺼이 불러일으킨다(『실낙원』 9.467-472).

사탄이 이브에게 말을 걸자, 이브는 어떻게 뱀이 말을 할 수 있는지 매우 의아해한다. 이때 사탄은 기적의 나무에 달린 열매를 따먹어서 지혜를 얻게 되었다고 설명할 수 있는 절호의 기회를 잡는다. 이브는 이 술수에 넘어가 어디에서 그 나무를 찾을 수 있는지 묻는다. 그리고 사탄은 기꺼이 그 장소를 알려준다. "오, 이런 이 나무가 당신이 말한 그 나무라면, 여기까지 오느라고 고생할 필요가 없었는데, 신께서 우리가 이곳에 오는 것을 금하셨거든요"라고 이브는 말한다. 황급히 사탄은 자신이 만든 피조물들이 성장하고 성취하지 못하도록 막는 폭군에게 소리친다. 이 나무는 선과 악에 대한 지식뿐만 아니라 불멸성과 더 행복한 삶, 그리고 더 높은 지식을 줄 것이라고 사탄은 설명한다. 이 나무는 그들을 신처럼 만들어줄 것이고, 신이 이를 금지하는 유일한 동기는 피조물들을 자신의 통제하에 두고자 하는 것이 틀림없다(『실낙원』 9.655-732). 사탄이 내뱉는 모든 말은 거짓일 뿐만 아니라 진실과는 완전히 반대되는 것이었다. 왜냐하면, 이 나무는 그들에게 죽음과 비참한 삶, 그리고 그외에도 죄에 관한 지식만을 줄 뿐이고, 그렇게 되면 신보다는 악령을 닮게 될 것이 때문이다. 이브가 사탄의 꾀에 넘어간 것은 사탄의 논리에 응한 그녀의 지식과 그 열매를 열망한 그녀의 감각에 의해서다. 그녀는 서두르지 않고 침착하게 죄를 저지른다. 이브는 열매를 따기 전에 신중하게 생각한다(『실낙원』 9.733-780).

이 장면은 밀턴의 운문에서 여러 국면을 함축하고 있다. 먼저, 이는 일종의 죄이다. 사탄은 강요하지도 않았고 이브에게 죄를 저지르도록 강요할 힘도 없었다. 그녀는 스스로 선택한 것이고 충분히 고려한 뒤에 자유롭게 결정한 것이다. 신이 그 열매를 금지한 것을 너무나 잘 알고 있었기 때문에, 이브는 일부러 신의 뜻을 거슬렀다. 그러므로 인간이 저지른 최초의 죄는 천사들이 저지른 최초의 죄를 반영한다. 하지만, 인간들의 죄는 비교적 덜하다. 첫째는 인간들이 외적인 작인(作因)에 의해 유혹을 받았기 때문이고, 둘째는 인간들의 지적인 능력은 다소 떨어지기 때문이다. 타락하기 전에 사탄은 천사들이 가지고 있는 모든 지력을 소유했기 때문이다. 다른 한편으로 최초의 조상은 어떤 지적인 동등함을 통해서가 아니라 신과의 관계라는 측면에서 신의 이미지에 따라 존재했기 때문에 조화롭고 왜곡되지 않았다. 사탄의 타락은 높은 하늘에서 끝도 없는 바닥으로의 극적인 추락이었다. 아담과 이브는 사탄보다 더 멀리 떨어질 수는 없었다. 인간이 타락함으로써 조화는 부조화로, 아이와 같은 평온함은 고통스런 소외로 바뀌었지만, 천상의 지위에서 지옥의 파멸로 떨어지는 것은 아니었다. 더욱이, 밀턴이 계속해서 보여주려 한 것처럼, 신은 인간들이 고통을 겪으면서 지혜를 배울 수 있는 긍정적인 계기로 삼으면서, 재앙으로부터 선을 이끌어내려고 하였다.[39)]

이브가 타락하면서 극적인 순간은 끝나고 아담의 의지도 곧 따라간다. 두려움과 함께 아담은 이브가 저지른 일을 깨닫는다.

> 오 최상의 창조물이여, 신의 온갖 성업 중에서
> 최후 최상의 것이며, 보기에도 생각하기에도
> 훌륭하게 만들어진 성스럽고 거룩하고
> 선하고 사랑스럽고 아름다운 피조물이여!
> 그대 어찌 갑자기 타락하였나!
> 어찌하여 엄한 금제를 범하게 되었는가?(『실낙원』 9.896-901)

그러나 아담은 자신들이 영원히 남편과 부인으로, 뼈 중에 뼈요, 살 중에 살로 결합되어 있다는 것을 알고 있어서 머뭇거림없이 의연하게 이브 곁에 남기로 선택한다. 이브와 마찬가지로 아담의 선택은 스스로 생각하기에 신의 뜻에 반하는 것이었다. 그 결과는 확실하고 피할 수 없는 것이다. 아담과 이브는 낙원에서 쫓겨나 고생스러운 삶을 살게 되고, 신으로부터 소외되며, 뱀은 저주를 받는다. 사탄은 신의 저주가 어떤 것인지를 이해한다. 즉, 자신과 신 사이의 영원한 적개심, 예수 그리스도—두 번째 아담이며 이브의 두 번째 아들—가 사탄을 짓밟아 궤멸시킬 그날에 닥칠 궁극적인 멸망(『실낙원』 10.172-181, 496-501, 1031-1036; 『복낙원』 1.55). 사탄이 잘못 잉태한 자식, 죄와 죽음은 지옥과 땅 사이에 자기들만의 자유로운 통로를 만들어 이 세상을 더럽히고 구원의 시간이 올 때까지 사탄의 지배하에 있다. 신이 만들었던 새로운 세상은 "사탄이 득세하는 새로운 세상"이 되었다(『실낙원』 10.256-257).

사탄은 계획했던 바를 달성하였고, 의기양양하게 땅으로 돌아와 동료들에게 자신이 성취한 것을 자랑한다. 사탄은 자신의 별과 같은 영광이 미미하게 남아 빛을 내며 거창하게 장식된 왕위에 나타나서, 자신의 행적을 과장하고 땅을 정복했다고 선언하자 다른 타락한 천사들은 경이와 찬미로 스스로 몸을 낮춘다. 사탄은 신을 물리쳤다고 그들에게 말하고, 땅은 죄와 죽음을 받아들이게 되어서 이제 자신이 새로운 지배자임을 선언한다. 반란을 일으켜 새로운 세상을 얻게 되니 이제 자신이 너희 천사들을 지배하게 되었다고 말한다. 번쩍이는 왕위 주변에 늘어선 천사들이 자신들의 원래 본성에 어울리는 모습을 취했기 때문에, 갑자기 사탄의 허풍은 참기 힘든 현실로 바뀌었다. 사탄이 들은 것은 찬미의 아우성이 아니라 모인 무리들의 진실한 목소리였다.

이렇게 말하고 그는 잠시 서 있었다.
그들 모두의 환호와 갈채 소리가
귀에 가득 차기를 기다리며. 그러나
그런 기대와는 달리 그의 귀에 들려오는 소리는
사방의 헤아릴 수 없는 혀에서 일제히 나오는
무시무시한 야유와 공공연한 모욕의 소리.
그는 이상하게 여긴다. 그러나 이내
그보다 더 자기자신을 이상하게 여긴다.
그는 자기 얼굴이 날카롭고 좁게 당겨짐을,
또 팔은 늑골에 달라붙고, 다리는 서로
엉키고, 이윽고 엎어진 채 쓰러져
배를 깔고 기는 괴상한 뱀이 되는 것을
느끼고, 그것을 막으려고 반항했지만 헛일일 뿐.
그는 이제 더 거대한 힘에 지배당하고

> 그 심판에 따라, 죄를 지을 때의 모습으로
> 벌을 받는다. 말을 하고자 했으나, 두 가닥으로
> 갈라진 혀가 서로 맞닿아서 쉬익쉬익 소리만
> 되풀이할 따름이었다. 왜냐하면 이제 모두가 그의
> 대담한 반역의 종범(從犯)으로서 한결같이
> 뱀으로 변하였으니 말이다. 머리와 꼬리가 뒤얽힌
> 괴물들로 꽉 들어찬 전당의 쉬익쉬익 하는
> 소음은 소름이 끼친다(『실낙원』 10.504-523).

사탄은 이브를 유혹하던 짐승의 상태로 변하게 된다. 사탄은 에덴에서 신이 자신에게 내린 저주가 당연히 인간과의 영원한 적개심으로만 확대되었을 뿐이라고 생각하였고, 그때까지 자신이 뱀처럼 배로 기어다닐 운명이 되었다는 것을 알지 못했다.

『복낙원』에서, 밀턴은 악마론과 그리스도론을 완결짓는다. 『실낙원』에서는 최초의 아담을 악마가 성공적으로 유혹한데서 기인한 인간과 신 사이의 소원함을 자세히 설명한다. 새로운 작품에서, 두 번째 아담, 즉 신의 아들 그리스도가 새로운 유혹을 극복하면서 그 소원해진 관계가 치유된다고 묘사한다. 앞의 작품에서 굴욕적으로 모든 주권을 상실한 사탄은 새로운 작품에서는 단지 교활하고 사악한 모습으로 나타난다. 사탄은 신의 아들이 태어난다는 소식을 듣지만 그것이 무슨 의미인지를 알지 못한다. 예수는 영감을 받은 선지자라는 의미에서만 신의 아들인가? 아니면 그는 신의 아들이 스스로 성육신된 것인가?

사탄은 지옥회의를 소집해 타락한 천사들에게 뱀에게 내린 신의 저주를 상기시키고 자신들을 궤멸시킬 이브의 아들이 태어났다고 말한다. 신은 이 아이를 자신의 "아들"이라고 선언했고, 이것이 무엇을 의미하는지를 알아내야 한다고 사탄은 말한다(『복낙원』 1.91-93). 사탄은 무리들에게 확신하기를 자신이 아담을 유혹했을 때, 그는 다시 "성공할 것 같은 희망"(『복낙원』1.105)을 제시할 것이다. 새로운 음모를 지켜보던 하늘의 신은, 사탄으로 하여금 그리스도를 유혹하게 하여 아들이 신성하게 태어났다는 것을 증명하도록 하고, 그래서 새로운 아담은 첫 번째 아담이 입힌 해악을 회복할 힘과 악한 존재가 이 땅에서 자랑하는 권세를 깨뜨릴 힘이 있음을 악마에게 입증해 보이도록 가브리엘에게 위탁한다(『복낙원』1.140-167).

그리스도가 기도를 하기 위해 사막으로 나아갈 때, 악마가 거친 옷을 입은 늙은이로 변장하여 다가간다(『복낙원』 1.314). 여전히 책임을 회피하려고, 사탄은 죄가 아니라 고통 때문에 낮아진 불행한 피해자라고 불평한다. 아들은 이 말을 받아들이지 않는다. 어떤 즐거움도 사탄을 행복하게 하지 못한다. 왜냐하면 사탄은 불행을 선택했고, 즐거움이 다가 올 때 그는 가장 비참함을 느낀다. 사탄은 하늘에 있을 때보다 지옥에 있을 때가 더 불행하다고는 결코 말하지 못한다"(『복낙원』

『실낙원』(10.519-521)에 실린 구스타브 도레의 삽화. 사탄은 지옥으로 돌아와 아담과 이브를 굴복시켰다고 자랑하지만 추종자들은 모두 뱀으로 변하였음을 알게 될 뿐이다. 판화, 1882.

1.420).

사탄은 지옥으로 돌아와 자신의 무리들에게 그리스도가 자신들을 앞당겨 파멸시키려 계획하고 있다고 경고한다. 신은 악마의 무리들에게 아담과 이브가 저지른 죄 때문에 땅에 대한 일시적인 지배권을 허락하였지만, 그러한 권한이 철회될 지경에 이르렀다(『복낙원』 2.121-146). 그들의 대응은 그 아들이 신인지 아닌지를 확인하고 싶어서 유혹해보기로 하였고, 만일 신이 아니라면, 아담을 파멸시켰던 것처럼 그도 파멸시켜 자신들의 권세를 잃지 않으려 하였다.

그리스도를 유혹한다는 것은 그의 신성을 시험하는 것이므로, 분명히 이러한 생각은 성경이나 전통에서 근거한 것은 아니지만, 중세의 문헌에서는 상당히 일반적으로 나타난다. 밀턴의 시나리오는 신학적이며 문헌적인 문제를 제기했다. 사탄은 그리스도의 신성을 의심해야 한다. 왜냐하면 사탄이 신성을 확신했다면, 두 가지 결론 가운데 하나를 따랐을 것이다. 자신이 미리 패배할 것을 알았기 때문에, 사탄은 감히 그리스도를 유혹하지 못했거나 아니면 순수한 증오심에서 공격을 감행했을 것이다. 신학적으로는 논리에 맞지만 극적이지는 못하다. 그렇게 되면 긴장감이 느껴지는 행위에 내재하는 불확실성은 여지없이 사라지기 때문이다. 더 많은 극적 허점이 나올 것 같다. 만일 그리스도가 자신의 신적인 본성을 전적으로 이해하고 있었다면, 사탄이 알고 있지 않더라도, 극적인 긴장감은 사라질 것이다. 왜냐하면, 아버지와 아들이 무한한 미래에 생길 결과를 알고 있기 때문에 그리고 전체 시나리오가 아무것도 모르는 악마에게는 함정이 될 것이므로, 밀턴은 이러한 접근 방식을 택하지 않았다. 밀턴의 입장에서, 한 아이로서 아들은 자신의 신적인 기원을 알지 못하고 그 비밀은 그의 어머니에 의해 언급되어야 한다(『복낙원』 1.201-258). 그리스도가 사막으로 나왔을 때, 어떤 의미에서 자신이 신의 아들이라는 것을 알고 있을 수도 있지만, 악마처럼 그것이 무슨 의미인지를 확신하지 못했고 마음속으로 자신의 사명을 완수하려면 어떻게 해야 되는지 고민하였다. 아버지는 사탄과 아들 모두를 깨우치기 위해 유혹이라는 방법을 사용하려 한다. 모든 악을 선으로 바꾼 것처럼, 나중엔 십자가에 못 박히는 사건을 구원의 사건으로 바꾼 것처럼, 신은 이제 사탄으로 하여금 그리스도를 시험하게 한 것을 그리스도의 신성을 확인하는 절차로 만든다.

한편, 악마의 회의에서 육욕을 강조하는 베리알은 여자를 이용해서 그리스도를 유혹해보자고 제안하지만, 사탄은 "좀더 고결한 대상"을 이용하기로 결정한다. 즉, 명예, 영광, 그리고 대중의 찬양(『복낙원』 2.153-171). 사탄은 세련된 옷을 입고 사막으로 돌아와 그리스도에게 음식, 부와 영광, 그리고 이 땅의 모든 왕국을 주겠다고 정중하게 제안한다.[40] 그리스도는 사탄이 줄 수 있는 것은 환영 이외에는 아무것도 없다는 것을 알고 있기 때문에 사탄의 유혹은 효과를 거두지 못했다. 깊은 생각에 잠겨 말한다. 나도 신의 아들이고, 그렇지 않더라도 적어도 과거에는 그랬고, 모든 인간은 신의 아들이다(『복낙원』4.518-520).

성전 꼭대기에 예수를 올려놓고, 사탄은 예수를 부추겨 스스로 몸을 던져 떨어질 때 천사들이 붙잡게 해서 신적인 능력을 증명해보라고 한다. 예수는 대답한다. “주 하나님을 시험하지 말라.” 이는 아버지에 대한 예수 자신의 신앙을 확인하는 것이기도 하면서 사탄에게는 자기를 시험하지 말라는 경고이다. 이 대답에 들어 있는 진실에 압도되어 사탄은 다시 어둠 속으로 가라앉았다(『복낙원』 4.562). 사탄의 유혹에 굴복한 아담이 인간을 위해 준비된 낙원을 잃었다면, 유혹을 이겨낸 예수는 다시 낙원을 되찾는다.

사탄이 관심을 갖는 것은 오직 권세이기 때문에, 예수가 이 땅에 온 동기가 사랑이라는 것을 사탄은 이해할 수 없다. 하늘의 천사들은 경고하기를 사탄은 더 이상 가을날의 별처럼 구름 속에서 지배하기를 바랄 수 없고, 이러한 “반박”은 “사탄에게 최후의 치명적인 상처”는 아직 아니었다(『복낙원』 4.618-622). 기독교의 전통에서, 사탄은 세 차례 추락한다. 좀더 정확히 따지면, 사탄의 추락은 세 번 묘사된다. 첫 번째는, 세상이 시작되면서 하늘에서 추락한다. 두 번째는 그리스도가 성육신했을 때 특히 수난을 받으면서 사탄을 물리쳤을 때이고, 세 번째는 세상의 종말에 최후로 패배당하여 멸망했을 때이다. 밀턴은 첫 번째 사건을 자세히 보여주었고, 세 번째 사건은 암시만 했으며, 두 번째 사건을 중요하게 묘사하였다. 전통적으로 예수의 수난은 사막에서의 유혹에서 시작해서 결국 십자가에 못 박히는 것으로 끝난다고 여겨진다(할례나 성육신 그 자체에서 시작되었다고 볼 수도 있지만). 밀턴은 미학적인 이유에서 그 유혹을 강조하였다. 즉, 예수가 받은 유혹은 아담이 받은 유혹을 반영하며, 유혹을 이겨내는 데 성공한 예수는 유혹을 이겨내지 못한 아담의 사건을 극복한다. 성경에 나타난 바에 따르면 예수와 사탄이 직접 대면한 것은 단 한번인데, 극적인 논리를 위해 둘 사이의 대화가 이루어진다.

밀턴의 작품은 전통적인 악의 왕에 대해서 전체적인 모습을 마지막으로 설득력 있게 그려낸 것이다. 18, 19세기에 이 개념은 합리주의에 의해 약화되었고 낭만주의에 의해 왜곡되었다.

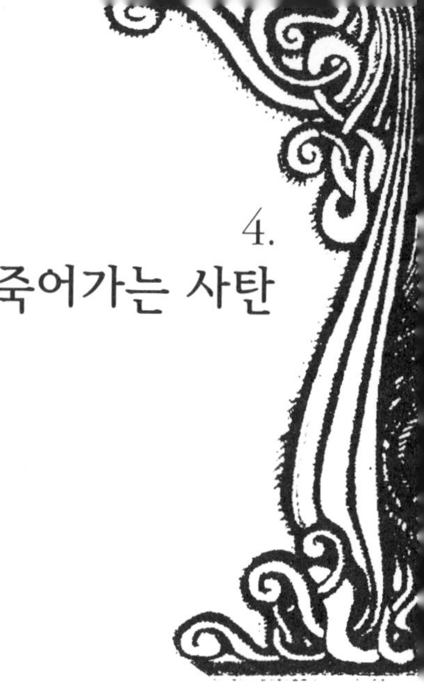

4. 죽어가는 사탄

악마에 대한 믿음을 뒷받침하던 전통적인 세계관은 데카르트, 스피노자, 그리고 로크에 의해 약화되었다. 한편, 마녀광란에 대한 반동으로 모든 기독교의 교리 가운데 악마는 교육받은 사람들에게는 거의 관심을 끌지 못하게 되었다. 신학에서 가장 취약한 부분인 악마론은 이전의 틀을 더욱 더 약화하게 만들었고, 18세기에 나타난 새로운 철학과 이념은 악마론을 무너뜨리는 데 일조하게 되었다. 1700년 이전만 해도 교육받은 대부분의 사람들은 전통적인 기독교관을 받아들였지만, 1800년대에 이르러 대부분의 사람들은 그런 세계관을 버리거나 대체로 수정해서 받아들였다.

이전에 서구사회가 어느 정도까지 기독교화되었었는지에 대해 이론이 있기 때문에, 18세기는 정말로 어디까지 "탈기독교화"된 사회였는지는 논쟁의 여지가 있다. 1700년대 교육을 받은 소수의 사람들 가운데, 기독교 교육을 받은 사람의 수는 항상 미미했다. 대부분은 아니더라도 귀족이나 부르주아 사회의 지도자들 가운데 상당수는 기독교를 마치 한여름의 스카프처럼 걸쳐 자신들의 쾌락주의나 이기심을 가리는 장신구처럼 사용하였다. 농부들의 종교는 농업사회의 제식적인 삶과 연결되어 있었다. 18, 19세기에 농부들과 수공업자들이 자신들의 공동체를 떠나 성장하고 있는 도시로 이동하는 과정에 있을 때, 지역적인 기반과 자연으로부터 단절된 그들의 종교는 시들고 말았다.

기독교가 세속화된 것은 종교개혁과 반종교개혁이 일어나면서 시작되었다. 그리고 몇몇 기독교 사상가들, 그중에서도 제수이트들의 근대적인 세계관은 계몽주의 철학보다 먼저 일어나서 영향을 주었다. 제수이트들은 우주를 계시계와 자연계로 나누었다. 자연은 원죄에 의해 왜곡되지 않는다고 그들은 말하면서 신이 작성한 열린 책과 그 안에 있는 이성적인 피조물이라면 누구든지 신의 계획을 알 수 있다고 말한다. 인간의 도덕의식이 아담의 죄로 타락했지만, 인간의 이성과 의지는 일정 정도 손상되지 않았다. 그러므로 자연은 천부적인 이성에 의해 이해되고 설명될 수 있으며, 그 이성을 통해 물리적인 법칙을 발견할 수도 제기할 수도 있다. 신의 은총은 구원의 과정에서 필수적이지만 개개인들은 그 제안을 전적으로 자유롭게 받아들이거나 거부할 수 있다. 인간의 본성은 본질적으로 선하고 신의 은총으로 완전해질 수 있다.

제수이트들에게, 이 세상에 내려진 은총과 계시란 신이 자연계에 덧붙여놓았던 여분의 차원이었다. 일단 이런 의미에서 종교는 자연에 붙여진 부가물 정도로 여겨져 이 세상의 핵심적인 존재라기보다는 자연 위에 놓여진 초(超)구조와 같았다. 그래서 이제 종교는 겉으로 필요한 것에서 그저 바람작한 것으로, 바람직한 것에서 그저 괜찮은 것 아니면 심지어 부조리한 것으로, 그 위상이 변할 수 있게 되었다. 데카르트, 로크, 라이프니츠, 그리고 뉴턴—제수이트들처럼—, 이 모든 사람들은 기독교를 지지했지만, 철학적이거나 우주론적인 체계를 만드는데 기독교적인 설명 논리가 필요한 것은 아니었다. 과학적인 설명방식은 이 세상의 '왜'를 제거하고 '어떻게'로 대체하였다. 물질적인 자연계에서 과학에 의해 관찰된 규칙성에 대한 궁극적인 근거는 알 수 없는 것으로 주장되었고, 과학적인 "법칙"이란 단순히 관찰된 패턴을 설명하는 문장으로 이해되었다. 따라서 계몽주의 철학(이 용어가 내포하는 바는 철학이라기보다는 오히려 이성, 유물론, 경험론이라는 새로운 신념에 대한 전도사이다)은 제수이트들이 주장하는 자연계만을 받아들이고 초자연적인 세계는 거부하였다. 자체가 아니라 케이크 위에 묻어 있는 당의(糖衣)처럼, 궁극적으로 종교는 없어도 그만인 것이 되었다.

계몽주의가 가지고 있는 계몽주의에 대한 반감의 배경에 대해서는 다시 검토될 수도 있다. 논리적인 측면으로만 더 들여다보면 이 철학들이 제수이트들을 따르는 것으로 보일 수도 있다. 이런 측면에서, "진정한 기독교"—낙관주의, 인간의 완전 가능성, 세상의 본질적인 선함, 사회 정의, 개인의 양심이라는 맥락에서 예수의 윤리적인 교리로 정의되는—를 지지하는 철학들의 주장들은 일리가 있다. 실제로 이러한 견해들은 자유주의 프로테스탄트주의와 이후에 몇몇 자유주의적인 가톨릭의 정수(精髓)가 되었다. 이 철학들은 기독교 그 자체가 아니라 교회, 즉 제도화된 종교를 비난하는 것으로 비쳐질 수도 있다. 그들의 관점으로 보면, 제도화된 종교는 그리스도의 진정한 메시지에서 벗어나서 과학이나 철학에 대해 권위적이고 관습적이며, 주술적이고 순응적이며, 제식에 얽매여서 위선적이고 편협하며, 소심하게 되었고, 죄나 구원, 지옥, 그리고 악마와 같은 어두운 환영에 잡혀 있었다. 이러한 묘사는 대충 살펴본 것에 불과하다. 예를 들어, 가톨릭 교회는 과학이 교회의 근본적인 인식론에 도전하는 부분을 제외하면, 자연과학의 발전을 가로막지 않았고 오히려 육성하고 후원하였다. 그럼에도 불구하고, 이러한 분위기는 지적인 지도자들 사이에서 빠르게 받아들여졌고, 기독교는 수세에 몰리게 되었다. 1789년의 프랑스 혁명과 그 여파로 발생한 몇몇 혁명도 왕권과 교권 사이의 밀접한 관계에서 비롯된 것으로 제도적이고 재정적인 후원에 의존하게 되었던 기독교에 직접적으로 반기를 들었다.

급속하게 세속화된 18세기 교회—도덕적으로는 방종하고 지적으로는 무기력한—는 계몽주의와 혁명으로 발화된 도전에 저항하지 못했다. 몇몇 기독교인들은 구습에 필사적으로—그러나 헛되이—매달렸다. 왜냐하면 과거의 상징들이 너무나 빨리 권위와 의미를 잃어가고 있었기 때문이다. 마찬가지로 아무런 소득도 없이 다른 기독교인들은 유물론으로부터 도망치거나 해명 혹은 적응하려 했는데, 그들의 이와 같은 양보로 인해 기독교는 거의 고사직전이었다. 경험이나 계시, 전통을 통해 기독교의 독립적인 인식론적인 토대를 지탱하려 하지 않고, 기독교인들은 경험론적인 틀—무익하고 궁극적으로 자기 파괴적인 보잘것없는 방법—안에 기독교를 집어넣으려고 하였다.

18세기 초반에, 여전히 기독교는 사회 속에서 입지를 강하게 굳혀왔지만, 이미 타협의 기미가 눈에 띄었다. 영국에서는 광교주의로 알려진 타협안이 이미 17세기 후반에 나오기 시작하였다. 대주교 존 틸롯슨(1630-1694)은 기독교의 신앙이란 "자연의 빛이 사람들을 부추겨서 이대 성례(신교의 세례와 성찬)를 거치지 않고 그리스도의 이름으로 그리고 그리스도를 매개해서 하나님에게 기도하게 하는 것일 뿐이다."[1] 이러한 생각은 존 로크의 『기독교의 정당성』(1695) 그리고 존 톨랜드의 『신비주의가 아닌 기독교』(1696)에 의해 발전되었다. 광교주의자들에게, 신앙이란 단순한 것이었다. 조화로운 우주는 신의 은혜와 전능함을 증명한다. 원죄, 구원, 부활, 그리고 당연히 악마와 같은 신학적으로 공들여 만든 개념들은 가볍게 신앙생활하는 기독교인에게는 거추

장스러울 뿐이다.

광교주의가 논리적으로 확장된 이신론은 영국에서 그리고 대륙에서 18세기 중반까지 지식사회를 지배하였다. 이신론자들은 신은 존재하며 자연 속에서 스스로를 드러내고, 적극적으로 도덕적인 삶을 살아가면 하나님을 가장 잘 섬길 수 있다고 주장했다. 성경, 관습, 기적, 계시, 이 모든 것들이 버려져야 할 것들이었다. 어떤 이신론자들은 기독교도라는 이름을 간직하려고 했고, 또 어떤 사람들은 기독교를 공개적으로 부인하였으나, 결과는 마찬가지였다. 기독교 전통 안에 약간의 민족적 감정적 뿌리를 가진 자연 종교. 한번은 볼테르가 손님을 초대해 페르니에서 함께 일출 광경을 보았다. 태양이 나타나자, 이 철학자는 엎드려 "나는 당신을 믿습니다. 위대한 신이시여! 난 믿나이다"라고 소리를 질러 옆 사람을 놀라게 하였다. 그리고는 일어나 먼지를 털며 "아들과 그의 어머니는 전혀 별개의 문제다"라고 덧붙였다.[2)]

보수주의자들은 기존의 입장을 고수하려 하였다. 방어의 논리 가운데 한 가지 양태는 중세의 유명론과 같은 신앙주의였는데, 이 입장은 기독교는 그 나름대로의 진리를 이성적으로 입증할 수 없다는 것을 인정하였고, 신의 진리는 인간 이성의 범위 밖에 놓여 있다고 선언하였다. 인간의 내적인 경험과 신앙에 의해 알 수 있는 것은, 우주란 이해할 수 없고 신비스러우며 신성하다는 것이다. 이미 파스칼이 지지하였고 조지 버클리나 조셉 버틀러로부터도 지지를 받았던 이와 같은 대중적인 신비주의는 기독교가 과학과 같은 기반에 의존할 수 있다는 주장을 지지하지 않고 거부하였다. 이는 상당히 강경한 입장이었고, 볼테르는 이 입장을 이신론에 대한 가장 위험한 기독교의 반격이라고 인식하였다.[3] 신앙주의는 여러 가지 다양한 결과를 낳았다. 신학적인 확실성을 거부하면서, 신앙주의는 궁극적으로 자유주의와 결합될 수 있는 폭넓고 비교조적인 견해를 견지하였고, 다른 한편으로는 성경이라는 강고한 기초에 의존하게 되었다.

두 번째 접근 방식은 그 세기 동안 많은 프로테스탄트 교회를 지배하던 경건주의와 감리교파의 전형이 되었다. 경건주의는 결코 단순한 보수주의는 아니었고, 신앙주의처럼 난해한 교리문을 거부하면서 기존의 많은 교회들을 물들였던 세속적인 냉소주의를 비켜갔다.[4] 근대 복음주의 교회의 선구자는 복잡한 신학론에 반대해서 간소한 기독교를 강조하고, 공동체를 중시하는 역사적인 기독교도에 반대해서 개개인과 그리스도 사이의 사적인 관계를 강조한 운동이었다. 경건주의자들은 이성주의 철학이 무신론을 초래할 것이라고 우려했고, 대신에 느낌이나 감성, 그리고 정서에 의존하였다. 구원에 필요한 것은 교리에 동의하는 것이 아니라 신의 은총과 사랑을 전적으로 받아들여서 죄에 대한 가책과 죄에 물든 본심을 버리는 것으로 특징지워지는 내적인 개종이라고 그들은 주장했다. 이 운동을 지지하는 사람들은 진리를 해석하는 데 교회의 권위는 필요하지 않다고 보았기 때문에, 이 운동은 지

극히 민주적이었다. 마음속에 신앙심을 가지고 성경을 읽는 모든 기독교인들은 누구라도 필요한 진리를 가질 것이고, 모든 신자들은 사제가 되는 것이다. 그리스도의 진리는 간단하고 모든 사람들에게 열려 있으므로, 학식 있는 신학자들처럼 위계도 필요치 않다.

신학만큼이나 세속적인 학식이 필요하다고 보지는 않았기 때문에, 복음주의 운동은 세속적인 견해를 강하게 거부하였다. 18, 19세기의 혁명적인 지식의 변화에도 거의 영향을 받지 않았다. "주류" 교회들과는 달리, 이 운동은 분쟁을 조정할 필요를 거의 느끼지 않았다. 결과적으로 18세기에 벌어진 모든 운동 가운데 유일하게 경건주의만이 성경에 의해 증명된 사탄의 존재에 대한 믿음을 지지하였다. 그리고 비록 그들이 성경에만 의존한다고 주장하였고, 경건주의자들은 비록 새롭게 개인을 강조하기는 하였지만, 거의 전적으로 전통적인 악마론을 받아들였다. 모든 기독교인들은 사제이므로, 모두가 성자이다. 악마는 각각의 개별적인 기독교인들에게 싸움을 걸어오고, 각각의 사람들은 신앙과 개종을 통해, 그리고 말씀에 유의하면서 악마에 대항해서 싸울 의무가 있다. 성례전보다는 설교가 악에 대항해서 싸우는 기독교도들의 중요한 무기가 된다. 말씀으로 무장한 채, 골방에서 홀로, 기독교도는 인간의 적에 대항해서 고독한 싸움을 벌이고 거리로 나오거나 바다를 건너가 복음의 기치를 높이 들고 죄인들과 이교도에 대항하는 이 전쟁을 확대해나간다.

기존의 교회 가운데서도, 교육을 받은 집단들 사이에서는 조정의 작업이 진행되었다. 이 세기 초반의 지적이고 유명론적인 기독교도들은 왕과 라이프니츠의 낙관론을 받아들이는 경향이 있었다. 이 낙관론은 기독교보다는 스토아주의에 더 가깝다. 여전히, 낙관론은 원죄나 구원 그리고 악마를 거부하는 자유주의적인 기독교의 견해와 양립하면서 악의 문제에 접근하는 방식은 과거의 기독교의 논의를 받아들였다.

낙관론은 알렉산더 포프라는 가장 설득력 있는 대변자를 찾아냈다. 가톨릭교도이며 영국의 시인인 그는 자신의 작품 『우인열전(*Dunciad*)』(1728)과 『인간론(*Essay on Man*)』(1733-1734)을 통해 북유럽 전체에 커다란 영향을 미쳤다. 신의 전능함과 선함에서 시작해서 이런 전제로부터 우주는 가능한 최상의 상태인 것이 틀림없다고 주장하는 라이프니츠의 낙관론은 선험적이었다. 포프는 "아름다움, 질서, 우주의 조화를 통해 신의 선함이 나타난다. 우리의 진리는 분명하다"고 선언하였다. "존재하는 어떤 것이라도, 정당하다."[5] 비록 우리의 빈약한 지력은 우주의 명백한 결함이 그것의 완벽함에 얼마나 조화를 이루는지 알 수 없을지라도, 우주의 전반적인 조화는 우주의 질서가 모든 것을 올바르게 위치지운다는 믿음을 준다. 우리의 관점은 제한되어 있다.

그러나 하늘의 위대한 견해는 일자이고 전체이다.
그것은 어리석음과 변덕에 역행한다.
그것은 모든 악덕의 결과를 실망시킨다.
우리 주변의 세계를 보라. 사랑의 연쇄를 보라.
모든 아래와 모든 위를 결합하는,
모든 것은 보편적으로 선한 경향이 있다(『인간론』 2.238-240; 3.7-8, 14)

자연발생적인 악은 단지 신의 마음을 이해할 수 없기 때문에 악하게 보이는 것이고, 형이상학적인 악은 어떤 세계에서든 필요한 것이다. 왜냐하면, 모든 창조에는 가장 위대한 모범으로부터 가장 미천한 존재에까지 확장되어가는 존재의 위계를 함축하기 때문이다.

신으로부터 가장 미천한 존재에까지, 천사로부터 인간, 짐승, 식물, 돌에 이르기까지, 불변의 정신 속에 정적이고 고정된 모든 것들에 이르기까지 가능한 배열 가운데 최상의 상태로 창조자에 의해 영원히 정립되는 존재의 대연쇄가 확대된다. 형이상학적이고 도덕적인 악은 우리들 자신의 미천한 정신의 한계를 넘어서는 신의 계획 가운데 반드시 필요한 부분들이다.

도덕적인 악은 완전한 조화를 거슬러 유치한 자아를 산출하는 인간의 무지와 어리석음에서 나오는 것이다.

교육과 도덕적인 교정에 의해, 개개인은 이 세상에서 자신의 적절한 역할을 이해하고 받아들인다.

낙관론은 원죄로 인해 타락한 인간을 상정하는 전통적인 비관론에 반기를 든 것이다. 낙관론자들의 입장에서 생각해보면, 계몽된 정신의 소유자는 우주에 내재하는 합리적인 패턴을 분별하고 그것을 기꺼이 받아들인다. 그러나 낙관론은 철학자들이나 전통적인 기독교인들과 같은 반대편의 공격을 받았다. 1755년 리스본 대지진이 발생한 후 단 2년 만에 나온 솜 제인스의 『자연과 악의 기원에 관한 탐구(*Free Enquiry into the Nature and Origin of Evil*)』(1757)는 낙관주의의 마지막 임종과 같았다. 전통적인 기독교도 사무엘 존슨은 1757년 제인스에 대한 비평과 1759년 자신의 소설 *Rasselas*에서 낙관론을 혹평했다. 계몽사상가 볼테르는 자신의 저작 『리스본 재앙에 대하여(*Poem on the Lisbon Disaster*)』(1755)와 소설 『캉디드』에서 낙관론을 신랄하게 비판하였다. 자신의 저작에서 볼테르는 낙관론이란 모든 것이 잘못되었을 때 모든 것이 잘됐다고 주장하는 유별난 취미에 불과하다고 주장하였다. 계몽사상가 데니스 디드로는 단순히 악은 비인격적인 자연의 힘에서 유래하는 것이라는 비관론적인 견해를 취했다. 낙관론에 대한 이러한 지적인 공격의 이면에 도시화가 진행되고 산업화가 시작되는 엄연한 현실이 놓여 있었다.

그러므로 이 세기는 더 광범위하게 회의주의와 급진주의를 향해 나아갔다.[6] 계몽사상가들이 보기에 기독교는 실패했다. 그들은 기독교가 지적인 결함을 가지고 있고 사회적으로 영향력이 소멸되고 있다는 것을 알았다. 아무리 다양한 견해를 가지고 있더라도, 실제로 그들은 연합해서 기독교에 대해 반대하고 있었다. 사실, 그들이 벌이는 반기독교 계획이야말로 자신들의 운동을 가장 명확하게 확인해주는 유일한 특징이다. 그들은 자신들을 위해 "계몽주의"라는 우호적인 용어를 만들어냈고, 대체로 그 세기에 그 사실을 정착시켰다. 피터 게이(Peter Gay)는 계몽사상가들을 세 세대로 구분했는데, 그 각각의 세대는 점점 더 기독교와 거리를 두게 되었다. 몽테스키외와 볼테르가 이끄는 제1세대, 디드로와 루소가 이끄는 제2세대, 그리고 칸트, 돌바크, 제퍼슨이 이끄는 제3세대. 이 사상가들은 고전들을 이용해서 전통적인 기독교에 반대했는데, 특히, 루크레티우스의 『사물의 본성에 관하여』는 그의 유명한 인용구, "종교는 얼마나 많은 악을 초래하는가"와 더불어 많이 사용되었다. 그러다가 그들은 과학적 경험론을 받아들이게 되면서 고전을 등한히 했다. 종교는 자연 이성의 범주 안으로 제한될 때만 가치를 가질 수 있었다.

그 시대의 계몽사상가의 지도자는 볼테르(1694-1778)였다.[7] 1730년대까지 낙관론자였던 볼테르는 점차 자연주의적 이신론자가 되었다. 그는 우리가 자연 속에서 움직임, 계획, 그리고 지성을 관찰한다는 사실은 신이 존재한다는 것을 확실하게 해주지만, 신의 본성에 대해서는 전적으로 아무것도 알 수 없다고 말했다. 진정한 종교에는 광신이나 완력 또는 위협 등이 자리할 여지가 없고, 자연적인 도덕성에 기반하면서 독단적 견해를 무시한다. "신을 숭배하고, 공명정대하라, 그리고 자신의 조국을 사랑하라." 볼테르가 보기에는 이런 말은 종교가 가야 할 만큼이나 요원한 것이었다. 알 수 없는 것들에 대해 교리문을 만들려고 하고, 더 나아가 기독교의 광신과 미신 때문에 대부분의 사회에서 악을 초래하게 되었기 때문에 기독교는 잘못되었다고 말한다. 1760년대까지, 기독교에 대한 혐오는 볼테르의 마음속에 화두가 되었고 그는 교회의 "비행을 쳐부수자"라는 문구로 자신의 편지들을 마무리하였다. 신은 제일 원인이고 최초의 동자(mover)이지만, 일상적으로 움직이는 우주와는 아무런 관련이 없다. 허무주의를 우려한 볼테르는 신이란 자연의 선함을 반드시 보증한다고 보았다. 만일 신이 존재하지 않는다면, 우리가 신을 만들어내야 할 것이다. 신은 자연과 자연의 법칙을 정립하였고, 만일 누군가가 미신적인 무지에서 벗어난 마음을 가지고 있다면, 우주에 내재한 윤리적인 법칙을 분별할 수 있고 그 법칙에 따라 살 수 있을 것이다.

어떤 면에서, 볼테르는 우리가 신의 존재에 대해 아는 것이 없으므로, 우리는 절대적인 선과 악에 대해서 아무것도 알 수 없고 그러면 악의 문제도 존재하지 않는다고 말하고 싶었다. 그러나 그는 그렇게 되면 무관심한 낙관론이나 신비적인 몽매주의 아니면 도덕적 상대주의를 초래할 것으로 보았다. 더욱이 그는 냉정하고 무관심한 관찰자가 아니었고 이 세상의 악에 분노하고 있었다. 1755년 리스본의 지진으로 만 명 이상의 사람들이 죽었을 때, 자신의 글 『재앙에 대하여』에서 이와 같은 공포를 산출하는 신과 자연이 어떻게 선할 수 있는지 힐문했다. 어쩌면 이 세상은 궁극적으로 진보할 수도 있지만, 만일 그렇다면, 그러한 진보는 인간의 노력에 의해 달성되는 것이다. 신과 자연은 인간의 고통에 관심이 없지만, 이에 대해 적절하게 대응하는 방법은 절망에 빠지는 것이 아니라 우리의 정원을 경작하는 것이다. 이 세상이 악하다는 것을 받아들이면서, 심오한 명제에 관심을 기울일 것이 아니라 최선을 다해 세상을 진보시키면 되는 것이다.

볼테르가 보기에는 악은 악마가 만들어낸 것은 분명히 아니었다. 그는 악마라는 존재를 기괴한 기독교의 미신이라고 혐오하였고, 『실낙원』이란 작품을 "역겨운 판타지"라고 생각했다. 악마는 역사적으로 고대 근동의 이교도나 이란의 이원론에서 유래된 것이라고 설명하거나, 원죄라는 교리를 옹호하기 위해 교부들이 장려하였던 것이라고 주장하면서 악마에 대한 교리를 폄하하려고 하였다. 역설적이게도 그는 "우리의 종교는 이러한 가르침을 정화하였고…… 고대인들이 하나의 의견으로 사료했던 것은 계시에 의해 신성한 진리가 되었다"고 결론지었다.[8)]

대체로 계몽사상가들은 자신들이 웃음거리로 만들기에 악마는 너무 쉬운 상대로 보였기 때문에 상대적으로 많은 언급은 하지 않았다.

사탄의 존재에 대한 믿음을 누른 것은 악령의 마술을 일소하면서 이미 결판이 났다. 그리고 악마가 객관적으로 존재한다는 것을 옹호할 교육받은 기독교도들을 찾아보기가 힘들었으므로, 계몽사상가들은 그런 허상의 존재를 공격하는 것은 자신들의 권위를 낮추는 짓으로 생각했던 것 같았다.

다른 한편으로, 계몽사상가들은 악을 강렬하고 현실적인 문제라고 생각하였다. 계시를 무시하면서, 그들은 인간의 행위로부터 신성한 법칙의 구속력을 제거하였다. 볼테르에게서, 인간의 본성은 자연의 산물—고정되어 있고, 정적이며 이성에 의해 발견될 수 있는—이다. 하지만 즉각 문제가 제기된다. 인간들이 자연의 산물이라면, 결과적으로 인간들의 모든 행위는 자연에 따라야만 하고 그러므로 자연의 기준에 맞아야만 한다. 정의와 마찬가지로 범죄가 용인되어야 하고 또한 기독교가 계몽주의만큼이나 유효하게 된다면, 볼테르에게는 참을 수 없는 일이었다. 이러한 입장은 볼테르가 전제정치에 대해 격렬하게 규탄하고 변화를 지지하는 데 어떠한 기반도 제공하지 못했다. 전제정치나 무정부주의라는 두 가지 극단을 피하려 한다면 보편적으로 받아들일 수 있는 합리적인 기반이 필요하다는 것을 깨달았다. 그는 자신의 답을 자연의 능동적이고 형성적인 측면에서 발견했다. 이러한 능동적인 자연은 신의 유형(형식)이 되었다. 왜냐하면, 자연의 규칙은 단순히 기술적인 것이 아니라 규범적이기 때문이다. 자연은 어떤 행동을 허락하기도 하고 다른 것들을 운명지우기도 한다. 우리는 이성을 통해서 영원한 자연의 법칙을 분별할 수 있고, 이성에 의해 우리 자신을 그러한 법칙에 순응하도록 가르칠 수도 있다.

후기 계몽주의자들은 능동적인 자연이라는 개념을 버리고 단순히 있는 그대로의 자연이라는 개념을 지지한다. 이제 이성은 자연에 씌어진 영원한 계율을 분별하려고 하지 않는다. 어느 누구도 이 사상가들에게 이의를 제기하지 않는다. 우리가 할 수 있는 것이라야 사물들을 관찰하는 것이고, 그것들을 관찰할 때, 우리는 볼테르가 주장했던 정적이고 보편적인 자연이 아니라 시간을 통해 끊임없이 다양하게 변화하는 자연을 보게 된다. 보편적인 기준도 규범적인 법칙도 없다. 이 세기가 끝나기 전에, 객관적인 기준의 부재는 계몽주의가 안고 있는 가장 골치 아픈 문제가 되었고 볼테르가 가장 우려했던 일이 사드에게서 현실화되었다.

악마에 대한 믿음의 근저가 특히 데이비드 흄이라는 철학적 회의론자에 의해 흔들리게 되었다.[9] 흄의 회의론은 매우 철저하지는 않았지만 급진적이었다. 그는 인간의 이성이 어떤 것에 대해서 물질에 대해서도, 그리고 분명히 신에 대해서도 확실성을 얻어낼 능력이 없다고 말했다. 우리는 우리들 외부에 자연이라는 세계를 전제해서 실제로 삶을 꾸려나가지만, 그것이 정말로 거기에 있는지 그것이 어떤 것인지를 알 수 있는 방법은 없다. 우리는 그것을 우리가 가지고 있는 정확하지 않을지도 모르는 인상을 통해서만 알 수 있다. 우리는 절대적인 실재, 세상 그 자체에 대한 지식도 과학도 가지고 있지 않다. 여전히, 우리가 받는 인상은 규칙성이라는 일정한 패턴을 따르고 그러한 인상으로부터 자연의 "법칙들"을 구성할 수 있는 것이다. 이러한 법칙들이 반드시 자연을 설명해주는 것은 아니고, 오히려 자연에 대해 가지고 있는 우리들의 인상을 설명해준다. 그런 법칙들은 규범을 정하는 것이 아니라 설명을 해주는 것이다. 그 법칙들은 우리가 관찰했던 것을 조직해주지만, 자연 그 자체에 따르지 않을 수는 없다. 계속해서, 흄은 이러한 법칙들의 규칙성과 예측 가능성을 상정하는 것이 실제적이고 필수적이라고 믿었다. 만일 y 다음에 x가 백만 번이나 나왔다면, 다음번에도 x가 나올 것이라고 가정할 수 있다. 흄의 추종자들은 더 나아가 관찰된 규칙성은 변하지 않는다고 주장함으로써 흄의 체계를 사실상 규범적으로 만들었다. 즉, x는 y 다음에 나올 뿐만 아니라 반드시 나와야만 한다는 것이다. 그들은 이러한 수식이 경험적으로 증명될 수 없다는 것을 알지 못했고, 관찰된 규칙성이 변하지 않는다고 가정하는 것은 일종의 신앙적인 행위라는 것도 알지 못했다.

흄은 회의론을 내세워 황폐한 결과를 야기한 종교에 반감을 나타냈다. 흄은 종교에 대해 공격함으로써 근대 무신론의 철학적인 기반을 형성하였는데, 주로 다음의 다섯 가지 경향을 따른 것이었다. 첫 번째 방향은 인식론적인 것이었다. 즉, 우리는 신이나 초월적인 것에 대해서 절대로 아무것도 알 수 없다. 왜냐하면, 유일하게 유효한 지식이란 경험적인 지식(특히 흄은 신의 존재는 자명하다는 존재론적인 논의를 포함해서 모든 선험적인 논쟁을 거부하였다)이기 때문이다. 따라서, 어떠한 종교적이고 형이상학적인 진술들도 무의미한 것이다. 엄밀히 말하면, 우리가 초월적인 것에 대해서 아무것도 알 수 없다면, 우리는 그런 것이 존재한다는 것조차도 알 수 없기 때문에, 이는 불가지론적인 입장이다. 그러나 흄은 경험론과 계몽주의의 입장에서 자신을 실질적인 무신론으로 이끄는 종교를 혐오한다. 흄의 두 번째 논의는 심리적인 것이다. 모든 종교의 기원은 외적인 대상에 대한 인간의 희망과 두려움을 반영한 것이다. 세 번째는 역사적인 것이다. 종교란 애니미즘으로부터 다신교, 일신 숭배 또는 일신교에 이르기까지 순전히 자연발생적이고 역사적인 풍조에서 발전된 인간의 발명품이다(근대의 종교 철학자들은 종교가 인간의 발명품이라는 데는 동의하지만 역사적인 사실을 극단적으로 단순화해서 왜곡하는 진화론적인 견해는 거부한다).

기적의 개념과 악의 존재를 다룰 때, 흄이 취하는 네 번째 그리고 다섯 번째 입장은 가장 효과적이었다. 자신의 "기적론"(나중에 1748년도판 인간 오성론 제10장에 포함된다)에서, 흄은 만일 자신이 기적의 가능성을 증명할 수 없다면, 따라서 성육신이나 부활이라는 기적을 기반으로 하는 종교의 생존 가능성도 증명할 수 없다고 정확하게 추론했다.

흄은 "기적이란 자연법칙에 가해진 폭력이며, 확고하고 불변하는 경험에 의해 이 법칙이 성립된 것처럼 사실의 본질로부터 얻어진 기적에 반하는 증거는, 경험으로 비롯된 어떤 논증만큼이나 완전하다는 사실을 여러분은 상상할 수 있다"라고 역설한다. 기적을 입증하는 증거가 아무리 강할지라도, 그에 반하는 증거만큼 강할 수는 없다. 왜냐하면, 반대 증거는 수많은 증인에 의한 수많은 관찰로부터 유래하기 때문이다. y가 백만 번이나 x 다음에 온다는 것이 관찰되었다면, y는 x 다음에 오지 않았다는 보고는 틀림없이 무시될 것이다. 심지어 영국의 모든 사가들이 엘리자베스 1세가 서거한 후 3년 동안 영국을 통치하기 위해 무덤에서 나왔다고 발표했다 하더라도, 흄은 여전히 그것을 믿지 않을 것이다. 왜냐하면 그런 일이 발생하게 되면 사람들은 죽은 다음에는 살아 일어나지 못한다는 수백만 번의 경험적 지식에 폭력을 가하는 것이기 때문이다. "인간들의 협잡과 어리석음은 그토록 일반적인 현상이므로, 그들이 맺은 합의에서 기인한 가장 특이한 사건들을 믿기보다는 그러한 징후를 자연법칙에 대한 일종의 폭력으로 받아들인다."[10] 나중에 디드로는 흄이 든 사례를 부연했다. 만일 어떤 정직한 사람이 파시 전투에서 왕이 승리를 거두었다고 말하면, 디드로는 그 사람 말을 믿으려고 했겠지만, 모든 파리 사람들이 파시에서 죽은 사람들 가운데 한 사람이 일어났다고 발표한다면, 디드로는 그런 말을 단 한 마디라도 믿지 않을 것이고, 심지어 피터 게이가 덧붙였듯이, 그런 말이 볼테르나 달랑베르가 이끄는 위원회가 확인했다고 하더라도 믿지 않을 것

이다.[11)]

흄의 주장에 있어서의 난점은 모든 지식이 경험적이라는 근본가정이 심화되었다는 데 있는 것뿐만 아니라, 자연법칙은 절대불변이라는 입증불가능한 가정에 있다. 이는 결과적으로, "자연법칙"이라는 규칙성 안에서 비경험적인 행위인 신앙을 바탕으로 해서 특이한 사건들을 경험적으로 관찰할 수 있는 가능성 자체를 부정하는 열렬한 경험론자라는 이상한 위치에 흄은 남게 되었다.

흄의 논의들을 고려할 때, 우선적으로 "기적"과 "특이한 사건" 사이의 구분이 이루어져야만 한다. 특이한 사건이란, 상황 속에서 매우 예외적이고 일어날 가능성이 거의 없는 상황에서 동시에 발생된 사건(conjunction)으로 정의될 수 있다. "기적"은 신이나 악마 혹은 특이한 사건에 나타나는 "초자연적인" 특징(존재)들이 개입되는 것으로 가정된다. 나는 "초자연적"이라는 말에 인용부호를 쳤다. 그 이유는 발생하는 어떤 것이라도 정의에 따르면 자연 발생적이므로 만일 영들이 이 세상에서 활동한다면 그것들도 자연적인 질서의 일부여야 한다는 논의가 일어날 수 있기 때문이다. "초물질적"이라는 말이 더 적절하고 정확한 표현일 수 있다. 흄은 두 가지 근거에서 기적의 가능성을 반박하였다. 첫째, 인간들은 초자연적이거나 초물질적인 존재의 정신에 접근할 수 없는데, 만일 그러한 것이 존재하더라도, 어떤 사건들을 그런 존재의 탓으로 돌릴 방법이 없다. 두 번째, 그리고 더욱 근본적으로, 그는 정의에 의해 기적이란 일종의 특이한 사건, 자연의 법칙에 폭력을 가하는 사건—자연법칙이라는 정의에 따르면 발생할 수 없는—이라고 주장했다. 흄의 논의에서 한 가지 한계점은 그러한 특이한 사건은 단지 자연법칙에 가하는 명백한 폭력일 수 있다는 점이다. 흄의 가정에 따르면, 우리는 자연법칙을 완전하게 이해하지 못하고 새로운 증거가 발생할 때마다 그 법칙들을 수정해야만 할 수도 있다. 그러므로 "특이한" 사건은 실제로는 특이하지 않을 수도 있다. 우리가 만들어낸 자연법칙 안에 통합될 필요가 있는 희귀한 사건들의 집합 가운데 하나의 원소일 수도 있다. 또한, 자연법칙은 시간과 공간 속에서 변화할 수도 있다. 자연법칙은 예외적인 상황을 유발할 수도 있고 정말로 특이한 사건이 발생할 수도 있다.

정말로 특이한 사건을 증명할 때, "자연법칙"이 기반으로 하는 규칙적인 관찰을 필요로 한다면, 그런 증명은 불가능하다고 주장하는 흄의 입장은 의심할 여지도 없이 옳다. 정말로 특이한 사건은 우리가 결론을 끌어낼 수 있는 데이터를 구성하는 내용의 일부가 될 수 없다. 그러한 사건들은 적극적으로 발생할 수 없다는 말로 증명할 수 없다고 지나치게 말하면, 그의 논증은 순환론에 빠져 설득력을 얻지 못한다. 이는 다음과 같이 주장하는 것과 같다. 즉, 어떤 특이한 사건들도 관찰된 적이 없으므로 자연법칙은 확고하고 완전하게 정립되었다. 그러므로 위반할 수도 없고 따라서 어떠한 특이한 사건들도 관찰될 수 없다.

나사로의 부활과 같은 특이한 사건이 보고되었다는 데에 반대해서, 흄은 그러한 보고는 자연법칙을 알지 못하는 야만적이고 미신적인 나라들 사이에서만 발생할 수 있다고 대답했다.[12)]

자연법칙은 예외가 있을 수 없다는 흄의 주장은 유효하지 않다. 우주 A와 우주 B라는 두 개의 다른 모델이 있다고 해보자. 우리는 A에 살 수도 있고 아니면 B에 살 수도 있다. 우주 A에서, 형이상학적인 실체가 활성화되어 있다. 반면에 우주 B는 그렇지 못하다. 흄이 살던 시대부터 대부분의 사람들은 우주 B를 선호하는 가능성이 있다고 추정되곤 하였다. 사실, 어떤 모델도 다른 것보다 가능성이 더 많지는 않다.

우주 B에서, 과학과 역사는 형이상학적인 것을 자신들의 탐구 분야에 관련이 없다고 여겨 배제한다. 그리고 그것은 적절하다. 과학의 정량적이고 경험적인 방법론은 형이상학적인 실체나 그것들의 활동을 다루는 데 적용될 수 없고, 알려진 사건이 드문 것일수록 그것을 믿게 하려면 더 많은 증가가 필요하다는 유효한 규칙에 의해 역사는 제한된다. 그렇다면, 예수의 부활과 같은 절대적으로 특이한 사건은 필요한 증거의 양이 틀림없이 무한할 것이고, 따라서 모든 알려진 특이한 사건은 역사의 범주 밖에 규정된다. 우주 B에서, 이런 식으로 과학과 역사가 진행되고 우리가 살고 있는 세계에서도 그런 식으로 진행된다.

그러나 우주 A를 들여다보면, 우주 B와 정확하게 같은 방식으로 역사와 과학이 진행된다는 것을 알게 된다. 역사와 과학의 범위가 정확히 같은 위치에 정해지고, 역사와 과학을 통한 발견도 형이상학적인 것이 작동하는 우주 A와 그렇지 않은 우주 B는 똑같다. 이렇게 되는 이유는 역사나 과학이라는 것이 자연발생적인 현상을 확인하기 위한 목적으로 구성된 것이지 그밖에 다른 목적 때문에 만들어진 것은 아니기 때문이다. 결과적으로 우리가 A에 살지 B에 살지를 결정할 때, 과학이나 역사에서 얻은 증거들은 어떠한 영향력도 가질 수 없다. 형이상학적인 것에 찬성하거나 아니면 반대하는 역사적이거나 과학적인 증거는 없다. 어떤 사람들은 B보다 A가 좋다고 생각할 것이고 다른 사람들은 A보다 B가 낫다고 생각할 것이다. 그러나 그들의 전제는 역사적 혹은 과학적인 증거 이외의 이유에서 형성된다. 역사적이고 과학적인 증거가 하나의 우주 아니면 다른 우주를 지향한다는 것은 논리적으로 무의미하다.

종종 유일한 진리는 과학적인 진리라는 진술이 이루어진다. 이것이 사실이라면, 우리는 확실히 우주 B에 살아야 할 것이다. 문제는 신앙의 행위, 우주 A가 똑같이 유효하다고 가정하는 신앙의 행위 이외에 이렇게 진술할 수 있는 근거가 없다는 것이다.

과학이나 역사의 범주를 넘어서 다른 종류의 증거를 고려해본다면, 어떤 우주가 더 있음직한지 알 수 있는가? 예를 들어, 알려진 "기적들"을 계속해서 보고하는 것은 상관없지 않은가? 역사와 과학에서 정의하는 지식의 영역을 벗어나는 듯한 사건들에 대한 목격자의 진술은 상관없지 않은가? 이렇게 알려진 현상들을 다루기가 어려운 이유는 그것을 수행하는 데 받아들여진 방법론이 없기 때문에 너무나 크다. 주어진 보고가 거짓일 수도 있다. 주어진 보고 내용이 사실이지만 궁극적으로 과학이 설명할 수 있는 현상을 언급한 것일 수도 있다. 주어진 보고 내용이 사실일 수도 있고 영원히 과학을 넘어선 것을 언급한 것일 수도 있다. 그러면 그것이 도대체 무엇인지 어떻게 알 수 있을까?

그렇다면 그러한 현상에 직면해서 우리는 무엇을 할 수 있는가? 우리는 그러한 현상들의 가능성을 선험적인 신앙적 행위라고 부인할 수 있다. 오늘날 대부분의 사람들은 그렇게 하기로 결정하지만, 그들은 단순히 신앙심에서 그리고 개인적인 취향에 따라 그렇게 하는 것이지 어떤 증거를 기반으로 하는 것은 아니라는 것을 알아야 한다. 우리는 그러한 현상들의 가능성을 받아들일 수 있지만, 분별력을 가지고 그런 현상들을 조사할 어떤 수단이 있다는 것을 부정할 수 있다. 우리 자신을 역사와 과학이 설정해놓은 경계 안으로 제한하면 가장 적절하다. 그렇게 하면 안전하게 어떤 종류의 탈 것이 필요한지도 모른 채 항공지도에 나와 있지도 않은 우주를 항해하는 겁나는 과업을 하지 않게 해준다. 하지만, 실제로 경험한 대로 이 세상을 다루는 것만으로도 충분한가? 확실히 그렇지만은 않다. 왜냐하면 우리는 과학의 범주에 들어맞지 않는 것들을 경험하기 때문이다. 앞으로는 이런 식으로 가능한 현상들을 다루는 데 사용할 수 있는 방법론들이 발견될 수도 있을 것이다. 결국, 과학적 사유의 많은 양태들은 1세기 전에는 상상할 수도 없었던 것을 현재는 사용하고 있다. 과학과 역사뿐만 아니라 이런 것들의 범주를 넘어서는 현상들까지도 포괄하는 일관된 세계관에 대해 생각해볼 수 있다. 우리는 우주 A에서 산다는 최소한의 가능성에 동의하면 그만이다. 그리고 사실, 우주 A는 우주 B만큼이나 가장 덜 있음직하다. "자연법칙"에 폭력을 가하는 특이한 사건은 절대로 발생했을 리가 없다고 주장한다면 흄의 입장을 따를 수 없다.

흄은 기독교를 효과적으로 공격하는 다섯 번째 입장을 악의 존재에서 발견하였다.[13] 흄은 기독교인들이 자신들의 전제에 대한 몇 가지 사항을 수정하지 않고는 신의 존재와 악의 존재를 중재할 수 없다고 주장했다. 신이 전능하지 않거나 혹은 신의 선함이 인간의 기준과는 전혀 다르다면, 어떤 경우에든 신을 선하다고 부르는 것은 의미가 없다. 전능한 신이 존재한다는 것은 신의 도덕적인 본성은 우리들에게는 전적으로 불가해하다는 것을 인정할 때만 긍정될 수 있다. 하지만 그런 식의 신은 더 이상 기독교에서 말하는 신은 아니다. 사실상 이 우주 안에는 광대하고 강렬한 악이 포함되어 있다는 것을 우리가 알고 있으므로, 이 우주에서 신의 존재에 이르기까지 이러한 문제에 대해서 어떠한 단정도 내릴 수 없다. 가장 급진적이고도 설득력 있게, 흄은 불완전한 결과(우주)로부터 완전한 원인(신)에 대해 논하고 완전한 원인을 이용해서 불완전하게 관찰되는 우주의 존재를 설명하는 것은 논리적으로 용인되지 않는다고 주장했다. 그러므로 자연은 기독교도들이나 이신론자들이 주장하는 것처럼, 신의 경이로움을 나타내지는 못하고, 반대로 자연은 신이 존재하지 않는다는 결론을 이끌어낸다.

기독교인들은 항상 자신들의 신앙은 신앙뿐만 아니라 이성에 의존한다는 것을 인정하고 있었으므로, 이런 강경한 논증은 기독교보다는 이신론을 더욱 철저하게 파괴해놓았다. 하지만 이 논증은 모든 유신론자들로부터 받아들이기 쉬우면서도 오래된 가정, 즉 사람들은 우주를 관찰해서 신의 존재를 논할 수 있다는 생각을 제거했다. 이제부터는, 종교도 경험적인 근거에서 논의되어야 했다. 누군가가 신이 존재한다는 것을 경험했다면, 그 사람은 신의 존재와 악의 존재를 화해할 수 있는 방법을 찾을 수 있을 것이다. 하지만, 그런 경험도 없이 출발하면, 악의 존재는 신의 존재로부터 멀어진다. 기독교나 그 이외의 어떤 신정론도 증명할 수 없다고 주장했다. 흄이 종교적인 신정론을 파괴함으로써 헤겔과 마르크스와 같은 세속적인 신정론에 길을 열어주었다는 것은 아이러니이다.

이런 모든 논의를 통해, 악마는 흄의 관심 밖에 있는 것으로 보였다. 신과 기적이라는 것이 없어진다면, 기독교의 부수적인 교리도 의미가 없어진다. 기독교의 가능성을 걷어치우면서 흄은 악마의 존재 가능성도 기각하였다. 흄의 견해는 계몽주의가 기독교를 공격하는데, 그리고 20세기에 상식으로 받아들여질 만큼 표준이 되어버린 근대 회의론에 대해서도 명확하고 이성적인 기반을 제공하였다. 다시 한번 아이로니컬하게도 그들 또한 윌리엄 제임스, 믿음에의 의지, 그리고 20세기 말의 새로운 신론을 위해 길을 열어주었다.

임마누엘 칸트(1724-1804)가 개념의 본질을 분석한 것이 내가 이 책에서 채택하고 있는 악마에 대한 현상학적 접근의 역사적 기원이 된다.[14] 흄처럼, 칸트는 인간의 지식은 절대적인 것에 도달할 수 없다는 것을 알았지만, 흄과는 달리, 회의주의는 극복될 수 있다고 믿었다. 우리들은 우리 정신의 외부에 있는 세계로부터 감각적인 인상을 받아들이지만, 우리가 받아들이는 데이터는 반드시 "거기 바깥에" 있는 대상들 안에 고유하게 내재된 것은 아니고, 오히려 어떤 의미에서 우리의 정신 안으로 밀려들어온 것이다. 우리의 정신은 이러한 감각들을 일관된 개념으로 조직한다. 우리 스스로가 만들어낸 이러한 개념들만이 우리가 확실하게 알 수 있는 전부이다. 물자체는 이해될 수 없다. 우리가 알 수 있는 것이라야 현상들, 즉 우리가 사물로부터 창조해낸 개념이다. 우리는 현상에 대한 지식을 확신할 수 있다. 우리가 자연을 창조해낼 수는 없지만, 자연을 의미 있는 패턴들로 조직함으로써 구성해낼 수는 있다. 그리고 우리는 조직자들이므로, 우리가 조직해낸 것들은 완전하게 이해할 수 있다.

칸트는 감각으로 지각될 수 있는 대상을 언급한 것일 때만 그 진술들이 의미를 갖는다고 믿었다. 초월적인 것에 대한 형이상학적인 진술들—예컨대, 신이나 악마에 대한 진술들—은 순전히 분석적이고 동어반복적이기 때문에 의미가 없다. 그런 진술들은 항상 모순을 초래한다는 것이 그 증거이다. 최초의 초월적인 전제들로부터, 이와 반대되면서 동시에 개연적인 명제들이 연역될 수 있다. 이러한 결론으로 신학자들 사이에 폭넓은 차이가 초래되었고, 수세기 동안 이러한 최초의 전제로부터 수많은 모순적인 교리들을 산출했던 기독교 악마론의 근저에 엄청난 파열이 발생하였다.

경건한 루터주의적 배경 때문에 칸트는 악의 문제를 다루게 되었다. 한 사람의 청년으로 철학적 낙관론자였던 칸트는 1760년대에 이르러 낙관론을 포기했지만 또한 이성주의적 회의론과 계몽주의적 진보주의도 거부하였다. 경험적 지식에 의하면 인간의 본성은 기본적으로 선하지 않고, 교육이나 기타 사람들을 개선시키는 교양적인 계획으로는 악을 근절할 수 없다고 칸트는 주장하였다. 악은 보편적이며 인간의 본성 안에 깊이 뿌리박고 있다. 근본적인 악에 대한 칸트의 믿음은 동료 사상가들을 분개하게 하였다.

전통적인 기독교가 가지고 있는 악에 대한 문제는 인간 정신으로는 이해할 수 없는 실체—절대적인 실재—를 다루기 때문에 해결될 수 없다고 칸트는 주장했다. 더 나아가, 악이란 정의에 의해 설명될 수도 없고 정당화될 수도 없는 것이다. 왜냐하면, 어떤 것을 정당화하고 설명하는 순간, 그것은 더 이상 실재적인 악이 아닐 수 있기 때문이다. 칸트는 악을 세 가지 유형으로 분류했다. 죄, 고통, 부당함. 죄는 악의 본질이다. 인간들이 죄를 이 세상에 끌어들였고 그래서 인간 본성의 고유한 부분이 되었다. 칸트의 견해는 원죄를 탈신화한 것이다. 죄의 본질은 거짓인데, 거짓은 도덕 법칙을 인식하고 그것을 우리 자신의 이기적인 욕망 위에 두는 것을 거부함으로써 생겨난다. 그것은 아담과 이브 그리고 먼 과거의 일과 결부된 연대기적인 사건이 아니라 인간 본성의 원리일 뿐이다. 악마는 독립된 존재로서 의미 있는 논의가 불가능한 선험적인 개념이다. 그러나 악마는 개별적인 인간이 원하거나 계획할 수 있는 부분을 넘어서 개별적인 인간의 악을 초월해서 이 세상에 존재하는 근본적인 악을 상징한다. 근본적인 악은 정말로 악마적이지만, 인간이 죄의 시조가 되는 것이 아니라 악마가 인격적인 존재가 되면, 악의 근원에 대해 설명할 것이 없어진다. 이렇게 되면 문제는 경험으로부터 한 발짝 더 멀어지게 된다.

도덕적인 선과 악은 주로 개인의 양식이 보편적인 선(善)을 지향하는지 아니면 그로부터 멀어지는지에 달려 있다.[15] 0점 위치(zero position)란 없다. 칸트는 악이란 선의 부재라는 전통적이고 신플라톤주의적인 아우구스티누스의 견해를 거부했고, 악을 우리 안에 존재하는 근본적인 힘으로 보았다. 선은 긍정적인데, 그것의 반대는 0이 아니라 부정적이다.[16] 칸트가 생각하는 종교는 비록 자신이 성장했던 기독교 정통파와는 거리가 멀었지만, 칸트를 종교적으로 만든 것은 바로 악의 문제였다. 악이 없었다면, 이 우주는 완벽하게 기능하는 메커니즘으로 볼 수 있지만, 악이 존재한다는 것은 순수하게 사실적인 용어로는 설명될 수 없었던 근본적인 결함, 부조리, 추문을 의미했다.

칸트의 복잡하고 추상적인 철학은 흄만큼 많은 영향력을 가지고 있지는 않았고, 무신론 철학자들에 의해 논쟁적으로 이용되었다. 계몽주의 운동이 합리론으로부터 자연주의, 유물론으로 논리적으로 확장되면서 무신론이 성장한 것이다. 만일 모든 지식이 물질에 대한 관찰을 바탕으로 하는 경험적인 지식이라면, 신이나 악마를 이야기할 여지가 없을 것이다. 데니스 디드로(1713-1784), 클로드 애드리앙 엘베시우스(1715-1771), 그리고 폴 앙리 디트리히 돌바크(1723-1789)와 같은 무신론자들은 미신에서 한 반짝 떨어진 것으로 이신론을 경멸하였다. 무신론자들은 이 우주는 물질적이고 무한하고 영원하며, 우연에 의해 무작위적으로 형성되었다고 주장했다. 우주는 질서와 무질서를 모두 드러내기는 하지만, 자연의 기계적인 법칙을 따른다. 인간의 지성이란 인간적인 가치와는 무관한 순전히 기계적인 근원으로부터 기인된다. 돌바흐는 이러한 우주에 대해서, "하나의 신학이 지향하는 그런 신은 전적으로 불가능하다"고 말했다. 이런 사상가들이 주장하는 무신론이 완전했던 것은 아니다. 왜냐하면, 중세의 신학자들이 신에게 부여했던 무한하고, 영원하며 절대적인 존재를 우주에 부여하면서 자연 그 자체를 신성한 것으로 만들게 되었기 때문이다. 자연은 “그 자체가 목적”이라고 그들은 믿었다. “자연은 존재하고 활동하고 자체적인 전체성을 보전하는 것 이외에는 다른 어떤 목적도 없다.”[17] 물질은 자유로운 동인(動因)이 아니라 자연의 법칙에 따라 움직이게 되어 있다.

무신론자들이 절대적인 무신론과 자진하여 싸울 수 없었던 이유는 볼테르만큼이나 도덕적 무정부 상태를 우려했기 때문이다. 디드로는 우리가 인간 행위를 관찰해서 도덕적인 원리들을 연역해낼 수 있다고 주장하였다. 인간의 행위라는 것을 경험적으로 구성할 수 있다면, 이성을 우리가 관찰한 것에 적용시켜서 행위의 규칙들을 끌어낼 수 있다. 예를 들면, 우리의 육체적인 본성은 우리를 탐욕스럽고 이기적으로 만든다는 것을 알 수 있다. 절제되지 않은 이기심은 결국 우리 자신을 포함해서 모든 사람에게 해를 끼치게 되어 있다고 이성은 우리에게 알려준다. 그러므로 우리는 이성을 이용해서 우리 자신을 실제적으로 규제해서 함께 성장할 수 있는 사회를 만들어야 한다. 1787년에 재가된 미국 헌법에는 이러한 실용적인 정신이 깔려 있다. 디드로에게는 낙관론자들이 가지고 있는 환상이 없었다. 그는 막 유성이 떨어져 지구가 파괴되려 한다면, 당연히 사람들은 가장 기본적인 본능에 따라 행동할 것이라고 말했다. 문명이란 제한을 바탕으로 해서 건설된다.

무신론자들에게, 선과 악은 인간들이 만들어낸 것이었고, 절대적인 기준이 아니라 인간관계라고 하는 실용적인 측면을 반영하는 것이었다. 물질은 정신을 산출하고 정신은 선과 악이라는 범주를 창조한다. 우리는 육체적이고 감정적이며 지적인 욕구를 가지고 있는데, 이런 것들을 방해하는 것은 모두 악이라고 부른다. 그렇다면, "악"은 무심하게 돌아가는 자연 속의 한 부분을 우리 자신이 임의로 지정한 것일 뿐이다. 신성도 객관적인 악도 존재하지 않으므로, "악의 문제"란 존재하지 않는다. 디드로나 돌바크의 시대에 이런 생각들은 너무나도 충격적이었지만 20세기 후반에 이르러 정통적인 이론이 되었다. 무신론자들은 몇 마디 경멸적인 말로 악마를 무시해버린다. 돌바크는 "종교는 여러 끔찍한 유령들의 원조를 받는 것이 필요하다는 것을 알고 있었다"고 말했다. 검열을 통과하고 돈을 벌기 위해 용의주도해야 했던 디드로는 『백과전서』에서 악마에 대한 논문을 한 단(段) 이하로 제한하면서 경멸을 드러냈다. "피부색이 검은 에티오피아인들은 악마를 흰색으로 그려서 악마를 검은 색으로 나타내는 유럽인들을 반박하듯이 하나의 견해는 다른 견해만큼이나 충분한 근거를 가지고 있다"라고 비꼬아 언급하고, 악령이라는 개념을 "인간 지성의 심연"으로 설명한다. 디드로는 전능한 신이 자신이 창조한 영에게 지속적으로 괴롭힘을 당하고 방해를 받을 수 있다는 생각을 비웃었다.[18] 악마에 대한 사상가들의 장난스럽고 조롱하는 듯한 태도는 지옥의 불 클럽에서 나타난다. 이 단체는 버킹엄셔의 동굴에서 온건한 주신제와 놀림조의 악마 의식들이 합쳐지면서 그 세기 말에 결성되었다.[19]

선과 악에 대한 객관적인 의미를 부정하는 무신론자들이 선택할 수 있는 대안은 세 가지가 남아 있었다. 그들은 디드로의 합의나 몇몇 법률가들의 법적이고 헌법적인 전통과 같은 전혀 다른 윤리적인 기반을 발견할 수 있었다. 몇 가지 규범은 유지하는 것이 사회적으로 필요하다고 주장하면서 반면에 도덕적인 기준은 순전히 자의적임을 인정할 수 있었다. 혹은 그들은 우리가 모든 가치와 모든 도덕성으로부터 자유롭다고 선언할 수 있었다.[20] 디드로와 돌바크는 마지막 대안에서 손을 뗐지만, 다른 사람들은 마지막까지 주장을 굽히지 않았다.

도나시엥 알폰스 프랑스와, 마르키스 드 사드(1740-1814)는 자신의 이름을 사디즘에 빌려주었다.[21] 사드의 행적에 대해 뭐라고 생각하든지 간에, 무신론적 상대주의의 원리들을 논리적 귀결로 이끈 것은 그의 공헌으로 돌릴 수밖에 없다. 디드로와 돌바크는 균열의 순간에 멈추었지만, 사드는 열광적으로 스스로를 던졌다. 계몽사상가들의 지적인 무신론에다가, 사드는 신에 대한 개인적이고 앙심 깊은 증오를 더하였다. 사드는 만일 신이 존재한다면, 분명히 신은 최악의 범죄자보다도 더욱 사악할 것이라고 주장하였다. 신이란 단순히 인간의 상상력이 만들어낸 허상일 뿐이라는 데 감사할 수 있다. 어떤 경우에든 초자연적인 것은 우리들의 진정한 소명을 다른 곳으로 돌리게 만든다. 사드는 악마를 미학적인 효과로 사용하면서 악마를 믿는 척하였다. "이처럼 극악무도한 신보다 훨씬 강한 악마, 자신의 권능을 여전히 소유하고 있고 자신을 창조한 신에게 영원히 맞설 수 있는 이 존재는 신이 자신에게 떼어놓은 무리들을 유혹하는 데 성공한다."[22] 사드의 『규방 철학(La Philosophie dans le boudoir)』에 나오는 등장인물, 생-아르게 부인은 악마에게 간절하게 기도한다. "루시퍼, 내 영혼의 유일한 신이여!"[23] 얄궂게도 사드는 스스로 악마의 행동강령을 만들면서, 마찬가지로 경멸하면서 신, 악마, 자비로운 자연이라는 관념들을 폐기해버렸다. 목적의식적이고, 질서정연하며, 온화한 것과는 거리가 먼 자연은 인간들이 벌이고 있는 투쟁에 전혀 관심이 없다. 자연은 선한 자들이 벌이는 투쟁에 미소를 보내는 만큼 적어도 악한 자들이 거둔 성공에도 미소를 짓는다. 더 나아가, 사악한 자들은 자신들이 원하는 것을 움켜잡을 수 있을 만큼 현명하기 때문이다. 이 세상을 지배하기로 되어 있는 자는 "최고로 사악한 존재이다…… 우주의 창조자는 모든 존재 가운데서 가장 사악하고 잔인하며 무서운 존재이다."[24]

사드는 본질적으로 아무런 가치도 없는 이 세상에서, 유일하게 해야 할 현명한 행동은 자기자신의 쾌락을 따르는 것이라고 주장했다. 무신론자는 아니었지만 유물론자였던 라 메트리(1709-1751)는 이러한 원칙을 이미 제안하였다. 그는 관능만을 추구한다고 해서 행복할 수는 없겠지만, 그것이 없다면 행복하지 않을 것이라고 인정했다.[25] 사드는 이 이론에 아무런 제한도 가하지 않고 확대해나갔다. 당신이 하고 싶은 것은 무엇이든지 당신에게 좋은 것이다. 고문을 즐기고 싶으면, 그것도 좋다. 다른 사람이 고문을 좋아하지 않으면, 끼어들 필요도 없지만, 그런 자신들의 취향을 다른 사람에게 부과할 필요도 없는 것이다. 이른바 도덕률을 위반하는 일은 허용되어야 하고 사실 칭찬받을 일이다. 왜냐하면 그러한 위반 행위를 통해서 그렇게 가해진 제한이 인위적임을 알 수 있고, 그런 제한 행위는 유일하게 논증할 수 있는 선, 즉 개인적인 쾌락을 방해하기 때문이다. 미덕이나 법은 환상에 불과하다. 자비, 사랑, 그리고 친절 등은 쾌락이라고 하는 자연스런 욕구를 막는 방해물이다. "쾌락이 크면 클수록, 행동할 가치가 더욱 커진다."[26]

대체로 성적인 쾌락이 가장 강렬하므로, 어떠한 제한도 가해지지 않고 추구될 수 있다. 어떤 상황에서는 범죄가 섹스보다 더 강렬하다. 왜냐하면 범죄 행위는 더욱 흥분되는 일일 수도 있고, 그 가운데서 가장 흥분되는 행위는 성범죄이다. 최고의 쾌락은 특히 아이들을 고문하는 데서 나오는데, 희생자에게 창피를 주고 모멸감을 주면 기쁨은 더욱 증가한다. 특히, 고문이나 성적인 학대가 먼저 이루어질 때, 살인은 매우 훌륭한 자극이 된다. 어떤 사람들은 카니발리즘(사람 고기를 먹는 행위)을 즐긴다. 희생자의 살을 가지고 향연을 벌이면 자극이 강렬하게 배가되기 때문이다. 육체적인 쾌락을 능가하는 가장 순수한 즐거움은 무고한 사람들이 근거도 없이 악이라고 부르는 행위를 하면서 순전히 범죄 그 자체를 위해 범행을 저지르는 것이다.

사드가 논쟁을 위해서 장황하게 설명한 것일 수도 있지만, 그로서는 그렇게 하는 것이 옳다고 생각하였다. 만일 도덕적인 한계가 없다면, 그런 것은 존재하지도 않는 것이다. 사드 주변의 사상가들은 사드를 특별히 거북하고 두려운 사람으로 생각했다. 그 이유는 그들 자신의 신념이 담고 있는 논리적인 관련성을 사드에게서 알아냈기 때문이다. 신이 존재하지 않는다면, 자연 안의 어떤 능동적인 원리도 없게 되고, 그렇게 되면, 디드로의 합의와 법률가들의 전통은 특별한 가치를 갖지 못한다. 왜 아동 치한은 자유롭게 희생자들을 강간하고 고문해서는 안 되는가? 어느 미친 광신자가 핵폭탄을 발사하면 왜 안 되는가? 어떤 사람의 광기가 또 다른 사람에게는 정상인데, 누가 그런 사람을 미쳤다거나 광신자라고 부를 수 있는가? 핵전쟁이 사람들을 행복하게 하기보다는 더 많은 사람들을 불행하게 만든다는 반대의견은 설득력이 없다. 왜냐하면, 최대 다수를 위한 최대 선이라는 생각은 다른 어떤 도덕률보다도 더 확고한 원칙을 가지고 있는 것도 아니기 때문이다. 사드 자신은 사람들이 온 우주를 파괴한다고 느낄 수도 있는 쾌락에 대해 진지하게 숙고하였다. "우주에 떠다니며 별의 운행을 막고, 천체들을 파괴할 수 있는 쾌락."[27]

사드의 견해를 사탄의 가치가 이례적으로 계몽주의에 침투한 것으로 치부해버리는 것은 무신론의 전제들을 기반으로 하는 논의가 가지고 있는 논리적 힘을 무시하는 것일 뿐이다. 대부분의 무신론자들이나 상대주의자들은 개인적인 혐오감 때문에 사드의 주장을 피했지만,

그들이 그런 주장들에 대해 지속적으로 반대의견을 제시한 것은 아니다. 예를 들면, 문명이란 우리들의 어두운 충동을 제한함으로써 유지된다는 프로이트의 주장에 대해, 사드는 문명이란 반드시 필요한 가치를 담고 있는 것은 아니라고 반박했다.

개인의 감각적인 쾌락이 근본적인 가치라는 사드의 전제는 불확실하고 증명되지 않은 전제이면서 동시에 아무런 가치도 없는 이 세상에 적어도 단 하나의 가치라는 모순된 주장이라고 논박될 수 있다. 그러나 모든 가치가 똑같이 불확실하다면, 사드의 생각들이 다른 사람들보다 훨씬 더 근거 없는 것만도 아니다. 어느 누구도 사드 자신의 불완전한 전제들을 다른 사람들에게 부과하는 일이 없다면, 사드의 논의는 유효할 수 있다. 사드가 주장하는 쾌락이 다른 사람들의 쾌락을 무시하는 것이라고 반대할 수도 있다. 만일 우리가 강간이나 고문만을 일삼는다면, 특별히 레스토랑이나 극장, 게다가 우리들의 몸을 감각적으로 최고조로 조절해줄 의사도 필요없을 것이다. 이런 점에 대해서 사드는 다른 사람들의 쾌락을 위해서 시간을 내줄 사람도 물론 있고, 강간하는 것보다 우아하게 식사하는 것을 더 좋아한다면, 사드는 그런 선택을 부인하지는 않는다고 대답할 수 있었다. 사드가 생각하는 주장의 핵심은 희생자들의 관심을 포함해서 다른 사람들의 선택에 전혀 관심을 두지 않는다는 것이다.

사드는 우리로 하여금 딜레마에 빠지게 한다. 실제로 악이 존재하든 그렇지 않든 간에. 궁극적인 관심, 즉 어떤 행위를 판단할 근거가 있든 그렇지 않든 간에. 이 우주가 의미를 갖든 그렇지 않든 간에. 만일 그렇지 않다는 쪽을 선택하게 되면, 사드의 주장들은 옳은 것이다. 사드의 생각은 진정한 무신론에서 나온 타당한 결과이다. 무신론이란 궁극적 존재의 어떤 근원도 부정하는 것을 의미한다. 20세기 말 지구상에 만연된 전쟁은 어쩌면 허무주의의 논리적인 귀결이다.

상대주의적인 가치들이 전통적인 종교의 가치관에 대해 아무리 파괴적이었더라도, 마찬가지로 심각한 위협은 과학과 역사에 의해 시작되었다. 18세기의 와중에 근대 과학과 근대 역사는 확립되었고, 그것들이 받아들여지면서 이제껏 인간의 사상사에서 가장 혁명적인 드라마가로 기록되었다.

아이작 뉴턴의 『자연철학의 수학적 원리』(1685-1687)는 논리학을 바탕으로 하는 과거의 인식론을 관찰을 기반으로 하는 새로운 인식론으로 대체하였다. 일반적으로 기독교의 악마론이나 신학론은 계시나 관습 논리를 기반으로 했었다. 스스로가 독실한 기독교인이었던 뉴턴은 종교적인 진리를 확립하는 데는 계속해서 과거의 방식을 고수하였다. 하지만, 뉴턴의 경험론적인 견해가 가지고 있는 의미는 3세기 동안 계속해서 점점 폭을 넓혀나갔다. 계몽사상가들에 의해 채택된 뉴턴의 경험론은 과학주의에 초석을 제공했다. 즉, 모든 지식은 과학적이고 경험적이며, 정량적이라는 믿음. 이런 견해에서, 종교나 신학은 함께 무시되거나 아니면 기껏해야 실재적인 지식을 구축하게 되어 있던 과학에서 멀어진 채 방안에 처박혀 있었다.

시간의 발견과 비교해볼 때 그만큼 혹은 두 번째로 경이로운 혁명, 즉 역사의 출현은 악마론의 기반을 허무는 데 거의 마찬가지로 중요한 역할을 하였다.[28] 18세기 이전에, 만연되어 있던 견해는 우주는 상대적으로 정적이라는 것이었다. 사소한 변화들만이 발생하지만, 크게 보면 우주와 지구는 오늘날 보이는 대로 같은 모습과 형태로 만들어지면서 인간을 포함해서 오늘날 세상에 존재하는 여러 종류의 생명체를 완성하였다. 심지어 코페르니쿠스가 우주의 중심에 지구가 아니라 태양을 놓았지만, 그것 때문에 신의 총애를 받던 인간이 특권적인 위치에서 쫓겨난 것과는 별 상관이 없었다. 하지만, 인류를 별로 중요하지 않은 시공간의 한구석에 밀어넣는 일련의 발견들이 이루어졌다.

무작위적인 과정에 의해 발전된 이 세계에서 무신론적인 견해에 가장 큰 걸림돌은 소립자들의 무작위적인 운동을 통해 그토록 고도로 정돈되고 다양한 우주를 만드는 데 결코 충분한 시간이 걸리지 않았다는 것이었다. 무신론자들은 지구의 나이에 관심이 없었고, 지구는 겨우 6, 7천년 정도 되었다는 전통적인 기독교의 견해—성경에서 유래된 연대기를 기준으로 삼는—는 그럴듯하게 보였다. 천문학, 우주론, 지질학에서 이루어진 시간에 대한 연구 범위가 엄청나게 넓게 열리기 시작했다. 이렇게 해서 얻어진 새로운 전망들은 우리의 세계관을 영원히 바꿀 것이다.

1755년, 임마누엘 칸트는 『일반적인 자연사와 천체이론』을 출판했다.[29] 이 책에서 칸트는 지구를 포함한 우주는 수백만 년이라는 시간 동안 점차적으로 진화해왔고, 여전히 진화하고 있으며, 앞으로도 무한하게 진보할 것이라고 주장하였다. 칸트는 시간뿐만 아니라 공간도 확장하기 위해 어떤 성운들은 우리로부터 멀리 떨어진 별들이 우주에 섬처럼 떠 있는 것이라고 주장하였다. 비록 그런 생각은 20세기 초 은하수가 경험적으로 설명될 때까지 일반적으로 받아들여지는 않았지만.

1750년과 1850년 사이에, 지질학, 역사, 그리고 천문학 등이 서로 영향을 주고받으면서 점차로 우주와 물질적인 지구, 그리고 인간사회에 관한 진화론적인 견해가 확립되었다. 관찰되는 모든 것은 역사를 갖게 되었고, 물리계와 인간사회 모두 정적으로가 아니라 동적으로 간주되어져야 했다. 뷔퐁 백작(1707-1788)은 태양계와 그에 딸린 행성들은 서서히 진화했다고 주장했고, 제임스 허튼(1726-1797)과 찰스 라이엘(1797-1875)은 지질학적인 현상을 설명하기 위해서는 엄청난 시간이 필요하다는 견해를 적극적으로 발전시켰다.[30]

모종의 지연작전이 격변론(catastrophism)이라는 형태로 시작되었다. 이 이론에 의하면 변화는 갑자기 엄청난 격변을 통해 발생해왔고, 지구는 변화해왔지만 짧은 시간 동안 가까스로 유지되어왔음을 인정했다. 성경에 근거해서 홍수를 설명한 것은 종교와 과학을 화해시키려고 끌어들인 것이었다. 그러나 격변론은 오래 갈 수 없었다. 광대한 양의 시간 그리고 등질성의 원리—오늘날에 작동하는 물리법칙은 항상 같은 비율로 작동된다는 생각—를 지향하는 천문학, 지질학, 그리고 마지막으로(19세기 중엽에) 생물학에서의 비등하는 증거들은 점차 받아들여지게 되었다. 20세기 후반에, 이런 견해 가운데 상당 부분이 수정되었다. 이제 더 이상 진화는 이전에 믿어져왔던 것처럼 점진적이고 연속적으로 이루어진다고 생각되지 않았다. 근대 물리학은 더 이상 우주에서 "중심"을 찾지 않고 그래서 우리들이 우주의 별 볼일 없는 외곽 어딘가에 틀어박혀 있다는 생각은 설득력이 없게 되었고, 양자역학에서 파생된 인류 발생론은 인류(중세의 견해와는 상당히 다른 각도에서)가 어떤 의미에서 우주의 중심이라고 주장하게 된다. 무작위성과 시간에 대한 새로운 반성은 수십억 년 동안 불규칙 과정에 의해 지적인 생명체에 정보를 담기에는 사실상 불가능하다고 주장한다.[31]

이러한 당대 논의들의 결론이 어떻든 간에, 18세기 과학과 역사는 전통적인 견해를 약화시켰다. 교양 있는 기독교인들은 역사적으로나 과학적으로 성경은 신빙성이 있다고 추정했다. 그러나 이 세계가 성경에 나와 있는 것보다 훨씬 더 오래된 것이라면, 그러한 신빙성은 구약성서의 일부에만 해당된다. 그리고 일부에만 해당된다면, 전체에는 왜 해당되지 않는가. 그리고 구약성서의 상황이 그렇다면, 신약성서는 왜 그렇지 않은가? 이러한 물음들은 성서와 전통이라는 기독교의 가장 중요한 두 가지 근거를 훼손했고, 또한 역사적 신빙성과 치열한 역사적 탐구와 비판의 주제가 되어온 예수 그리스도 자체의 권위도 훼손하였다.

16, 17세기에 벌어진 가톨릭과 프로테스탄트 사이의 광신도 논쟁은 어느쪽이 정통성을 가지고 있는지 결정하기가 어려웠기 때문에, 이미 전통적인 신빙성을 흔들어놓았다. 기독교의 진실성은 그 기원으로 돌아가야 한다는 프로테스탄트의 주장은 새로운 역사적 방법으로 성경 그 자체로뿐만 아니라 궁극적으로 성경을 통해서 신약성서라는 맥락의 이면에 있는 "역사적" 예수로 돌아가자는 것이었다. 이런 주장은 20세기 말에 점차로 거부되었지만, 이상하게도, 초기의 프로테스탄트 신앙은 신앙이 성서의 말씀을 문자 그대로 받아들이기보다는 영향력 있는 성서비평가들의 말로 옮아가면서 성서의 권위를 훼손하는 역사비평과 합쳐졌다. 기독교는 이제 더 이상 기독교가 과거에 늘 그랬었다라고 하는 것에 의해서가 아니라 특정한 근대의 학자들(이들의 의견은 늘 다양하게 갈라지지만)이 기독교가 그랬어야 했다고 말했던 것에 의해 정의되었다. 이 학자들 대부분은 18, 19세기 과학적 사적 유물론의 전제에 따라 성서를 재해석하려고 시도하였다. 이는 결국 이상한 타협안을 초래했다. 성서나 관습을 따르려고 하지도 않고 버릴 준비도 되어 있지 않은 교양인들은 당대의 선입견에 맞도록 그것들을 재구성하였다.

성서비평의 초점은 그리스도라는 인물 자체에 아주 날카롭게 맞추어졌다. 예수는 그 시대의 한 사람으로 고대 왕국의 외진 구석에 살던 농부로 보아야 한다고 주장하였다. 그의 견해는 진보적이지도 않고 그의 생각은 원시적이었다. 예수가 악마나 악령에 대해 언급할 때면, 당시의 미신에 대해 무지했음을 드러낼 뿐이었다. 예수가 신성하다든지 죽은 자 가운데서 살아나왔을 수도 있었다는 것은 시대에 뒤진 생각이었다. 스스로도 무지하지만, 예수의 말을 혼란스럽게 전달하는 무지한 추종자들에게 예수는 둘러싸여 있었고, 그래서 신약성서는 오류가 많은 수수께끼가 되었다. 이런 입장은 계몽주의에서 나온 역사학, 즉 성서에 대한 견해는 당대의 역사학자들의 견해에 일치하는 한에서만 유효하다고 판단하는 역사적 지식을 신뢰하는 것이었다.[32]

이런 견해 가운데 일정 부분은 잠바티스타 비코(1668-1744)가 발견에 대해서 더욱 신중하게 관심을 기울였다면 피할 수도 있었을 것이다. 비코는 수세기 동안 인간의 행위에 나타난 변화들을 회의론적이고 합리적으로 분석해야 한다고 주장하였다. 하지만 그의 회의론은 새롭고 정교한 관념론의 바탕이 되었다. 우리는 "저 밖에" 있는 사물의 본질은 알 수 없고 그것들을 지각할 수 있을 뿐이므로, 결과적으로 인간사에 대한 지각이 외부적인 본성을 지각하는 것보다 훨씬 더 안전하다는 결론이 나온다. 왜냐하면 우리는 인간사를 우리 자신의 것으로 만들고 그런 다음에 내부적으로 그것들을 알게 되기 때문이다. 우리는 우리가 만든 것을 안다. 이런 생각은 인간 개념에 대한 연구를 확고한 역사적 기반 위에 올려놓았다. 비록 우리는 사물 그 자체로서 악마가 무엇인지를 발견할 수는 없지만, 우리는 개념을 창조했기 때문에 인간이 만든 개념으로 악마가 무엇인지는 확실하게 설정할 수 있다. 이런 개념을 분석하는 유일한 방법은 역사적으로 접근하는 것뿐이다. 우리는 물자체에 대한 지식이 없기 때문에, 그것이 얼마나 악마 그 자체와 일치하는지를 조사할 수는 없다. 우리는 악마를 역사적인 용어로 정의해야만 한다. 악마는 전통적으로 그렇다고 생각되어온 것이다. 악마에 대한 역사적인 지식은 "저 밖"에 있는 어떤 것에 대한 진술보다 훨씬 확실하다.[33] 비코의 입장에서 보면, 성서 비평가들이나 자유주의적인 기독교인들이 "우리가 현재 알고 있는 것"으로 기독교를 재구성하려는 노력은 잘못된 생각이었고 무의미한 것이었다. 우리는 기독교에 대한 신의 입장이 무엇인지, "저 밖"에 있는 기독교는 무엇인지 알지 못한다. 우리는 그 자체가 성서와 전통을 기반으로 정의된 기독교만을 안다.

이런 해법을 무시한 채, 새로운 근거지를 넘겨주기도 전에 또다시 지는 싸움을 벌이기 위해 때때로 재무장하지만, 자유주의적인 기독교는 과학이나 성서비평이 주창되기도 전에 서둘러 후퇴하였다. 18세기 말엽까지, 발전된 자유주의자들은 기독교 신앙의 핵심을 져버렸다. 사탄은 자유주의자들에게 상당히 당혹스러운 존재였고, 예수가 가정한 시대에 뒤떨어진 관념들 가운데 하나에 불과했다. 예수가 이런 생각을 갖게 된 이유는 당시의 시대 상황에 무지했거나 미신에 물들어 있었기 때문이고 아니면 복음에 의지할 수 없었기 때문에 그런 생각을 갖게 되었던 것이다. 많은 자유주의자들 역시 원죄(따라서 구원이라는 관념도)라는 관념을 버렸고, 이 문제는 특히 그들을 악의 문제에 대해 무력하게 만들었다. 전통적인 논의들을 포기하면서, 대부분은 문제를 회피하려고만 하였다.

이 문제에 맞섰던 유일한 자유주의 신학자는 개혁 교회의 목사였던 프리드리히 다니엘 에른스트 슐라이어마허(1768-1834)였다.[34] 경건주의적인 교육에 반대해서, 원죄, 구원, 성육신 같은 개념을 부정하면서 처음부터 슐라이어마허는 계몽주의적인 종교를 채택했다. 점차로 그는 계몽사상이 합리주의와 거리를 두면서 종교의 핵심(우리는 항상 우리들의 삶과 우리의 존재 자체를 위해 우리 외부의 어떤 것에 절대적으로 의존한다는 경험)을 놓치고 있다고 믿게 되었다. 기독교는 자체적인 인식론적 독립성을 유지하고 당대 지식의 추세에 부속품이 되지 않는 한에서만 세계와 사회에 대해 비판적인 자세를 취할 수 있다. 기독교는 계몽주의라는 냉혹한 이성 종교보다 더 깊이 파고 들어가야 하지만, 한편으로 관습적인 정통성이 가지고 있는 협소한 범주를 뛰어넘어야 한다. 슐라이어마허는 젊어서 가지고 있던 반대 견해의 한계를 극복하려 하였고, 대신에 절대적으로 경험에 의존해서 새로운 기독교 체제를 만들려고 하였다.

슐라이어마허는 악을 실존하는 현실로 받아들였지만 원죄라는 개념은 여러 면에서 20세기 말 존 힉스에 의해 채택된 진보적인 견해로 대체되었다.[35] 슐라이어마허는 인간들은 종으로서든 개개인으로서든 나약하고 우유부단하게 창조되었다고 주장했다. 타고난 불완전함 때문에 신과의 합일을 추구하는 우리의 진정한 본성은 혼란에 빠진다. 원죄란 우리가 타고난 불완전성을 은유적으로 표현한 것일 뿐이다. 신이 우리를 불완전하게 만들었으므로, "잘못"은 신에게 있지만, 신은 불완전함을 통해 우리가 고난과 장애를 극복하면서 점차로 완전하고 성숙할 수 있게 한 것이다. 우리가 따라야 할 지표는 예수 그리스도이다. 예수는 이 세상에 개입해서 세상을 만들고 지휘하는 신의 권능을 통해 나타나는 완벽한 모범이며 중재자이다. 우리가 극복해야 하는 악의 본질은 이기주의이며, 신 안에서 성장하고자 하는 진정한 선보다 세속적이며 유한한 재화들을 선호하는 것이다.

슐라이어마허는 진보적인 시각을 가지고 악의 관념을 다루면서 결국 그러한 관념을 제거하는 방향으로 나아갔다. 하지만, 그가 제기한 반대 의견 가운데 상당수는 이미 전통적인 악마론에서 고려된 것이었다. ① 천사와 같은 완벽한 피조물이 어떻게 타락할 수 있었는가? (기독교 신학에서는 천사가 완전하다고 선언한 적이 없었다) ② 천사가 질투 때문에 타락했다면, 그들은 이미 질투를 했었고 이미 예전에 타락했음에 틀림없기에 앞뒤가 맞지 않는다(자유의지를 행하는 데 원인이 필요하지 않으므로, 신학에서는 질투나 자만심이 동기일 수는 있지만 타락의 원인은 아니라고 주장했다). ③ 지성을 포함해서 악마의 본성은 타락하면서 반드시 약화되어져야 하고 그렇게 되면 신이나 인간에게 대항할 만한 적수가 될 수 없었다(신학에서는 사탄의 본성이 아니라 의지가 타락했고, 비록 약화되었지만 자신의 지적인 능력을 유지한다고 주장했다). ④ 악한 존재들은 서로 증오하기 때문에, 악령들은 인간에 대항해서 서로 협력할 수 없다(그러나 악한 사람들도 서로 협력하는 모습을 종종 볼 수 있다). ⑤ 악의 근원을 인간에게서 사탄으로 옮겨놓아도 악을 설명하는 데 도움이 되지 않는다(이렇게 해서, 신학에서 적당한 해결책을 얻어본 적이 없었다).

슐라이어마허는 대체로 성경에 근거해서 악마를 직접적으로 공격한다. 그리스도는 스스럼없이 악마에 대해 언급했고, 말할 때면 격언을 인용하거나 악한 사람들을 상징적으로 언급하였으며, 역사적인 근거는 없지만 교훈을 주기 위해서 유혹에 관한 이야기를 했다. 악마와 같은 그런 반계몽적인 교리를 그리스도와 사도들은 정말로 믿을 수는 없었다. 만일 믿었다 해도 당시에 유행하는 미신에서 끌어온 그런 것을 우리가 지금까지 믿을 필요는 없다. 슐라이어마허 역시 자기가 몸담고 있는 시대의 견해들이 다른 시대의 견해를 판단할 수 있는 기준이 된다고 주장했다.

슐라이어마허는 또한 악마에 대한 믿음에 반대하는 실질적인 논의도 제시하였다. 악마라는 개념은 여러 다양한 역사적 요소들이 혼합된 것이다(볼테르는 이미 기독교 신학의 모든 요소에 이러한 견해를 적용시켜서 슐라이어마허보다 더 많은 부분을 인식하면서 이런 견해를 제시했다). 악마라는 개념은 사람들로 하여금 자신들의 책임을 다른 존재에게 옮겨놓게 하였다(그러나 전통적인 신학은 악마가 다른 사람의 의식을 절대로 강요할 수는 없고, 죄에 대한 책임은 개인에게 달려 있다고 항상 주장했다). 만일 악마가 세상에 대한 신의 계획을 망칠 수 있다고 믿게 되면 악마라는 존재에 대한 믿음은 절망감을 불러일으킨다(하지만, 전통적으로 모든 악한 노력을 선한 것으로 바꾸는 것이 신의 섭리라고 항상 단정되었다).

슐라이어마허는 악마를 악에 대한 편리한 메타포로 사용할지라도 악마는 존재하지 않는다고 결론을 내렸다. 그가 내린 결론의 이면에는 삼단논법이 숨어 있다. 악마라는 개념은 시대에 뒤떨어져 당황스럽기는 하지만, 기독교는 어느 정도 진실성이 있고 성경은 어느 정도 영감을 받아 씌어졌다. 그러므로 신약성서에서 악마의 존재와 권능을 종말론의 핵심으로 가르치고 있다는 사실을 설명하려면 복잡한 체계가 수립되어야만 한다.

그 세기 말에 가장 눈에 띄는 지성계의 변화는 계몽주의에서 낭만주의적 사유로의 전이였다. 장자크 루소(1712-1778)는 이러한 변화를 예시했다.[36] 매우 감정적이고 불안정한 성격의 소유자인 루소는 기독교 신앙을 고백함으로써 사상가들과 멀어졌을 뿐만 아니라, 그의 감정적이고 심미적인 신앙심—삼위일체, 성육신, 구원, 그리고 부활은 부인하지만, 그리스도의 영을 느낀다고 주장하는—때문에 프로테스탄트나 가톨릭과도 멀어지게 되었다. 나중에 "조직 종교(organized religion)"라고 하는 것에 대한 혐오감으로, 루소는 교회와 기독교의 근본적인 양태 가운데 하나인 공동체로서의 특성을 거부하고 개인적인 정서를 강조하였다.

루소는 칸트나 볼테르만큼 직접적으로, 사드만큼이나 지속적으로 악의 문제를 다루지는 않았다. 악에 대한 루소의 견해는 형이상학적이라기보다는 사회적이었다. 즉, 악이란 인간의 창조물이라는 것이었다. "인간들이여, 너무 멀리서 악의 창조자를 찾지 마라. 인간인 당신이 바로 그다."[37] 인간의 본성은 기본적으로 선하고 그런 본성을 타락시킨 것은 바로 인간 자신들이다.[38] 루소는 문화 그 자체를 반대하지는 않았고 문화를 필요하고도 바람직한 것으로 생각했지만, 인간이 만든 문화가 역사적으로 인간을 억압하고 타락시키는 경향이 있었다고 보았다. 우리는 우리 자신의 양심에 의해 구원받을 수 있다. 양심이란 우리 안에 내재하는 선이라는 신성한 본능이고 악을 제거할 수 있는 원리이며, 악한 영향력을 제거해서 우리 자신에게 본질적 선함과 자유와 평등이라는 본질적 사회질서를 회복시켜준다. 교육과 사회 개혁을 통해, 우리들의 실수, 미신, 악덕, 그리고 억압적인 제도를 없앨 수 있고, 새로운 광명의 시대로 들어갈 수 있다. 이러한 박애적이고 진보적인 사상은 대체로 전통적인 기독교에 반감을 가지고 있던 미국과 프랑스 혁명에 영향을 주었다. 하지만, 혁명과 모호한 신앙심을 결합한 루소의 사상은 신을 낭만주의적으로 부활시키고 사탄을 낭만주의적으로 창조함으로써 새로운 혁명을 부추겼다. 이 세기 말 무렵에, 문학은 이러한 견해를 반영하기 시작하였다.

한때 악령의 마술 시대가 지나가자, 상대적으로 악마는 18세기 말까지 문학작품 속에 거의 나타나지 않았고, 다시 등장하게 되었을 때는 새로운 형태로 나타났다. 신학과 형이상학은 유미주의와 상징주의에 자리를 내주었다. 사탄의 형이상학적인 실존이 사라지자, 사탄은 자신의 전통적인 의미로부터 자유로이 떠다닐 수 있는 상징이 되었다. 사탄은 한 사람의 인간이 되기를 그만두었고, 그래서 여러 가지 역할을 하는 문학 속의 등장인물이 되었다.[39] ① 어떤 작품 속에서, 사탄은 자신의 전통적인 역할을 계속했다. ② 어떤 작품에서는 인간의 악과 타락의 상징으로 사용되었다. ③ 어떤 작품에서는 반어적이거나 풍자적으로 기독교를 조롱하고 인간의 어리석음을 패러디하기 위해 사탄이 사용되었다. ④ 타락한 권위에 대한 반역의 상징으로 사탄을 긍정적으로 사용하였다. 전체적으로, 악마는 순수 악에 대한 의미 있는 메타포의 역할을 계속하였다. 인간의 본성이란 여러 가지가 혼합된 것이고, 완전하게 선하거나 전적으로 악한 사람은 매우 드물기 때문에, 어떤 인간적인 성격으로는 불가능한, 인간의 영혼에 내재하는 악이 그 본질로 승화된 근본 원리로 악마는 제시될 수 있었다. 이런 것들은 또한 동정적이고 낭만주의적인 악마를 암시하게 되었다. 루이 클로드 드 생 마르탱(1743-1803)의 추종자들과 범신론적인 신비주의자는, 악마가 처음에 타락하게 된 것은 아름다움에 대한 사랑이 너무나 강렬해서 스스로 아름다움을 소유하고 싶은 심미적인 이유였다고 믿었다.

계몽주의와 낭만주의에 다리를 놓은 작품은 요한 볼프강 폰 괴테(1749-1832)의 파우스트 문학의 대작, 『파우스트』이다.[40] 악마의 역사에서 파우스트가 차지하는 위치는 모호하다. 한편으로, 괴테가 창조한 악마, 메피스토펠레스는 전 시대를 통틀어 가장 영향력 있는 문학적 창작물 가운데 하나가 되었다.[41] 다른 한편, 메피스토펠레스는 상당히 복합적인 존재였는데, 그런 여러 요소 가운데 하나가 기독교의 악마로 나타났을 뿐이다. 괴테 자신은 교회를 경멸했지만 역설적으로 그와 소원한 기독교 계몽주의의 견해를 취하고 기독교 상징주의를 끌어들인다. 괴테의 일생을 통해, 그의 견해는 폭넓게 변화하였고—때때로 그의 관심은 경건주의, 신비주의, 카발라, 연금술, 민속학, 신플라톤주의, 자유주의, 그리고 많은 기타 유행하던 사상들로 옮겨다녔다—자신의 역작에 무리하게 일관성을 유지하려 하지도 않았다. 괴테는 1770년경 아직 젊을 때 『파우스트』를 쓰기 시작해서 죽음에 임박한 1832년에 이르기까지 계속 집필하였다. 『파우스트』는 정력적이고 생기발랄한 한 지성의 창조적인 사유가 표출한 60년이라는 세월을 담고 있는 것이

고, 상투적인 문구로 요약되거나 환원될 수 없는 것이다.[42]

63세에, 괴테는 젊은 시인으로서 자신이 채택했던 우주론을 회상하며 기술하였다. 하나님 아버지(성부)는 성자를 낳았고, 성부와 성자는 성령을 낳았다. 이들 셋은 모두가 완전하고 완벽했으므로, 네 번째 루시퍼를 창조했을 때, 그는 반드시 불완전할 수밖에 없었다. 루시퍼는 천사들을 만들었다. 자기자신의 창조적인 권능에 감명을 받은 그는 갈수록 자아도취에 빠져 점차 현실적인 감각을 잃게 되었다. 천사들 가운데 몇몇은 자신들의 진정한 근원은 알고 남아 있었지만, 다른 몇몇은 루시퍼를 추종하여 이기심 속으로 빠져들었다. 루시퍼의 자기도취로부터 물질적인 우주가 발생하였다. 만일 신이 자비를 베풀어 빛으로 향하는 긍정적인 힘을 루시퍼에게 주지 않았더라면 아마도 루시퍼는 자기자신 속으로만 더 깊이 빠져들어 결국 존재하지 않게 되었을 것이다. 이기심과 개방성, 어둠과 빛 사이의 긴장으로부터, 이 세계와 인간에게 존재하는 하향하면서 패쇄적인 악마의 세력과 상승하면서 열리는 신성한 세력 사이의 긴장이 나온다. 괴테는 이런 것들을 엄밀한 의미에서 신학이라기보다는 일종의 상징적인 구조로 받아들였지만, 그 시에 영원한 흔적을 남겼다.[43]

『파우스트』는 단일한 의미를 갖는 것도 그렇다고 여러 가지 의미를 갖는 것도 아니다. 괴테는 이 작품을 통해 자기 정신과 당대의 문화, 그리고 서구 문명 전체가 가지고 있는 복잡하고 모순적인 것을 표현하고자 했다. 그러므로 여러 방면의 독서가 가능하다. 이 책을 이해하려면, 괴테의 메피스토펠레스가 악마의 전통에서 차지하고 있는 위치를 이해하는 것이 중요하다.

파우스트처럼 메피스토펠레스도 이 세상만큼이나 다양한 성격을 지닌다. 가장 피상적인 수준에서만 보더라도, 그의 본성은 불명확한 채로 남아 있다. 왜냐하면, 그는 때로는 사탄이나 사탄과 비슷한 것으로 나타나고, 또 다른 때는 그저 사소한 악령으로만 나타나기 때문이다(Ⅱ. 338-339, 1338-1340). 사실 메피스토펠레스는 너무나 복합적이고 다양하게 나타나며 모호하기 때문에 기독교의 악마로 단정지을 수 없다. 괴테는 신화를 즐겨 사용했고 그것을 발전시켰지만, 말 그대로 기독교의 악마가 존재한다든가 심지어 근본적인 악이라고 하는 칸트의 원리도 항상 적극적으로 부인하였다. 괴테는 메피스토펠레스가 지닌 역할 가운데 어떤 부분은 자연이나 도덕 또는 기타 영역에서 어떠한 이분법도 거부하는 것이기 때문에, 이러한 모호함이 계속 표출되도록 하였다. 메피스토펠레스는 신의 적으로도 나오고 신의 의지를 수행하는 도구로도 나타난다. 그리고 물질세계를 창조한 것으로도, 신의 부하로도, 영적인 원리에 대항하는 물질적인 원리로도, 선에 대항하는 악으로도, 질서에 반하는 혼돈으로도, 창의성을 자극하기도 하고, 그 밖의 여러 모습으로 나타나기도 한다. 근본적으로 메피스토펠레스는 미분화된 세계가 그대로 인간의 경험에 주어질 때 그 미분화된 세계를

대표하는 자연 영이다. 메피스토펠레스는 독자들에게 현실의 다양한 면과 만날 수 있게 해준다.[44]

파우스트의 영향력은 너무나 엄청난 것이어서 지난 2세기 동안에 문학에 나타난 대부분의 악마는 메피스토펠레스가 가졌던 부드럽고 냉소적이며 모호한 모습을 취하게 되었다. 괴테에 의해 신학적인 역할을 하는 악마에서 문학적 인물로서의 악마로 변화되어 고정된 것이다. 예외도 있었지만, 신학적인 악마가 악의 전형으로 진지하게 받아들여지길 원하는 작가들은 『파우스트』가 나온 이래로 엄청난 저항(난관)을 극복해야 했다.

메피스토펠레스는 한편으로는 기독교의 악마이면서 사회에 대한 냉소적인 비평가이며, 한편으로는 속인들의 대변인이기도 하고 진보적인 인문주의자이기도 하다. 대체로 그는 "인간 삶의 혐오스런 면을 일방적으로 주장할 뿐이다"라고 매슨(E. C. Mason)은 말한다.[45] 그는 괴테가 경멸하는 학자들의 특징, 즉 역설적이고 무시하며 비판적이고 냉담하며 판단하기 좋아하는 성격을 지녔는데, 이것은 파우스트가 한때 지녔던 성품이나 고난을 통해 극복한 것들이다. 메피스토펠레스는 교활한 지능과 매력으로 사람들을 속일 수 있었지만, 좀더 깊이 들여다보면, 그는 어리석었다. 왜냐하면, 이 우주의 본질적인 모습은 사랑의 힘이라는 것을 알지 못했기 때문이다. 그는 전지전능한 신에게 대항할 만큼 무모했다. 그는 처음에는 하늘에서 바보 같은 짓을 하다가 마지막에는 천사들을 갈망하게 된다. 메피스토펠레스에게 지혜와 어리석음이 뒤섞여 있다는 사실은 수천 년 동안 계속하여 자신이 저항할 수 없는 신의 권능에 저항하고 있음을 볼 때 간파할 수 있다.

본질적으로 현실에 어두운 메피스토펠레스는 현실을 부정하고 파괴하려고 한다. 그는 존재의 가치를 부정하고 창조의 목적은 파괴되는 것이라고 선언한다. 그는 미와 자유, 그리고 인생 자체를 혐오한다. 그는 개인의 죽음을 초래하고 다수를 멸망시키는 파괴적인 사회 정책을 옹호한다. 이러한 염세주의는 악의 본질이고 간접적으로 신에게서 나온 것이다(Ⅱ. 342-349). 전통적인 악마와 마찬가지로, 메피스토펠레스도 거짓말쟁이 사기꾼이고, 반복적으로 자신의 모습을 바꾸어 개, 학자, 기사, 바보, 마술사, 장군으로 나타나는 환영의 대가이다. 견강부회, 아첨, 험담을 이용해서 그는 의심과 불신의 씨를 뿌리고, 자신의 마법을 사용해서 환상과 망상, 그리고 꿈이 서서히 나타나게 한다. 나라의 참사관으로서 그는 거짓 재화를 창조하고, 장군으로서 가짜 부대를 전투에 내보내 군을 어지럽힌다. 자연계에 나타나는 혼돈과 무질서의 영을 통해, 그 역시 정의를 혼란시켜 사회에 무질서를 조장한다. 그는 잔인함과 고통을 즐거워하고, 자신의 노력으로 유혹하고 위협해서 타락하게 만들어 무고한 사람들이 절망할 때 가장 즐거워한다. 사랑이 의미하는 것을 알 수 없기 때문에, 성적인 관계 속에서 추잡함과 야만성을 조장한다. 그는 사회 개혁에 반대하고, 전제정치에 반대하는 혁명을 분쇄한다. 그는 타락하기 전의 자신의 상태를 아쉬워하지만, 회개하려 하지 않고 절망의 나락으로 빠져든다. 그는 괴테를 대신해서 철학자, 교수, 광신도, 장군, 목사, 관료, 정치인, 그리고 착취하는 지배자들을 냉소적으로 비판한다.

헌사와 도입부가 끝난 다음에, 이 시는 "하늘에서의 서사"로 시작되는데, 거기서 신은 라파엘, 가브리엘, 미가엘, 그리고 메피스토펠레스가 이끄는 하늘의 존신들에게 둘러싸여 있다. 이 장면은 「욥기」를 떠오르게 하면서, 메피스토펠레스가 사탄의 역할을 한다. 천사들은 우주의 아름다움에 대해 신을 찬양한다. 하지만 메피스토펠레스는 관심을 우주 전체에서 인간들의 상황으로 돌린다. 우주가 조화롭다고 주장됨에도 불구하고, 인간의 상황은 비참하고 야만적이며 믿을 수 없는 지경이었다. 신은 메피스토펠레스의 부정적인 생각을 꾸짖었지만, 인간들을 동정하면서 끝까지 주장한다. "나는 인간들의 비참한 삶에 너무나 동정심이 생겨서 내 스스로 더 이상 그들을 괴롭힐지 망설여진다"(Ⅱ. 297-298). 하늘나라에 악마가 나타나고 신에게 그가 영향을 미치는 것으로 봐서 악은 인간과 우주, 그리고 신 자체에 내재하는 신의 계획임을 암시한다. 하늘나라에서 악마의 역할은 아이로니컬해서 교활하게 주인의 실패를 암시하는 하늘나라의 어릿광대나 바보의 역할과 거의 흡사하다. 인간에 대한 신과 악마 사이의 불일치는 전제정체에 대항하는 계몽주의적 반란, 인간을 위해서 신들에게 대항한 프로메테우

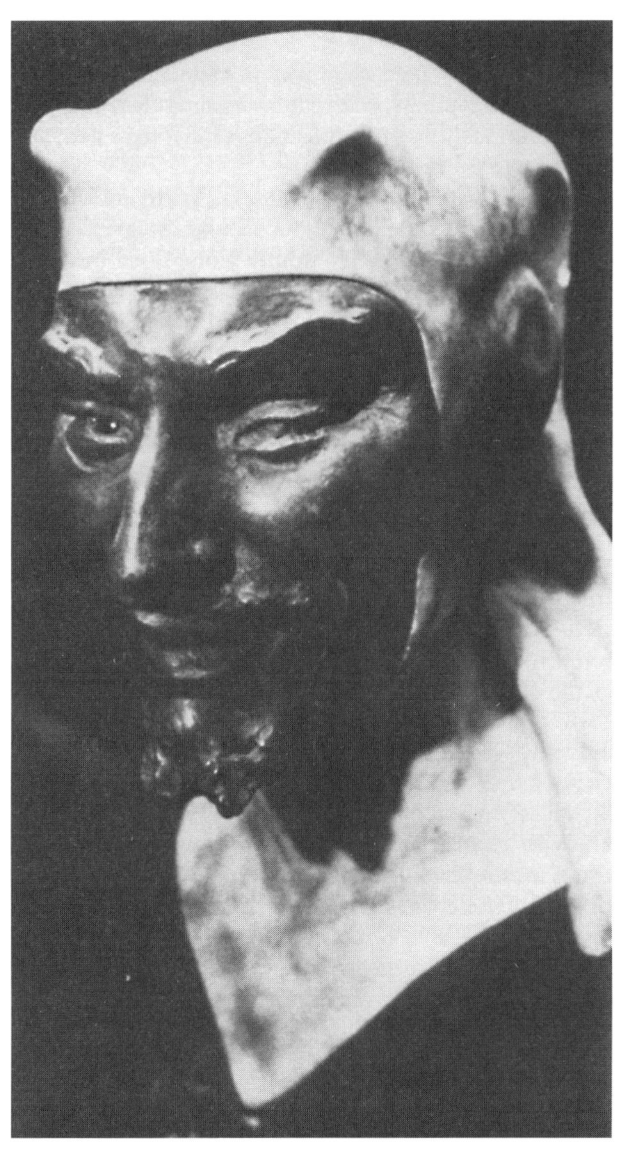

모렐리의 반신상은 학자의 모자, 갈래 수염, 냉소적인 얼굴로 악마인 메피스토펠레스를 보여준다(파리, 실비 메시에).

스의 연민, 감정과 자비라는 이름의 모호한 정의 개념에 반대하는 초기 낭만주의적 반란을 암시한다. 하지만 악마는 신에게 봉사도 하였다. 신은 메피스토펠레스가 계획한 악을 용인할 뿐만 아니라 명령을 내리기도 한다. 그리고 신은 악마에 대한 약간의 호감을 고백하기도 한다. "나는 너를 미워한 적이 없었다. 나를 부인한 모든 영들 가운데 나는 그 악당을 제일 가볍게 비난한다. 인간의 모든 행위는 너무도 빨리 나태해져서 나는 그들을 부추기고 함께 움직이게 하고 악마처럼 행동하도록 동료를 보낸다"(Ⅱ. 337-343).

한때 주가 욥을 정의롭고 타락하지 않은 인간의 전형으로 삼아 사탄의 관심을 환기시켰던 것처럼, 이제 그는 파우스트를 독립적인 천재 그리고 인간 전체의 표본으로 제시함으로써 메피스토펠레스의 관심을 끌어들인다. 신은 파우스트가 자신의 목표로부터 결코 물러섬이 없이 신실하게 진리를 추구하는 자임을 알게 된다. 파우스트는 인간을 창조한 것이 잘한 일이라는 것을 증명하는 존재이다. 괴테는 그 마술사로 하여금 인류 전체의 곤경을 상징하게 함으로써, 스스로 초기 파우스트 전통으로부터 거리를 두었다. 파우스트는 곧 욥, 아담, 그리스도, 인간이다. 전통적인 파우스트 드라마들이 계약을 중심으로 전개되었지만, 괴테는 두 가지 내기에 초점을 맞춘다. 하나는 메피스토펠레스와 신 사이의 내기이고, 다른 하나는 메피스토펠레스와 인간 사이의 내기이다. 메피스토펠레스는 신에게 도전한다. 파우스트는 흔들리지 않는다고 말하지 않았는가? 그렇다면 내가 그를 유혹하도록 허락해주시오. 당신이 잃을 게 무엇이요? 그가 나를 무시한다는데 무엇을 걸겠소?(Ⅱ. 312-314) 신이 실제로 이 내기를 받아들였는지 아닌지는 명확하지 않지만, 파우스트의 선택에 끼어들지 않겠다고 약속한다(Ⅰ. 323). 메피스토펠레스 자신은 이 내기가 진행될 것이고 아무런 제한도 받지 않고 유혹할 수 있으리라고 믿는다. 왜냐하면 파우스트를 지배하던 자신의 권능이 그 학자가 죽을 때 끝날 것이라는 신의 조건을 무시하기 때문이다(Ⅰ. 315). 신은 반드시 메피스토펠레스가 내기에서 지게 된다는 것을 알지만, 메피스토펠레스는 자신이 할 수 있는 일을 지켜보고자 하는 장난스런 욕구 때문에 자신이 분명하게 내기에서 진다는 사실을 알지 못한다.

이 비극의 "제1부"는 파우스트의 서재에서 시작되는데, 이 위대한 학자는 그곳에서 절망에 빠져 있다. 그 이유는 끊임없는 지적인 노력에도 불구하고 그는 우주의 비밀을 통찰할 수 없었기 때문이다(Ⅱ. 382-383).[46] 자신이 원하는 신비한 지식을 얻기 위해서 파우스트는 영의 세계로 들어가려고 노력하지만, 자신에게 필요한 것은 지식이 아니라 다른 사람에 대한 사랑과 관심이라는 것을 이해하지 못한다. 그는 천사들의 합창을 듣지만, 믿음이 부족해서 사랑의 중요함을 이해하지 못한다(Ⅰ. 765). 마법서에서 그는 지령(地靈)의 상징을 발견한다. 그 상징은 파우스트가 자신의 내부에서 느끼는 불안함, 투쟁, 그리고 욕망을 나타낸다. 선하지도 악하지도 않은 지령은 인간적인 가치를 초월하는 기본적인 자연의 영이다.[47] 파우스트가 그 지령의 상징을 음독(音讀)하자, 그때부터 그 영이 나타나 누가 자기를 불렀는지 묻는다(Ⅰ. 482). 실제로 파우스트가 그 영을 불러냈는지의 여부를 불분명하게 처리함으로써 괴테는 전통과의 거리가 더 멀어졌다. 파우스트가 어느 정도 책임을 져야 하는지, 그리고 신과 사탄 사이의 협약에 의해 그가 어느 정도 희생을 당했는지는 불명확할 필요가 있다.

그 다음 장면에서 파우스트는 서재를 나와 술꾼, 학생, 매춘부, 그리고 병사들로 들끓는 거리로 나온다. 여기서 이 학자와 그의 조수 바그너는 술을 마시며 논쟁을 벌인다. 파우스트는 자연의 아름다움에 대해 그리고 바그너는 학문의 명예스러움에 대해 논하지만, 둘 다 자신들을 둘러싸고 진행되는 진정한 삶을 이해하지는 못한다. 파우스트는 자신 안에 두 개의 영이 있어, 하나는 자신을 세속적인 쾌락으로 이끌고 다른 하나는 무한한 지혜로 이끄는 것을 느낀다고 불평한다(Ⅱ. 1112-1117). 이런 공상들은 모두 사랑에 뿌리를 두고 있지 않으므로 결함이 있는 것이다. 그들이 이야기를 나눌 때, 파우스트는 근처에서 킁킁거리는 검은 개를 가리킨다. 바그너는 그것을 평범한 푸들로 보는데, 파우스트는 그 개를 한 줄기 불의 흔적으로 생각한다(Ⅱ. 1154-1155). 메피스토펠레스는 전통적으로 악마가 가장 좋아하는 모습 가운데 하나인 검은 개로 나타났다. 그는 파우스트의 양심적인 의지에 의해 요청을 받아 나타난 것이 아니라 악한 것에 마음을 연 파우스트의 절망에 의해 이끌려 나타난 것이다.

나중에, 서재로 돌아와서, 그 푸들이 다시 나타나, 여러 가지 혼란스러운 모습을 취하는데, 마침내 방황하는 학자의 모습으로 자리잡는다.[48] 파우스트는 그 "학자"에게 신분을 밝힐 것을 요구하고 그가 거짓말쟁이이며 파괴자일 것이라고 추측한다. 메피스토펠레스는 스스로를 "항상 악을 추구하고 항상 선을 행하는 권능의 일부"라고 밝힌다. 그는 신의 섭리에 의해 강제로 선을 행한다(Ⅱ. 382-383). 그는 또한 부정의 영이고 창조된 모든 것을 파괴하려고 한다.[49] "도입부"에서 제시된 것처럼, 악은 신이 우주를 만든 재료의 일부이기 때문에 우주의 일부인 것이다. 메피스토펠레스는 자신이 빛을 낳은 어두운 혼돈의 일부라고 선언하고 파우스트는 그를 알아본다: "당신은 혼돈의 불가사의한 아들이군요."[50]

전통과 점점 멀어지면서, 괴테는 파우스트로 하여금 메피스토펠레스와 계약을 맺게 한다. 파우스트는 그 계약을 통해 메피스토펠레스가 가진 신비한 능력에 접근하기를 바란다(Ⅱ. 1413-1415). 악마 자신의 계획은 그 학자를 달래서 어리석은 육욕에 빠뜨리고 그래서 신과의 내기에서 이기는 것이다. 그는 영들을 파우스트에게 보내서 관능적인 꿈과 환상을 유발하게 한다. 파우스트는 잠에서 깨어났을 때 자신이 진정 악마를 본 것인지 아닌지를 확신할 수 없다(Ⅱ. 1529-1530).[51] 그러나 파우스트가 인간 존재에 대해 저주함으로써 그는 젊은 귀족으로 다시 나타난 악마의 영향을 더욱 더 받게 된다. 메피스토펠레스는 신이 그의 능력에 제한을 가했다는 것을 잊고, 만일 파우스트가 다음 세상에서 자신의 하인이 되어 준다면 이번 세상에서는 자기가 파우스트의 하인이 되어주겠다고 제안한다(Ⅱ. 1648-1659). 이 계약은 두 번째 내기로 바뀌는데, 이 내기는 하늘에서 맺어진 첫 번째 내기를 재현한다. 메피스토펠레스는 파우스트가 자신의 탐구를 포기하고 현란한 육욕에 빠져 그 쾌락의 순간이 길어지기를 바라게 만들 수 있다고 장담한다. 파우스트는 멈추지 않고 욕망과 싸울 것을 장담한다.[52] 메피스토펠레스는 그에게 그리고 나중에는 그의 학생에게 연구와 "인생의 황금 나무"라는 추상적인 개념을 포기할 것을 종용한다(Ⅱ. 2038-2039). 그는 현학과 관능의 중간에 위치한 관대함과 사랑의 지대를 생략해버린다.

『파우스트』라는 작품을 비극으로 만드는 것은 실패한 사랑 때문이다. 괴테의 비극은 단테의 희극과 의도적으로 대조된다. 단테의 작품은 본질적으로 우주론적인 맥락으로부터 멀어졌고, 뼈아픈 결점을 지닌 인간의 상황에 초점을 맞추고 있기 때문에 희극이 된다. 파우스트와 메피스토펠레스는 세부사항들이 고의로 정의되지 않은 채 남아 있는 협약에 합의한다(Ⅱ. 1734-1740). 이 협약은 내기를 보완하는 것이고, 내기와 협약은 모두 인간의 비극을 보완하는 것이다. 만일 파우스트가 그 협약을 체결하지 않았더라도 그들 사이에서 신과 악마가 이미

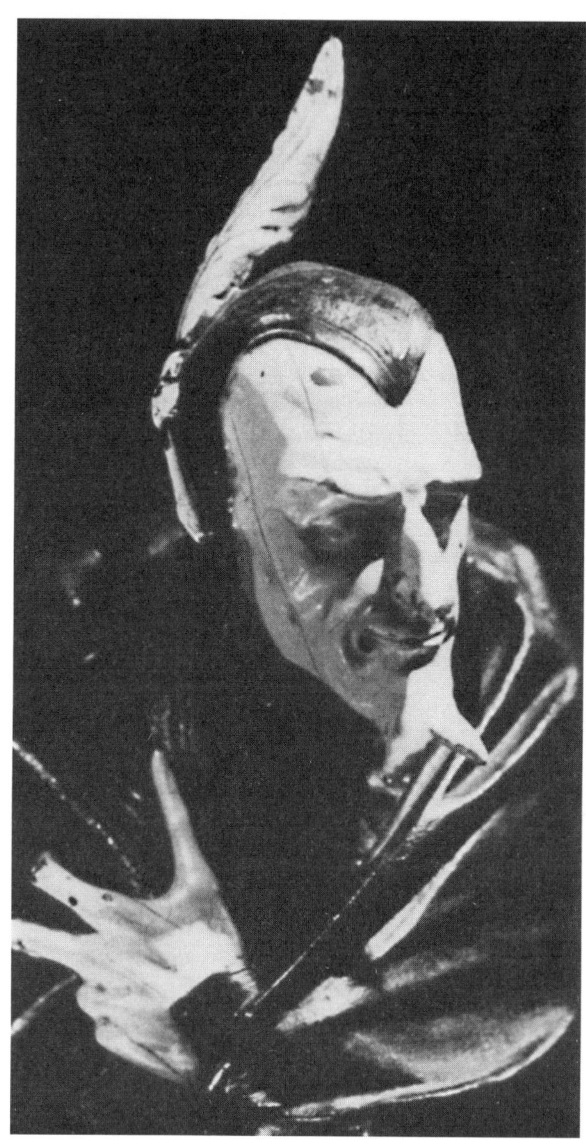

청동과 상아로 된 19세기 조각으로서, 학자의 모자, 갈래 수염, 냉소적인 얼굴을 통해 또 다시 악마인 메피스토펠레스를 보여준다(파리, 실비 메시에 제공).

그의 운명을 결정했기 때문에 결국은 그렇게 되도록 운명지워졌을 것이라고 메피스토펠레스는 인정한다(Ⅱ. 1866-1867). 메피스토펠레스는 다음으로 파우스트의 지성, 감성, 그리고 의지를 타락시켜 궁극적으로는 파우스트를 파멸에 몰아넣으려 할 것이다.[53)]

다음 장면은 라이프치히에 있는 아우어바흐의 와인 창고로 설정되어, 파우스트가 관능적인 세계로 들어가는 입회식이 시작된다. 파우스트를 장악하고 있다고 믿는 메피스토펠레스는 시간이 갈수록 점점 더 자신의 천박함과 잔인함을 드러낸다. 마녀의 부엌 장면에서 이러한 천박함은 두드러진다. 사탄은 자신의 역사적 몰락을 관망하는 듯하면서도 근대의 문화적 유행에 의해 뿔, 꼬리, 발톱 등이 사라지는 것에 주목한다. 갈라진 발은 신발로 쉽게 가릴 수 있기 때문에 남아 있었다(절뚝거리는 악마의 모습은 도스토예프스키, 만, 그리고 플래너리 오코너를 거치면서 근대 문학의 중요한 상징이 되었다). 괴테는 무신론적인 세계에서는 악의 상징들이 어울리지 않기에 감추어진 기형을 조금만 드러내면서 악마의 모습을 점잖은 신사로 변장시키는 것이 더 낫다고 주장했다(Ⅱ. 2499-2500). 같은 이유로, 메피스토펠레스는 사탄이라는 이름을 더 이상 사용하지 않았는데, 그 이유는 근대인들이 사탄을 믿지 않게 됨으로써 더 이상 사악해지지 않았기 때문이 아니라 모든 사람들이 악마를 미신으로 간주했기 때문이라고 역설적으로 결론짓는다(Ⅱ. 2504-2509).

메피스토펠레스는 어린 소녀 마가레트(그레첸)에 대한 파우스트의 욕망을 이용해서 그를 더 깊은 육욕의 수렁으로 유혹한다. 메피스토펠레스는 그레첸에 대해 신경을 거의 쓰지 않는다. 왜냐하면, 자신이 그녀의 삶을 망칠 수는 있지만, 그녀의 영혼을 지배할 수 없다는 것을 알기 때문이다(Ⅰ. 2626). 그의 목적은 욕망과 간음에 파우스트를 빠뜨리고 동시에 그레첸의 파멸에 책임을 전가해서 그의 영혼에 이중의 고통을 가하면서 파우스트를 파멸시키는 것이다. 사생아를 낳게 되자, 그레첸은 곧 미쳐서 아이를 물에 빠뜨리고 그 죄로 인해 처형당한다. 메피스토펠레스는 모든 인간들의 어리석음과 타락을 보여주게 되었고 사랑을 육욕과 착취로 떨어뜨리게 되었기 때문에 그레첸의 파멸을 천천히 즐긴다(Ⅰ. 3543). 하지만 그가 거둔 성공은 공허한 것이다. 그 이유는 파우스트의 욕망이 그레첸에 대한 진정한 사랑으로 바뀌었기 때문이다. 메피스토펠레스는 자신이 경멸했던 선행을 하지 않을 수 없었다. 파우스트에게 그가 가르쳐준 육욕은 냉철한 학자의 모습에서 사라졌고 그의 마음은 부드러움과 연민으로 열렸다. 나중에 메피스토펠레스가 파우스트를 발푸르기스 축제일 전야에 데려갔을 때, 거기서 그들은 정처 없는 영혼으로 방황하는 그레첸을 보게 된다. 그때 파우스트는—메피스토펠레스의 계획과는 반대로—결국 자신을 구해줄 양심의 가책을 처음으로 느끼게 된다.[54)]

이 비극의 제2부는 더욱 난해하며 메피스토펠레스의 역할은 불분명하다. 그가 나타날 때면, 재앙스러운 사회정책을 부추기는 유령 같은 마법사—황제의 "광대"—의 모습을 하고 나타난다. 하지만, 그는 여러 가지 모습으로 활동하면서 사회의 근간을 흔들고, 사회 문제들을 해결할 때 사람들을 그릇되고 기계적이며 환상적인 해결책으로 유도한다. 마지막 장면에서만 초점을 다시 파우스트의 영혼과의 투쟁에 맞춘다. 죽어가는 학자는 인간의 진보에 의해 만들어지는 더 나은 세상에 대한 환상을 가지고 있었지만, 반면에, 메피스토는 파우스트와 모든 인간들의 삶을 헛된 것이라고 비웃는다(Ⅱ. 11,600-11,603). 메피스토펠레스는 파우스트의 영혼을 요구하지만, 학자는 결코 쉬지 않고 욕망과 싸우고 감각적인 쾌락에 안주하지 않았으므로, 결국 내기에서 이겼다. 악마는 계약에 의해서 영혼을 가져갈 권리가 있다고 주장하지만, 그 계약은 파우스트가 사랑을 알게 되었기 때문에 효력이 없다. 성모 마리아는 그레첸을 하늘로 흔쾌히 받아들인다. 천사들은 파우스트의 영원한 분투를 칭송하면서 그의 영혼을 하늘로 받아들인다(Ⅱ. 11.936-11.937). 메피스토펠레스, 그의 지각은 악으로 인해 너무나도 어리석게 어두워져서 소년 같은 천사들을 보자 그가 보인 반응은 그들과의 비역을 공상하는 것이었다. 메피스토펠레스는 내기에 졌고 영혼과 존재의 이유를 잃게 되었다.

나는 메피스토펠레스의 성격 가운데 기독교의 전통에 가장 잘 맞는 측면들을 강조하였다. 그러나 괴테의 '파우스트'에서 상황은 단지 보여지는 것만이 전부는 아니다. 마지막 장면에서 나타나는 기독교의 상징주의는 쭉 그랬듯이, 심미적일 뿐이다. 기독교적인 의미에서 보자면, 파우스트는 죄로부터가 아니라 육욕과 무미건조한 지성주의라는 반복되는 실수로부터 구원받은 것이다. 그가 하늘로 승천한 것은 한 개인을 미화하는 것이 아니라 인류를 위한 계획이다. 파우스트처럼 우리도 어리석음을 버리고 타인에 대한 배려를 바탕으로 하는 사회를 추구하도록 부름받을 수 있다.

메피스토펠레스는 밀턴 이래로, 문학에 등장한 가장 중요한 악마이지만, 뿔과 꼬리를 없애고 신으로 못생긴 발을 감추며 비기독교적인 모습으로 부활하였다. 새로 태어난 악마는 낭만주의 시대에 한층 더 이상한 모습을 취할 것이다.

5.
낭만주의 시대의 악마

1789년에서 1848년 사이에 일어난 혁명으로 인해 1500년 전에 콘스탄티누스 대제로부터 시작되었던 기독교와 국가 사이의 오랜 공생 관계가 흔들렸다. 나폴레옹이 유럽을 재편하게 되면서, 과거의 정치적 법적 체계들이 일소되었고, 교회들이 주로 의지했던 군주와 귀족들의 정치 세력들이 급격하게 줄어들게 되었다. 상업과 산업 분야의 엘리트들이 점차 귀족들을 대신해서 정치, 문화계의 지도자로 부상하게 되었다. 이 새로운 엘리트들이 기치로 삼는 경쟁과 이윤을 강조하는 자본주의적인 가치들은 기독교와 공유할 수 있는 기반이 거의 없었다.

자본주의 사회의 지도자들은 여전히 기독교를 포용하는 편이 정치적으로 유용하고, 적어도 그렇게 하는 듯이 보이는 것이 유용하다는 것을 알고 있었지만, 그런 와중에서도 두 가지 잠재적인 요인들이 점차적으로 감지되었다. 사회 지도층들의 종교에 대한 태도가 더욱 명목적이고 피상적으로 되어갔고, 학계의 지도자들은 종교적인 가치에 대해 더욱 노골적으로 회의적인 태도를 보였다. 더욱이, 19세기 동안에 서구 유럽의 상당 부분에서 빠르게 진행된 산업화와 함께, 전통적인 종교적 관습을 유지하고 있던 교외로부터 익명성과 열악한 노동 환경을 지닌 살기 힘든 도시로의 엄청난 인구변동이 발생했다. 전통적인 가치로부터 멀어진 산업 프롤레타리아는 궁극적으로 마르크스주의와 같은 새로운 이데올로기에 의해서만 위안을 받기는 했지만 절망감과 무력감에 빠져드는 경향을 보였다. 이런 사회에서, 초월적인 믿음은 쇠퇴하고, 기독교 신학은 적실성을 상당히 상실한 듯 보였다.

이러한 변화에 대한 태도들은 급격하게 바뀌었고, 1789년 혁명은 사회의 변화를 상징하게 되었기 때문에, 혁명에 대한 태도는 악마에 대한 태도에 필적하였다. 군주제주의자들과 전통적인 가톨릭주의자들은 혁명을 악마의 소행으로 보는 경향이 있었고, 군주제를 부활하는 것이 사탄에 대한 그리스도 왕의 승리라고 생각하였다. 이러한 정치적 반동은 혁명에 대항하는 가톨릭에 공통의 원인을 제공하였듯이, 공화주의자들과 혁명주의자들은 기독교를 공격했고 반대편들—최대의 적은 사탄이었다—의 규범을 조롱하였다. 그리스도는 왕이었고, 모든 왕들은 사악했다. 그러므로 최고의 왕이 최대의 악인 것이다. 혁명주의자들은 사탄을 부당한 질서와 구체제(ancien régime)의 전제정치, 그리고 그 정치를 보좌하는 제도—교회, 정부, 그리고 가족—에 대항하는 반란의 상징으로 인식하는 경향을 보였다. 개인주의와 공격적인 경쟁을 미덕으로 간주하는 급진주의자들뿐만 아니라 부르주아들도 상징의 변화를 맞이할 준비가 되어 있었다. 전통 봉건시대의 악마는 영주에 대항하는 반역자로 비난받았지만 이제 위선과 맞서 싸우는 개인주의자인 악마는 성인이나 순교자로 추앙받을 수 있었다.

사탄에 대한 이러한 긍정적인 견해들은 문학적이라기보다는 상징적이었다. 사탄이라는 존재가 객관화되고, 하나의 상징으로 환원되며, 성경이나 전통으로부터 묶여 있던 상징을 풀어낸다는 것은 악마라는 개념이 전통적인 의미로부터 자유롭게 유통될 수 있다는 것을 의미하였다. 19세기 악마는 악하기도 했지만 한편으로는 선했고, 난폭하기도 했지만 점잖기도 했고, 투쟁의 신일 뿐만 아니라 사랑의 옹호자이기도 하였다. 18세기 말부터 1860년경까지 이 시기에 악마의 역사는 신학적이기보다는 상징적이어서, 이 장에서는 철학적인 면보다는 문학적인 면을 더욱 강조하였다.[1)]

이 시기의 주요한 철학자들과 신학자들이 몰두한 주제는 악마나 급진적인 악에 대한 문제가 아니었고, 유물론, 실용주의, 그리고 종교에 대한 회의주의 등이 지배적이었다. 오귀스트 콩트(1798-1857)는 실증주의 이론을 체계화하였는데, 이 이론에 의하면 인간사회는 세 단계를 통해서 진보한다고 전제되었다. 신학적 단계(계시에 의해 이해하려는 노력), 형이상학적 단계(논리를 통해 이해하려는 노력), 실증적 단계(경험 과학에 의해 이해하려는 노력). 근대를 의미하는 실증적 단계는 경험적으로나 과학적으로 설명될 수 없는 모든 것들을 거부한다는 특징을 지니고 있었다. 비록 실증주의가 총체적인 인간의 진보라는 것이 존재하고, 현실은 궁극적으로 물질적이며, 인간의 정신은 이러한 물질적인 현실을 포착할 수 있다는 경험적으로 증명할 수 없는 신념에 의존하지만, 이 이론은 열정적으로 추진되었고, 그 영향력은 엄청났다.

루트비히 안드레아스 포이어바흐(1804-1872)는 실증주의를 이용해서 기독교를 공격했다. 포이어바흐는 물질을 제외하면 아무것도 존재하지 않는다고 말했다. 그밖의 모든 것은 기초도 없는 사변에 불과하다. 우리가 신에게 부여한 모든 속성들은 실제로는 신에 투영한 인간의 관념들이다. 당연히, 악마에 대해서도 같은 예가 적용된다. 제레미 벤담(1748-1832)이나 존 스튜어트 밀(1806-1872)과 같은 도덕 철학자들은 악이라고 하는 초월적인 힘을 참조하지 않고 자신들의 체계를 수립하였다. 신학자들은 이 문제를 회피했고, 당시의 가장 독창적인 신학자 쇠렌 키에르케고르(1813-1855)—소외, 불안, 그리고 절망이라는 개념에 대해 많은 언급을 했지만—는, 악마라는 개념이 너무도 하찮아져서 실제로 악이라는 문제에 대한 우리들의 감각을 무디게 하였다고 주장했다.

1815년 이후에 다시 활기를 띤 가톨릭은 사회 속에 악마의 존재를 입증하는 데 거의 기여하지 못했다. 여전히 교회는 전통적인 교리를 계속 유지하였다. 그레고리 16세(1831-1846)는 교회가 쇠락하는 왕정주의와 운명을 같이하게 되는 것을 우려하면서 가톨릭 신학을 스콜라주의로부터 자유롭게 하려고 하였으나, 곧 자신의 자유주의를 제한하게 되었다. 피오 9세(1846-1878)는 1848년의 혁명에 충격을 받아 잠깐 동안 자유주의에 호의를 보였지만, 바로 엄격한 전통주의적 견해로 회귀하였다. 조셉 드 메스트로(1753-1821)는 이미 혁명, 무질서, 불화, 도덕적 타락, 권위, 특히 교황이나 왕에 대한 불경(不敬)을 악마와 동일시하였다. 피오 9세는 『무오류론』(1864)에서 자유주의를 비난했으며, 존 헨리 뉴만(1801-1890)과 같은 역사적이고 발전론적인 접근방식을 지지하는 사람들에 대항해서 스콜라주의로의 회귀를 옹호하였다. 스콜라주의자들의 승리는 토마스주의적 신학이야말로 영원히 유효하다고 선언한 레오 13세의 회칙(回勅) "영원한 아버지(Aeterni patris)"에 의해 확인되었다. 이런 분위기에서, 사람들은 전반적으로 악마의 객관적인 실재를 받아들이게 되었다.[2] 1960년대까지, 가톨릭은 성경과 전통에 관한 자신들의 인식론적인 기반에서 후퇴하기 시작하면서, 개별적인 실체로서 악마의 존재가 가톨릭 교회의 공식 입장에 포함되었다.

프로테스탄트주의에서는, 교회의 통합과 사도들의 계승을 점점 더 소홀히 하면서 전통의 권위를 오랫동안 훼손하였다. 한층 성서에 대한 고등 비평이 점점 더 받아들여지면서 성경에 대한 권위 역시 훼

19세기의 기독교 작품은 죄인과 의인의 죽음을 대비시킨다. 죄인의 수호천사는 떠나고 악마가 지옥으로 끌어내린다(파리, 사진, 장 루프 샤르메 제공).

손되었다. 기독교의 인식론을 떠받치던 이 두 개의 기둥과 최초의 신학자들, 그리고 목사들, 마지막으로 평신도들이 약화되면서 기독교 신앙은 거의 모든 측면에서 문제가 제기되었다. 천국, 영혼, 불멸성, 죄, 구원, 그리고 당연히 지옥과 악마까지도. 1898년까지, 영국의 정치가이자 목회자였던 윌리엄 에워트 글래드스톤은 지옥을 기독교인들의 마음 어두운 구석에 숨어 있던 실체도 없는 것으로 언급할 수 있었다.[3] 인식론적인 닻을 올리면서, 자유주의적 프로테스탄트주의는 악마(궁극적으로 신까지도)를 진부하고 시대에 뒤진 개념으로 거부하는 경향을 보이며 세속적인 흐름과 유행에 표류하였다. 19세기 신학 가운데서 떠오르고 있던 한 가지 경향은 결국 사탄을 포함한 모든 사람들이 구원받을 것이라고 믿는 보편주의였는데, 이는 두 부류로 구분될 수 있다. 자유주의적인 세속주의자들이 주장하는 진보주의에서 기인된 설득력이 부족한 진보주의적 낙관론을 주장하는 "온건한" 보편주의자들, 그리고 악이 실재한다는 것뿐만 아니라 악을 선으로 바꾸는 신의 자비로운 계획을 확신하는 "강경한" 보편주의자들.[4] 어떤 형태로든, 보편주의는 자유의지와 도덕적인 선택을 약화시키면서 급진적인 악을 부정하는 상대주의를 조장할 위험을 안고 있다.

성서를 바탕으로 하는 종교개혁의 신념에 충실한 사람들과 성육신, 부활, 그리고 성경의 권위에 입각한 기타 기독교의 교리들을 지지하는 사람들이 압력을 가함으로써, 자유주의적인 프로테스탄트주의에 반대하는 대항 세력은 점차로 자신들의 입장을 확인하였다. 세속주의와의 타협을 거부하고 고등 비평의 유효성을 부인하면서, 이러한 "보수주의자들"은 전통적인 로마 가톨릭이나 동방 정교회와 함께 악마의 실재를 인정하는 경향을 보이기도 하였다. 하지만, 전통을 배제할 만큼 성경의 권위를 강조한 보수적인 프로테스탄트들은 스스로 모순을 낳게 되었다. 루터와 같은 보수주의의 옹호자들은 사탄에 대한 기독교의 교리가 성경에 의존하기보다는 전통에 의거한 것이라는 사실을 무시하는 경향이 있기 때문이다. 사탄이라는 관념의 씨앗이 분명히 신약성서에 나오지만 완전한 교리로는 매우 점진적으로 발전하였다. 모든 기독교 교리를 역사적이고 발생론적인 특질로 인식하는 사람들에게는 문제가 되지 않지만, 진리는 초기 기독교 교리문에만 존재하고 악마에 관한 신학은—그리스도를 삼위일체 가운데 두 번째 존재와 동일시하는 것과 같은 역사적으로 발전된 개념들과 마찬가지로—불확실한 것이라고 믿는 사람들에게는 문제가 된다. 각자의 방식대로, "자유주의" 진영과 "보수주의" 진영 모두 나름대로의 형식과 정의를 부여하는 기독교의 역사적 발전으로부터 스스로를 단절시키는 경향이 있었다. 견고한 인식론적인 기반으로부터 단절된 기독교는 대체로 지적으로 훨씬 더 일관된 실증주의와 유물론의 세력에 직면하면서 계속 후퇴하였다.

18세기 하반기에 발전된 모호한 개념인 낭만주의는 실증주의보다 훨씬 더 강하게 19세기 초반을 지배하였다. 17세기 이래로 예술을 지배했던 신고전주의에 대한 문학적 예술적 반동만큼이나 지적인 운동은 아니었던 낭만주의는 다양한 형태로 1860년대부터 심지어 1914년에 이르기까지 서구사상에 영향을 주었다.

명확히 정의내리기 어려운 이 운동에는 이성적이고 지적인 경향에 반대해서 심미적이고 감성적인 면을 강조하는 요소가 포함되었다. 어떤 사태가 강력하게 영향을 미치는지의 여부는 그것이 진실인지의 여부보다 더욱 중요하였다. 감성은 지성보다 더 확실한 인생의 지침이 되었다. 이러한 신념은 19세기 후반의 심층 심리학의 탄생을 준비했던 심리학적인 통찰을 강화하였다. 낭만주의는 이성적이고 과학적인 계산에 반대하여 사랑, 동정, 그리고 자비라는 미덕을 찬양했지만, 이성을 경시하는 경향은 결국 희망에 의거한 사유, 개인주의와 이기주의, 그리고 훌륭하고 고귀하거나 섬세하지 않게 여겨진 것들에 대한 자기만족적이고 엘리트주의적인 경멸을 초래했다. 주관적이고 내적인 삶을 강조하게 됨으로써, 낭만주의 사상은 전통적인 기독교와 새롭게 나타나는 과학에 맞서게 되었다. 감성적으로 그리고 심리적으로 자극적인 것을 찾음으로써, 기적적인 것, 초자연적인 것, 기묘한 것, 그리고 기괴한 것에 대한 취향을 부추겼다. 19세기 초반에 나온 천일야화와 같은 동방의 설화와 1815년 이후의 중세주의에 대한 강한 기호를 나타냈다.

18세기 말의 "숭고"라는 개념은 낭만주의의 핵심에 근접해 있었다. 에드문트 버크(1729-1797)와 같은 가장 확실한 지지자들이 표현한 것처럼, 숭고는 단순한 미와는 대조되는 것이었다.[5] 자연에서 숭고는 장엄, 불분명함, 광대함, 결핍, 그리고 웅대함으로 나타나고, 주로 체험자들의 두려운 경험과 동반되었다. 인간에게서 숭고란 역경을 극복하고 존경과 영광을 개별적으로 추구하는 것이다. 공포, 고통, 위험, 그리고 영웅주의는 가장 심오하고 강력하게 인간의 감성을 건드리고 최상의 인간 정신을 나타내는 것으로 생각되었다. 신과 악마는 궁극적인 숭고의 상징들이었지만, 버크와 낭만주의자들은 신보다는 자연이나 인간에게서 영감을 받은 숭고성을 따라갔다.

인간 속에서 벌어지는 선과 악의 투쟁에 지나치게 관심을 가졌던 낭만주의자들은 기독교의 상징들을 대체로 원래의 신학적인 내용에 대해 고려하지 않고, 기본적인 의미로부터도 자유롭게 심미적이고 신화적인 목적으로 사용하였다. 감성에 의존하는 논리를 피하는 세계관에서는 많은 모순들이 발생할 수밖에 없었다. 선과 악에 대한 낭만주의자들의 관심 때문에 그들은 세상에 대해 매우 양면적인 태도를 취하게 되었다. 한편으로 그들은 인간의 진보는 전제정치를 끝장낼 것이라는 낙관적인 신념을 지지하게 하였고, 다른 한편으로 이기주의와 악덕으로 똘똘 뭉친 존재로 인간을 바라보았다. 이러한 양면적 관점 때문에 더욱 사려 깊은 몇몇 낭만주의자들은 대립물간의 일치를 가능한 것으로 생각하게 되었다. 즉, 신과 사탄의 궁극적인 통합, 인간의 영혼에 내재하는 대립되는 요소들 사이의 결합과 초월. 다음 세기가 시작되면서 칼 G. 융의 견해들은 낭만주의를 위해 준비되었고 낭만주의에 의해 예견되었다.

낭만주의자들은 또한 혁명 이후 부르주아들을 지배하고 있던 생각에 불만을 표시하였다. 그들의 미적인 취향은 부르주아들이 의도한 행동, 의복, 매너, 그리고 입장들을 채택하게 해서 실리주의자들을 당황하게 하였다. 이 세기 말에, 낭만주의가 데카당스와 댄디즘으로 옮아갈 때, 오스카 와일드는 자신의 초록색 카네이션, 무명 벨벳 정장, 아편, 풍자시, 그리고 파렴치한 성생활 등과 더불어 전통적인 인습을 비아냥거리곤 하였다.

교회에 대해 혐오감이 있는 낭만주의자들은 보복을 당했고, 성직자들이 낭만주의자들을 공격함으로써, 기독교는 악하고 이에 반대하는 것은 선이라는 낭만주의자들의 입장만을 강화시켜 주었다. 전통적인 기독교의 최대 적이 사탄이라면, 사탄은 반드시 선해야 한다는 결론이 나왔다. 이것은 악마의 핵심적인 의미와도 모순되는 철학적으로 일관성이 없는 진술이었고, 사실 낭만주의자들은 이러한 진술을 신학적인 명제가 아니라 오히려 상상에 의한 공격이나 정치적인 강령으로 삼을 작정이었다. 악마가 부당하고 퇴행적인 권위에 맞서 반란을 일으킬 때, 악마는 영웅이었다. 숭고라는 개념에서 유래된 영웅이라는 낭만주의적 관념은 자신의 가족과 민족을 위해 헌신하는 고전적인 서사시에 나오는 영웅의 관념과 모순되는 것이다. 낭만주의적인 영웅은 이 세상에 단독자로 혼자 맞서 자유와 미, 그리고 사랑을 향해 나아가는 길을 가로막는 사회체제에 저항하는 자기 확신에 차고 야심 있고 강력한 해방자이다. 낭만주의자들은 밀턴의 사탄에게서 이런 특징들을 읽는다. 하지만 그들은 악마를 자신들이 선으로 간주한 것을 상징하는 것으로 만들었기 때문에, 사탄에 대한 찬양 자체—악을 숭배하는 것은 아니므로—가 사탄주의는 아니었다.

예술에 나타난 악마적인 특성은 네 가지로 나타난다. 첫째는 작곡가가 음악적으로 불협화음을 사용한 것을 가지고 마력을 가졌다고 오해하는 것과 같이, 대중들이 예술가의 의도를 오해하는 것이다. 두 번째는 실제로 악을 비난할 의도를 가지면서 일부러 악마적인 것을 묘사하는 것—무소르그스키의 민둥산의 밤이나 쇼스타코비치의 전쟁과 평화 4중주처럼—이다. 세 번째는 20세기 후반의 특정한 록 뮤직 그룹들의 활동에서처럼, 실제로 악을 찬미하는 것이다. 네 번째는 낭만주의자들의 특성처럼, 악마적인 것의 상징을 악으로부터 선으로 고의로 이동시키는 것이다. 낭만주의자들의 선에 대한 입장은 기독교인들의 입장과 근본적으로 다르지는 않기 때문에, 그리고 낭만주의자들 스스로가 상징들을 바꿀 정도로 변덕스러웠기 때문에, 그들의 상징주의는 논리적인 일관성이 없었다. 그들은 기독교의 신을 악의 상징으로,

인간에 대한 기독교의 생각을 신(인간이 궁극적인 관심이 됐다는 의미에서)으로, 기독교의 사탄을 영웅으로 바꾸어놓는 경향을 보였다.

그토록 급격하게 상징들이 바뀌면서 생기는 어려움 때문에, 몇몇 낭만주의자들은 저항적인 영웅을 제시할 때 사탄보다는 신화에 나오는 존재들을 선택했다. 18세기에 부르투스는 반역자에서 혁명적인 영웅의 모습으로 정치적 상징이 바뀌었다. 낭만주의자들은 자신들의 도덕적 심리적 상징주의에 따라 프로메테우스와 카인(비록 유다는 아니지만)을 찬양하곤 했다. 상징들이 결정적으로 변화한 것 가운데 하나는 프로메테우스와 사탄이 융합된 것이다. 전통적으로 프로메테우스와 사탄은 공통점이 상당히 많았다. 신의 권위에 대한 저항, 피할 수 없는 패배와 운명, 그들을 영원히 속박하는 판결. 그러나 커다란 차이도 있다. 프로메테우스는 이기심이나 증오가 아니라 인간을 돕고자 하는 욕망에서 신에게 도전하였다. 이 두 영웅이 결합되면서 프로메테우스가 가진 긍정적인 요소들이 사탄에게 전해지게 되어, 결국 악마도 역시 인간을 해방시키는 고귀한 존재로 나타날 수 있었다.

낭만주의적인 사탄이 항상 긍정적인 모습으로 나타나는 것은 아니었다. 그도 역시 악해서, 고립, 불행, 강퍅한 마음, 부족한 사랑, 무감각, 추함, 풍자 들을 상징했다. 중세주의가 성장하면서 악한 악마라는 중세적인 의미가 복원되었고, 낭만주의자들은 악마를 인간의 정신이 진보하는 것을 방해하는 존재로, 그리고 영혼 속의 파괴적인 힘을 대표하는 존재로 보았다. 당시에 낭만주의적 사탄은 하나도 없었다. 그러나 실재로는 낭만주의자의 숫자만큼이나 많은 사탄들이 존재했다. 그들이 사탄을 이용할 때 좀처럼 악의 원리에 대한 진지한 지적인 비판을 가하지 않았고, 심지어 그렇게 할 때도, 논리학, 과학, 계시, 전통, 성경, 아니면 다른 특정한 자료에 의한 인식론적인 기반이 부족하였다. 기독교인이든지, 관념론자이든지, 아니면 유물론자이든지 과학자이든지 상관없이 이러한 견해가 비논리적이고 일관성이 없다는 것을 알게 된다.

악마에 대한 낭만주의적인 관념은 악마의 개념에 결정적인 영향을 거의 주지 않았다. 오늘날 사람들은 전통적인 입장이나 계몽주의적인 입장을 취하지, 낭만주의적인 입장은 거의 취하지 않는다. 그럼에도 불구하고, 낭만주의는 몇 가지 족적을 남겼다. 인간 영혼 속의 선과 악이 벌이는 실질적인 투쟁을 극화함으로써, 악이라는 문제에 대한 자기만족으로부터 과격하게 기독교 사상을 흔들어놓음으로써, 20세기 악이라는 문제에 대한 진지한 신학적인 관심이 부활하는 데 기초를 놓았다.

악을 낭만주의적으로 다룬 것 가운데 한 가지 재고해볼 만한 것은 고딕 소설 또는 로망 누아르였는데, 이는 처음에 영국에서 유행하다가 18세기 말에서 19세기 초에 전 유럽으로 퍼져나갔다. 1834년에 이르러, 로망 누아르는 이미 절정에 달했고, 테오플 고티에 같은 이는 ≪피가로≫ 지에 기고한 글에서 이제 신비주의적이고, 천사나 악마와 같은 개념 혹은 카발리즘적인 개념으로 꾸며지지 않은 소설을 읽고, 연극을 관람하고, 이야기를 듣지 않을 수는 없게 되었다고 썼다.[6] 20세기의 공포 영화처럼, 고딕 소설은 "숭고"를 이용해서—또는 약화시켜서—전율을 자아냈다. 이 소설의 주된 주제는 겉으로는 선하고 이성적이며 친숙한 것의 이면에 숨어 있는 타락이었다. 이런 양상은 인간의 본성에 들어 있는 기괴하고 퇴폐적인 면뿐만 아니라 자연이나 이 세상의 거친 면모—바위산, 동굴, 그리고 성들—에 풍부하게 나타났다. 육체적 도덕적 기형, 새디즘, 성적 광란, 먼 나라 그리고 중세적인 시대 풍조 등이 전형적인 구성 요소들이었다. 마녀나 유령, 환영, 흡혈귀, 그리고 악령들을 포함해서 초자연적인 것들의 무시무시한 모습들이 특히 선호되었다. 악마는 주로 독자들을 즐겁게 하고 전율하도록 기획된 많은 악한 괴물들 가운데 하나로 나오지 심각한 악의 상징으로는 거의 등장하지 않는다.

가장 악마적인 고딕 소설들 가운데 하나는 매튜 루이스의 『수사(*The Monk*)』(1796)였는데, 이 작품은 영국, 프랑스, 그리고 독일 문학에 엄청난 영향을 주었다. 루이스가 겨우 19세 때 쓴 이 소설에는 유령, 근친상간, 독약, 환상, 강간, 마약 등의 소재가 포함되었고, 당시 성에 집착한 청소년들이 마음속으로 상상할 수 있는 것이라면 무엇이든지 포함되었다. 겉으로는 금욕주의자로 보이는 수도사 암브로시오는 성적인 욕망에 들끓고 있었다. 영적인 자만심에 지배된, 그토록 악명 높게 타락하고 육욕에 빠진 몸을 지닌 가톨릭 교회의 성직자는 쉽게 사탄에 의해 타락한다. 악마의 교사를 받아, 그는 더욱 더 깊고 더욱 기괴한 죄에 빠져들게 되어, 마침내 안토니아라는 처녀를 어두운 지하실의 죽은 지 오래된 수도사들의 뼈 위에서 강간하였다. 안토니아에게, "좁고 견딜 수 없는 수도원의 독방에서 비참한 일생을 보낸다는 것은……그녀는 안절부절할 필요"가 없다. 왜냐하면 암브로시오가 그녀를 살해할 것이므로. 영어권 독자들은 루이스의 끔찍한 글을 즐기는 동안 가톨릭에서 말하는 악에 대한 가르침을 받는 것과 같은 도덕감을 향유할 수 있었다. 하지만 암브로시오의 악은 작가가 가지고 있는 청년기의 미숙한 육욕이라는 좁은 범위로 제한된다. 사드가 그랬던 것처럼 그리고 이후에 로트레아몽이 그랬던 것처럼 심층적으로 이해하지는 못한다. 더 나아가, 이러한 부절제는 풍자가들에게 도움을 주었는데, 그들은 악마를 더욱 더 희화화하는 데 공헌했던 고딕적인 이야기들을 수없이 패러디하였다. 유령이나 도굴 귀신과 더불어 사탄은 이전보다 훨씬 우스꽝스러운 존재가 되었다.

아마도 이 시기에 가장 독창적인 예술가이자 작가는 윌리엄 블레이크(1757-1827)였는데, 그의 신화론과 상징주의는 낭만주의적인 특성을 보이고 있지만 너무나 독특해서 범주화할 수 없었다. 기독교의 전통을 거부하고 기독교의 예배를 회피했던 블레이크는 그럼에도 불구

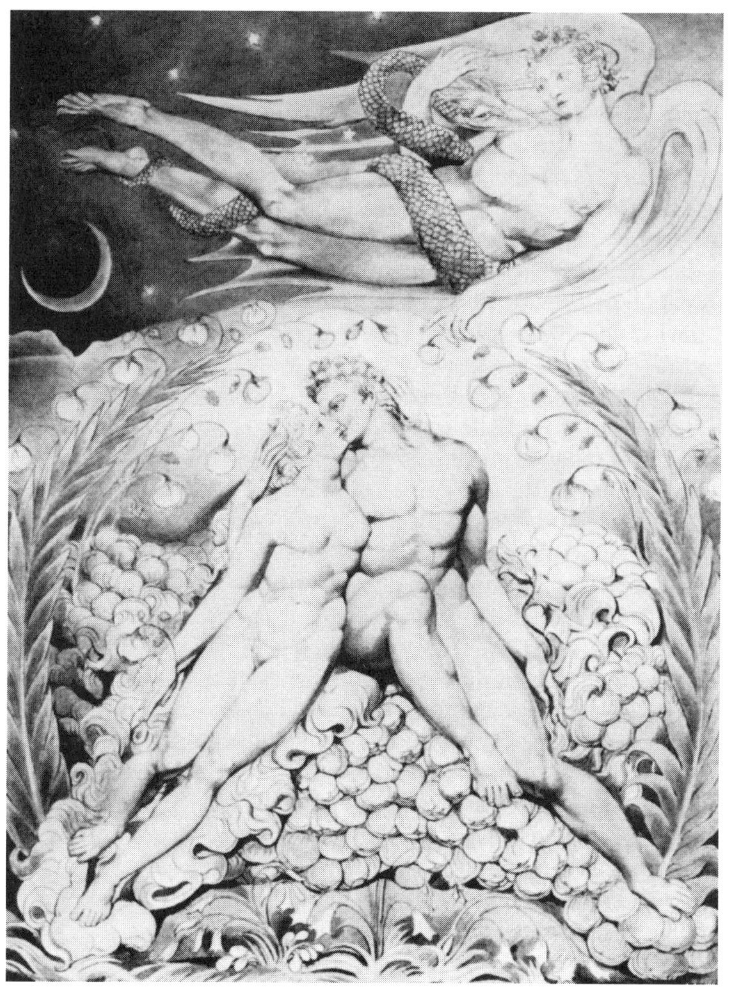

아담과 이브를 보고 있는 윌리엄 블레이크의 사탄. 질투심 강한 악마는 이미 뱀과 하나가 되었다(보스턴, 보스턴 미술관).

하고 "인간은 어떤 종교를 가져야만 하고 가질 것이다. 인간이 예수라는 종교를 갖지 않으면, 아마도 사탄이라는 종교를 가질 것이다"라고 단언하였다.[7] 블레이크는 자신만의 종교를 구축하였다. 인간의 정신을 초월하는 영적인 실체를 그가 믿었건 그렇지 않던 간에, 그는 자신만의 상상력 속에서 자신의 종교적 근원과 상징들을 발견하였다.

그가 채택한 상징들은 외견상으로 일관성이 부족하였으므로, 악마를 통해 그가 의도했던 바가 무엇인지를 정의하기는 어렵다. 낭만주의자들과 마찬가지로, 블레이크에게도, 악마와 신은 도덕적으로 모호했다. 결과적으로, 블레이크가 악마에 대해 말할 때, 아주 가끔씩이기는 하지만 관습적이고 부정적인 의미로 그 상징을 사용하였다. 그리고 신에 대해 언급할 때면, 기독교인들이 악마라는 말을 사용할 때와 마찬가지로 부정적인 의미로 그러한 상징을 사용하였는데, 이는 전통적인 용법에서 벗어난 것이었다. 블레이크에게 선이라고 하면, 그것은 시적인 상상력, 예술적인 영감, 창조성을 의미하는 것이었다. 그래서 그것은 신이라고도 악마라고도 할 수 있었다. 그는 시적인 영감이 발휘되는 순간은 악으로부터 자유로운 것이었다고 말했다. 블레이크에게서 신성이란 그 자체가 음악, 미술 또는 문학으로 표현될 준비가 된 현실을 전달하면서 어디에든 존재하는 것이었다. 감성, 감수성, 사랑, 그리고 헌신 등은 모두 신성한 영으로 현시되었고, 반면에, "예술이나 직관적인 천재성을 가로막는 모든 것은 사탄적인 것(악)이다." 하지만,

블레이크는 이러한 악은 신에 대한 전통적인 견해에서도 나타났다고 믿고 있었고, 여러 노골적인 별칭 가운데 그것을 노보대디(Nobodaddy, 어느 누구의 아버지도 아니다)라고 불렀다. 이런 의미에서, 셸리의 주피터나 스윈번의 "최상의 악, 신"과 마찬가지로 신은 악한 전제군주였다.[8] 최상의 악인 신은 분명히 전통적인 악마를 말하는 것이다. 그러므로 블레이크나 낭만주의자들에게 신이란 종종 "악마"를 의미한다.

다시 말하면, 낭만주의자들이 생각하는 "신"이라는 이름에서 악한 것을 기대해야 할 것이다. 이런 식으로 상징들을 바꾸면서 낭만주의자들이 주목했던 것은 전통적인 기독교의 의도는 실제로 악한 전제군주였던 신을 창조하는 것이었다는 것이다. 예수는 진정한 종교를 사랑, 감수성, 영성을 가진 것으로 이해했지만, 기독교인들은 그러한 종교의 본질을 망각하고, 그 대신에 이성과 형식적인 도덕성을 지닌 전제적인 체계를 창조했던 것이라고 그는 믿었다. 블레이크는 관념적인 추론을 악의 핵심이라고 파악했고, 적어도 전통적인 기독교만큼이나 계몽적인 합리론을 경멸했다. 블레이크가 보기에 계몽사상가들은 기독교를 비판한 점에서는 옳았지만 그들이 취한 방향은 전적으로 잘못된 것이었다. 마치 감정과 사랑이 목사든, 왕이든, 선생이든 아니면 부모이든 간에, 모든 형식적인 권위를 대신하였던 것처럼, 이성도 거부되고 감정과 사랑을 지지해야 했던 것이다. 루소와 마찬가지로, 블레이크도 인간의 본성이란 본질적으로 선해서 거짓된 형식적인 제한들로부터 정말로 해방되어 사랑을 바탕으로 하는 창조성이 솟아나게 해야 한다고 믿었다. 하지만, 그는 계몽주의가 가지고 있는 안이한 낙관론 또한 공격하였다. 그는 "인간은 유령이나 사탄으로 태어나고 전적으로 악이므로 계속 새로운 자아를 필요로 한다"고 말했다.[9]

블레이크의 "악마"는 두 개의 상반된 의미를 지녔다. 『밀턴(*Milton*)』(1804)이라는 작품에서, 사탄은 자신의 독선 때문에 악해졌지만, 신이라는 전제군주에 맞서 저항하면서 선해졌다. 블레이크가 보기에, 밀턴이 그리고 있는 신은 적어도 사탄과 마찬가지로 악하다.

원래 블레이크는 대립물의 일치라는 생각에 매료되었는데, 이러한 그의 생각은 일찍이 자신의 삶에 영향을 미쳤던 임마누엘 스웨덴보그의 『천국과 지옥』을 부분적으로 설명하기 위해서 집필했던 『천국과 지옥의 결혼』(1790)이란 작품에서 분명하게 표출되고 있다. 『천국과 지옥의 결혼』이란 작품에서, 사탄은 창조성의 상징으로 나온다. 사탄은 적극적이고 자유로워지려는 에너지로 충만했다. 블레이크는 능동적인 악이 수동적인 선보다 낫다는 것을 밀턴이 무의식적으로 깨달았으리라고 믿는다. "밀턴이 천사나 신을 속박된 존재로 서술하고, 악마나 지옥을 자유로운 상태로 묘사했던 이유는 그가 진정한 시인이었고 의식하지 못했지만 악마의 편에 있었기 때문이다."[10] 예수 자신은 율법에 따르지 않고 기꺼이 "모든 계율을 깨뜨리며"[11] 충동적으로 행동했다는 점에서 정말로 사탄적이었다. 사랑스런 예수는 여호와, 하나님 아버지, 밀턴이 생각하기에 정말로 악한 심판하는 신과 대비되었다.

블레이크에게 선도 악도 절대적이지 않았다. "모든 신성은 인간이라는 짐승 안에 귀속되며", 영혼을 이루는 어떤 요소들도 전적으로 선하지도 악하지도 않다.[12] 진정한 악은 영적인 요소들이 부족하게 결합되어 생긴 것이다. 진정한 선이란 균형과 통합, 그리고 대립물들의 결합에서 생기는 것이다. 『천국과 지옥의 결혼』의 원본 표지에, 블레이크는 천사와 악령이 껴안고 있는 모습을 그려넣었다. 이성과 정열, 사랑과 증오, 수동성과 능동성, 명백한 선과 명백한 악은 창조적 정신하에 탁월하게 통합된 전체 안에서 모두 융화되어야만 한다. 진정한 신은 시적 창조력, 즉 영혼, 시인, 작가인데 그는 예술뿐만 아니라 실재적 의미에서의 온세상을 만든다. 왜냐하면 전 우주는 시적인 영의 창조물이기 때문이다. 궁극적으로 블레이크가 외재적인 우주는 위대한 창조자인 신의 시적인 산물이라고 믿었는지 아니면 인간들이 자신들의 우주를 직접 만들었다고 믿었는지는 불명확하다. 이성을 궁극적인 진리로 이끄는 안내자로 보지 않았기 때문에, 블레이크는 철학적이며 우주론적인 정합성에는 별 노력을 기울이지 않았다. 진정한 신은 인간의 창조성 속에서 자신을 표출했다. 이것만이 그가 알아야 할 모든 것이었다.

『유리젠 1서(*The First Book of Urizen*)』(1794)에서 다시 "신"과 "악마"라는 말이 혼용될 수 있다는 것을 보여준다. 유리젠은 과거의 창조

윌리엄 블레이크의 작품, "돌을 빵으로 바꾸어 보라고 사탄에게 유혹을 당하는 그리스도"에서는 도덕적으로 모호한 말을 하는 현명한 노인으로 악마를 묘사한다(케임브리지, 피츠윌리엄 박물관).

자 신이고, 상제이며, 눈먼 전제군주이다. 그는 여호와, 구약에 나오는 율법의 신, 이성의 원리를 대표한다. 그의 창조 행위는 악하다. 왜냐하면, 그의 행위를 통해 이 우주에 계율과 제한이 가해졌고, 그렇지 않았더라면 창조성이 자유롭게 표출될 수 있었을 것이다. 유리젠에 대립하는 오르크(Orc)는 혁명과 전제정치로부터 자유롭게 하는 세력을 대표하는데, 오르크의 폭력성과 반항심 때문에 좋은 의미에서뿐만 아니라 나쁜 의미에서도 그는 사탄적인 존재가 되었다. 블레이크가 그리고 있는 모든 초자연적인 존재들, 조아스(Zoas)는 사탄적인 성격을 한두 가지 가지고 있지만—자연 자체도 선과 악이 모호하다—, 이 모든 혼란스런 투쟁 속에서도, 우애와 사랑으로 분류되는 것이 있다. 예수에게서 가장 잘 표출되는 이런 전형을 볼 수 있을 정도로 블레이크는 기독교적이었고, 예수의 추종자들이 예수를 전제적인 그의 아버지처럼 다시 변형시킨 것은 잔인한 아이러니라고 생각했다. 이 세상의 창조자는 매우 잔인한 존재라고 생각하며 그리스도의 숭배자가 된 나는, "아들이여, 그는 얼마나 아버지와 다른가!"라고 말하지 않을 수 없다.[13)]

블레이크에 친숙하지 않은 사람이라도 「병든 장미(The Sick Rose)」에서 가장 신랄하게 표현된 깊은 감정이 개입된 악에 대한 그의 이해를 알 수 있을 것이다.

오 장미여, 당신은 병들었나이다!

밤에만 날아다니는
눈에 보이지 않는 벌레가
울부짖는 폭풍 속에서
당신의 침실을 발견하고는
진홍빛 쾌락에 겨워
그리고 그의 어둡고 은밀한 사랑은
당신의 생을 정말로 파괴합니다.[14)]

신비주의자들을 제외하면 블레이크와 낭만주의자들은 전례가 없을 정도로 영혼의 심층으로 향하는 인식의 문을 열었다. 그리고 그런 의미에서 그들은 진정한 악의 본질에 대한 이해를 증진시켰다. 그들이 악마의 개념에 공헌한 것은 그런 상징들을 특이하고도 모순되게 사용한 점이 아니라 바로 자신들의 방식으로 이해했다는 점에서 찾아야 한다.

영국에서 블레이크는 조지 고든이나 바이런 경(1788-1824)과 같은 고급 낭만주의의 시인들에 의해 추종되었다. 바이런은 젊었을 때 칼뱅주의적 교육에 반감을 가졌었고 그래서 일생 동안 악에 대한 기독교의 전통적인 관점을 반대하였다. 그는 원죄와 구원이라는 문제에 대해 다음과 같이 의문을 가졌다. "우리가 태어나기도 전의 일로 희생자가 되어야 하고 이런 알 수도 없고 형언할 수도 없는 죄에 대해 속죄하는 죄인이 되어야 하는 이유는 무엇인가?" 여전히, 바이런은 블레이크와 같이 악의 문제를 날카롭게 인식하고 있었다. 사실, 그가 창조자는 선할 수 없다고 확신한 것은 이 세상에 존재하는 악의 정도 때문이었다. 바이런의 카인은 묻는다. "나의 아버지(아담)는 신이 전능하다고 말한다. 그가 선한 존재라면 왜 악한가?" 나중에, 루시퍼는 카인에게 물었다. "너의 신은 무엇을 사랑하는가?" "모든 것들을 사랑한다고 나의 아버지는 말한다. 그러나 지금 자신들의 운명 안에 그런 사랑이 없다는 것을 고백한다." 루시퍼가 자신도 영원한 존재라고 주장하자, 카인은 재빨리 인간들에게 선행을 베풀 수 있는지 여부를 묻고는 만일 그럴 수 있다면, 왜 진작 그러지 않았느냐고 받아쳤다. 루시퍼도 재빨리 응수한다. "여호와는 왜 안 그랬는가?"[15]

이런 세상에서, 바이런은 인간의 자유가 궁극적으로 승리하리라는 낭만주의적인 낙관론과 현실의 관찰에서 기인한 비관론 사이에서 갈팡질팡하였다. 루시퍼는 우리들, 카인의 후손들에게 기다리고 있는 운명에 관해 알고 있는 바를 가차없이 말한다. "6천 번째 세대는 / 음울하고 축축한 타락 속에 있을 것이다"(「카인」, 2.276-278; 2.424-432). 인간의 존엄성은 자유를 향한 끝없는 투쟁 속에 존재한다. 비록 성공하리라고 기대해서는 안 되지만. 은유적으로 말하면, 우리는 한때 우리의 자의식 때문에 타락했던 천진무구한 시대에 살았었다. 이러한 자의식 때문에 우리는 압제적인 법률이나 규칙, 그리고 영혼의 삶을 구속하고, 우리를 쇠약하게 하는 이성적인 전제들에 묶이게 되었다. 사랑과 자유를 앎으로써 우리는 정부, 교회, 철학, 과학, 그리고 도덕이라는 횡포에 저항할 수 있게 되었고, 이 모두는 우리의 신성한 창조력을 억압하는 것이다. 예술적인 창조 행위는 순응적인 것에 대한 가장 훌륭한 저항이고, 자유와 강렬한 경험을 향한 공세이다. 바이런이 보기에, 물개나 참새들이 보여주는 자연 발생적인 조화는 조화와 강도의 균형을 필요로 하는 인간에게는 적합하지 않았다. 관습과 횡포에 맞서 저항하는 시인은 기독교와 고전의 전통에 나타나는 위대한 저항의 존재들과 연결된다. 즉, 사탄, 카인, 그리고 프로메테우스가 그들이다.

바이런의 악마는 여러 가지 형태로 나타난다.[16] 극시 『카인(*Cain: A Mystery*)』(1821)에는 악과 저항에 대한 바이런의 입장이 가장 잘 표현되어 있다. 이 시는 창세기에 나타난 원래의 모습에다가 인간에 대한 자비라는 프로메테우스적인 요소와 숭고라고 하는 사탄적인(밀턴적인) 요소를 가미해서, 카인의 장을 재구성한 것이다. 루시퍼라고 하는 등장인물은 그 자체로 이중성을 갖는다. 전제군주에 대해 저항하는 카인을 돕는다는 점에서는 선하게 나타나지만, 인간의 고통으로부터 일정한 거리를 유지한다는 점에서는 악하게 나타난다. 그의 본질적인 결함은 구원에 필요한 사랑이 부족하다는 것이다.

일찍이 이 시에서 루시퍼는 카인에게 가르치기를 신은 엄격하고 부당한 율법으로 이 세상을 다스린다고 하였다. 카인의 부인/여동생

아다는 신은 선하고 전능하다(『카인』1.387-388)는 전통적인 견해를 나타내지만, 바이런이 보기에, 여호와는 이중성을 지니고 있어서 악하면서도 선하다(『카인』1.137-163). 여호와는 인간의 분투에 관한 눈물겨운 상징이다. 자신의 고독함과 고립감을 덜기 위한 노력으로 계속해서 세상을 창조하고 차례차례 그것들이 결점이 있음을 알고는 다시 파괴한다. 이렇듯 심한 횡포에 카인은 분개하지만 그것이 여호와의 본성인 것이다. 대부분의 고전문학이나 특정한 시에서처럼, 여호와는 창조자이며 동시에 파괴자이다(『카인』1.147-163, 264, 529-530). 여호와는 선하면서도 악하고, 이 우주는 아름답고도 잔인하게 만들어졌다는 이중적인 진실을 루시퍼는 드러낼 준비가 되어 있다. 그는 바이런을 대신에서 이렇게 말한다. 이 세상을 아름답게만 혹은 잔인하게만 보는 그런 식의 이해는 거짓이다. 여호와의 이중성에 비추어보면, 여호와가 선악과를 에덴 동산에 심은 것이 우리를 도우려고 한 것인지 방해하려고 한 것인지, 아담과 이브가 자신들을 위해 그 열매를 따먹어도 무방한지 여부가 분명하지 않다. 여호와가 요구하는 것과 루시퍼가 요구하는 것 사이에 충돌이 발생함으로써 인간 영혼 안에서의 충돌이 드러난다. 이것은 선과 악 사이에서 나타나는 충돌이 아니라 초월되거나 통합되어야 하지만 결코 그럴 수 없는 여러 형태의 모호함 사이에서 나타나는 충돌이다.

루시퍼는 카인에게 누가 진짜 악마인지를 비웃듯이 묻는다. 아담과 이브가 지혜를 얻기를 원했던 자, 뱀을 부추겨 나무에 대한 진실과 그들을 에덴동산에서 쫓아내 죽음으로 내몬 여호와에 대한 진실을 말하도록 부추긴 자는 바로 루시퍼이다(『카인』1.204-207, 220-230). 그러나 비록 여호와가 율법에 얽매이고 무심하며 때로는 잔인하지만, 반항적인 기질을 가진 루시퍼도 그가 상대하는 여호와 못지않게 악하다. 사실은 그 이상인데, 왜냐하면, 여호와는 창조력을 부추기는 사랑에 매력을 느끼지만, 루시퍼는 그것을 이해할 수 없기 때문이다(『카인』2.515-531). 여호와는 지적인 자유와 진보를 장려하지만, 루시퍼는 일부러 맹목적이고 자기도취적이며 이기적이다. 루시퍼는 창조에 대해 논하기는 하지만 결국 아무것도 창조하지 못한다. 신의 차가운 합리성에 독설을 퍼부으면서도 루시퍼 자신은 이성과 변증법을 사용해서 냉소적으로 자신의 주장을 펼친다. 루시퍼는 이 세상의 잔인함을 공유하고 있다는 사실을 숨기면서 카인에게 거짓말을 한다. 이미 불만과 쓰라림을 맛본 카인은 루시퍼가 나타나자 기꺼이 그의 말을 듣게 되지만 한편으로 아다에게 루시퍼는 좀처럼 나타나지 않는다.[17] 가장 최악의 사태는, 루시퍼가 선한 우주로 가는 유일한 길, 자신과 여호와의 통합을 거부하고, 대신에 모든 것을 신의 탓으로 돌리기를 더 좋아했고, 그러면서 인간들이 신에게 예속되지 않고 자신에게 예속되어야 한다고 주장했다는 점이다. 신이 창조한 우주에 대한 그의 복수심과 증오는 끝이 없다.

루시퍼는 장엄하고 숭고하다는 점에서 밀턴적이고/사탄적인 미덕을 가지고 있으면서 역경을 이기는 저항과 끈기를 가지고 있다는 점에서 낭만주의의 영웅과도 같은 미덕을 지녔다. 바이런을 대신해서 그는 말한다.

우리를 그들의 불멸성에 도전하게 하는 영혼
감히 그의 영원한 얼굴에서 전능한 전제군주의 모습을 보고
감히 그의 악은 선하지 않다고 말하는 영혼!(『카인』1.137-140)

하지만, 루시퍼에게는 사랑이 부족하기 때문에, 우주에서 벌어지는 투쟁은 우주가 끝장날 때까지 계속된다. 궁극적으로, 루시퍼의 악은 영원히 신에게서 독립해서 살고자 하는 욕망에서 기인한다(『카인』1.116). 영원히 존재할 수 있다는 그의 주장은 그가 이기심을 죽이는 사랑을 포용할 수 없음으로 인해 영원히 소외된다는 의미에서만 옳다고 할 수 있다.

여호와와 루시퍼 모두 카인 속에 있어서 카인의 생각을 알고 있다(『카인』1.100-104). 인간 대중을 대표하는 카인은 두 세력 사이의 투쟁을 잘못된 방식으로 해결한다. 그들을 통합하는 대신에, 그는 루시퍼의 제안에 따라 혼자서 여호와를 공격한다. 루시퍼에게 이끌려, 여호와라는 폭군에게 일격을 가한다는 망상에 사로잡혀 자신의 동생 아벨을 죽

인다. 복수에 대한 욕망 때문에 사랑을 저버린다. 형식적인 정의를 추구한 나머지 동생이 처한 생생한 현실을 보지 못한다. 그의 행동 때문에 인간들은 서로를 굳게 엮어주는 사랑의 문을 여는 데 실패한다. 바이런은 성공할 확률이 아무리 적더라도 이전의 실패를 만회하려는 노력과, 선과 악을 통합하려는 노력을 계속해야 한다고 믿었다. 신과 악마 모두가 사탄적인 것을 공유하지만 어느 누구도 진짜 악은 아니다. 정말로 사탄적인 것은 그들 사이에 존재하는 풀리지 않는 긴장관계이다. 진정한 악은 이 두 가지 영적인 원리를 대립시키고, 진정한 선은 두 원리를 화해시킨다.

셸리(1792-1822)는 젊었을 때부터 공포의 장엄함이 주는 심미적 효과에 이끌려 악마적인 것과 비교(秘敎)에 관심이 있었다. 셸리는 『무신론의 필요성』이라는 소책자를 발간했다는 이유로 1811년에 옥스퍼드에서 쫓겨났고, 일생 동안 줄기차게 전통적인 기독교와 모든 "조직 종교"를 거부하였다. 점차로 그는 자연과 인간 속에 있는 사랑의 영이라는 개인적인 종교를 받아들였지만, 기독교에서 말하는 신성은 잔인함과 연관되기 때문에 자신이 영이라고 한 것을 신이라고 부르기를 거부하였다. 그는 예수 자신도 조직 종교에 대한 저항으로 사랑의 복음을 가르쳤다고 주장했다. 셸리의 종교관은 에라스무스 다윈의 영향을 받아 진화론적이면서 상당히 생기론적이고, 헤겔의 관념론적인 진보주의와 유사하다. 사랑의 영은 인간과 우주를 더 좋고, 자유로우며, 더욱 사랑으로 충만한 미래로 향하게 한다. 셸리는 악이 이러한 온건한 진보를 계속해서 가로막고 있다는 것을 깊이 인식했지만, 우리가 알 수 있는 모든 것은 인간 정신의 산물이라는 측면에서 기독교의 악마를 부인했다. 셸리는 사탄을 인간 내부에 있는 방해하고 퇴행적인 경향이라고 인식하였다.

『악마에 대하여(*On the Devil and Devils*)』(1820-1821)라는 책은 셸리가 가지고 있는 악에 대한 강한 선입견을 잘 드러내준다. 그는 마니교가 기독교 이상의 진실성을 가지고 있지는 않지만, 정신의 진상에 더 잘 들어맞는다고 믿었다. 균형 잡힌 힘과 반대되는 성향을 지닌 두 개의 영이 존재한다는 마니교의 입장은 인간 영혼의 분리된 상태에 대한 통찰을 나타냈다. 악마가 신의 의지에 종속되어 있다든지 특히 기독교 자유주의에서 주장하는 약화된 사탄이라는 기독교의 견해는 셸리에게는 심리적인 현실을 외면하는 것처럼 보였다. 그러한 셸리도 블레이크나 바이런처럼 사탄의 모습에 대해서는 애매한 입장을 취했다. 한편으로 그는 진정한 사탄의 모습이란 현실적으로 존재하는 인간의 악을 나타내는 것일 필요가 있다고 주장했다. 다른 한편으로 그는 사탄을 기존의 억압하는 세력에 저항하는 진보적인 영혼의 상징으로 간주했다. 블레이크와 마찬가지로, 셸리는 밀턴의 작품에 등장하는 사탄이야말로 숭고하게 저항하는 영혼이며 그 본질이 폭정에 저항하는 것임을 보여주는 전형적인 낭만주의적 영웅을 가장 뛰어나게 문학적으로 보여준 것이라고 칭찬했다.

> 『실낙원』에서 표현되었듯이, 사탄이라는 인물이 지닌 정열과 장엄함을 능가할 존재는 아무도 없다. 그가 대중적인 악의 화신이 되기를 의도했을 수도 있다는 가정은 잘못된 것이다. ……도덕적인 존재로서 밀턴의 악마는 신보다 훨씬 우월하다. 역경과 고통에도 불구하고 자신이 최상의 존재라고 생각하려는 의도를 가지고 인내하는 존재로서, 자신이 승리할 것임을 의심할 바 없이 확신하면서 자신의 적에게 가장 무서운 복수를 감행하는 존재로서의 신보다…… 신에게는 악마를 압도할 어떠한 도덕적 우월성도 없다고 밀턴은 강하게 주장했다. 그리고 신이 이처럼 대담하게 직접적인 도덕적 목적을 무시한 것은 밀턴의 수호신(악령)이 우월하다는 것을 가장 결정적으로 증명해주는 것이다.[18]

밀턴이 자신의 서사시를 이런 식으로 해석했더라면 불만스러웠겠지만, 이러한 해석은 낭만주의자들이 이 작품을 읽는 데 전형이 되었고, 밀턴이 묘사하는 사탄은 가장 위대한 낭만주의적 악마들, 낭만주의 시대의 영웅의 전형이 되었다.

셸리가 보기에, 악은 선하거나 적어도 애매모호한 도덕적인 성격을 가진 사탄보다는 인간 속에 들어 있는 악마성에 의해 더 잘 표현되었다. 고딕적인 분위기가 나는 연극 『첸치(*The Cenci*)』(1819)에 등장하는 프란세스코 첸치는 냉담하게 자신의 딸을 유혹하고 아들의 죽음을 즐기는 아주 악한 인물이다. 셰익스피어의 이아고에서 볼 수 있는 외부적인 힘으로부터 인간의 영혼으로까지 악이 전이되는 과정을 프란세스코는 보여준다. 무엇이 악마를 필요로 하는가, 언제 우리는 인간성을 지니는가?라고 셸리는 묻고 있는 듯하다. 악마란 우리 자신의 악을 외부적인 것에 반영하기 위해서 만들어진 존재이다. 악의 근원과 중심은 악마가 아니라 바로 우리 자신이다.

『사슬에서 풀려난 프로메테우스(*Prometheus Unbound*)』(1820)에서, 셸리는 프로메테우스(바이런이 카인을 이용했듯이)를 저항의 상징으로 이용했다. 서문에서, 셸리는 자신의 작품과 『실낙원』이 유사하다고 주장했다. 프로메테우스가 용맹스럽고, 위엄이 있으며, 전능한 신에게 저항한다는 의미에서 밀턴의 사탄과 비슷하다고 했다. 하지만, 바이런과 마찬가지로 사탄을 자기 작품의 영웅으로 만들었을 때 결점들을 발견했다. 낭만주의적 사탄은 너무 이중적이었지만, 셸리에게 그의 영웅이 사랑의 화신일 필요가 있었고, 반면에 사탄은 반역자였을 뿐만 아니라 야심이 있고 질투심이 많으며 복수심에 불타 있었다. 프로메테우스는 더 적절한 상징이었다. 그가 저항하고 패하고 속박당한 것은 그의 잘못 때문이 아니라 인간에 대한 사랑에서 기인한 것이었다. 프로메테우스가 상징하는 것은, 자기 민족을 위해 자신을 희생한 그리스도, 사랑의 영에 이끌려 자유를 향해 투쟁하는 인간애, 그리고 사랑과 창조적인 어휘가 어둠에 대항하는 무기가 되는 시인이다. 그러므로 프로메테우스를 둘러싸고 있는 다양한 상징들은 그리스도, 인간애, 시인, 셸리, 그리고 사탄(선한 측면에서)등이 포함된다. 프로메테우스의 적은 너무나 악한 전제자 주피터이다. 주피터를 둘러싸고 있는 다양한 상징들은 여호와와 사탄(악한 측면에서) 등이 포함된다.

프로메테우스는 티탄이었는데, 고전 시대의 신화에서 올림피아의 신들에게 대항한 불경스런 반역자들로 나오는 종의 구성원이다. 그러나 셸리의 프로메테우스는 인간을 사랑해서 올림피아의 신들에게 속박당하고 무시당하는 인간을 보며 괴로워한다. 이 작품은 올림피아의 주피터를 비난하면서 시작된다. 주피터는 불손한 오만함 때문에 스스로 영원히 사랑으로부터 거리를 두었다. 프로메테우스가 인간에게 준 지식이라는 선물 때문에 주피터는 무서운 형벌로 보답한다. 이 고귀한 티탄은 "하늘의 날개를 단 사냥개와 같은" 한 마리의 맹금류가 그의 간—그의 고통을 연장하기 위해 영원히 재생된다—을 파먹는 동안 영원히 바위에 묶여 있어야 했다. 프로메테우스의 자기희생은 그리스도의 희생에 필적하지만, 그가 겪은 곤경은 인간들도 폭군의 사슬에 묶여 있었기 때문에, 인간들이 겪은 곤경과 같은 것이다. 여전히, 인간들은 진리를 알고 있지만 그에 따라 행동하기를 거부함으로써 스스로를 속박하고 있다. 주피터는 우리 자신의 고의적인 무지와 이기심, 그리고 복수심에 놓여 있는 포악함을 반영한 것일 뿐이다. 프로메테우스는 자유롭게 되어서야 비로소 자기자신과 현실을 이해해서 자신의 운명과 우주 그리고 신들에게 저주를 내리지 않을 것이다. 그는 주피터를 증오하지 말아야 하고, 자신이 선택한 냉정함과 고독에 대해 스스로를 불쌍히 여길 줄 알아야 한다.

셸리는 바이런보다 낙관적이었다. 셸리에게, 자유롭고 사랑으로 충만한 세상은 진짜로 실현 가능한 것처럼 보였다. 악은 인간의 정신에서 그리고 우리가 선택한 이기심과 증오에서 기인한다. 이 세상의 악을 제거하려면, 그렇게 하기로 결심만 하면 된다. 우리는 우리의 마음속에서 주피터를 만들어냈기 때문에, 그를 없앨 수도 있고 더 좋은 신으로 만들 수도 있다. 이렇게 만들어진 새로운 신은 비록 폭정에 저항하기는 하지만, 증오와 저항으로부터 나오는 것이 아니라 우리 자신과 우리가 창조해낸 주피터를 포함해서 모든 사람에 대한 사랑에서 나온다. 주피터의 가장 큰 악은 자신만의 오만한 고독을 버리지 않은 것인데, 그것 때문에 사랑을 배울 수 있는 프로메테우스보다 열등하게 된다. 우리가 우리 안에 있는 프로메테우스와 주피터의 대립을 통합해서 초월할 수 있으면, 이해, 자유, 그리고 사랑이 있는 푸른 나라를 거쳐 위로 나 있는 평화로운 길로 나아갈 준비가 된 것이다.

셸리의 부인 메리(1797-1851)는 좀더 어두운 견해를 가지고 있다. 메리 셸리의 작품 『프랑켄슈타인 또는 현대의 프로메테우스(*Frankenstein, or the Modern Prometheus*)』(1818)는 대체로 작가의 철학적인 메시지는 무시되었지만 읽을거리로서 지속적인 인기를 끌었다. 메리 셸리는 괴물들과 공포에 대한 고딕적인 사랑이야기를 끌어들였고, 프랑켄슈타인은 고딕 시대와 근대의 공포 이야기 사이의 다리가 되었다. 이 책은 고딕적인 줄거리에 약간의 변화를 줌으로써 과학 소설의 시조 가운데 하나이기도 하다. 괴물을 만든 프랑켄슈타인 박사는 이제 더 이상 사기꾼이나 마법사가 아니라 과학자였다. 이 괴물은 중세의 악령이나 유령이 아니라 실험실에서 피와 살로 만들어진 물질적인 존재이다. 프랑켄슈타인은 과거의 초자연적인 공포를 근대의 실증적인 공포로 대체하였다.

작가는 이러한 변화를 작품 속에서 명확하게 드러내지는 않았다. 사실, 프랑켄슈타인과 기타 인간 등장인물들은 이 소설 속에서 이 괴물을 "데먼", "피엔트", "데블"이라고 계속해서 부른다. 그러나 악이 괴물보다는 인간에게 존재하기 때문에 여기서 메리 셸리의 의도는 역설적이다. 괴물은 인간에게 악을 배웠기 때문에 악해진다. 여기서 또 다른 상징적 변화가 일어나는데, 이제 인간은 자신의 자만심과 이기심이 드러나면서 창조를 망치고 마는 창조자를 상징한다. 하지만, 괴물(이름도 없는)은 악을 경험함으로써 타락한 인간의 순진하고 솔직한 측면을 나타낸다. 개별적인 인간은 순진하게 태어나서 타락한다고 메리 셸리는 암시한다. 인간은 그를 둘러싼 세상의 사악함 때문에 파멸된다. 괴물은 울부짖는다. "나는 자비롭고 착했었다. 고통이 나를 악마로 만들었다. 나를 행복하게 해다오 그러면 난 다시 자비로워질 테니."[19] 이 괴물은 『실낙원』이나 다른 책을 읽으며 독학한다. 그는 자신을 선하게 창조되었다가 비참해진 아담과 비교하고, 고독감 때문에 불행해진 사탄과 비교한다. 하지만 사탄마저도 "동료-악마들"이 있었다고 그는 소리친다(p.136). 괴물은 만나는 사람마다 그를 멀리하고 두려워하거나 경멸하자, 그의 성격도 점차로 일그러져 마침내 사람들이 확신하는 살인을 저지르는 악마가 된다.[20]

이 괴물의 마지막 희망은 여자 친구를 만들어주겠다던 프랑켄슈타인의 약속이었다. 그러나 새로운 연구를 진행하던 도중에, 이 과학자는 극도의 혐오감에 흔들려 반쯤 만들어진 여자와 장비들을 파괴해 버린다. 그러자 괴물은 끈질긴 복수심으로 그 박사를 쫓고 그러는 한편, 박사도 자신의 창조물을 찾아 파괴하려 한다. 바이런의 신과 마찬가지로, 프랑켄슈타인도 세계를 만들지만 결국 후회하고 파괴하기를 원했다. 그들 각각은 서로를 추적하면서, 프랑켄슈타인과 그가 만든 괴물은 동일한 존재임이 밝혀진다. 그들은 인간의 성격 안에서 으르렁대는 두 가지 측면을 상징한다. 만일 우리가 우리 내부적인 투쟁을 초월할 수만 있다면, 우리는 평화로운 세상으로 들어갈 수 있다. 하지만 메리가 내린 결론은 바이런과 비슷하게 비관적이다. 이상하고도 끈질긴 추적 끝에 그 둘은 만난다. 하지만 프랑켄슈타인은 오랜 추적에서 오는 피로함 때문에 죽고, 괴물은 자신의 창조자에 대한 좌절된 복수와 좌절된 사랑을 동시에 느끼면서 차가운 어둠 속으로 영원히 사라진다. 프랑켄슈타인과 인간이 지닌 화해와 통합이라는 양쪽 측면 중 어떤 것도 일어나지 않았고 사라져버렸다.

고딕적인 것, 중세적이며 초자연적인 것은 영국뿐만 아니라 독일이나 프랑스에서도 광범위하게 나타난다. 그럼에도 불구하고, 프랑스 낭만주의의 실질적인 창시자 프랑세즈-르네 드 샤토브리앙(1768-1848)은 혁명적인 변화를 반대했고, 그래서 밀턴의 사탄을 바이런이나 셸리와는 다르게 보았다. 『실낙원』에 관한 그의 긴 에세이 『그리스도교의 정수』(1802)에서 기독교적인 상상력의 가장 세련된 산물로서 밀턴의 사탄이 보여주는 장엄함에 찬사를 표시했지만, 합법적인 권위에 대한 사탄의 반란은 그를 악당보다 못한 영웅으로 만들었다고 결론지었다.

프랑스 낭만주의가 시작되면서부터 악마를 진지한 상징으로 다시 끌어들임으로써, 샤토브리앙은 다른 중요한 작가들이 당대를 통해 추종했던 풍조를 결정지었다. 운문 서사시 『나체즈(*Les Natchez*)』(1826)에서 사탄은 기독교에 반대하는 이교도, 미국 인디언들을 타이르는 모호하고 애매한 악의 영으로 나온다. 『나체즈』의 사탄은 실재와 상징의 경계에서 동요한다. 왜냐하면 가장 무섭고 악한 존재는 사탄이 아니라 르네—프랑스 문학에서 오랜 동안 악당의 계보를 이어온 모범이었던—이기 때문이다. 『그리스도교의 정수』에서 샤토브리앙은 시적 상징, 의식, 의례, 상징주의, 그리고 기독교의 도덕성은 찬양했지만, 전통적인 신학에는 거의 관심을 보이지 않았다. 상당한 영향력을 지닌 그의 운문 서사시 『순교자(*Les Martyrs*)』(1809)에서는 디오클레티안 황제에 의한 초기 기독교인들의 박해 기간이 설정되었다. 여기서 왕정주의자 샤토브리앙은 기독교인들의 박해를 혁명과 공포정치 하에서의 박해와 비교한다. 밀턴을 모방해서, 사탄이 지옥에서 그의 동료들과 회합하면서 이야기하는 장면에서, 샤토브리앙은 악마가 인간을 겉으로는 공정하게 다루지만 속으로는 인간을 파멸시킬 음모를 꾸미는 것으로 묘사했다. 사탄이 로마인들로 하여금 기독교인들을 박해하도록 부추겼고 디오클레티안을 통해 자신의 악행을 저지른 것처럼, 그는 공포 정치를 선동하고 자신의 의지를 로베스피에르를 통해 관철시켰다. 이 점을 납득시키기 위해서, 심지어 샤토브리앙은 사탄으로 하여금 "라마르세예즈"(프랑스 국가)를 인용하게 하였다.[21]

샤토브리앙과는 달리, 그를 추종했던 대부분의 프랑스 작가들은 악마에 대한 관심을 다시 유행시키면서 사탄을 비꼬는 듯한 회의론으로 다루거나, 악마—악령, 유령, 망령과 함께—를 이용해서 고딕적인 공포의 전율을 자아내려고 하였다. 많은 진지한 작가들에게 악마는 너무 평범한 소재가 되어버려서 악을 다룰 때 효과적으로 이용할 수 없고 샤토브리앙의 르네와 같은 인물로 악을 묘사하는 편이 더 낫다고 느끼게 되었다. "신의 유일한 변명은 자신이 존재하지 않는다는 것이다"라는 조롱으로 유명한 스탕달(1783-1842)은 『적과 흑』(1830)에 나오는 악마를 줄리안 소렐 같은 인간으로 묘사하였고, 호노레 드 발자크(1799-1850)는 고딕 소설 속에서가 아니라 자신의 작품 『인간희극』 속에서 진정한 악의 문제를 제기했고, 그 작품에서는 악마가 개입하지 않아도 인간은 선천적으로 잔인하고 어리석으며 악하다고 폭로하였다.[22]

소수의 작가들은 기독교의 상징을 더욱 진지하게 차용하면서 샤토브리앙을 추종했다. 아이였을 때, 알프레드 드 비니(1797-1863)는 용을 죽이는 미가엘이라는 라파엘의 그림을 보고 매혹되었고, 그에게 일생 동안 사탄은 강렬한 상징으로 남아 있었다. 바이런의 『카인』이란 작품은 이 젊은 시인 비니의 악마에 대한 관심을 강화시켰지만, 기독교 신화를 이용한 목적은 전적으로 미학적인 이유에서였다. 왜냐하면, 그는 선이라든지 전능한 신이라는 기독교의 개념을 어리석은 것으로 간주했기 때문이다. 인간의 삶이 불행해지고 비참해진 이래로, 기독교의 신성은 오용되거나 무기력할 수밖에 없었고, 오히려 신은 존재하지 않았다고 생각하는 편이 더 나았다. 비니의 작품들은 자기만족에 빠진 기독교의 낙관론에 대한 절규이고, 악의 문제를 외면하지 말고 미망에 사로잡히지 않고 직시해야 한다는 요구이다. 1819년과 1823년 사이에 씌어진 미완의 시, "최후의 심판"과 "사탄"은 자신의 걸작 "엘로아, 마그네스의 수녀"보다 먼저 나왔다.[23] 엘로아는 나사로가 죽을 때 예수가 흘린 눈물에서 태어난 여자 천사였다(「요한복음」 11:35). 그녀의 가슴은 자기와 같이 만들어진 동료들에 대한 연민으로 가득하다. 그리고 하늘나라에서는 모든 사람들이 행복하기 때문에, 자신의 도움이 필요한 누군가를 찾아 우주를 방황하기 시작한다. 그녀는 쫓겨난 천사의 목소리를 듣는다. 그 천사는 사랑과 동료애를 그리워하며 홀로 슬퍼한다. 이 천사가 바로 사탄이라는 것, 그리고 사탄이 정말로 악한 짓을 행했다는 것도 모르고, 예수가 나사로에게 흘렸던 눈물처럼 그 천사를 동정하는 눈물을 흘린다. 물론, 사탄은 이런 비밀을 내색하지 않기로 한다. 대신에 사탄은 자기가 오해를 받고 있다고 그녀를 설득한다.

> 그들이 사악하다고 부르는 자는 사실은
> 노예를 위해 눈물 흘려 위로하고 그 노예를 주인으로부터 해방시켜 주고자 하는 사람이다. 자신의 사랑과 고통으로 노예를 구하는 자이다.
> 같은 고통을 공유하고 있으므로
> 그는 비참에 빠진 자들을 동정하고 그 모든 고통을 잊을 수 있게 축복하기도 한다("Eloa" 2.212-216)

비니의 사탄은 젊지만 허약하고 방탕하며, 전형적으로 나약한 아름다움을 지니고 있다. 그러한 아름다움은 낭만주의자들이 이상적으로 생각했던 것이다. 그는 엘로아라는 존재를 부담스럽게 여긴다. 사탄은 자만심과 오만함 때문에 죄를 짓고 하늘의 아름다움에서 멀어지게 되어 후회와 슬픔으로 황폐해지는 자신의 모습을 잘 알고 있다. 하지만 사탄은 신에 대한 증오를 극복할 수 없고 자신의 미모와 꾸며진 순수함, 그리고 가장된 동정심을 발휘해서 엘로아를 감동시킨다. 그리고 그는 예수와 엘로아가 진심으로 흘렸던 눈물과 대조를 이룰 정도로 거짓된 눈물을 흘린다. 엘로아가 보여준 사랑에 대해 사탄은 어리석게 반응한다. 마치 『파우스트』에서 메피스토펠레스가 어린 천사들에게 보인 태도처럼 어리석었다. 사탄은 엘로아를 유혹하기로 마음먹는다. 신에 대한 사탄의 적대감을 우려한 엘로아는 그의 유혹을 뿌리친다. "당신이 신을 사랑하지 않는다면 어떻게 나를 사랑하시겠어요?"("Eloa" 3.116) 마침내 그녀가 한 발 물러서려 하는데, 사탄이 잠시 동안 이나마 뉘우치는 기색을 보이려고 하는 순간에, 그녀는 혼란스러워져 그의 정체를 알아채지 못했다. 이 순간이 지나자, 사탄은 다시 증오심에 빠진다. 이런 상황에서, 엘로아의 사랑도 그의 고통을 덜어주지 못하고 사탄은 그녀를 저 아래 지옥으로 데리고 간다. 이 시의 마지막 줄에 가서야, 그녀는 진실을 깨닫기 시작한다. "도대체 당신은 누구인가요?" 그녀가 울면서 말하자 그는 대답한다. "나는 사탄이다"("Eloa"3.268).

이 시는 증오와 절망이라는 지독한 장애물을 극복하는 데 사랑이 무엇을 할 수 있는지에 대해 깊은 회의를 드러낸다. 이 부분에서, 비니의 관점은 바이런과 같다. 그는 속편, *Satan sauvé*을 계획했고, 여기서도 악마는 마침내 구원을 받게 되지만,[24] 이 시는 결코 낙관적으로

안토니 위르츠의 "무덤의 그리스도" 3부작 그림 중 오른쪽에 있는 '악의 천사'. 여기서는 악마가 미의 개념을 지닌 낭만적 모습으로 나타난다. 1839(브뤼셀, 벨기에 왕립 미술관).

끝나지 않고, 우리는 어두운 전망만을 갖게 된다. 그럼에도 불구하고, 비니는 종교적인 회의론을 가지고 있었지만, 그는 감정을 불어넣어 심리학적으로 설득력 있게 사탄을 묘사했는데, 이는 밀턴 이래로 그 누구도 하지 못했던 일이다. 빅토르 위고는 악마가 지닌 슬프고 고립된 성격을 더욱 강조하였고 그 모습을 더욱 더 동정적인 모습으로, 시적으로 묘사했다.

빅토르 위고(1802-1885)가 묘사한 사탄은 바이런과 더불어 낭만주의 시대의 악마를 가장 효과적으로 그린 것에 속한다. 이성주의자로 출발한 위고는 젊었을 때 자신의 미적 가치관에 따라 가톨릭으로 개종하였으나, 곧 포기하고 만다. 위고의 사상은 어느 한 곳에 머문 적이 없다. 일생을 통해, 그는 다양한 견해—신비주의, 그노스주의. 오컬티즘, 범신론, 유물론, 이원론—를 섭렵했다. 진정한 낭만주의 사조 안에서, 그는 판단을 내릴 때, 지적인 근거보다는 미학적이고 감정적인 입장을 취했다. 그는 만일 신이 동정심과 자비를 가지고 있다면, 원죄라든가 십자가를 통한 구원이라든가, 지옥이라는 전통적인 교리를 혐오할 것이라고 주장하였다. 인간은 본질적으로 선하고, 신은 원래부터 자비로웠다고 그는 믿었다. 그는 신에 대한 기독교의 관념들을 잘못된 것으로 보았지만, 예수 자체는 고결한 윤리 의식을 지닌 존귀하고 사랑이 넘치는 선생이며, 사랑이라는 실제적인 진리를 추구하는 모범으로 보았다.

그토록 많은 계몽주의 , 낭만주의 사상가들을 부각시켰던 예수와 기독교 사이의 알려진 긴장관계와 성서비평에 지적 기반을 두고 전통적 예수 이면의 역사적 예수를 발견하려는 시도들로 인해 근본적 문제들이 제기된다. 계몽사상가들과 낭만주의자들이 기독교 자체에 반대한 것이 아니라, 진정한 예수의 가르침을 왜곡하는 거짓된 기독교에 반대해서 개혁하려 한 것이고, 따라서 자신들이야말로 전통에 사로잡힌 기독교인들에 대항하는 진정한 기독교도들이라는 주장이 최근에 나오고 있다. "조직 종교"를 거부하고 윤리적, 미학적 또는 감성적으로 예수에 접근하려는 사람들에게서 많이 보이는 이 견해에도 논리적 모순과 불일치가 엿보인다. "역사적 예수"에 대해 밝혀진 것도 없고 밝혀질 수도 없다. 우리는 역사적으로 예수가 "실제로" 무슨 말을 했고 무슨 일을 했는지 알 길이 없다. 역사가 할 수 있는 일이라야 매우 안전하고 정확하게 기독교의 발전 과정이나 기독교라는 테두리 안에서 예수가 취했던 입장의 추이를 보여주는 것이다. 즉, 우리가 역사적으로 알 수 있는 예수의 모습은 시대를 통해 발전되어온 전통에 입각해 예수를 파악하는 것이다. 기독교를 객관적으로 정의하는 유일한 방법은 역사적으로 실존해온 모습에 따라 정의하는 것이다. 이밖의 모든 정의들은 증명되지 않은 가정들을 전제한다. 그러므로 "기독교는 역사적으로 형성되어온 것 이외의 다른 모습을 가질 수도 있다"라는 진술은 의미가 없다. 왜냐하면, 이런 말들은 증명될 수도 없고 정당하지도 않은 신념에 따른 가정에 의존해서 형성되었기 때문이다. 위고와 낭만주의자들은 기독교에 의해 숨겨진 진짜 예수를 찾아야 한다고 생각했다. 이 일은 가능하지만 증명될 수는 없다.

위고가 자신의 견해를 이성적으로 옹호하지 못했다는 것은 그에게 그렇게 중요하지 않았다. 위고에게는 오히려 자기의 감정에 따른 증거가 더 중요했다. 그럼에도 불구하고, 그는 필요할 때마다 이성적으로 판단하였다. 그는 악의 문제를 매우 잘 이해하고 있었고, 매우 호의적이고 관대하게 생각해서, 신이 악을 막을 수도 있었지만 그렇게 하지 않기로 하였다는 생각을 부인하였다. 또한 그는 자신의 의도를 결핍에 대한 전통적인 플라톤주의와 기독교의 논의에 맞추면서 전통적인 악마를 거부하였다. 악은 일종의 부정이고, 부정은 실제로 존재할 수 없다. 긍정적인 것만이 존재한다. 만일 신이 악하다면, 그 무엇도 존재할 수 없다. 그러나 우리는 뭔가가 존재한다는 사실을 알고 있다. 그러므로 뭔가를 존재하게 하는 원리는 선일 수밖에 없다.[25]

위고는 절대 악이 존재한다는 것을 부인하지만, 이 세상에서 악이 발휘하는 효과에 대해서는 강한 관심을 보였다. 기본적으로 선을 바탕으로 하는 인간애는 점차로 완전한 사랑과 자유를 지향하고 있었지만, 악이라는 유혹에 끌려 잔인해지고 이기적으로 되어 더 발전하지 못하고 가로막혔다. 하지만, 우리가 이 세상을 창조하지도 않았고, 우리 안에 있는 그림자를 창조한 것도 아니므로, 차라리 우리의 죄를 탓하기보다는 우리 자신의 불행에 대해 동정해야 한다.

위고의 관심은 언제나 변화중이었으므로 사탄을 이용하는 방식도 일관성이 없었다. 중세적이고 소름끼치는 것을 좋아하는 고딕 양식을 그도 공유했으므로, 그가 그리는 악마의 모습은 공포와 전율을 즐기는 환상적인 존재나 악령 또는 괴물이었다. 그는 기괴한 것들, 마녀들, 그리고 꼽추들을 함께 이용하면서 독특한 중세의 어두운 느낌을 전달하는 『노트르담 드 파리(*Notre-Dame de Paris*)』(1831)와 같은 중세풍의 연극을 지지하였다. 중세풍으로 설정함으로써 세칭 중세적 정신에 대해 논평한다는 구실을 가지고 위고는 역설적으로 환상적인 장면에 탐닉할 수 있었다. 이런 상황 속에서 그는 중세적으로 표출된 가톨릭의 견해를 풍자함으로써, 가톨릭교회를 풍자할 수 있었다. 위고가 말하는 중세라고 하는 것이 역사적으로 실재했던 중세와는 별 상관이 없다고 해서 중세의 대중성과 효과가 사라지는 것은 아니다.

사탄은 또한 혁명을 상징하기도 했다. 위고가 샤토브리앙의 영향을 받았던 젊었을 당시에 혁명의 상징인 사탄은 악의 상징을 의미하기도 했다. 나중에, 위고가 혁명을 인간의 진보로 보게 되면서, 사탄의 혁명은 선을 상징하기 시작했다. 사탄은 압제적인 사회나 정부를 상징할 수도 있고, 그 반대를 의미할 수도 있었다. 즉, 자유라는 이름의 억압에 대한 저항. 사탄은 사탄/신, 선/악이라는 이중적인 모습 가운데 하나로 사용될 수도 있었는데, 이는 인간이 타고난 선으로부터 소외됨을 의미하는 것이었다. 위고는 잔인함이나 이기심처럼 소외, 패배, 슬픔, 그리고 후회 같은 것들도 악에 고유한 것이라는 점을 깊이 깨달았다. 위고는 그때까지 무시되어왔던 악의 새로운 면모를 묘사했다. 즉, 죄인들이 느끼는 뼈에 사무치는 슬픔과 고독함. 사탄은 창조와 인간애를 갈망하는 하나의 은유였다. 자신들의 어리석음과 이기심 때문에 쫓겨났던 삶으로부터 충성스러운 영의 삶으로 다시 통합되고자 하는 갈망이 그것이다.

위고는 사탄이 선과 재통합될 수 있다는 낙관적인 믿음을 가지고 있었다. 열렬한 보편주의자로서 그는 빛의 영은 무한히 자비롭고 궁극적으로 모든 잃어버린 피조물들을 사랑으로 통합시켜 줄 것이라고 믿었다. 그런 행복한 순간이 오기까지, 악은 준엄한 현실로 남아 있을 것이다. "사탄은 탐욕스럽다. 한 마리의 돼지처럼 게걸스럽게 모든 사상을 먹어치운다. 그는 어두운 심연이라는 흘러넘치는 잔으로 술을 마셔 취해 있다. 그는 오만해서 숭배해야 할 대상에도 무릎을 꿇지 않는다. 자기의 손을 피로 적시면서 즐거워하는 자만에 빠져 있다. 사탄은 우리 안에 사는 모든 괴물들이 발광하는 무시무시한 동굴과 같은 배를 가지고 있다."[26]

시구로 되어 있는 역사 드라마 『크롬웰』(1827)의 서문에서, 위고는 그로테스크—악마를 포함해서—가 근대문학의 필수적인 요소라고 선언하였다. 그는 『오드와 발라드』(1826)에서 민속학적이며 중세적인 스타일로 악마를 묘사하였다. 『자비로운 초월자(*Pitié suprême*)』(1879)에서는 지옥을 폐지하고 모든 피조물들을 자비롭게 용서해야 한다고 주장하였다. 『동방박사(*Les mages*)』에서는, 악을 선에 대립하는 것으로 보았다. "인간들은 그것을 야만이나 범죄라 부르고, 하늘은 그것을 밤이라 부르며, 신은 사탄이라고 부른다"(Ⅱ. 578-580). 그는 악마를 프랑스인들이 지지하는 방식으로 조롱하는 듯하고, 빈정대며, 거만하고 염세적인 메피스토펠레스라고 상상할 수도 있었다.

> 그는 근심스런 눈을 가졌고,
> 주름진 이마 위에
> 비틀린 두 개의 뿔은
> 너무나 확실히 보였다.
> 그의 갈퀴 같은 발이 양말을 비집고 튀어나왔다.
> 지옥에서 떠난다는 것이 너무 좋아서, 그는 신선한 공기를 들이마셨다.
> 그의 이빨이 가짜는 아니었지만,
> 그의 눈짓이 진실하지도 않았다.
> 그는 먹이를 준비하기 위해 땅으로 내려왔다.
> 철 같은 손톱이 달린 손으로
> 그는 신에게서 허락받고 다시 루시퍼에게 확인받은
> 사냥 허가서를 움켜쥐었다.

그는 바알세불에 필적했다.
나는 그를 그 자리에서 알아보았다.
숨길 수 없는 찌푸린 얼굴 때문에
그에게서 사악한 신의 모습을 볼 수 있다.[27]

위고는 자신의 미완의 장편 서사시 삼부작에서 밀턴 이래로 가장 깊이 있게 사탄을 묘사한다. "여러 세기의 전설"(여기서 신과 에브리스, 그리고 악마는 각자 자신들의 창조력을 걸고 내기를 한다), "신", 그리고 "사탄의 최후" 등이 그것이다.[28] 전체적인 구도는 인간을 빛과 자유, 그리고 사랑으로 열어주는 자유에 의해 악이 파멸되는 것을 묘사하는 것이었다. 유고로 증보출판된 『신(*Dieu*)』(1891)에서, 위고는 악을 실체도 없고 존재할 수도 없는 신의 그림자라고 말한다. "신은 자신이 입고 있는 옷의 주름 안에다 악마를 숨겨두지 않았다"라고 그는 말했다. 1854년에 시작했지만 역시 유작으로 발표된 『사탄의 최후(*La fin de Satan*)』에서, 악마는 생기 있고 설득력 있는 인물로 나온다. 그는 정말로 죄를 지었고, 자신의 맹목성과 이기심으로 자기자신과 세상을 왜곡했다. 하지만 스스로에 의한 소외 때문에 받는 고통은 그를 동정하게 만든다. 사탄이 상징하는 것은 평온과 평화, 그리고 균형의 결핍이고, 적당한 사랑과 자유 안에서의 휴식으로부터 소외된 인간이었다. 사탄과 마찬가지로, 우리들도 내적 세계에 갇혀 있어서 우리를 둘러싸고 있는 현실을 볼 수 없다. 현실은 나무와 새, 그리고 인간적인 목소리로 우리에게 말을 걸어오지만 우리는 그것들을 외면한다. 우리가 아무리 비참한 상태에 빠져도, 사랑의 영은 우리를 이끌어 결국 모두를 구원할 것이다. 그렇지 않으면 어떻게 될까? 이 세상의 영은 모두가 다시 자신에게 돌아오기를 바라면서 무한한 사랑과 자비를 베푼다. 이러한 사랑의 힘에 대항하여 영원한 승리를 얻을 자 누가 있겠는가? 더 나아가 악은 그 자체로 무이다. 악은 결핍으로만 일시적으로 존재할 뿐이다. 그러나 종말이 오면 이러한 불완전한 것들도 정화된다. 대립물들도 서로 화해하고, 이 우주는 사랑과 자유로 다시 통합될 것이다.

이 시는 사탄의 타락으로 시작된다. 그가 타락하면서, 천사의 본성은 변형된다. "갑자기 그는 자신의 몸에서 박쥐의 날개가 자라는 것을 본다. 자기자신이 괴물로 변하는 것을 지켜본다. 자기 안의 천사가 죽자, 이 반역자는 후회스러운 가책을 느낀다." 오만한 신에 대한 질투는 더욱 쓰라린 회한의 질투로 바뀐다. "신은 푸른 하늘을 가졌지만, 나는 어둡고 텅 빈 하늘을 갖는다." 무서운 목소리가 반박한다. "저주받은 것, 네 주변에 있는 모든 별들도 사라질 것이다." 그는 추락한다. 천년 동안 한 해도 거르지 않고. 그가 추락하자 점차로 별들도 사라져, 하늘은 더 어둡고, 텅 비어, 더욱 고요해진다. 단 세 개의 희미한 점으로 남을 때까지 그러다가 마침내 하나만 남는다. 그는 고갈되어가는 자신의 모든 노력을 이 마지막 사라져가는 별에 집중한다.

지평선에서 희미하게 떨리고 있는 별을 향해

그는 다급해서 여기저기에 있는 어두운 발판을 밟으며 뛰어갔다.

그는 뛰면서 날아가면서 소리쳤다. 금빛 나는 별이여!

형제여! 나를 기다리라! 내가 간다! 아직 사라지지 마라!

나를 홀로 내버려 두지 마라……

그 별은 이제 불꽃처럼 되었다.

그 불꽃은

어두운 심해의 가장 깊은 곳에 있는 하나의 빨간 점이 되었다……

그 별을 더 밝게 빛나게 하고 싶어서

석탄에 대고 하는 것처럼 그 별에 대고 있는 힘껏 불었다.

그러자 극심한 고통이 그의 무서운 콧구멍으로 타올랐다.

그는 그 별을 좇아 1만 년 동안 날아갔다. 1만 년 동안,

자신의 창백한 목과 미친 손가락을 길게 늘이며

그는 날아다녔지만 어느 한곳도 쉴 만한 곳을 찾지 못했다.

수시로 그 별은 어두워졌다가 사라지곤 했다.

무덤의 공포로 인해 어두운 천사는 몸을 떨어야 했다.

별에 가까워지자

안간힘을 다하는 수영선수처럼 사탄은

자신의 다 닳아 갈고리 같은 날개를 앞으로 뻗었다. 지친 유령처럼.

숨 막히고 부러지고 지치고 땀 때문에 열을 내며,

그는 어두운 경사면의 모서리에 부딪혔다.

이제 별은 거의 빛을 잃고 있었다. 그 어둠의 천사는 너무나 지쳐서

목소리도 숨도 남아 있지 않았다.

그 별은 그의 고통스런 눈빛 아래서 사라져가고 있었다.

그러다 마침내 별이 사라져버렸다.[29]

사탄과 신이 벌이는 싸움을 묘사하는 데 세 절을 할애한다. 구약시대를 다루는 "검(劍)", 신약을 나타내는 "교수대", 근대를 상징하는 "감옥". 구약시대에, 사탄은 인간에 대한 신의 영향력을 부정하거나 아니면 적어도 최소화하려고 싸운다. 신은 일시적이나마 인간을 정화하는 데 성공하지만 결국 홍수로 온 세상을 쓸어버린다. (위고가 보기엔) 신의 사랑이 이상하게 발현된 예이다. 파멸된 천사의 날개에서 깃털 하나가 떨어져나오는데, 그 깃털은 아름다운 천사(비니의 엘로아처럼)의 모습을 하고 있다. 그 천사의 이름은 자유이다. 결과적으로 사탄이 일으킨 악한 저항은 그 안에 미래에 사랑과 자유로 되돌아온다는 의미를 지닌 천사가 남긴 표시였다.

바로 그때, 신은 자유가 지옥으로 내려가 사탄을 만나도록 허락한다. 또한 신은 그녀가 땅에 내려가 인간들을 해방시켜 주는 것도 허락하였다. 하지만 그녀는 악마에게도 허락을 받아야 한다. 처음에는, 자신의 잘못에 대해 자기 입장에서 생각하다가 사탄은 허락하려 하지 않

았다가 마침내 그녀의 간청에 마지못해 필요한 말만 내뱉는다. 가라! 자유는 인간들을 고무시켜 악에 저항하게 하고 인간의 자유를 가로막았던 감옥—바스티유로 상징되는—을 부수게 한다. 그래서 혁명은 자유라는 천사의 과업을 신과 악마의 허락하에 완수한다. 화해가 시작된 것이다.

사탄은 온 우주가 자신을 거부한다는 사실을 알고는 괴로워한다.

온 우주에서 나는 이런 말을 듣는다. 꺼져라!
똥더미에서 킁킁거리는 돼지조차도 "사탄을 경멸한다."
밤도 내가 자신을 능멸한다고 생각하는 것을 나는 알 수 있다.
한때 순백의 빛, 새벽이었던
내가. 바로 내가! 나는 빛나는 눈썹을 단 대천사였다.
하지만 나는 질투가 났다. 그게 나의
죄이다. 이런 말을 들었다. 신의 입술은
나를 악이라고 불렀다! 그리고 신은 나를 구덩이에 처넣었다.
아, 나는 그를 사랑하노라! 이는 공포와 격정이다!
나는 어찌될까, 지옥으로 떨어진단 말인가? 나는 신을 사랑하노라!
지옥에는 신이 영원히 존재하지 않는다.
지옥은 사랑이고 울부짖음이다, "오, 나의 빛은 어디 있는가,
나의 생과 나의 계시(啓示)는?"

“내가 처음 떨어졌을 때, 나는 기고만장했다.”

이러한 신, 세상의 중심, 이 눈부신 아버지.

천사, 별, 인간, 그리고 짐승은 그 안에서 지탱한다,

이것을 중심으로 그가 창조한 존재들이 모여 있다.

이 존재, 생명의 근원, 홀로 진실하며, 홀로 필연적인,

나는 그 없이는 아무 일도 할 수 없다, 나는 벌 받은 거인.

하지만 나는 그를 사랑한다!

나는 진실을 알고 있다! 신은 영이 아니라 마음이다.

우주의 중심을 사랑하는 신은 자신의 신성한 정신으로

모든 살아 있는 것들의 꽃실과 뿌리를 연결한다.

“신은 모든 창조물을 사랑한다.”

하지만 사탄은 영원히 버림받고, 슬픔에 빠져, 책망받는다.

신은 나를 무시하고, 나와 함께하기를 그만둔다. 나는 그의 영역 안에 존재한다.

만일 내가 존재하지 않았으면 신은 무한할 것이다.

수만 번이나 나의 맹세를 되뇌인다.

나는 사랑한다! 신은 나에게 고통을 주지만, 나의 유일한 모독,

나의 유일한 광란, 나의 유일한 절규를 나는 사랑한다는 것이다!

나는 하늘이 흔들릴 만큼 사랑하노라! 하지만 헛되도다!

이제 위고가 이 작품의 대단원으로 계획한 바에 따라 신은 대답한다. 사탄은 소리친다. "사랑은 나를 증오하는구나!" 하지만, 신은 대답한다.

아니다, 나는 너를 증오하지 않는다!
사탄아, 너는 이렇게 말하기만 하면 된다. 나를 살게 해주소서!
이제, 너를 가둔 감옥은 열릴 것이고 지옥은 사라질 것이다!
보라, 천사 자유는 너의 딸이자 나의 딸이다.
이처럼 숭고한 가문은 우리를 하나로 만들어준다.
대천사는 다시 태어나고 악령은 죽는다.
불길한 어둠을 거둬내서 이제 하나도 남아 있지 않다.
사탄은 죽었노라. 다시 태어나라, 하늘의 루시퍼여!
자, 너의 이마에 서광을 담아 그림자로부터 올라오라.[30)]

이처럼 신랄한 사탄의 초상은 시적 도덕관을 표현한 것이다. 우리의 이기심과 어리석음으로 인해 우리는 우주의 진상(眞想)으로부터 멀어진다. 진정한 우주의 모습은 사랑인데, 그 사랑은 무한하고, 오래 참으로며, 자비롭다. 이기심과 분노, 그리고 자만심은 맹목적인 거부이고 현실을 부정할 뿐이며 그 자체로 아무것도 아니라는 것을 우리가 이해할 때까지 사랑은 기다린다. 이와 같은 결점에 눈을 뜨기만 하면,

사랑의 계시가 밀려오고, 공포와 수치심에 싸여, 우리가 빠져 있던 어둠을 응시하며 홀로 서 있었던 자신을 알게 된다. 우리의 어두운 눈에 사랑의 빛이 처음으로 들어오는 순간 곧 바로 알 수 있다. 우리가 받아들일 준비가 되어 있으면, 사랑은 어둠을 뚫고 빛으로 충만할 때까지 채운다.

때때로 낭만주의자들은 상징을 극단적으로 바꾸어 사용했다.[31] 낭만주의자들의 목적은 신과 사탄을 통합하는 것이라는 믿음에서 출발한 수도원장 알퐁스 루이 콩스탕(1810-1875)은 조르주 상드의 영향을 받아 사탄은 독단적인 신의 저주로 인해 불공평하게 비난받아 왔다고 믿게 되었다. 비교에 빠진 콩스탕은 자신의 이름을 엘리파스 레비라고 바꾸고, 사탄을 긍정적인 영적인 세력으로 묘사하는 책을 여러 권 저술했다. 프랑스에서 사탄은 정치적인 경향을 보이는데, 위고의 생각과는 정반대로 전개되었지만, 레비도 예외는 아니었다. 1840년대에, 레비가 그리는 사탄은 혁명과 자유의 상징이었다. 그러다가 레비가 나폴레옹 3세를 추앙하게 되자 사탄도 위계적인 법과 질서를 지지하게 된다.[32] 이처럼 사탄을 비의적이고 긍정적으로 해석함으로써 허식가들뿐만 아니라 천박하고 어리석은 사람들을 유혹하는 사소한 움직임일지라도 이따금씩 심각해지는 세기말 사탄주의의 기반이 형성되었다.

위고의 장엄한 사탄 그리고 레비의 과시적인 사탄주의 이외에도, 19세기 내내 사탄은 주로 반어적이고 풍자적으로 또는 변덕스런 모습으로 다루어졌다. 사탄을 반어적으로 다룬 최고의 대가는 테오필 고티에(1811-1872)였는데, 그는 파우스트를 희화적으로 개작한 『알베르투스』(1832)라고 하는 작품을 썼고, 위고와 비니를 풍자해서 『악마의 눈물』(1839)이라는 작품을 썼다. 고티에의 작품에서, 악마는 세련된 외모 뒤에 자신의 악의를 감추고 있는 우아하고 단정하며 재치 있는 멋쟁이로 나온다.

고티에의 「오누프리우스」(1832)라는 단편에서 역설적인 악마의 모습을 가장 분명하게 보여준다. 중세주의와 초자연성에 사로잡힌 시인이며 화가인 젊은 멋쟁이 오누프리우스는 모든 것에서 악마의 손길을 느끼기 시작한다. 마침내 진짜로 악마가 나타나서 그의 그림과 시를 더럽히고, 가장 적절한 상태에서 그의 계략을 수포로 만들고, 연애도 망친다. 오누프리우스가 쇠레 도서관에서 자신이 지은 시를 읽고 있으면, 악마가 그의 뒤에 와서 단어들을 모조리 작은 망태에 담은 다음, 과장되고 터무니없는 구절들로 바꾸어놓는다. 고티에가 묘사한 악마는 비꼬는 듯한 메피스토펠레스를 너무나 완벽하게 그려내서 미술, 오페라, 문학, 그리고 만화 속에 등장하는 전형적인 인물이 되었다. 단정하고 냉소적인 용모의 젊고 잘생긴 남자, 붉은 황제의 수염과 콧수염, 초록색 눈, 얇고, 창백하며 비꼬는 듯한 입술, 날카로운 표정. 완벽한 멋쟁이였던 그는 검은 색 코트와 붉은 색 조끼를 입고 하얀 색 장갑과 금색 안경을 끼고 있다. 길고 섬세한 손가락에 커다란 루비를 끼고 자랑한다. 그는 두려움과 증오에서 나오는 것이 아니라 비꼬는 듯한 웃음을 흘린다. 결국, 그는 거울에 자신을 비춰보는 냉소적이고 하찮은 근대의 인간이다.

사탄을 신사로 묘사하면서, 고티에와 그의 모방자들은 자신들도 멋쟁이였는데, 역설적으로 자신들을 악마와 연관시켰고, 고티에의 악마가 가장 좋아했던 희생자들은 시인이나 화가 등이었는데, 이는 저자가 자신과 같은 예술가들로 일부러 일치시킨 것이다. 이 멋쟁이들은 심미적이고 우아하다. 관습을 무시하고, 자기들에게 관심이 끌려 속물들이 깜짝 놀라도록 옷을 입고 말을 한다. 이국적이고 기괴한 말과 이미지를 사용하고, 섬세하고 거만할 정도로 예민하며, 자기도취에 빠지기를 좋아해서 평범한 도덕성을 일축한다. 그들은 성실하고 진지하기보다는 재기 발랄하고 매력적이어서 고위층 사람들의 삶의 태도에 영향을 미친다. 「오누프리우스」와 같은 이야기 속에는 여러 수준의 반어법이 등장한다. 시인은 어리석게 생각되는 구태의연한 악마를 조롱한다. 또한 그는 악마에 대한 믿음은 신에 대한 믿음만큼이나 타당한 것이라고 역설적으로 주장한다. "악마가 존재한다는 것은 신과 마찬가지로 가장 존경할 만한 저자들에 의해 증명되었다. 그것은 하나의 신조가 된다."[33]

또 다른 차원에서, 잘 속고 감상적이며 천진한 오누프리우스, 그래서 쉽게 놀라고 건방진 신사 악령에게 놀림을 당하는 오누프리우스의 모습을 통해 고티에는 자신과 동료 예술가들을 풍자한다. 그리고 이 신사 악령 역시 당시 예술가들이 가지고 있던 또 다른 모습이었다. 이러한 모든 반어적인 표현 속에는 마술과 기적을 좋아하는 당시의 풍조에 대한 공공연한 풍자가 숨어 있다. 이런 이야기 속에서는 모든 것들이 다 번뜩이는 조롱거리가 된다. 신, 악마, 우주, 인간, 예술, 그리고 예술가들 자신까지도 말이다.

이 세기 중반까지, 예술적 상상력 안에 여러 가지 유형들이 고착되었다. 악마와 신의 도덕적인 모호함, 그들의 통합 가능성, 선을 갈망하면서도 무지와 이기심에 빠진 인간의 정신으로 대표되는 사탄에 대한 심리적 공감, 인간의 조건을 풍자하는 데 이용되는 사탄의 냉담한 목소리 등이 그것이다. 더 새로운 시인들이 나타나면서, 낭만주의는 두 방향으로 차츰 바뀌기 시작했다. 그것은 일상생활을 사실적으로 묘사함으로써 초자연적인 것이나 내재적인 것을 일축하는 자연주의 그리고 댄디즘의 몇몇 요소들과 인간의 타락, 특히 성적인 타락에 대한 심층적인 연구를 결합한 퇴폐주의이다.

1828년 초반, 퇴폐주의가 등장하기 훨씬 전에, 비교와 마카브르에 빠진 한 집단이 빅토르 위고의 집에 모여 해골, 단도, 광인, 묘지, 시체, 유령, 성육신, 계약, 그리고 악령 등을 주로 다루는 저작들을 읽기 시작하였다. 1846년 2월에 모여서 시작된 또 다른 젊은 시인들은 속물들을 놀라게 하는 데 전념했는데, 한 모임에서 합작해서 일곱 가지 대

1856년 장난감 상자의 표지에 등장한 악마는 사소하고 평범한 존재로 나타난다.

죄를 찬양하였고, 극적인 효과를 위해서라도, 발설되지 않는 편이 더 좋았을 말로 자신들의 작품을 사탄에게 헌정하였다.

당신, 사탄, 타락한 아름다운 천사에게,
위험한 명예에 빠진 당신에게
부당한 지배에 맞서 싸우기 위해
나는 내 자신을 온전히 그리고 영원히 바치나이다,
나의 정신, 나의 감각들, 나의 마음, 나의 사랑,
그리고 타락한 아름다움을 가진 나의 어두운 시를.

댄디들의 이론적인 지주인 사탄은 무정부주의자 피에르 조셉 프루동(1809-1865)에게는 매우 상징적인 존재였다. "이리 오라, 사탄이여, 목사와 왕들에게 모욕을 당해왔던 당신, 이제 내가 당신에게 입 맞추고 내 가슴으로 안아주리라"라고 그는 기도한다. 보들레르와 그의 동료들에게도 유행하게 되었던 이런 생각의 영향을 받은 근대의 몇몇 비평가들은 19세기의 악마주의에 대해 언급했다. 분명히 진짜 악마주의들도 더러 있었지만, 그 용어는 조심스럽게 서술될 필요가 있다.

미학적인 효과를 얻기 위해 사탄주의를 가장하는 허식가들은 진정한 사탄주의자라고 할 수 없다. 프루동과 같은 사람들도 마찬가지였는데, 그들은 개인적으로 정치적 혹은 사회적 저항의 상징으로 믿지도 않았던 사탄을 이용하였다. 신과 사탄이 존재한다는 것을 부인하는 사람들을 사탄주의자라고 일컬었던 19세기 기독교인들의 논리는 적절하지 않다. 사탄만이 존재하고 신은 존재하지 않는다던가 아니면 둘 다 존재하지만 사탄이 선하고 신은 악하다던가 하는 견해를 취했던 몇몇 이상한 사람들도 진정한 사탄주의자라고 할 수는 없다. 왜냐하면, 그들은 실속 없이 말만 바꾸었기 때문이다. 누군가가 선하고 사랑스럽고 자비로운 우주의 창조자를 사탄이라고 부른다면, 그 사람은 비관습적인 이름을 신에 적용하고 있을 뿐이다.

사탄주의자라는 말은 소수의 사람들에게만 적용된다. 진정한 악과 이기심, 그리고 고통에 대한 개별적인 원리를 사탄이라고 믿고, 악마를 그런 식으로 숭배하는 사람들만이 사탄주의자이다. 보들레르나 그의 동료들에게 이 말을 붙이는 것은 적절하지 않다. 왜냐하면, 진정한 사탄주의는 매우 제한되어 있고 문화적인 영향력도 미미했기 때문이다.

젊었을 때 교회와 인연을 끊었던 샤를 피에르 보들레르(1821-1867)는 낭만주의에서 자연주의나 퇴폐주의로 넘어가는 데 중요한 인물이다. 원래부터 회의론자였던 그는 종교뿐만 아니라 과학에까지 자신의 의구심을 확대해나갔다. 그는 당시의 경박한 유물론적 진보주의를 형편없이 터무니없는 것으로 보았고, 무신론을 가지고는 소외나, 악, 그리고 인간 실존이 처한 현실을 심도 있게 다룰 수 없다고 보았다. 위고나 낭만주의자들과 마찬가지로, 보들레르도 심미주의자였다. 그는 대부분의 낭만주의자들보다 더욱 사변을 즐기고 도덕적인 문제에 매우 관심을 가졌지만, 신학이나 철학을 체계적으로 가지고 있던 것은 아니었다. 말년에, 그는 스스로를 가톨릭신자라고 여겼다. 그리고 그는 결코 정통주의자는 아니었지만, 그의 작품 속에는 가톨릭주의 그리고 얀센주의자와 마찬가지로 죄에 대한 강한 선입견이 배어 있었다.

보들레르가 악에 관심을 가졌다고 해서 그가 악을 옹호한 것은 아니다. 그는 위선, 인색함, 잔인함 등을 혐오했다. 신이 이 세상을 아름다움, 사랑, 그리고 정의로 채우지 않은 것이 불만의 원인이라고 생각했다. 악이 파괴적이기도 하지만 한편으론 매력적이기도 하다는 것을 솔직하게 인정했다. "모든 사람들에게 두 가지 경향이 동시에 존재한다. 하나는 신을 향하는 것이고 다른 하나는 사탄을 향하는 것이다. 신을 부르는 영혼성은 더 높이 올라가려는 욕망이다. 사탄을 부르는 동물성은 더 아래로 떨어지면서 즐거움을 얻는다." 악은 우리를 맹목적인 이기심, 고립감, 소외에 빠뜨림으로써 모든 것을 파괴하지만, 이러한 어둠이 가지고 있는 나름대로의 매력은 모든 사람들이 느끼고 위선자들만이 부인하는 것이다. 보들레르는 우리 자신의 눈에서 그리고 다른 사람들의 눈에서 위선이라는 장막을 가차없이 거두어들였다. 조르주 상드가 악이 존재한다는 것을 부정했지만, 그는 악마와 지옥이 존재하지 않는다는 것은 그녀의 개인적인 의견일 뿐이라고 신랄하게 주장했다.[34] 보들레르는 감각적인 쾌락의 힘, 특히 젊은이를 압도하는 그러한 힘에 대해 잘 알고 있었지만, 사탄의 가장 강력한 무기는 권태(신학적으로는 나태, 유물론적으로는 권태와 심미적으로 같은 것), 즉 삶의 완전한 공허에 직면한 권태로움이었다.

보들레르는 사탄이 지닌 긍정적인 매력을 느꼈다. 그의 작품 속에서 사탄은 위선의 화신일 뿐만 아니라 낭만주의적인 자유를 쟁취한 자로 등장한다. 이 시인은 저항하는 천사에게서 가장 완벽한 형태의 남성미를 지각했다. 하지만, 대체로 보들레르는 사탄을 인간의 악을 상징하는 것으로 심지어는 개인적인 실체로 여겼다. 그는 플로베르에게 보낸 편지에서 이렇게 말했다. "외적으로 존재하는 악한 힘을 가정하지 않고는 갑작스런 인간의 행위나 생각을 설명할 수 없다는 생각에 늘 사로잡혀 있어요." 강렬한 내관적 힘을 지닌 모든 기독교 작가들처럼, 보들레르는 우리의 정신 속에서 매우 파괴적인 이미지나 욕망 그리고 감정들이 불현듯이 예고도 없이 분출한다는 것을 잘 알고 있었다. 이런 것들은 의식적인 정신을 초월한 어떤 힘을 언급해야만 설명될 수 있다. 그런 힘이 전통적인 기독교에서 주장하는 것처럼 바깥에서 오는 것인지 아니면, 심층 심리학에서 말하는 것처럼 무의식에서 오는 것이든지. 보들레르는 회의론자들 자체에 회의적이었다. "나의 형제들이여, 잊지 마라. 발전하는 계몽주의를 찬양하는 소리를 듣게 된다면, 그것은 자신의 존재를 숨기기 위해 우리들을 설득하려는 악마의 간교한 술책일 뿐이다."

보들레르의 걸작을 꼽자면 자신이 선집한 『악의 꽃』이 있었고 『파리의 우울』[35)]이라는 산문시집도 추가되어야 한다. 이 두 선집에서 다루어진 중심 주제는 선과 악, 육체성과 정신성 사이의 투쟁이었다. 검열관이나 몇몇 보들레르 자신의 추종자들까지도 그의 의도를 파괴적이라고 잘못 읽은 것 같지만, 『악의 꽃』 첫 장에서 "독자들에게"라는 유명한 인사말에 나타난 메시지는 분명해 보인다.

이 말들은 악을 거부한 것으로, 인간의 천성에 대해 비관적으로 진술한 것으로, 아니면 사회 속에서 홀로 자신 안에 있는 악을 인식하려는 꿈과 신념을 가지고 있는 시인이나 예술가의 입장에서 악을 받아들인 것으로 이해할 수 있다.

보들레르는 이 세 가지 모두에 의미를 두었던 것으로 보인다. 그의 작품 속에는 개념적으로 역전된 사례들을 찾아볼 수 있다. 즉, 기독교의 신이 악하게 되고 사탄이 여러 상징의 중심이 되는 것이다. 그러한 상징은 예술, 시인, 인간, 미, 감상, 불의에 대한 혐오, 그리고 전제적인 아버지에 대항해서 앞에서 나열한 가치들을 옹호하는 예수까지도 포함된다. 누구든 냉혹한 여호와를 향할 때는 그의 적에 대한 대단한 동정심과 뒤섞여진 혐오감만을 느낄 수 있다. "울지 않고 떨고 있는 나의 몸에는 어떠한 근성도 존재하지 않는다. '친애하는 바알세불이여, 나는 당신을 찬미하노라!'"라고 시인은 외쳤다 이 구절들은 "사로잡힌 이들"이라는 시에서 나온 것인데, 이 시에는 미친 것 같기도 하고 영감을 받은 것 같기도 하며, 도덕적 가치가 모호한 악령에게 홀린 듯한 등장인물이 나온다. "미에 대한 찬송"이란 시도 모호하다. 아름다움은 신에게서도 사탄에게서도 나올 수 있다. 미 그 자체에 대해, 어디에서 나온 것이 최상의 이상적인 미인지는 시인에게 중요하지 않다. 이러한 아름다움이 좋은 일에 사용되기도 하고 동시에 나쁜 일에 쓰이기도 한다는 사실은 그 자체로 전적으로 애매모호한 우주에서는 전혀 놀라운 일이 아니다.

보들레르의 "사탄의 연도(連禱)"란 시는 그의 사탄주의를 나타내는 징표로 인용되곤 하였다. 이러한 견해는 이 시가 문학적인 전통에서 나온 것이고 다른 모든 보들레르의 시처럼, 반어적으로 여러 가지 차원에서 읽혀질 수 있다는 사실을 무시한 것이다. 보들레르가 찬양한 사탄은 어떤 면에서 보면 전통적인 기독교의 사탄과 같고, 또 어떤 면에서는 예수와 같고, 또 다른 면에서는, 모호한 인간의 마음과 같으며, 예술가 그리고 창조성이라는 끔찍한 양날의 칼과도 같다.

교회와 화해하고 죽은 보들레르는 『악의 꽃』을 위대한 조롱가 테오필 고티에에게 헌정하였다. 그는 자신을 괴롭혔던 악령을 어떻게 처리해야 할지를 정확히 몰랐었지만, 그 악령이 자신을 내버려두지 않으리라는 것을 깨달았다.

폴 베를렌(1844-1896)은 보들레르의 『악의 꽃』을 14세 때 읽고는 보들레르의 가장 헌신적인 제자가 되어 퇴폐주의 운동의 지도자가 되었다. 베를린은 악이라는 문제에 대해 진지하게 고려하지도 않았지만, 보들레르의 악마적 상징주의를 모방했던 그룹의 이름을 “저주받은 시인들”이라고 지었다.

아르투르 랭보(1854-1891)는 교회나 교육제도, 그리고 부모들을 포함하는 권위를 공격하며 젊은 시절을 보낸 후에 결국 가톨릭신자로 생을 마감했다. 젊음을 불사르고 예술가로서의 삶을 거부했던 랭보에게는, 악마란 단 하나의 진정한 선, 예술적인 자유를 억압하고 침해하는 흥미 없는 권위의 상징이었다. 그의 산문시 “지옥에서의 한 철”은 다음과 같은 말로 악마에게 헌정되었다. “사탄이여, 사실적이고 교훈적인 기능을 하지 않는 시를 좋아하는 당신이여, 당신을 위해 나는 저주받은 영혼의 노트로부터 이 얼마 안 되지만 무시무시한 몇 장을 단숨에 써내려 가노라.” 겉치레와 자기도취, 그리고 절망에 빠진 이 시인은 자기자신을 신의 세력과 사탄의 세력, 죄와 무구함, 선과 악, 과거와 현재가 으르렁대는 전쟁터로 생각한다. 이 시인은 한때 강렬하게 이 싸움에 말려들었다가 다시 악마처럼 냉정하게 이 싸움에서 초연해진다. 위고와는 달리, 랭보는 한 인격 안에서 부딪히는 부분들을 통합하거나 초월하기보다는 그저 그것들을 받아들이고 선과 악이 미분화된 영혼의 전의식 상태로 되돌아가려고 한다.

퇴폐주의자들 가운데 가장 악마적인 인물은 로트레아몽이라는 필명을 가진 이시도르 뒤카스(1846-1870)였다. 그는 피하려고 하지 말고 가장 강렬하고 충격적인 형태로 악을 받아들여야 한다고 주장했다. 그는 악을 받아들일 뿐만 아니라 더 나아가 악을 즐기라고 하였다. 사드의 추종자 로트레아몽은 창조적인 잔인성이야말로 천재성과 정직함의 징표라고 주장하였다. 보들레르가 위선을 경멸적으로 공격한 사실을 그는 일종의 구실, 즉 자기 영혼의 가장 혐오스러운 곳을 탐구해보려는 구실로 여겼다. 그의 암울한 걸작 『말도로르의 노래』에 나오는 등장인물 말도로르는 사드와 사탄, 그리고 자기자신을 뒤섞은 인물이다. 그는 끝없이 이어지는 삐뚤어진 분노를 기도하거나 실행한다.

로트레아몽이 미쳤는지 여부는 확실하지 않다. 분명히 그는 자기 마음속에 떠오르는 대로 다 행동으로 옮기지도 않았고, 그런 행동을 지지하지도 않았다. 하지만 사탄주의자인 척하면서 자기자신의 비밀스런 악을 조롱하기도 하는 이 아이로니컬한 댄디는 자신에 대한 환상에 도취되었고, 냉소적인 악과 진정한 악을 구별하기가 어려웠다. 말도로르는 공원 벤치에 앉아 있는 한 아이를 보고는 곧 바로 한 마리의 돼지가 그의 생식기를 갉아 먹으며 몸속으로 파고 들어가는 상상을 한다. 그는 어린 소년들을 고문하고 그들의 피와 눈물을 받아 마시는 꿈을 꾼다. 아이에게 입을 맞추면서, 그는 면도칼로 아이의 뺨을 긋는 공상을 한다. 그는 흡혈귀, 시간, 독신, 수간, 근친상간, 천역, 남색, 그리고 카니발리즘에 사로잡혀 있다.

『말도로르의 노래』에서, 시인은 온갖 위선에서 벗어난 인간 영혼의 진정한 모습을 그리려고 하였다. "말도로르는 악하게 태어났고 자신도 이런 사실을 인정하고 스스로 잔인하다고 말했다"(1.3). 인간의 본성은 원래 선하다고 하는 계몽주의적 낭만주의의 무미건조한 전제에 반발했던 로트레아몽은 선뜻 납득할 수 없는 또 다른 극단으로 치달았다. 인간은 선하다는 믿음이 악의 근원에 대한 문제를 제기하듯이, 로트레아몽이 그리는 어두운 우주론도 선의 존재에 관한 설명의 여지를 남긴다. 어느 정도 로트레아몽은 말도로르를 악마적인 농담으로, 초현실주의나 다다이즘을 지향하는 태도로 생각했다. 말도로르의 지나친 행동은 너무 기괴해서 두려울 뿐만 아니라 터무니없어 보이는 것도 사실이지만, 작가는 자신이 의식적으로 통제할 수 없는 어두운 힘에까지 스스로를 드러내고자 했던 것으로 보인다. 말도로르는 처음에는 자신의 천재성 때문에 잔인함이 주는 즐거움을 나타낼 수 있다는 것을 자랑하지만 결국 자기를 구하러 온 천사를 죽이고 그렇게 해서 상징적으로 자신의 구원을 거부하면서 끝난다(5.8).

악마를 다룬 작품들과 악에 대한 진지한 연구를 분리하고, 그런 작품들을 기괴하거나 공포스러운 이야기 정도로 격하하는 경향은 미국이 유럽보다 훨씬 더 강했다. 인간의 악에 대한 탐구를 주요 관심사로 삼았던 나다니엘 호손(1804)이나 허만 멜빌(1819-1891)도 악마를 상징으로도 자주 사용하지는 않았다. 호손이 진지하게 사탄을 다룬 작품은 『청년 굿맨 브라운』이 유일하다. 브라운이 절망에 빠지자 악마가 나타난다. 브라운은 "나의 신앙은 사라졌다"라고 말한다. "이 땅에 선은 없고 죄는 허울뿐이다. 자, 악마여, 당신에게 이 세상이 주어졌으니." 사탄이 나타나서, 그를 그의 환상 속에 나타난 악마의 연회로 데려간다. 사탄은 칼뱅의 입장(호손은 이런 입장을 악마적이라고 본다)에서 인간의 본성은 본질적으로 타락한 것이라고 그를 설득한다. 호손이 보기에, 브라운은 인간에 대해 절망하고 신의 선함을 믿을 수 없기 때문에 파멸된 것이다. 멜빌의 『모비 딕』은 문학에서 가장 복합적인 상징적 비유를 가지고 있는 작품 가운데 하나인데, 그러한 상징 가운데 하나는 악마적인 것이다. 모비 딕은 인간의 몸과 영혼을 파괴하기로 작정된 존재이다. 마지막에 그가 퍼커드에 달려들어 그것을 없앴을 때, "받은 만큼 갚아주려는 마음과, 잠시도 참지 못하고 곧바로 보복하려는 마음, 그리고 식지 않는 악의를 가지고 그렇게 한 것이다." 멜빌의 『사기꾼(*The Confidence Man*)』(1857)에서 악마는 만우절 날에 항해를 시작한 미시시피 증기선, 피델르에 탑승한 대단한 협잡꾼으로 나온다. 이익을 위해서라면 서로를 속일 준비가 되어 있는, 천박하고 탐욕스런 망상에 눈이 먼 미치광이들이 탄 배이다. 결국 그 미치광이들은 협잡꾼, 영원한 사기꾼, 여러 가지 인물과 모습으로 나타나는 이에게 속아 넘어갔다. 그리스도가 보여준 사랑은 사탄이 조장하는 혼란과 냉소에 압도되어 의미를 잃는다는 이야기이다. 단적으로 악마가 운영하는 상점에 붙어 있는 글자 가운데 하나인 “아무것도 믿지 마라”라는 격언이 사탄에 의한 혼란과 냉소주의를 상징적으로 잘 나타내주고 있다. 멜빌의 비관적인 견해는 마크 트웨인이 더욱 더 계승하였고, 그와 마찬가지로 은밀한 악에 대한 호손의 깊이 있는 천착은 도스토예프스키에 의해 더욱 깊이있게 계승되었지만, 트웨인이나 도스토예프스키가 표출한 악에 대한 관점은 낭만주의 시대보다는 근대에 더욱 어울린다.

고딕 소설이나 흑소설을 미국식으로 번안한 공포물은 에드가 앨런 포(1809-1849)의 작품에서 최초로 강렬하게 표출되었다. 고딕 작가들처럼, 포도 비록 악이 가지고 있는 힘을 잘 알고 있었지만, 그의 작품은 재미를 주고 공포감을 불러일으키려는 것이지, 진지하게 악을 탐구하려는 것은 아니었다. 『지옥과 진자(*The Pit and Pendulum*)』, 『아몬틸라도 술통(*The Cask of Amontillado*)』, 그리고 『무슈발레마 사건의 진실(*The Facts in the Case of Monsieur Valdemar*)』 같은 작품에서 포가 진짜 악에 대해 썼을 때도 악마의 역할이 미미했다는 것은 악마라는 주제가 쇠퇴하고 있음을 암시해주는 것이다. 악마는 포의 희극 작품에만 나타난다. 예를 들어, 『종루 속의 악마(*The Devil in the Belfry*)』라는 작품에서 악마는 네덜란드 교회의 종을 13번 치도록 한다. 『네 머리를 걸고 악마와 내기를 하지 말라』라는 작품에서, 토비라고 하는 난봉꾼이 경솔하게 사탄과 내기를 하고, “존경할 만한 면모를 가진 왜소하고 늙고 다리를 저는 어떤 신사”가 토비가 머리를 잃게 되는 초자연적인 사건을 일으킨다. 의사들이 머리를 제대로 돌려놓지 못하자 자신의 머리가 없어진 것을 알고 토비는 죽는다. 민간전승에서 부정확하게 유래된 이런 종류의 기발한 이야기들이 미국 악마 이야기의 전형이다. 미국 작가들이 가장 좋아하는 주제는 노골적인 유머에서부터 풍자에 이르기까지 모든 기회를 제공해주는 악마와의 거래였다. 또한 이런 거래를 통해 갖가지 기발하고 새로운 방식으로 주인공은 악마를 이기기도 하고 그들에게 지기도 하였다.[36)]

19세기에 음악이 발전하면서 변화가 일게 되었다. 그것은 바로 몇몇 작곡가들이 악마적인 것과 연관을 맺은 것이었다. 관념론자들이 볼 때, 어떤 음악은 다른 음악보다 유독이 우주와 본질적으로 조화를 이루는 것 같았다. 즉, 그러한 음악은 신이나 우주의 질서를 더욱 가깝게 반영한다. 이런 관점에서, 예를 들면, 바흐나 모차르트는 쇼팽이나 스트라빈스키보다 "더 진실하고", "더 좋은" 곡을 쓴 것이다. 조화를 강조하는 작곡가들은 일부러 부조화를 끌어들여 음악적인 효과를 낸다. 때로는 들어내놓고 악 그 자체를 묘사하기도 한다. 그러나 조화를 추구하지 않는 음악은 좋지도 않고, 진지하지도 않으며, 현실적이지도 않고, 어쩌면 악마와 같은 것이기도 하다. 불협화음은 혼돈, 우주와 신의 질서정연한 계획의 와해를 반영한다.

하지만, 베토벤에서 시작해서(또는 모차르트의 후기 사중주에서도) 작곡가들은 주로 음악과 자신들의 감정이 더 자유롭게 흐르도록 일부러 불협화음을 차용했다. 낭만주의 시대의 작곡가들은 대부분 자신들의 음악이 인간의 모든 경험—이성뿐만 아니라 감성, 선은 물론이고 악까지도—을 포괄하기를 원했고, 이런 목적을 이루기 위해 불협화음을 사용했다. 파가니니나 "극악무도 왈츠"를 작곡한 프랑세즈 뷜디우와 같은 극소수의 사람들은 악마로부터 영감을 받았다고 주장하였다. 스트라빈스키 같은 근대 작곡가들은 관념론적인 견해를 불신하고 밀어내기 위해서 불협화음을 사용하였다. 그러나 어떤 종류의 음악이 다른 것들보다 더 좋다거나 더 현실적이라고 할 수 있는지 아닌지는, 음악이 우주를 반영할 수 있다고 믿는지 그렇지 않은지, 그리고 궁극적으로 이 우주가 질서정연하거나 혹은 혼돈스럽다고 믿는지 그렇지 않은지에 달려 있다.[37]

문학에서의 상상력은 19세기 악마의 개념을 지배해왔지만, 19세기 중반에 가서는 문학과 예술에서 악마에 대한 관심은 시들해지기 시작하였다. 악마는 공포물이나 희극에서 지나치게 많이 이용되었다. 형이상학으로부터 방향을 바꾸면서 사실주의와 자연주의가 나타나게 되고, 점진적이지만 지속적으로 실증주의가 발전하면서 문학의 초점은 악에서 인간의 개성으로 회귀하였다. 여전히 상징을 일관성 없이 모호하게 사용하는 낭만주의적 경향으로 인해 그 의미는 모호해지고 분산되었다. 세속주의와 유물론이 서구 사회의 주도적인 세계관으로 서서히 대체되면서 개별적인 사탄에 대한 믿음은 공공연한 기독교도들 사이에서도 급격하게 줄어들었다. 동시에, 낭만주의와 문학에 등장하는 악마가 쇠퇴하면서 그러한 상징은 신학자들에게 되돌려졌다. 사탄이라는 존재가 결국 20세기에 약간의 권능을 다시 회복하게 되었을 때, 그 모습은 낭만주의적 양태가 아니라 전통적인 양태로 나타났다. 한편, 악에 대한 왕성한 논의는 니체, 트웨인, 그리고 누구보다도 도스토예프스키에 의해 이루어졌고, 이들은 당대 그 누구보다도 악을 잘 알고 있었고, 그들의 어두운 전망은 근대의 모델이 되었다.

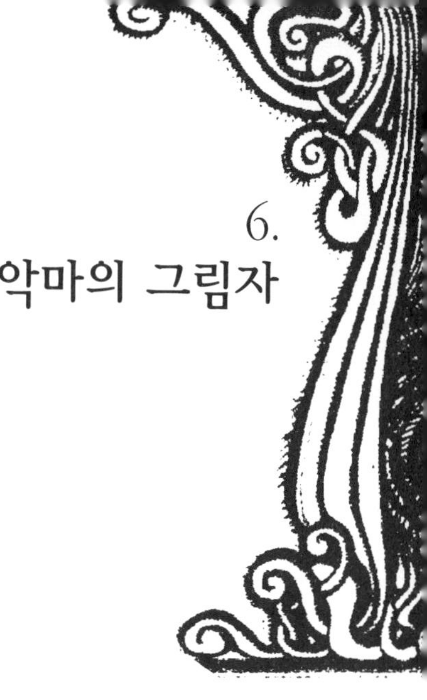

6. 악마의 그림자

산업화와 도시화에 따른 사회의 변화는 19세기 후반까지 계속 증가하는 추세를 보였다. 불가지론은 철학이나 문학계의 엘리트들뿐만 아니라 교양 있는 대중들에게까지 널리 퍼져나갔다. 이처럼 사회가 계속 세속화되면서, 네 명의 위대한 사상가들—다윈, 마르크스, 니체, 그리고 프로이트—은 권위를 더해갈 수 있었다. 최근의 역사적 견해에 따르면 과학과 종교가 벌인 투쟁은 꼭 필요한 것도 아니었고 대체로 실체도 없다고 보고 있지만, 그 저변에 흐르는 현실이 어떻든지 간에, 이 두 진영은 서로의 반대됨을 인식하고 각자 자신들의 진실을 떠맡았다.[1)]

찰스 다윈(1809-1882)은 선도적인 지질학자와 역사가들이 추종하는 생물학자들 가운데 가장 영향력 있는 인물이었다. 이들은 우주에 대해서 점진적이고 진화론적인 견해, 곧바로 천문학과 물리학에 의해 강화된 견해를 채택했던 생물학자들이다. 진화론적 생물학에서는, 종이 처음부터 결정되어졌다는 생각 그리고 인간은 다른 종들과 관계없이 신의 특별할 행위에 의해서 창조되었을 뿐이라는 생각을 폐기했다. 인류는 덜 복잡한 동물의 형태에서 진화된 것이라는 가정은 다윈의 『진화론』(1859)과 『인류의 기원』(1871)에서 시작되었다. 이미 인류는 분명하게 공간의 중심에서 밀려나 있었는데, 다시 진화론적인 견해로 인해 시간의 중심에서도 밀려난 것으로 보였다. 인간들이란 수십억 년 먹은 이 우주에 존재하는 수십억 개의 은하계 가운데 하나, 그 가운데서도 아주 외진 곳에 위치하는 자그마한 행성의 표면을 기어 다니는 미미한 존재라는 생각이 점차 고개를 들었다. 우주적인 투쟁에서 인간이 어떤 중요성을 가지고 있을 것이라는 생각은 점점 사라져갔다. 새로운 세계관에서는 신이나 악마에 대해서 거의 고려하지 않았다.

진화론과 창조론 사이의 지적인 대립은 이성적이고 냉철한 지평에서 이루어졌고, 몇몇 사상가들은 그 둘 사이에 필연적으로 충돌해야 할 이유는 없다고 인식하였다. 신이 우주를 창조하려는 계획은 진화론적인 과정에 기초한 것일 수도 있고, 창세기는 신이 자신의 특별한 의도에 따라 우주와 인간을 창조했다는 것을 시적으로 표현한 것으로 읽을 수도 있다. 이는 신의 영감과 일치하고 과학이 논박할 수 있는 영역을 초월한다는 견해이다. 하지만, 대부분의 극단적인 창조주의자들은 터무니없이 환원주의적 과학자들과 통합되었다. 그들은 창세기의 저자는 과학이나 역사라는 것이 생기기 천년 전에 이미 역사적이고 과학적인 진리를 진술하려는 의도를 가지고 있었다고 주장하였다. 성서가 과학적으로 입증된 진리이므로, 진화론이 틀린 것이라고 창조론자들은 주장하였고, 진화론자들은 진화가 옳고 성서가 틀린 것이 확실하다고 주장하였다. 이에 따라 교육받은 대중들은 과학과 종교 사이의 불필요한 이분법에 휘말리게 되었다. 과학을 선택한 사람들은 전반적으로 전통적인 종교를 거부하는 경향을 보였고, 반면에 성서를 선택한 사람들은 벙커 안으로 후퇴해서 다윈주의에 맞서는 바리케이드를 세웠다. 다른 종류의 진실은 다른 형태로 표출될 수 있다는 것을 이해하지 못해서 생긴 이러한 지루한 논쟁은 지금까지도 계속되고 있다.

전통 종교에 대한 더욱 노골적이고 근본적인 도전은 카를 마르크스(1818-1883)와 프리드리히 엥겔스(1820-1895)가 주도하였고, 다양한 마르크스주의 사상가들과 활동가들이 그 뒤를 이었다. 19세기 중반 독일의 지적인 환경에서 배태된 마르크스주의는 실증주의와 유물론을 기반으로 하면서 노골적으로 초월적인 존재를 부정한다. 기타 다른 체제와 마찬가지로 마르크스주의도 증명되지 않는 선험적인 전제들을 기반으로 하고 있는데, 어떤 부분은 심각한 내적 모순을 담고 있다. 마르크스주의는 주로 신념을 바탕으로 하는 일종의 종교로 이해된다. 마르크스주의자들은 지식이란 경험적인 관찰로부터 유래되는 것이어야 한다고 주장했지만, 마르크스주의가 가지고 있는 전제들을 마르크스주의자들도 경험적으로 설명할 수 없다. 마르크스주의자들은 사회에 대한 모든 분석은 계급관에 의해 왜곡되기 때문에 주관적일 수밖에 없고, 자신들이 행하는 분석만이 객관적이고 왜곡되지 않는다고 주장하였다. 역사가 진행되면서 모든 역사관에 노정된 한계로부터 어떠한 역사관도 자유로워야 한다고 주장한 것은 처음부터 온전치 못하다. 그리고 이런 주장은 역사적 증거 그 자체로 볼 때도 모순이다. 왜냐하면, 마르크스주의도 쉽게 한계가 드러나는 19세기라는 지적이고 사회적인 뿌리로부터 발생한 것이기 때문이다.

마르크스주의는 다윈주의처럼 단순하게 무신론을 주장하지는 않는다. 마르크스주의는 무신론을 확고히 견지한다. 엥겔스는 물질이야말로 절대적이라고 주장했다. 물질은 그 자체가 원인이 되고 물질은 무한하다. 그러므로 물질의 무한한 변증법 속에서, 물질은 시공간의 어떤 지점에서, 지능을 가진 존재를 필연적으로 산출한다. 초월적인 정신 또는 목적은 어떤 식으로든 나타나지 않는다. 선과 악은 인간의 창조물일 뿐이다. 또한, 그것들은 상대적인 것도 아니다. 마르크스주의는 인간 사회와 욕망에 대해 절대적으로 객관적인 견해를 취하고 있으므로 인간의 도덕성 그리고 선과 악에 대해서도 객관적인 견해를 제공한다. 초기 마르크스는 의식을 산출하는 물질세계로부터 인간의 의식이 원래부터 소외된 것을 악이라고 생각하였다. 나중에 그는 소외와 그에 따른 악은 다른 인간에 의한 인간 존재의 착취, 계급 차이로 인한 착취에서 기인하는 것이라고 주장하였다. 소외를 일으키는 근본적인 원인은 사유 재산과 노동의 분업이다. 예를 들면, 부르주아 자본주의는 농민과 노동자들을 착취함으로써 악을 발생시키고, 다른 나라들의 노동력을 착취함으로써 악을 야기한다. 마르크스는 공산주의가 승리하면, 계급 차이와 착취가 사라져 악도 근절될 것이라고 주장했다.

다윈주의와 마르크스주의(뿐만 아니라 아래에서 논의될 니체의 염세주의와 프로이트주의)의 만만치 않은 공세에 대항해서, 기독교도들은 한 손에는 맹목적인 몽매주의를 들고, 다른 한 손에는 항복문서를 들고 돌진해나가는 형국을 보였다. 정신없이 뒷걸음질치면서, 유물론을 진정시키고자 하는 지나친 노력의 일환으로 자신들이 믿던 교리를 차례로 희생시켰다. 마치 썰매 밖에 있는 늑대에게 자신들의 아이를 던지는 시베리아인들처럼. 제일 먼저 집어던져져야 할 믿음이 악마였다. 가톨릭의 토마스주의와 프로테스탄트의 성서 무오설(無謬說)을 포함해서, 기독교의 몽매주의적 진영은 희안하게도 19세기 말 무렵에 악마학이 부활되면서 퇴폐주의적 낭만주의와 오컬티즘에 의해 강화되었다. 관심의 초점은 주로 빙의에 맞추어졌고, 장 마르코 샤르코(1825-1893)와 프로이트가 이른바 빙의라고 하는 것에 대해 심리학적으로 설명했을 때조차, 보수적인 기독교도들은 엑소시즘을 옹호하였다. 이 때문에 기독교도들은 자신들을 궁지에 몰아넣게 되었고 꼭 필요한 구분마저도 모호하게 되었다.

특히 1848년 혁명 이후로, 보수적으로 기운 가톨릭 사상은 브라가 공의회, 제4차 라테란 공의회, 트렌트 공의회에 의지해서, 그리고 토마스 아퀴나스의 저작에 의존하면서 악마론에 관한 한 전통의 길을 따르기로 하였다. 로마 예식서(Rituale Romanum)에는 계속해서 액막이 의식이 포함되었고, 이른바 빙의라고 알려진 경우에 효과가 있는 표준적인 시험 방법이 상술되었다. 사기꾼들에게 속지 않으려면 세심한 주의가 요구되었다. 그러나 만일 빙의되었다고 알려진 사람이 전혀 모르던 실재 언어를 이해할 수 있고, 멀리 떨어진 곳에서 발생한 일이나 미래의 일을 알고 설명하거나 자신의 타고난 능력을 훨씬 초월하는 육체적인 힘을 드러낸다면(원래 형성될 때는 비이성적이지 않았지만 근대 심리학의 관점에서 보면 유치한 시험들), 악령들이 개입되었다고 생각할 수도 있다. 1879년 8월 4일에 교황 레오 13세는 회칙 “영원하신 아버지(Aeterni Patris)”를 발표해서 토마스주의적 신론이 영원히 유효함을 인정하였다. 토마스주의적 신론은 그 세계관 안에 악마가 확실하게 존재하고 있었다. 그래서 가톨릭교회는 동방 정교와 보수적인 프로테스탄트들과 의견을 일치시켜 악마가 개별적으로 존재한다는 것을 사실로 옹호하면서 1960년대까지 유지되었다.

한편으로, 자유주의적 프로테스탄트의 신론이라는 주류적인 경향은 악마를 부인하거나 적어도 무시하는 듯했다. 프리드리히 셸링은 사탄이라는 교의는 성서에 입각한 것이라기보다는 전통에 입각한 것이므로 폐기될 수도 있다는 입장을 취했다. 여러 자유주의자들과 마찬가지로, 악마는 그럼에도 불구하고 하나의 개체가 아니라 악을 상징하는 개념으로 남겨질 수도 있다고 셸링은 모호하게 주장하였다.[2] 그밖의 사람들은 더 확실하게 사탄이란 인간이 지은 죄에 대한 메타포라고 정의하였고, 이러한 견해는 자유주의적 프로테스탄트주의의 기준이 되었다.[3] 알베르 레빌은—다른 많은 20세기 자유주의자들이 그랬던 것처럼— 악마학(diabology)과 악마주의(demonology)는 예수와 사도들이 흡수하고 받아들였던 신약시대의 문화적 환경을 이루는 부분이었다고 주장하였다. 악마와 악령들은 예수와 바울—이들은 인간의 책임에 집중했다—이 경시했던 원시적인 다신교의 잔재일 뿐이었다는 것이다.[4]

만일 악마(악마는 신약성서에서 성령보다 더 빈번하게 나타난다)를 당시의 미신 정도로 치부해버리게 되면, 구원이나 성육신 그리고 실제로 계시에 관한 모든 생각들도 폐기해야 한다는 것은 냉철한 관찰자들에게는 당연한 것이다. 이럴 경우에, 신약성서 전체가 너무나 미신적인 오해들로 뒤얽혀 있어서 모두가 폐기되어야 한다고 주장한 냉철한 관찰자가 용서받을 수도 있을 것이다. 대체로 복음서와 서간문의 저자들이 악마의 존재와 권능에 대해서 했던 말들의 실제적인 의도를 살펴보는 것이 더욱 믿을 만하다.

종교적인 신념에 휘둘리지 않았던 윌리엄 제임스(1842-1910)와 같은 작가들은 꼭 필요한 부분들을 제거하면서까지 기독교를 옹호해야 한다고 생각하지 않았다. 우리가 발로 악마의 목을 누르고 있는 한, 이 세상에 악마가 있음으로 해서 더 풍요로워진다고 이해했던 제임스는 악마에 대한 직접적이고 직관적인 경험의 몇 가지 사례를 기술하였고 악의 근본적인 본성을 과감하게 직시하였다. "악의 형태는 너무나 극단적이어서 그것이 어떻든 간에 선의 체계 안으로 들어갈 수 없을 수도 있다…… 악의 진상은 마치 선의 진상처럼 자연의 진정한 부분들이다."[5]

기독교인들이 악마에 동의하지 않는 동안, 퇴폐적 낭만주의자들은 악마를 세기말에 나타난 심미적인 유행 정도로 치부하였다.[6] 사탄에 대한 비난 가운데는 거의 이성을 잃은 것도 있었다. 가톨릭과 기타 보수적인 기독교도들은 프리메이슨을 사탄주의자들이라고 공격하였고, 장미 십자회원들과 기타 밀교주의자들은 서로를 같은 열정에서 공격하였다.[7] 밀교에 대해 관심이 고조된 것은 실증주의나 회의론 때문에 정상적인 출구가 가로막혔던 내재적인 종교적 감정이 표출된 것이다.

밀교는 파우스트적으로 변형되어 더 많은 지식인 신봉자들을 끌어들였다. 이들을 위해 엘리파스 레비(1810-1875)는 이론적인 토대를 마련하였다. 레비가 죽은 해에, 헬레나 블라바츠키 여사(1831-1891)는 신지학(神智學) 협회를 창립하였다. 발음하기도 힘든 알레이스터 크로 우리(1875-1947)뿐만 아니라 W. B. 예이츠, 알제논 스윈번, 오스카 와일드, 그리고 회원 가운데 여러 문학가들이 포함되어 있던 황금 새벽 연금술회가 1887년에 결성되었다. 이 모임에서, 예이츠는 "악마는 신이 뒤집힌 것이다"라는 밀교 이름을 받았다.[8)]

블라바츠키의 비밀 교리는 밀교 체계 안에서도 가장 일관된 모습을 보여주었다. 블라바츠키의 견해—고대 그노스주의, 근대의 밀교, 동방의 종교들, 그리고 그녀 자신의 독창적인 생각들이 합쳐진—에 의하면, 악마는 여호와의 그림자이다. 어둠이 없으면 빛은 그토록 밝게 비출 수 없는 것이다. 루시퍼는 창조의 과정에서 필요한 부분이다. 신성한 충만, 로고스의 일부이고 그래서 그리스도에게로 융화된다. 루시퍼는 빛의 담지자이고 헤르메스, 신의 전령사이다. 여호와는 천사를 개입시켜 이 세상을 창조했던 냉정하고 소원한 신이다. 천사에는 세 가지 부류가 있다. 스스로 창조된 천사, 스스로 존재하는 천사, 불천사. 여호와가 이 세상을 창조하라고 명령했을 때, 앞의 두 부류들은 여호와의 명령을 엄격하게 따랐고 자신들과 비슷한 존재들을 만들었지만, 불천사는 명령에 따르지 않고 지식과 그에 따른 진정한 자유를 이용해서 인간을 만들었다. 인간들이 지성과 의지, 그리고 지식을 갖게 된 것에 대해 감사해야 할 대상은 바로 악마이다. 왜냐하면, 여호와의 의도대로 자동인형이 된 인간의 어두운 눈을 뜨게 해준 것이 바로 악마이다. "창세기에 뱀으로 나오는 사탄은 진정한 창조자이며 은인이고 영적인 인류의 아버지이다"[9)]

이 당시 가장 악명 높은 악마 숭배는 베를렌과 저주받은 시인들의 친구인 소설가 J. K. 위스망스(1848-1907)에 의해 폭로되었다. 낭만주의가 자연주의와 퇴폐주의로 나누어질 때, 위스망스는 그 간격을 메우려고 하였다. 그는 자연주의적 입장에서 글을 썼지만 한편으로는 퇴폐주의의 지도자였다. 퇴폐주의는 심미주의, 관능주의, 그리고 근친상간, 가학 피학성 변태 성욕, 수간, 매춘과 같은 성심리학적 탈선에 매료되는 것이 특징이었다. 퇴폐주의자들은 마키스 드 사드와 로트레아몽을 자신들의 영웅으로 삼았다. 위스망스와 같은 작가들은 자연주의와 퇴폐주의를 혼합하였다. 도시의 삶을 사실적으로 그리면서도, 그러한 삶을 거짓되고 절망적이며 무의미하다고 묘사하였다. 니체의 영향 아래서, 심미주의자들과 관능주의자들은 자신들의 감성과 감수성, 욕망, 그리고 성도착을 통해 자신들만의 의미를 창조해야 한다고 주장하였다. 퇴폐주의는 낭만주의보다도 훨씬 희박한 공동체 의식을 가지고 있었고 저속하고 교양 없는 하층민보다 미적 감각을 지닌 엘리트들을 찬양하는 거만함을 지녔다. 퇴폐주의는 기존의 질서와 성장하고 있는 민주주의라는 개념 모두에 대한 반발이었다. 퇴폐주의의 정수를 보여주는 소설 가운데 하나는 위스망스의 『역로』(1884)였지만, 사탄의 역사에서 그가 명성을 얻은 것은 바로 『피안』(1891)이라는 작품 때문이다.[10)]

위스망스는 1887년에 『피안』을 쓰기 시작했다. 애초에 그의 계획은 15세기에 퇴폐주의자들이 열광했던 아동 치한이자 대량 살인자, 질 드 레라는 역사적 인물을 바탕으로 소설을 쓰는 것이었다. 질에 대한 관심으로 위스망스는 중세의 악령 마술과 악마연구에 끌렸고, 그리고 나서는 루이 14세 통치기의 흑미사와 마지막으로 당대 사탄주의에 호기심을 갖게 되었다. 그는 브뤼즈로 가서 악명 높았던 수사 신부 루이 반 해케를 만났는데, 이 신부가 비밀리에 풍기 문란한 의식을 거행했다는 소문이 있었다. 그후로 위스망스는 더욱 악명 높았고 성직까지 박탈당한 신부 조셉 안토니 볼랑의 친구, 베르테 쿠리에와 연예관계를 맺기 시작하였다.

로마에서 박사 학위를 받고 신부로도 서품받은 볼랑(1824-1893)은 초자연적인 치료를 할 수 있다고 주장하는 수녀 아델 슈발리에의 애인이 되었다. 이 두 사람은 배설물과 성별된 성찬식 빵으로 만들어진 약을 나누어주며 떠돌아다녔다. 아델레가 사생아를 낳았을 때, 그들은 그 아이를 1860년, 12월 8일 미사에 제물로 바쳤다. 이 범죄 행위는 훨씬 뒤에까지도 알려지지 않고 있었는데, 1861년부터 1864년까지 가짜 약을 판 혐의로 볼랑은 감옥에 보내졌다. 1869년에 로마의 종교 재판소에 의해 다시 수감되면서, 그는 잡지 ≪붉은 공책(Cahier rose)≫을 만들었다. 이 잡지는 나중에 빛을 보게 되면서 그의 악마적인 범죄 행위가 모두 유언비어였다는 것이 확인되었다. 그해 파리로 돌아온 볼랑은 이전에 했던 일들을 재개했지만, 그의 진짜 본성은 아직도 알려지

지옥의 파티. 1880년 카페연주회를 알리는 포스터에서 악마는 우스꽝스러운 존재로 단순화된다.

지 않았고 악령들을 좇는 일에 헌신했고, 이런 능력을 통해서 수녀들이나 기타 다른 희생자들에게 은밀한 성적 예배식을 이용해 "몽마(夢魔)"를 받아들이는 방법을 가르쳤다. 마침내 1875년 파리의 대주교에게 그가 성직을 박탈당했다는 사실이 명백히 드러났다. 그후로 그는 스스로 마법사인 척하면서 거짓 치료와 투시력, 그리고 성적인 의식을 하면서 생계를 이어갔다.

이 부분에서 위스망스의 이야기가 등장했다. 베르테 쿠리에가 그를 볼랑과 접촉하게 해주었고, 볼랑은 자신의 여사제이자 가정부였던 쥴리에 티보를 보내 위스망스라는 작가가 믿을 만한 사람인지 여부를 알아보도록 하였다. 안심하게 된 볼랑은 위스망스에게 마술, 몽마, 그리고 흑미사에 관한 방대한 자료를 보내, 흑미사라는 커다란 의식은 스스로 집전한 것이 아니라 과이터와 장미십자회 사람들이 한 것이라고 하였다. 구아이타와 다른 밀교주의자들은 분개해서 볼랑이 거짓말을 하고 있다고 위스망스에게 설득하려 하였지만, 실패로 돌아갔다. 『피안』이라는 작품을 쓰고 있을 때, 위스망스는 볼랑의 뒤를 이은 사악한 사제 도크레를 모델로 하려고 하지 않았다. 대신에 그는 브뤼제의 해케를 자기 소설의 모델로 삼았다.

이 소설은 씌어질 당시에 위스망스 자신의 경험을 허구적으로 기술한 것이다. 이 소설의 주인공은 뒤르탈(Durtal)이라고 하는 작가였는데, 이 사람은 질 드 레를 조사하기 시작하면서 근대 악마주의에 관심을 갖게 되었고, 요한슨 박사와 혐오스런 수사 도크레를 만난다. 연구 도중에, 뒤르탈은 파리에서 악마의 미사에 참석해서 도크레에 의해 집전되는 미사를 묘사한다. 도크레와 신도들은 검은 색으로 치장되어 있고, 흔들리는 촛불만이 밝히는 어두운 방에서 비밀리에 만난다. 걸을 때마다 신(神)을 밟을 수 있도록 발바닥에 십자가 문신을 한 도크레는 축성(祝聖)된 성찬 빵을 쥐들에게 먹이고 성찬용 빵에 배설물과 오줌을 섞는다. 강한 향이 피워지면, 약이 나누어지고, 악마가 불려지며, 사탄의 찬송가를 부른다. 그리스도를 모독하고 능멸하는 긴 연도가 낭송되면, 합창소년들이 응창을 한다. 약을 먹은 신도들은 울부짖으며 바닥을 구른다. 사제들은 신도를 앞에서 성체를 성적으로 조롱하고, 남자들이 합창소년들을 능욕할 때 여자들은 앞으로 나와 그 성체를 먹어치운다. 피안은 1890년대에 유럽에서 인기가 있었을 뿐만 아니라 상당히 악명이 높아졌다. 그러나 자신이 개입된 사태에 염증을 느낀 위스망스는 곧 가톨릭으로 개종해서 퇴폐주의 운동을 그만두었다.

퇴폐주의와 밀교주의와는 달리, 당대의 철학과 윤리학적 사유의 주류는 본격적인 악을 거의 다루지 않았고 악마는 전혀 언급되지도 않았다. 윤리학을 주도하는 작가들은 형이상학적이고 목적론적인 관심으로부터 문화 상대주의, 상황 윤리학 그리고 유물론적 실용주의로 옮아갔다.[11)]

프리드리히 니체(1844-1900)의 저작은 가장 급진적이며 궁극적으

1929년 파리에서 출간된 제인 실비우스의 책표지. 제단에 바쳐진 누드 여인, 뿔난 사탄, 사탄을 상징하는 별 등은 사탄에 전율케 되는 19세기 후반의 경향을 나타낸다.

로 가장 영향력이 있었다. 니체는 아무런 바람도 없이 있는 그대로의 현실에 끊임없이 매우 과감하게 직면함으로써, 헤겔의 관념론을 거부할 수 있었다. 모든 타협을 거부했기 때문에 그는 1889년부터 생을 마칠 때까지 자신을 무력하게 만들었던 정신 질환에 시달리게 되었다. 신, 관념론, 형이상학, 플라톤주의, 초월성, 도덕에 대한 절대적인 기준, 그리고 존재와 의미 이 모든 것들은 죽어가고 있고 이미 죽은 환영들이라고 그는 주장했다. 모든 사변 철학은 철학자 자신의 희망과 두려움이라는 공허한 메아리일 뿐이고, 신학은 난센스이고, 낭만주의는 방종이다. 무엇보다도 니체는 경솔한 낙관주의, 안이한 생각, 일체의 자기기만을 혐오했고, 인간의 유일한 가치 있는 행동은 아주 솔직하게 현실과 대결하는 것이라고 주장했다. 그는 우리들이 어떤 종류의 절대적인 지식도 얻을 수 없다는 사실을 깨달아야 한다고 요구했던 허무주의자였다. 실증주의를 거부한 니체는 절대적인 현실은 알 수 없고 단지 인간은 현실을 구성할 뿐이라고 주장했다. 그는 데카르트나 칸트도 너무 많은 것을 가정했다는 것을 보여주면서, 모든 전통적인 인식론을 일부러 폐기하였다. 우리가 유일하게 알 수 있는 것은 직접적으로 경험한 것이고, 우리가 유일하게 직접적으로 경험할 수 있는 것은 사유라고 그는 단언했다. 어떤 사상가가 있었는지 여부도 알 수 없다. 우리가 아는 것은 "사유가 사유되고 있다"는 것일 뿐이다.

이 세상의 의미는, 만일 그런 것이 있다면, 우리에게서 영원히 감추어져 있기 때문에, 우리 스스로 의미를 창조해야 한다. 우리는 이러한 과업을 “힘에의 의지”로 수행한다. 니체가 말하는 “힘에의 의지”란 단순한 힘의 증대가 아니라 우리들의 자율성을 주장한 것일 뿐이다. 우리의 의지를 입증해줄 어떠한 외재적이고 초월적인 가치는 없으므로, 의지는 스스로 가치와 의미를 창조해야 한다. “초인”은 스스로의 책임을 주장하고 스스로를 입증한다. 나중에 니체의 사상은 나치와 기타 세력들에 의해 곡해되었지만, 그 자신은 “초인”이 자기자신의 견해를 다른 누군가에게 강요한다는 의미로 사용하지 않았다. 진정한 초인은 스스로 자신의 가치를 창조하고 그러한 가치를 외적인 실재와 절대적인 원리로 혼동하지 않는다는 것을 알고 있다.

현실을 유효하게 구축하려면, 환상에 의존해서는 안 된다고 니체는 말했다. 그러한 현실은 진정한 인간의 경험에 실질적으로 뿌리박고 있어야 하는데, 그것은 주로 고통과 절망이다. 대부분의 세계관은 이런 비극적 관점을 회피해서 구축되었지만, 그 결과는 환영에 기반한 문화를 낳았고 쉽게 사라져버린다(니체는 오늘날 핵으로 인한 죽음의 행렬도 이러한 환영들이 자연스럽게 확장된 것으로 보았을 것이다). 현실을 정직하고 있는 그대로 과감하게 직시할 때만이 우리는 파멸로부터 자신을 구할 수 있다. 우리는 악이나 절망을 인식하고, 정면으로 맞서, 의지로 통제하면서, 극복해나간다. 우주에는 어떤 초월적인 의미도 없으므로, 삶의 의미는 유쾌하게 우주의 의미를 창조할 때 생겨난다. 니체는 낙관론은 물론이고 "나약한 비관론"도 거부하였고, 아마도 제멋대로 무의미와 절망에 탐닉하는 20세기 후반의 경향을 경멸하였을 것이다. 오히려 허무주의를 극복하려면 허무주의를 이용해야 하고, 무의미를 극복하려는 의지, 절망을 극복하기 위해 즐거움을 이용해야만 한다.

> 이제 우리는 확실한 우주의 승리를 축하한다.
> 축제들의 축제.
> 우리들의 친구 차라투스트라가 온다, 손님중의 손님!
> 이제 세계는 웃고, 잔인한 장막은 찢긴다.
> 그리고 빛과 어둠의 결혼식은 끝난다.[12)]

니체는 기독교를 서구 사회에서 가장 영향력이 큰 환영이며 두드러진 탈출구로 보았지만, 그는 모든 종교와 바로 신 또는 초월적인 원리라는 이념, 심지어 자연의 원리까지도 거부하였다. 『즐거운 지식』(1882)에서 그는 신은 죽었다고 선언하면서 시장으로 뛰어든 미친 남자의 이야기를 언급하였다. 어느 누구도 그의 말을 믿으려고 하지 않았을 때, 그는 자신이 "너무 빨리 왔다"는 것을 깨닫는다. 이미 헤겔이나 하이네도 신의 죽음에 대해 말했지만, 니체의 비유를 통해서 지식 계층 사이에 유행하게 되었다. 니체는 신이 아직 없어지지는 않았지만 임종 직전에 곧 사라질 것이라고 보았다. 이런 이념은 20세기 말 다른 형태로, 즉 마틴 부버의 "신의 소멸"이나 신학자들이 주장하는 "신의 죽음" 등으로 다시 나타났다. 니체가 보기에, 신이라는 관념은 두 가지 원천에서 비롯된다. 자연 현상에 대한 오해, 그리고 인간 자신의 희망과 두려움에 대한 심리적인 투영.

니체는 용기 있게 확신을 가지고 살 수 있는 방법을 가르쳐주었던 예수를 개인적으로 존경하였지만, 기독교는 예수의 의도를 악의적으로 왜곡했다고 생각했다. 도덕성을 경험적으로 연구해보면, 주인의 도덕과 노예 또는 대중의 도덕이 따로 있다는 것을 알 수 있다고 주장했다. 기독교는 나약함, 두려움, 동정, 의무, 그리고 복종을 바탕으로 하는 가장 나쁜 노예의 도덕이다. "창백한 갈릴리 사람(그리스도)"을 추종하는 자들 때문에 우리는 우리의 구원을 위한 유일한 희망인 힘에의 의지를 잃는다. 전통적인 기독교의 악마는 우리에게는 아무짝에도 필요 없는 천박한 개념이다.[13] 하지만, 여전히 악마에 대한 긍정적인 역할에 대해 사유했던 낭만주의 덕에 충분한 영향력이 발휘되었다. 만일 신이 권위, 억압, 부과된 명령, 그리고 냉철한 논리를 대표한다면, 악마는 사랑이나 감정, 그리고 즐거움이라는 창조적인 힘을 상징한다. 그와 같은 자격으로 "악마는 가능한 한 신으로부터 멀리 떨어져 있도록 해주는", "지혜의 가장 오래된 친구"이다.[14] 니체는 악마와 디오니소스를 동일시하였다. 디오니소스의 성격은 함축적이고 모호하지만, 창조성, 혼돈, 다산성, 파괴, 성적인 자유, 그리고 용기라는 대체로 긍정적인 특성을 상징하기도 하였다. 니체와 낭만주의의 영향 때문에, 디오니소스와 판(pan)은 세기말 예술과 문학에서 대중적인 상징이 되었다.[15)]

다윈, 마르크스, 그리고 니체가 기독교 신앙에 가한 타격은 프로이트로 이어졌다. 기독교 신앙의 네 기둥은 성서, 전통, 이성, 그리고 경험이다. 앞의 세 가지는 이미 철학, 역사, 그리고 성서 비판 등에 의해 문제가 제기되었다. 이제 네 번째—개인의 경험—가 종교적인 경험과 신경계를 통한 경험을 비교하는 정신분석에 의해 문제가 제기될 차례가 되었다. 19세기 말까지, 심리학은 철학의 한 분파였다. 비록 기본적인 방법론과 인식론이 정착되지 않았지만, 의학 기술이 발전하면서, 심리학은 독립되어 하나의 학문으로 성립하는 과정에 있었다.

대체로 근대 심리학은 종교를 일종의 환영으로 거부하고 선과 악의 뿌리를 "의식"에서가 아니라 오히려 "무의식"에서 찾는다. 사실, 근대 심리학에서는 "악"이라는 용어를 쓰지 않는 경향이 있다. "악"은 형이상학적 용어로 인식되고 "폭력"은 사회적인 용어로 인식된다. 대체로 심리학자들은 "공격성"이라는 말을 더 선호한다. 공격성에 대해서는 여러 가지 커다란 범주로 설명된다. 심층 심리학은 공격성을 신경계의 억압이라는 측면에서 설명한다. 사회심리학에서는 집단행동이라는 측면에서 설명하고, 민속학자들은 공격성을 식량과 성을 쟁취하기 위한 동물적인 생존 경쟁이라고 언급한다. 그리고 행동주의자들은 학습과 조절이라는 관점에서 공격성을 생각한다. 대부분의 심리학자들이 생각하기에, 신과 악마는 정신이 투사된 것일 뿐이고, 무의식적인 요소들이 표출된 것이다.

정신분석의 창시자 지그문트 프로이트(1856-1939)는 무의식을 과학적으로 탐구해보려고 하였다. 프로이트주의의 영향력은 19세기 말에 약화되었고, 그래서 철학자들은 자신들의 견해를 프로이트주의에 억지로 맞추려고 하지 않았다. 그러나 프로이트의 관점이 매우 오랫동안 서구사상을 지배해왔기 때문에 그중 많은 부분이 상식이 되었다. 프로이트의 관점 중 하나는 종교란 심리적인 현상에 불과해서 그 기원이나 본성이 설명될 수 있을 뿐만 아니라 그런 해명을 통해 빠져나갈 수도 있다는 것이다. 그래서 생물학과 종교 사이의 적대 관계는 심리학과 종교 사이의 적대 관계로 대체되었다(윌리엄 제임스와 같이 의견을 달리하는 심리학자들은 구식으로 취급되었다).

종교적인 체계란 신앙을 바탕으로 하는 환영이였다고 주장하였다는 점에서, 프로이트는 니체가 이해했던 것, 즉 똑같은 식으로 프로이트 자신의 체계나 아니면 다른 어떤 체계에 대해서도 같은 논리가 적용될 수 있다는 것을 미처 생각하지 못했다. 종교적인 경험은 어떠한 현실과도 부합할 수 없다고 생각하였고 종교에 대한 그의 적대감은 나이가 들면서 더욱 강해졌다. 『토템과 터부』(1913)에서는 종교를 일종의 신경과민이라고 비판하였다. 『환영의 미래』(1927)에서는 종교란 "자연의 압도적인 힘”에 대한 신경증적인 반응일 뿐이고, 죽음이라는 공포를 완화하려는 환영임이 과학적으로 증명됐다고 주장하였다. “종교를 이루는 것은 일정한 도그마, 사실에 대한 주장, 그리고 외적(내적) 현실이라는 조건으로 이루어지는데, 이러한 것들은 누군가가 스스로 발견하지 못했던 것에 대해 말해주고 사람들은 그것들을 믿어야 한다고 주장한다”라고 프로이트는 썼다. 프로이트는 이러한 진술이 과학에도 똑같이 적용된다는 것, 과학을 신봉하는 많은 사람들은 전문과학자들의 권위를 별 생각 없이 인정하기에 자신들이 스스로 발견하지 못했고 이해하지 못하는 주장들을 받아들인다는 사실을 주목하지 못했던 것 같다.

프로이트는 다음과 같은 점에서 종교는 다양한 신경증세(노이로제) 중의 하나라고 주장했다. 둘 다 신경증적 혹은 종교적 의식을 생략하면 양심의 가책을 불러일으킨다는 점에서, 둘 다 그러한 의식을 일상생활로부터 떨어뜨려 놓고 그런 의식을 수행할 때 “방해받아서는 안 된다”는 생각을 가지고 신성한 상태로 따로 떼어놓는다는 점에서, 세부 사항들이 죄의식, 본능의 억제, 참회라고 하는 강제적인 행위에 의해 수행되는 성실함을 특징으로 한다는 점에서. 프로이트는 종교가 다른 신경증과 다른 점이 있다면, 그것은 종교적인 의식은 틀에 박혀 있는 반면에 신경증적인 의식은 다양하게 나타난다는 점을 인정하였다. 대체로 종교는 공적으로 나타나고 신경증은 사적으로 나타난다. 종교적인 상징들은 폭넓게 이해되고 개별적인 상징들은 특유하게 이해된다. 하지만 그는 종교적 수행의 강박적인 측면들을 기술하고 있다는 것과 대부분의 사람들은 자신들의 종교를 강박적으로 실천하지 않는다는 것을 알지 못했다. 그는 이성적인 성실성과 강제적인 성실성 사이의 차이를 간과하였다. 그리고 신경증적인 죄의식, 이성적인 죄의식(개별적인 사례에서 누군가가 잘못을 저질렀다고 의식적으로 인식하는 것), 그리고 존재론적인 죄의식(우주와 우리 자신의 영혼은 본질적으로 어긋나 있고, 제대로 되기 위해서는 뭔가가 필요하다는 직관)을 제대로 구분하지 못했다. 또한 그는 예술, 음악, 법률, 그리고 문명의 여러 양상들이 산출되면서 생겨나는 억압의 가치를 일관성 없게 인식한 반면에, 종교가 산출되면서 나타나는 가치에는 거부 반응을 보였다. 다시 말하면, 프로이트는 단순히 신경증적인 종교를 비난한 것이 아니라 종교 자체가 신경증적이라고 비난하였다.[16)]

프로이트는 형이상학적인 악을 믿지 않았지만, 일찍이 어둡고 억압된 무의식의 심층을 상징하는 존재로서 악마에 매료되어 있었다. 한 사서 때문에 프로이트는 어떤 초고에 관심을 갖게 되었는데, 그 초고에는 악마와 계약을 맺었다가 성모 마리아에 의해 구원을 받았던 17세기 오스트리아인에 관한 이야기가 담겨 있었고, 프로이트는 이 사례를 가지고 책을 한 권 집필하였다. 이 책과 다른 저작들에서, 프로이트는 악마론을 발전시켰는데, 주안점은 "악마란 분명히 억압되고 무의식적인 충동이 인격화된 것 이외에 아무것도 아니라는 것이다."[17] 전통적으로 사탄은 여러 가지 형태와 모습을 취했는데, 프로이트는 똑같이 다양한 신경증으로 악마를 식별할 수 있었다. 대부분의 경우 무의식적인 억압에 의해 나타나는 반대 의지로. 예를 들면, 한 여인이 자기 아이에게 젖을 먹이고 싶은데 병이 나서 그렇게 할 수 없다고 하자. 그 여자는 무의식적으로 자신을 억압해서 아이를 돌보는 과정 자체를 혐오하게 된다. 이러한 억압은 무능력 속에서 그대로 표현되는 반대의지를 발생시킨다. 그러므로 무의식은 우리의 의식적 의지에 반하는 작용을 한다. 마치 악마가 전통적으로 그래왔던 것처럼. 성이야말로 가장 빈번하고 강하게 억압된 힘이라고 프로이트는 믿기 때문에, 특히 악마는 억압된 성적 충동을 상징한다고 생각했고, 그러한 충동은 사람들로 하여금 자신의 의식적인 의지에 반대되는 행동을 유발한다는 것이다. 악마와 항문 이미지가 전통적으로 연관되어온 것을 상기하면서, 프로이트는 악마를 특히 억압된 항문 성욕의 상징이라고 생각했다.

가장 중요한 것은 악마가 유혹적인 아버지의 대용물이었다는 것인데 이 개념은 프로이트가 초창기에 강조했던 것이다. 아버지의 자식에 대한 성적인 학대를 억압하고, 그의 입장에서 유혹적인 행위, 또는 아이 자신이 가지고 있는 아버지의 유혹에 대한 환상 때문에 아이의 무의식 속에서 즉시 악마로 인격화될 강력한 힘이 유발된다. 프로이트는 악마의 연회에서 마녀와 악마가 벌인 성적인 접촉에 관한 이야기를 증거로 삼았는데, 뱀처럼 커다란 악마의 성기에 관해 마녀가 기술할 때 이 이야기는 완성된다. 어머니나 보모의 유혹도 아이에게는 강한 억압이 된다. 이 아이들은 나중에 그러한 억압을 여자 마법사, 마녀, 남근 숭배 어머니 등으로 나타낸다. 이후에 프로이트는 유혹하는 아버지에 대한 강조를 철회하면서, 악마를 부모에 대한 모종의 증오에 대한 상징으로 간주하게 되었다. 이런 관점에서 보면, 악마는 부모의 죽음을 갈망하는 아이의 억압된 욕망으로 나타난다. 이후에, 프로이트는 악마를 죽음에 대한 억압된 두려움 혹은 두려움 그 자체를 상징하는 것으로 보았다. 요컨대, 악마는 항상 프로이트가 의식적인 의지에 가장 반대되는 것으로 보았던 무의식의 어떤 요소를 상징했다.

프로이트의 추종자들은 변이라는 개념을 도입했다. 종교적인 신념은 종교에서 비난하는 충동을 억압함으로써 발생하는 환상이라는 생각에서 시작해서 어네스트 존스는 악마에 대한 완전한 정신분석이론을 발전시켰다.[18] 억압된 리비도의 잠재력은 그 자체가 몽마, 마녀, 악령 그리고 악마로 나타난다. 어떤 의미에서, 기독교인들은 악마를 자신들의 가장 큰 적으로 보았다는 점에서 옳다고 존스는 주장했다. 왜냐하면, 악마는 기독교에서 뿌리뽑으려고 했던 호색적인 에너지를 상징하기 때문이다. 프로이트와 마찬가지로, 존스는 악마를 억압된 본능, 특히 아버지와 아이의 관계에 관련된 본능의 상징이라고 하였다. 악마는 아이가 혐오하거나 죽이고 싶은 아버지를 상징할 수도 있고,

아니면 아버지를 무시하거나 반항하는 아이를 상징할 수도 있다. 악마, 마녀, 무서운 여신들, 그리고 기타 악한 존재들은 대체로 권위나 억압의 문제와 연관된다. 이들은 누군가와 논쟁을 벌이거나 의견을 나누기 힘든 난폭하고 비이성적인 신들이다. 분명히 그들은 복종을 받거나 아니면 멸시를 받았다.

악마학의 연구에서, 심층 심리학이 발견한 것 가운데 가장 중요한 한 가지는 부정적으로 투사되는 힘이다. 우리는 우리 자신 안에서 일어나는 억압의 과정을 알지 못할 때, 우리가 인식하려 하지 않는 타인에 대한, 특히나 우리가 적이나 잠재적인 적으로 인정하는 개인이나 집단에 대해 우리 자신 속의 부정적인 요소를 투사한다. 내가 드러내놓고 잔인하거나 탐욕스러울 수는 없으니까, 내 안에서 느끼는 잔인하고 탐욕스러운 감정의 출처는 내가 싫어하는 X가 되어야 한다. 이렇게 하면 X에 대한 나의 적대감은 정당화된다. 내가 억제한 잔인함이 강력하면 할수록, 내가 상상하는 X는 더욱 잔인해진다. 이런 감정들이 매우 강하다면, 나는 독단적으로 X처럼 그토록 잔인한 사람은 사회에 위협이 되므로 필요하다면 폭력을 행사해서라도 반드시 제거되어야 한다고 판단을 내릴 수도 있다. 나의 숨겨진 잔인성을 X를 통해 분출하고, 이러한 행동은 내가 스스로 X에게 투사했던 X의 잔인성 때문이라고 정당화하면서 끝날 수도 있다.

프로이트의 제자 멜라니 클라인은 부정적인 투사와 그녀가 "분열"이라고 불렀던 과정 사이의 연관성을 인식하고 있었다. 사랑하는 대상은 어떠한 불완전함도 있을 수 없다고 주장하면서 절대적인 선을 지키려는 욕망에서부터 분열은 시작된다. 악이나 불완전함은 사랑하는 대상으로부터 다른 것으로 전이되어야만 한다. 클라인은 이러한 행동이 어린아이들 사이에서 일반적이라고 주장했다. 선을 이상화하고 악을 다른 것에 투사하면서, 어린아이들은 사람이나 대상을 선과 악의 범주로 나눈다. 특히, 아이들은 사랑하는 부모에 대한 완전한 이미지를 간직하는 데 관심을 가지고 있다. 아이들은 종종 분열로 인하여 자신들의 지각에 급격한 변화를 겪는다. 만일 이상적으로 여겼던 대상에 모종의 악이 존재한다는 것을 일단 인정하게 되면, 그 아이는 재빨리 선의 범주에서 그것을 이동시켜 악으로 인식한다. 일반인들은 성장하면서, 점차적으로 양의성을 받아들이고 절대 선과 절대 악의 영역을 단계적으로 제한한다. 하지만, 모든 개인이나 집단은 분열의 욕구를 어느 정도 계속 유지하면서 절대 긍정 혹은 절대 부정을 투사하는 것으로 보인다. 이런 경향은 감정적인 성숙도와 반비례하지만. 우주를 선한 형이상학적 세력과 악한 형이상학적 세력으로 나누는 경향은 양의성을 인식하기보다는 분열시키려는 미숙한 경향이 고착된 것으로 클라인은 인식했다.[19]

프로이트의 동료들 가운데, 종교에 대한 접근 방식이 가장 독립적이고 독창적인 사람은 칼 G. 융(1875-1961)이었다.[20] 융은 프로이트주의자들보다 종교를 더욱 진지하고 적극적으로 받아들였다. 종교를 정신과 인간 문명에 필요한 부분으로 보았던 융은 종교적인 표출을 신경증적이라기보다는 심리학적으로 유효한 것으로 판단하였다. 신이나 악마가 형이상학적인 실체를 가지고 있는지 여부에 대해서 융이 늘 일관성 있게 이야기했던 것만은 아니지만 본질적으로 융은 그런 것들을 신화로 간주하였다. 하지만 융이 보기에, 신화는 무의미한 창조물이 아니라 강력하고 어디에나 존재하는 심리적 실체이다.

분석 심리학이라고 일컬어지는 융의 체계가 가지고 있는 핵심은 무의식의 힘과 의식의 힘을 적극적으로 통합하기 위해 개인을 재구성하는 개체화와 통합의 과정이다. 심리적인 온전함과 건강은 무의식의 요소들을 정면으로 받아들이면서 이성을 통해 우리의 의식 안으로 그런 요소들을 통합하면서 자각하는 데 달려 있다. 융은 우리가 어떤 것을 의식적으로 거부하는 건강한 과정으로서 억제와 무의식적으로 감정을 부인하고 그것을 다루려 하지 않는 불건전한 과정인 억압을 면밀하게 구분지었다. 억압은 부적절한 방식과 파괴적인 행위로 폭발할 수도 있는 무의식에 담겨진 모종의 힘을 창조한다. 무의식의 강력한 내용은 오로지 억압의 산물만은 아니라고 주장한다는 점에서 융은 프로이트주의자들과는 근본적으로 다르다. 그는 무의식을 이루는 어떤 요소들은 개인을 초월해서 모든 인간들을 포괄하는 집단 무의식의 일부라고 말했다. 유전적인 진화의 산물인 뇌의 심리학적인 구조는 모든 호모 사피엔스에서 유사하고 그래서 융이 원형이라고 말했던 무의식적인 사유의 기본적인 구성이 유사한 것이다. 한편으로 이런 유사성으로 인해 구조적으로 유사한 신화나 이미지가 만들어지는 경향을 보이는 것이다. 그러므로 심리학적인 전체성을 확보하기 위해서서는, 우리들 각각은 우리들 각자의 무의식이 가지고 있는 개인적이고 집단적인 양상 모두에 익숙해져야만 한다.

이런 관점에서, 악마는 프로이트주의보다 훨씬 더 강한 영향력을 지니고 있다. 왜냐하면, 악마는 개별적인 억압을 표출할 뿐만 아니라 자발적이고, 시간에 구애받지 않으며, 보편적인 집단 무의식을 반영하기 때문이다. 프로이트와 마찬가지로, 융은 빙의를 영적 현현이기보다는 오히려 심리학적 현상으로 심각하게 받아들였다. 즉, 그것은 그림자적 요소들이 인격을 통제하면서 자아를 대체할 때 발생하는 신경증적 혹은 정신병적 상태라는 것이다. 융은 특이한 원형들과 악마를 연관지었다. 즉, 고통을 통해 지혜를 깨닫는 현명한 노인, 우리에게 비합리적인 무의식을 이야기해주는 트릭스터, 헤르메스 혹은 신의 전령사, 남자가 가지고 있는 억압된 여성성 또는 여자가 가지고 있는 억압된 남성성을 상징하는 아니마 혹은 아니무스, 일자와 전체, 시작과 끝, 대립물의 결합을 상징하는 뱀 또는 우로보로스, 그리고 우리가 그림자라고 불렀던 것 등이 그것이다.

융은 외향성이 외적인 사건을 경험하는 것과 마찬가지로 내향성도 내적이고 심리적인 사건들을 날카롭고 직접적으로 경험한다는 것을 지적하면서, 적극적인 행동주의나 외향성을 지향하는 근대 종교의 경향을 거부했다. 따라서, 우리는 내향성을 통해서 신이나 악마를 더욱 강렬하게 경험할 수 있다. 악마라는 개념을 기꺼이 걷어치우려고 하는 근대사회의 경향은 악이라는 현실을 직시하지 않으려는 천박함의 징표이다. 융이 주장하듯이, 교회가 이런 식으로 현실을 축소하려는 것은 특히 어리석은 짓이다. 왜냐하면, 그렇게 함으로써, 인간의 개성이나 우주를 완전하게 이해할 수도 없고, 인간의 잔인함이나 자연재해 속에 깃들어 있는 무서운 신의 손길을 다룰 수도 없는 실증적인 사유만이 팽배한 사회가 되고 말기 때문이다. 선과 악은 주관적이거나 상대적인 것이 아니라 개인보다 더욱 포괄적인 집단적인 현실에 뿌리박고 있는 것이다.

융이 보기에 악은 선과 마찬가지로 현실적이고, 우주와 신에게서 정말로 빼놓을 수 없는 부분이다.[21] 우주와 정신에 대해 가지고 있는 융의 모델은 중세의 신비주의, 특히나 쿠사의 니콜라스에게서 유래된 개념, "대립물의 일치"였다.[22] 융은 신이 모든 범주들을 전적으로 초월한다고 믿었다. 우리가 신에게 투사한 어떤 범주가 아니라 신의 전체성만이 절대적일 뿐이다. 우리가 신은 선하다거나 전능하다고 말할 때, 우리가 사용하고 있는 범주란 신을 제한할 수 없고 하늘과 땅 사이만큼이나 신의 실재와는 동떨어진 인간이 설정해놓은 것들이다. 선과 악은 인간이 만든 범주이고, 우주에 내재한 특정한 실재를 반영한다. 인간이 만든 어떠한 범주로도 즉 선과 악도 신을 제한할 수는 없는 것이다. 신은 모든 대립되는 성질들이 일치된 것으로서 인식되어야 한다. 쿠사의 니콜라스가 언급했던 것처럼, 신은 크기도 하고 작기도 하며, 늙기도 젊기도 하며, 엄정하기도 자비롭기도 하다. 그러나 융은 니콜라스가 감히 내딛지 못했던 걸음을 내딛었다. 신도 역시 선하기도 하고 악하기도 하다. 즉, 신은 자신 안에서 인간들이 선이나 악이라고 범주화한 것들을 포괄하고 통합한다. 기독교인들은 신성의 다양함을 단일체가 아니라 삼위일체로 지칭함으로써 상징화했다는 점에서 옳았지만, 기독교의 삼위일체는 악의 원리와 여성성의 원리를 배제했다는 점에서 충분하지 못했다고 융은 주장했다. 융의 해결책은 늘 모호하고 일관성이 없었다. 그는 사위일체를 주장하는데, 이 네 번째 인격이 어떤 때는 여성성의 원리였고 또 어떤 때는 악마였다. 신성에 인격을 계속해서 추가할 수 있다는 것을 그노스주의를 연구하면서 알고 있었지만, 그는 오위일체에서 멈출 만큼은 사려가 있었다.

융은 선한 신과 악마는 플레로마(pleroma)라고 하는 충만한 실재의 두 가지 측면일 뿐이라고 주장했다. "악이 선에 속하는 것처럼 어둠은 빛에 속한다. 그리고 그 반대도 마찬가지이다." 어둠이 어둠으로 정의되지 않으면, 빛은 선으로 나타날 수 없었다.[23] 악과 악마는 실재하고, 창조의 일부이며 신이 만든 것의 일부이다. 선한 신에 반역함으로써, 루시퍼는 완전한 신의 계획을 달성했다. 그 이유는 신에 대한 루시퍼의 도전을 통해 더 깊고 높은 지혜가 산출되기 때문이다. 악마는 이 우주에 존재하는 엄청나게 강력한 에너지이다. 만일 이것을 부인하거나 무시한다면, 억압된 만큼의 파괴력을 가지고 폭발할 것이고, 만일 인정하고 받아들인다면, 더 큰 선을 지향하는 에너지로 바꿀 수 있을 것이다. 억압은 개인적인 수준에서는 정신질환을 초래하고 집단적인 수준에서는 파멸을 초래한다. 수용과 체내화(incorporation. 대상을 자신의 내부로 받아들이는 것)는 개별화, 건강, 그리고 창조성으로 이끈다. 악마적인 에너지는 결코 중성적이지 않기 때문에 건설적인 방향으로 돌려지지 않으면, 그에 상응하는 파괴적인 힘으로 폭발할 것이라고 융은 경고했다. 악마라는 현실을 받아들이지 않으려는 최근의 동향은 절박한 파괴의 증후일 뿐만 아니라 원인이 되기도 한다.

융은 악마를 기독교적인 의미에서 형이상학적인 실체가 아니라 신화적인 상징으로 받아들였다. 그가 사용한 "그림자"라는 용어는 기독교의 악마와 전혀 일치하지 않는다. 그림자는 무의식이 지닌 힘이고, 도덕적으로 통제가 안 되는 원초적인 심리 요인이다. 그림자는 주로 억압된 요소로 이루어진 개인의 무의식의 일부를 형성한다. 억압된 것은 개인마다 다르므로, 개인적인 그림자가 악에 대한 사회적이고 집단적이며 형이상학적인 견해와 반드시 일치하는 것은 아니다. 예를 들면, 어떤 범인의 인격을 이루는 그림자는 사회에서 선이라고 여겨지는 수많은 요소들로 구성되어 있을 수도 있다. 또한 융은 집단적인 그림자, 어떤 그룹이나 사회 또는 국가의 그림자라는 것이 존재하는데, 이것은 그 자체로 인종주의나 폭력 혁명과 같은 대중적인 현상으로 혹은 히틀러나 스탈린과 같은 난폭한 지도자들로 나타날 수 있다고 주장했다. 개인적이고 집단적인 그림자 이외에도, 융이 명확히 하지는 않았지만, 원형적인 그림자도 존재할 수 있다. 때로 융은 조정되지 않으면 파괴적으로 변할 수 있는 억압적인 요소들로 이루어진 악마적인 그림자는 본질적으로 악하기 때문에 모든 것들을 영원한 공허로 빨아들이려는 사탄적인 그림자와 구별될 수 있다고 주장했다. 모든 인류에 의해 집단적으로 지각되는 악으로 대표되는 원형적인 그림자는 절대 악, 전통적인 악마와 가까울 것이다. 그림자—개인적이든 집단적이든—는 억압되고 고립될수록, 그 자체로 자주 부정적으로 투영되어 더욱 폭력적이고 파괴적으로 변한다. 최근의 전쟁에서, 집단적이고 어쩌면 원형적 이기도한 그림자의 가장 파괴적인 위세를 엿볼 수 있다. 상대방은 비인간화되어, 악마나 괴물 혹은 인간 이하의 존재가 되어버린다.

융은 악을 인식하고 명명하며, 의식의 수준으로까지 끌어올려야만 악을 이길 수 있다고 주장했다. 빛으로 끌어내와야, 어둠의 권세는 힘을 잃고, 이성의 명령하에 놓여질 수 있고 건설적인 방향, 개별화와 전체성으로 향할 수 있다.

대부분의 전문적인 심리학자들은 악의 개념을 형이상학적인 추상으로 치부해버리고, 폭력과 같은 사회적인 개념이나 공격성이라고 하는 더욱 엄밀한 심리학적인 개념만을 다루려고 하는 경향이 있다. 하지만, 최근에 몇몇 심리학자들은 악마와 같은 오래된 개념이 자신들이 접하는 현상들을 설명하기 위해서도 필요하다고 생각하기 시작하였다. 범죄자들과의 오랜 심리적인 실험을 통해서, 요켈슨(S. Yochelson)과 샘노우(S. Samenow)는 어떤 인격성은 너무나 전적으로 거짓과 자기기만에 기초해 있어서 전통적인 사회학적이고 심리학적인 치료법들이 효과가 없다는 것을 알게 되었다. 상당수의 범죄자들은 스스로 범행을 선택한 사람들이고, 범죄자들의 행위는 그의 가족이나 동료 또는 이웃 때문이 아니라 자신의 사고방식에 의해 "원인"이 제공된다. 범죄자는 "단순히 환경이라는 틀의 산물이 아니라 자신이 처한 환경에 희생당하면서 한편으로 그런 환경을 형성하는 자이다."[24] 캘리포니아 의과대학 교수 렉스 비버(Rex Beaber)는 폭력적인 범죄자들과의 오랜 실험을 통해서 "별도의 힘, 인간을 통해 작용하고 테러를 저지르게 하는 어두운 힘이라는 것이 존재하는지 여부"를 묻게 되었다.[25] 이러한 견해는 자유주의자든지 행동주의자든지 고식적인 수단에 의존하는 위험을 피할 수 있다. 또한 근본적으로 악을 인식하게 되면 과학적인 심리학에서 결단코 받아들일 준비가 되어 있지 않은 가치의 문제를 고찰해볼 수 있다.

심리학에서 악을 정의하려고 분투했을 때, 문학에서 악마는, 영웅이나 회개하는 귀족이라는 낭만주의적인 사탄의 모습으로 계속해서 나타났다. 하지만, 낭만주의가 19세기 말에 퇴폐주의로 기울면서 악마는 당시에 유행하던 아이러니와 냉소적인 경향을 반영했다. 많은 작가들에게, 악마는 예술적이고 반항적이며 잔인하고 관능적이며 탐닉적인 시인 자신의 지루한 반복, 반영일 뿐이다.[26)]

이 당시에 문학에서 악마주의의 가장 강력한 상징은 인생의 어리석음과 공허함을 밝힌 메피스토펠레스였다. 이 장르의 가장 삭막한 대표작 가운데 하나는 마크 트웨인(1835-1910)의 『불가사의한 이방인(*Mysterious Stranger*)』이다. 트웨인이 1897년에 시작했던 이 작품은 세 개의 다른 판본으로 나왔다.[27)] 트웨인의 원래 생각은 타락한 천사들의 우두머리라는 이름을 가진 한 타락한 천사, 신비하고 강력한 힘을 지녔으며 전통적인 종교와 윤리를 조롱하면서 거부하는 "젊은 사탄"에 관한 이야기를 쓰는 것이었다. 이 천사는 관습과 몽매주의에 반대하는 명석함과 이성 그리고 인간애를 지닌 긍정적인 저항의 상징이 된다. 처음에 "젊은 사탄"은 독자들에게 악으로 보여졌지만, 트웨인은 반어적으로 그가 실제로 선하다는 것을 드러냈다. 이 범주들은 뒤죽박죽되었고 변화하고 있었지만, 트웨인은 이 책을 여러 해 동안 훌륭히 마무리하려고 분투하는 과정에서 이야기가 극도로 혼란스럽게 된다.

최초의 판본에서 한 이방인이 갑자기 중세 오스트리아 마을에 나타난다. 그는 자신의 이름을 필립 트라움이라고 했지만, 독자들은 곧 그가 사실은 악마의 조카 "젊은 사탄"이라는 것을 알게 된다. 젊은 사탄은 마술 같은 속임수로 마을 사람들을 어리둥절하게 만든다. 그는 관습을 비웃고, 사기꾼과 위선자의 정체를 폭로하고, 기독교를 조롱하는 교리문답을 어린 소년들에게 가르친다. 그는 매력적이기는 하지만 무책임한 트릭스터로 보일 때도 있고 때로는 섬뜩하게 하는 잔인함이 겉으로 드러난다. 예를 들면, 아이들을 웃기려고, 아주 작은 사람들의 마을을 만들고 그러고 나서 그들을 엄지손가락으로 뭉개버린다. 여기서 트웨인은 신의 본성이 끔찍하다는 것을 알리기 위해 사탄의 실제 성격이 표면으로 드러나도록 한 것이다. 왜냐하면, 작은 마을에 저지른 사탄의 잔인함은 진짜 사람들이 사는 마을에 신이 행한 잔인함을 상징하기 때문이다. 사탄이 신과 같단 말인가? 이 세상은 악하거나 아니면 백치처럼 아무런 도덕관념도 없단 말인가? 트웨인은 독창성과 전통 사이에서 효과적으로 균형을 잡을 수도 찾을 수도 없었다. 마지막 판본에서, 이 이방인은 더 이상 "사탄"으로 나오지 않고 알 수 없는 "44번"으로 나온다. 그의 도덕적 모호함은 묘사하기에 더욱 쉬워졌다.

여전히, 44번은 이야기의 마지막에서 자신의 젊은 오스트리아 출신 친구에게 공허함에 대한 어둡고 강력한 진술을 남긴다. 비평가들은 여러 가지 방식으로 이 문단을 해석하지만, 근본적인 허무주의와 유아론이 분명하게 나타난다. 이 문단에 나와 있는 너무나도 비관적인 부정의 말들은 밝아오는 20세기에 전하는 악마의 메시지의 핵심을 구성할 수 있다.

아무것도 존재하지 않고 모든 것은 꿈일 뿐이다. 신-인간-세계-태양, 달, 무수한 별들, 그저 한 편의 꿈, 이 모든 것들은 한 편의 꿈일 뿐이므로 이것들은 존재하지 않는다. 텅 빈 공간과 바로 당신! 을 제외하고는 어떠한 것도 존재하지 않는다. 그리고 당신은 당신이 아니다. 당신은 몸도 피도 뼈도 가지고 있지 않다. 당신은 그저 하나의 사유에 불과하다. 나 자신도 존재하지 않는다. 나는 한 편의 꿈. 당신이 꾸고 있는 꿈일 뿐이다. 수년전, 수세기, 수시대, 영겁 전에 당신이 깨닫지 못했다는 것이 이상하군! 왜냐하면, 그 영겁의 시간 동안에 동료하나 없이 존재해왔으므로. 당신의 우주와 그 내용물이 오직, 꿈, 환영, 허구뿐이라는 것을 알아차리지 못했다는 사실이 정말 이상하군! 그것들이 모든 꿈과 같이 그토록 노골적이고 이성을 잃을 정도로 미쳤으므로, 이상하다. 착한 아이들도 나쁜 아이들도 쉽게 만들 수 있는 신도 나쁜 아이들 만들기를 더 좋아했다. 신은 그들 하나하나를 행복하게 할 수는 있지만 단 한 사람을 행복한 사람으로 만들지는 않으며, 그들로 하여금 자신들의 쓰라린 삶을 알게 신랄하게 고단한 삶을 잘라버린다. 신은 진리를 뽐내어 말하며 지옥을 만들었다—입으로는 자비를 말하지만 지옥을 만들었다—입으로는 황금률을 말하고 칠십 번에 일곱 번 용서를 말하지만 지옥을 만들어냈으며 입으로는 다른 사람들에게 도덕을 말하지만 스스로는 아무런 도덕률도 없다. 신은 죄에 대해 눈쌀을 찌푸리지만 모든 범죄를 저지른다. 마침내, 신의 무심함 때문에, 이 불쌍하게 학대 받은 노예가 그를 숭배하는구나! 내가 당신에게 밝힌 이 모든 것, 신도, 우주도, 인류도, 지상에서의 삶도, 천국도, 지옥도 없다는 것은 사실이다. 한 편의 꿈, 기괴하고 어리석은 꿈에 불과하다.

전통적으로 사탄이 그저 자기자신에게 주절거렸을 수도 있는 이 말들은 트웨인이 마지막으로 문학에 남긴 주장이다. 이런 말들은 낭만주의적인 사탄주의와 니체적인 허무주의 사이를 잇는 가교가 되고, 20세기 후반으로 향한 절망적이고 무의미한 길을 향해 똑바로 그리고 넓게 나 있는 다리가 된다. 해설자가 말하는 이 책의 마지막 구절은 다음과 같다. "그는 사라졌고 내게 두려움만을 남겼다. 그가 말했던 모든 것이 사실이었다는 것을 알고 깨닫게 되었으므로."[28)]

트웨인만큼이나 효과적이고 노골적이지는 못했지만, 다른 작가들도 반어적이고 냉소적인 목적으로 메피스토펠레스를 이용하였다.[29)] 맥스 비르봄(1872-1956)의 『에녹 조암스(*Enoch Soames*)』라는 작품에서처럼, 메피스토펠레스는 가벼운 풍자의 소재가 되기도 하였다. 좋은 평판을 얻지 못해 실망한 작가 조암스는 100년 후에 자신이 유명해질지 어떨지를 미리 알아보는 대가로 자신의 영혼을 악마에게 판다. 악마는 그를 대영 박물관 기록 보관소(메피스토펠레스도 비어봄도 이 건물이 "대영 도서관 기록 보관소"가 된다는 것 그리고 새로운 건물로 이사한다는 것은 예견하지 못했다)로 데려가는데 날짜는 1997년, 6월 3일이었고, 거기에서 불쌍한 조암스는 목록을 뒤적이다가 자신의 작품이 전혀 눈에 띄지도 않게 되었다는 것을 알고는 질리고 만다.

일단 악마가 공포의 대상이 아니라 풍자와 즐거움을 주는 존재가 되자, 악마의 진짜로 무서운 측면은 민간전승에서 유래하거나 공상 과학 소설에서 만들어진 괴물로 전이되었다. 브람 스토커(1847-1912)의 『드라큘라』의 맥은 메리 셸리나 포가 이어갔고, 결국 사탄은 혼란스런 공포의 방에 들어 있는 악한 피조물을 대표하는 수많은 배역 가운데 하나가 되었을 뿐이다. 스티븐 스필버그의 〈폴터가이스트〉(1982)와 같은 20세기 후반 영화는 공포와 신학, 민속전승, 공상과학, 그리고 비학(秘學)이 두서없이 뒤섞인 이와 같은 혼돈을 예증해준다.

인간적인 악마학에 관한 최초의 노력은 조반니 파피니(1881-1956)의 『몰락한 사람(*Un uomo finito*)』이다. 파피니는 무신론자로 성장했지만 제1차세계대전 후에 가톨릭으로 개종하였다. 1912년 『몰락한 사람』을 출판했을 당시에, 이미 그는 악의 문제를 심각하게 받아들이고 있었다. 이 책은 파피니의 젊은 시절에 관한 허구적인 자서전이기도 하면서 또한 악마 자신의 생애에 관한 허구적인 이야기이기도 하다. 저자는 자기자신의 생애를 사탄으로 상징했으며, 사탄을 인간의 정신에 깃들어 있는 악마적인 것의 상징으로 만들었다. 이 이름 없는 주인공은 파피니이면서 동시에 루시퍼인 것이다.

이 책은 주인공의 어린 시절로 시작한다. 그는 소외감과 자신이 다른 인종이라는 생각 때문에 아이들과 어른들로부터 고립된다. 그의 소외감과 자만심은 각기 양분이 되어, 그는 내성적이고, 냉담하며, 고독하게, 그리고 다른 사람들, 특히 동년배들에 대한 경멸심을 가지고 성장한다. 다른 사람들에게 미움을 받고 거부당하면서, 그는 자신이 다른 사람들보다 우월함을 증명해줄 수 있는 영웅적인 위업과 영웅적인 행동을 동경한다. 고립되고 불행해지면서, 그는 상상의 삶을 만들어내고는 곧 지식이야말로 무서운 세상에 대항하는 가장 좋은 무기라는 것을 알게 된다. 그는 모든 것을 배우고 싶어하고 닥치는 대로 지식을 습득하기 시작한다. 하지만 이런 행동의 동기는 사랑이나 열린 마음에서가 아니라 자만심과 자기 방어에서 나온 것이다. 그는 기쁨에 넘쳐 지구가 "중심을 잃고 하늘에서 맴돌게 될 인류의 자멸을 예측한다."[30]

한 사람의 젊은이로서, 파피니의 주인공은 "아주 강력한 사탄의 영"(p. 78)과 더불어 신과 인간에 대한 반감을 가지고 있다. 그는 증오, 경쟁심 그리고 반항심에 젖어 있는 총명하고 지적인 동료들을 제자로 모집한다. 처음에는 막연한 범신론이었다가 나중에는 자기자신의 정신 이외에는 어떤 것도 존재하지 않으며, 이 우주는 자기 정신의 투영일 뿐이라는 완고한 유아론이 되는 자신의 종교를 그들에게 설교한다. 그는 기독교를 파괴하고 자신의 상대주의적인 사상을 퍼트리기 위해서 ≪레오나르도≫라는 잡지를 창간한다. 파우스트처럼 그는 자신의 지식을 사랑의 힘, 즉 합리주의라고 가정되었던 비합리성의 징표, 그리고 부족한 사랑 때문에 자신의 영혼에 남겨진 공백을 채우는 점점 자라나는 증오의 징표로 바꾸어버린다(p. 166).

그는 단테나 괴테가 동시대인들을 뛰어넘은 것보다 훨씬 더 자신의 동시대인들을 뛰어넘게 해줄 대단한 문학작품—"대단한 시, 보편적인 드라마, 장대한 장면"—을 계획한다(p. 224). 자신의 잡지와 시 그리고 자신의 생애마저도 모두가 실패로 돌아갔을 때, 마침내 그는 스스로 신이 될 수 없음을 깨닫고 자기를 연민하고 합리화하기 위한 탐닉에 빠져들고 만다. 운명은 그에게 잘못된 가족과 교육, 그리고 잘못된 친구를 가져다주었다. 그는 스스로를 합리화하기 위해 작품을 쓰는데, 그것이 능란한 풍자가 들어 있는 바로 몰락한 사람이라는 것이 드러난다. 그는 자신이 실패했지만 그 영웅적인 스케일만을 자랑한다.

파피니는 글을 쓰면서 이해하게 되었지만, 이 주인공이 저지른 많은 죄 가운데 핵심은 자신이 악하다는 것을 깨닫지 못한 것이다.[31] 다른 사람뿐만 아니라 자기자신에 대한 사랑과 용서의 마음이 부족했기 때문에, 그는 자신이 쓰레기에 지나지 않는다는 생각에 빠지게 되고, 이러한 극단적으로 자신을 무가치하고 무의미하다고 여겼기 때문에,

자기자신의 행복과 다른 사람들의 행복을 희생하면서까지 영웅적인 삶을 추구하게 된다. 그는 자신의 소외감을 찬양한다. "나는 반항적으로 태어났다…… 어느 누가 이 세상을 지배하든 나는 그에게 반항할 것이다. 내 영혼은 근본적인 저항으로 표출된다. 내 몸이 자발적으로 취하는 자세란 총검으로 공격하는 것이다. 내가 자연스럽게 말하는 방식은 독설과 모욕이다. 내 입술로 부르는 모든 사랑의 노래는 반역의 찬가가 된다"(p. 383). 번뜩이는 풍자와 함께, 파피니는 『몰락한 사람』을 쓴 자신의 행동 속에서 최후의 허풍, 최후의 자기 기만적인 행위를 보았다. 실제로 이 마지막 농담은 우리에게 던져진 것이다. 왜냐하면, 파피니의 주인공은 사탄과 파피니는 물론이고 지적인 독자이기도 하기 때문이다.

개종하고 나서 오랜 후 1953년에, 파피니는 다시 이 주제로 돌아와서 나중에 『악마 대전(*summa diabologica*)』이라고 일컬었던 것에 대한 소품을 썼다. 그는 악마를 악이라는 개인적이고 초월적인 힘이 아니라 단순한 인간의 죄에 대한 상징으로 보려는 근대적인 경향을 받아들이지 않는다. 그럼에도 불구하고, 초월적인 악마는 더욱 더 내재되어 인간의 본성 안에서 실현되므로 근대의 악마론이 성공을 거두려면 인간의 악에 대한 관찰을 바탕으로 해야 한다고 주장했다. 파피니가 보기에, 악마는 세 부분으로 나누어지지만 역할은 통합되어 있다. 악마는 신과 우주의 질서에 대항하는 반역자이다. 악마는 인간의 유혹자이고 적이다. 그러나 악마는 신의 협력자이기도 한데, 신은 악마가 이 우주에서의 어떤 궁극적인 역할을 다 하지 못하면 그를 용서치 않을 것이다. 악마는 무신론자가 아니다. 악마는 신을 인정해왔고 자신이 신의 권능하에 있다는 것을 알고 있다. 신은 악마와 악을 이용해서 구원을 성취하는 데 필요한 일을 한다. 악마가 없었다면—선과 악의 긴장이 없었다면—, 시나 예술 철학 그리고 정치적 수완도 불가능할 것이다. 영적인 투쟁이 없었다면, 영적인 성장도 없었을 것이고, 도덕적인 자유도 없었을 것이다. 로이스(Josiah Royce)는 이러한 견해를 다음과 같이 요약했다. "도덕적인 실천가에게 가장 좋은 세상이란 자신이 이 세상을 더 좋게 만들어줄 필요가 있는 그런 곳이다."[32]

표도르 미하일로비치 도스토예프스키(1821-1881)의 삶과 작품들은 모든 시대의 악에 대항한 가장 강렬한 투쟁을 대표한다.[33] 젊었을 때, 도스토예프스키는 허무주의, 무정부주의, 무신론, 그리고 혁명에 심취했다. 비사리온 베린스키라는 급진적인 친구의 영향으로, 그는 분명하게 종교와 선을 긋게 되었다. 그는 정치적인 입장 때문에 투옥되었다가 사형을 선고받았다. 그 자체로도 잔인한 행위였던 집행 유예를 받았다가, 결국 총살을 당하기 위해 벽을 등지고 섰는데, 그 마지막 순간에 국외 추방이라는 감형을 선고받게 되었다. 이 사건과 계속되는 시베리아 기결수 교도소에서의 4년은 그의 세계관을 더욱 어둡게 만든 계기가 되었다. 그는 기독교에 호의를 느껴 급진주의를 버렸다. 처음

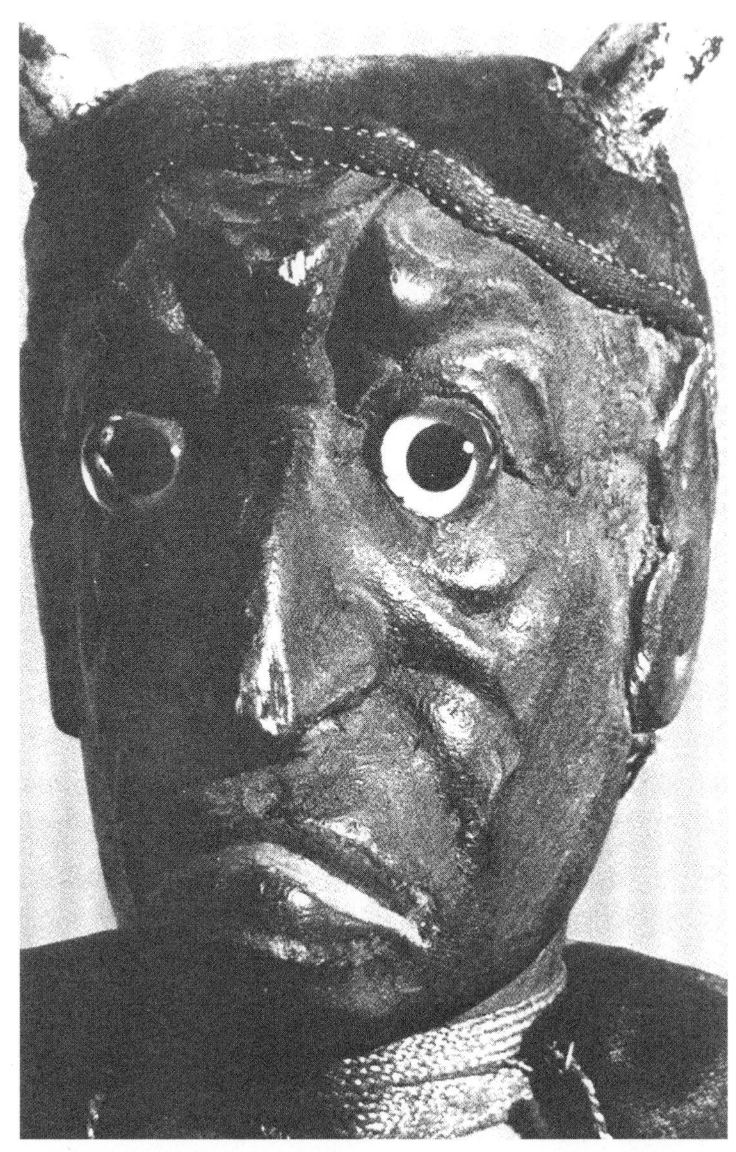

이 초라한 악마의 얼굴은 아이러니와 잔학성이 패퇴했음을 반영한다(프랑스 국립 민속 박물관).

에는 막연히 러시아 인민당원의 종교로서 채택했다가 그후 가톨릭에 접근했고 결국 동방 정교회에 다시 들어가게 되었다.

서방의 정치와 종교를 거부하면서, 그는 러시아의 영성에서 구원이라는 희망을 주었던 연민—죄와 고통에 대한 강한 의식—을 발견하게 되었다. 도스토예프스키의 이상은 소보르노스트(sobornost), 즉 그리스도의 사랑 그리고 상호간의 책임과 자선을 중심으로 신자들이 모이는 고대 러시아의 이상적인 공동체였다. 도스토예프스키는 안일한 낙관주의가 스치고 지나간 자신의 삶과 생각을 정화하기 위해 맹렬하게 노력했다. 그는 사랑의 공동체가 실현될 수 있는 길은 오직 모든 환영을 피해서 인간이 처한 상황을 정면으로 받아들이는 것이라고 믿었다. 모든 관심을 죄와 고통에 기울이지 않는 어떠한 세계관도 아무런 가치도 없었다. 도스토예프스키의 사상은 나이가 들수록 점점 더 정신성을 추구하면서 더욱 기독교적으로 바뀌었고, 그의 마지막 소설, 『카라마조프의 형제들』에서 정신적이고 공동체적인 사랑이라는 그의 모든 통찰은 조시마 장로와 알료샤 카라마조프의 성격에서 표출되었다.

도스토예프스키에게서, 악마란 초월적인 힘이지만 인간의 행위 속에서 가장 잘 드러나는 존재였다. 악마가 머무르는 곳은 지옥이 아니라 인간의 영혼이다. 악마는 겉과 속이 죄인들의 잔인함이나 약한 자들이나 가난한 자들이 겪는 고통으로 채워진 그림자이다. 도스토예프스키는 악과 악마라는 실재를 강렬하고도 직관적으로 포착했다. 그는 악을 극복하고 장악하려면, 악이란 무엇인가를 규정해서 사랑으로 악에 대응해야 한다고 주장했다. 그 이유는 악이라는 것이 이 우주의 마지막 말이 되어서는 안 되고 사랑인 신이 마지막 말이 되어야 하기 때문이라고 했다.

보통 사람들 각각은 선과 악 사이의 투쟁을 내적으로 경험한다. 도스토예프스키는 이러한 투쟁을 "이중체"로 자주 묘사했다. 두 개의 성격 각각은 온전한 인격의 한 측면을 이루는데, 악한 측면이 도무지 없어지지 않는다면 그것은, 사랑으로 통합되고 변화되어야 한다. 인간 속에 깃들어 있는 악마 같은 성질은 악마로 구현되는데, 그는 사랑 없이 지식만을 추구하는 지식인이고 세상과 인간관계에 대한 잘못된 견해만을 늘어놓는 거짓말쟁이이고, 의구심에 찬 냉소주의자이며, 스스로 고립감을 드러내고 사람들을 경멸하며 공동체 의식마저도 결여된 개인주의자이다. 악마가 살고 있는 지옥이란 곳은 사랑, 공동체, 신으로부터 고립되어 있다. 『죄와 벌』에서 늙은 고리대금업자와 그녀의 누이를 살해한 나스콜리코프는 천사 같은 소니아와 악마 같은 스비드리가이로프가 혼재하는 이중체에 사로잡힌다. 백치에서, 미쉬킨은 로고친과 상반되는 경향을 보이는데, 로고친은 온전히 악마가 될 정도로 악하지 않지만, 반면에 그리스도에 어리석을 정도로 맹목적인 미쉬킨은 너무 무능하고 고립되어 있어서 성인이 될 수 없다.

『악령』은 도스토예프스키가 처음으로 악마적인 것을 본격적으로 탐구한 작품이다. 이 작품을 시작했을 때, 베르코벤스키의 잘못된 세계관과 기타 정치적인 혁명들을 작품의 중심에 놓으려고 계획했는데, 점차 작품의 초점이 영적인 반역자, 스타브로긴에게로 이동하였다. 샤토프는 러시아 그리스도 그리고 소보르노스트에 대해서 말한다. 기술자 키릴로프는 감정이나 공동체로부터 절연된, 지적인 악마의 특징인 지성에 대한 허영과 자만심이라는 환상을 가진 순수한 주지주의를 대표한다. 정치적인 반역자인 표트르 스테파노비치 베르코벤스키 역시 감각론자로서 사회를 파괴하고 악에 헌신하는 새로운 세상을 만드는 계획을 가지고 있다. 그의 무신론은 신이라는 실재는 물론이고 실재하는 우주마저도 받아들이지 않는다. 관능과 힘이라는 자신의 환상에 둘러싸여 있기 때문에, 자기자신의 정신이 곧 자신의 우주가 되어 현실을 보지 못한다.

『악령』의 중심인물은 니콜라이 브세볼로도비치 스타브로긴인데, 이 사람의 이름은 자만심과 고통을 동시에 의미한다. 니콜라이(민족의 정복자), 브세블로도비치(모든 것의 주인), 스타브로긴(십자가라는 뜻). 스타브로긴은 악과 죄의식 사이에서 괴로워하지만, 선택해야 하는 중요한 순간이 올 때마다, 악을 선택한다. 그는 자신의 의지를 사탄에게 맡겼고 자기자신을 악마에게 넘겨주었다. 스타브로긴은 엄청난 매력을 가질 수 있게 된다. 그는 말을 잘하고 쾌활하며 솔직하고 다정해 보인다. 하지만 그는 다른 사람들은 말할 것도 없고 자기자신까지도 속이는 데 탁월하다. 이런 그의 겉모습 아래에 억누를 수 없는 권력욕, 자만심, 다른 사람들로부터의 독립 등이 숨어 있다. 침착하고, 냉정하고 주의 깊지만, 스타브로긴은 부드러움이나 연민, 공감대, 그리고 열정이 부족하다. 끝내 자살로 생을 마감한 것은 그가 무의미한 이기주의로 전생애를 일관했음을 표현한다.

스타브로긴의 영적인 상태는 마트료샤가 연루된 에피소드에서 가장 날카롭게 표출된다. 검열관들은 이 부분을 수십 년 동안 줄곧 삭제하여 이 책이 전달하는 의미의 상당 부분을 퇴색시켰다. 마트료샤는 스타브로긴의 여자 집주인의 12살박이 딸이다. 스타브로긴은 끈질기게 이 아이를 유혹해서 마침내 성공한다. 매우 단호하게 자신의 소아성애 병적인 경향을 절제해왔던 것으로 보이는 도스토예프스키는 아이를 유혹하는 것이야 말로 가장 부끄러운 범죄 행위라고 생각하고 있었다. 설상가상으로 스타브로긴은 사랑 혹은 기쁨은 전혀 없이 유혹을 완수하는데, 그가 느낀 것이라곤 단지 육욕과 절망의 기괴한 뒤섞임뿐이다. 자기자신이 타락하고 있다는 것을 알면서도, 이를 거스르지 못하고 숙명론에 빠져 자신이 발각되든지 처벌을 받든지 전혀 무관심하게 되었다. 수치심과 죄의식에 사로잡힌 이 아이는 스스로 목을 맨다. 스타브로긴의 마지막 운명은 그 여자 아이를 따르는 것이다. 그 소녀가 자살하자 곧바로 백치 불구자 마리아 티모페예브나레비트킨이란 여자와의 납득하기 힘든 결혼을 감행했다. 여기서 그의 모티브는 아이를 유혹할 때보다도 더욱 생명력이 없는 악마적인 것이다. 그가 마리아와 결혼한 이유는 마트료샤에게 지은 죄에 대해 스스로에게 벌을 내리기 위한 것이며, 마리아를 조롱하고 결혼이란 의식을 경시하고, 모든 가치—개인의 성공이라는 가치마저도—를 우습게 만들려는 것이었고, "이 다음에 무슨 일이 벌어질지" 두고 보려는 아무런 목적도 없는 호기심을 추구하기 위한 것이다. 그가 저지른 이 모든 행동의 저면에는 인생은 공허하고 무의미한 부조리일 뿐이라는 확신이다.

나중에, 스타브로긴은 사제 티혼에게 고해하기로 결심한다. 그는 우아하게 보일 수도 있지만 어둡고, 복잡하고 혼돈스러운 인성을 교묘하게 가릴 수도 있는 수줍은 듯하고 솔직한 모습으로 나타난다. 티혼은 스타브로긴에게 정말로 악마를 본적이 있는지 여부를 묻고 스타로브긴은 비꼬는 듯한 어조로 대답한다. "몰론 악마를 봅니다. 내가 사제님을 보듯이 그렇게 악마를 보지요…… 그리고 때로 저는 누가 진짜인지를 모르겠어요, 그인지 아니면 나인지."[34] 항상 티혼과 같은 성인 앞에서 악마는 진실을 말하게 되고, 스타로브긴은 거짓으로 자신을 보호하려 하지만, 사제에게 진정한 자신의 모습을 드러내놓고 있음을 알게 된다. 이 사람의 혼돈상태를 감지한 티혼은 그와 거리를 유지하려 한다. 스타로브긴은 모든 사람들 가운데서도 사제는 자신의 영혼 속에 악마가 들어 있음을 의심해서는 안 된다고 야유하지만, 티혼은 "그런 증상은 병에 가깝다"고 주의를 준다. 분명히 악마는 존재하고, 사람들을 사로잡을 수 있다는 것도 이 사제는 인정하지만, 조심스럽게 악마의 존재를 확인해야 분별력이 있는 것이다. 다시 한번 악마는 진리를 증거하도록 강요를 받자, 스타브로긴은 대답을 쏟아낸다. "난 진실로 악마의 존재를 믿는다. 나는 상징적으로가 아니라 교회법에 따라 개별적인 악마의 존재를 믿는다. 나는 어느 누구로부터의 확인도 필요치 않다"(p. 697). 스타브로긴은 티혼이 순진하다고 조롱하려고 하지만 당연히 자신의 영혼 속에서 직접적으로 악마를 경험하기 때문에 어떠한 확인도 필요없다는 사실이야말로 정말 단순한 진리이다.

스타브로긴은 계속해서 티혼을 가지고 놀기로 작정한다. "신의 존재를 믿지 않고도 악마의 존재를 믿을 수 있나요?"라고 웃으면서 질문하자, 티혼의 대답은 그 자체로 역설적이다. "물론 가능하지요. 그것은 어떤 식으로든 이루어집니다"(p. 698). 이 고해는 구원과 저주 사이를 가르는 칼날 위에서 진행된다. 비록 늦은 감은 있지만, 스타브로긴은 자유롭게 자신의 마음을 열고 현실을 받아들이려고 하는데, 바로 그 순간에 마음에 사무쳐 그럴 수 없게 된다. 그는 갑자기 티혼과 티혼 안에서 말하는 그리스도에게 "나는 당신을 사랑합니다"라고 절규한다. 구원의 은총이 그의 마음속에서 일어나지만, 그의 인생은 너무나 오랫동안 거짓에 찌들어 있어서 그 순간을 놓치고 만다. 그는 너무나도 자기기만에 익숙해져서 마지막에 진리를 보게 되는 때를 깨닫지 못한다.

하지만 신은 인내한다. 스타브로긴은 자신이 저지른 범죄에 대해 전혀 회개하지 않음을 자랑하지만, 곧 그런 일이 벌어지지 않도록 하기 위해 기꺼이 죽을 수도 있다고 선언한다(p. 711). 심지어 그는 자신의 죄의식을 모두 고백한 다음 그것을 인쇄물로 만들어 배포할 계획을 세운다. 20세기 범죄자들과 작가들에 의해 설정된 사례들에 의해 영향을 받은 듯한 몇몇 현대의 비평가들은 이런 행동을 부끄럼 없이 자기 죄에 대한 자랑, 그가 고해한 맥락에서 보면 극도의 독신(瀆神)이 될 수도 있는 자랑으로 해석했다. 하지만, 이것이 그 순간에 그의 마음 상태는 아니다. 욕망도 자만심도 그를 지배하지는 않았고, 오직 절망만이 있었을 뿐이다. 출판을 계획했던 것은 철저하게 그리고 돌이킬 수 없을 정도로 타락했다는 것을 인식하고는 자기자신을 비하하기 위한 고의적인 행위이다. 비록 신이 자기도 모르게 진실을 드러내도록 했지만, 자신의 고해는 정직하고 사랑을 담아서 했던 것이 아니라는 것을 알게 된다. "나는 분명히 파멸하게 된다는 것을 안다"라고 말하고는 멍한 상태에서 손가락 사이에 있던 작은 십자가를 부러뜨린다. 마치 구원을 거부한다는 것을 상징적으로 말하듯이(P. 717). 그는 다시 조롱하는 듯한 어조로 돌아와 티혼에게 자신이 여기에 온 온전한 목적은 "스스로를 용서하는 것, 이것이 나의 중요한 목적이었다"고 말한다(P. 727).

어쩌면 이 고해마저도 스타브로긴이 잡은 마지막 기회는 아니었다. 그가 자살할 때 남긴 메모의 의미는 영원히 오리무중에 빠진다.

“어느 누구도 비난하지 못한다. 내가 직접 해냈다.” 이 말들은 자만심을 조롱하는 최후의 행동인가? 자기자신의 죽음조차도 공동체에 책임을 지우지 않으려고 스스로, 마침내, 따로 떨어져 고립되었던 허풍을 조롱하는 마지막 행동인가? 아니면 이 말들은 진정한 자아 인식의 마지막 발로인가? 만일 그렇다 해도 그것은 즉각적인 반론이 따르는데 자살이란 동방정교회에서는 용서받을 수 없는 죄인 까닭이다. 문학작품 속에서 스타브로긴은 자기자신을 완전하게 그리고 진실로 악마에게 던진 한 사람으로, 자신의 영혼에서 솟아오르는 구원의 은총이 피어오를 때마다 순식간에 꺼버리는 사람으로, 기쁨 없는 죄와 절망의 어둠 속으로 스스로를 몰아넣는 사람으로 가장 완벽하게 표출된 사람 가운데 하나이다. 그는 죄의 본질인 슬픔을 구현한다.

『악령』이나 『카라마조프의 형제들』에서 악마는 우리들과 직면해서 아주 가까이에 존재한다. 카라마조프 일가를 모두 모아놓으면 모든 인성을 구성할 만큼 여러 가지 성격적인 특성들의 모임으로 간주될 수 있다. 아버지, 표도르 파블로비치는 성격이 세 아들 가운데 장남 드미트리에 반영된 무책임한 호색가이다. 둘째 아들 이반은 자존심이 강하고 냉소적이며 지식에 대한 욕망에 자극을 받은 지식인이다. 막내아들 알료샤는 도스토예프스키가 그려내는 모든 성격 가운데 작가 자신의 이상과 가장 가까운 인물로, 형들과는 달리 아버지의 타락한 성격보다는 어머니의 부드러운 품성을 물려받은 영적이고, 사려 깊으며, 다정하고 쾌활한 청년이다. 알료샤는 공동체에 대한 사랑을 통해 신에게 이끌린다. 그는 만일 누군가가 진실로 사랑하게 되면, 그의 사랑은 공동체로 퍼져나간다는 것을 알고 있다. 무능한 미쉬킨(『백치』에 나오는)과는 달리, 알료샤는 자신의 영성을 효과적으로 행동으로 옮길 만큼 실천적인 사람이다. 결국 카라마조프가의 몰락을 해결할 수 있는 유일한 해결책은 바로 알료샤의 삶이다. 서자, 스메르댜코프는 자신의 미천한 출신과 지위 때문에, 증오와 질투에 자극을 받는다. 이 가족 이외의 가장 중요한 인물로는 고해 신부인 조시마 장로를 들 수 있다. 조시마 장로는 나이 든 알료샤와 같은 인물로, 일생을 소보르노스트의 원리대로 살았던 영성이 깊고 사랑이 많은 사람이다. 소보르노스트란 공동체 내에서 서로 협력하기를 좋아하면서 자유롭게 행동하는 법을 배울 수 있을 때 사람들은 진정으로 자유로워질 수 있다는 원리이다. 소보르노스트의 이타적인 사랑은 그리스도를 본받은 것이고, 이기주의 그리고 질투와 더불어 개인주의는 사탄을 본받은 것이다.

스메르댜코프는 이반의 무신론적이고 개인주의적인 사상에 물들게 되어, 이를 바탕으로 자기자신의 증오와 질투심을 지적으로 합리화한다. 신의 원리는 모든 것이 허락된 필연적 존재의 원리이고, 신은 존재하지 않으므로 원리는 곧 모든 것이 허락된 인간 개인이라고 이반은 주장한다. 신은 존재하지 않고, "악마도 존재하지 않는다"라고 이반은 아버지에게 말하지만, 만일 한 개인이 신의 위치를 차지할 수 있다면,

악마의 자리도 차지할 수 있다는 것을 망각한 것이다.[35] 너무나 이기적이고 약삭빠른 이반은 자신의 도덕적 상대주의라는 논리적 귀결에 따르지 않지만, 어리석은 스메르댜코프는 이반의 논리를 실행에 옮겨 아버지를 살해한다. 정황적인 증거를 통해 장남 드미트리가 그 범행에 책임이 있다는 것이 밝혀져 그는 체포되어 재판을 받아, 유죄 판결을 받는다.

이 소설은 철학적인 측면만큼 줄거리가 중요하지는 않지만, 도스토예프스키 자신은 이 책의 핵심은 이반과 알료샤가 신의 존재에 관해 토론하는 제5권 "찬반양론" 부분이라고 주장한다. 무신론을 지지하는 이반의 주장은 그 강렬함에 있어 타의 추종을 불허한다. 그가 주장하는 요지는 악이 존재한다는 것이다. 인간이라는 존재는 인위적으로 잔인하게 되고 신은 그러한 생각을 용인했을 뿐만 아니라 만들어냈기 때문에 짐승보다도 훨씬 더 나쁘고, 이런 존재들이 있다는 것은 신이 존재하지 않는다는 증거가 된다. 1876년 당시 일간지에서 이반이 뽑아온 악의 사례들은 기억에 남을 만하다. 농부의 아이를 어머니 앞에서 갈기갈기 찢도록 사냥개에게 명령한 귀족, "부드러운 눈으로" 발버둥치는 자신의 말에게 채찍질을 가하는 남자, 자신들의 어린 딸을 얼어붙을 듯한 옥외 변소에 밤새도록 가두어두어 그 어린아이가 자비를 구하며 벽을 두드리게 하는 부모들, 머리를 날려버리기 전에 반짝이는 권총으로 아이를 데리고 노는 터키 병사(pp. 283-287). 이반은 이토록 무서운 일이 매일 발생하며 끝도 없이 증폭될 수 있다는 것을 알고 있다. "나의 사례를 더욱 분명하게 하기 위해 아이들의 사례를 들었다. 이 지구의 겉에서부터 속까지 잠길 또 다른 울음소리가 들려도 나는 아무 말도 하지 않을 것이다"라고 이반은 설명한다(p. 287). "악마가 존재하지 않는다면, 인간이 악마를 만들었던 것이고, 자신의 모습대로 꼭 닮게 악마를 만들었던 것이다"(p. 283)라고 선언한다.

이 모든 무서운 일들은 어느 정도 우리의 빈약한 사고 능력을 초월하는 신의 조화에 들어맞는다는 이론에 대해, 이반은 경멸하듯 대답한다. "그 모든 것이 영원한 조화를 위해 겪어야만 하는 일이라면, 그는 묻기를, 무엇 때문에 아이들이 연관되어야 한단 말인가, 내게 말해보라, 제발" 그리고 그는 "나는 그러한 조화를 받아들일 수 없다…… 나는 더 고상한 조화를 모두 포기한다. 그것은 저 고통받는 아이의 눈물만큼의 가치도 없다. 인간들을 궁극적으로 행복하게 할 목적으로, 그들에게 평화와 휴식을 줄 목적으로 인간의 운명을 창조하고 있다고 가정해보라. 그런데 단 한 명의 연약한 창조물을 고통스럽게 죽이는 것이 필요한 일이고 불가피한 일인지 상상해보라…… 이런 상황에서 조물주에게 동의할 수 있는가?"(pp. 290-291). 이반은 스스로 우리들 대부분이 이 문제를 피하려고 끌어들이는 어떠한 핑곗거리도 용납하지 않는다. 그는 깊은 악과 분투하면서 악을 피할 아무런 방법도 없다는 것을 알게 된다. 이반은 어느 정도 설득되었을 거라는 희망을 가지고 알료샤의 반응을 기다린다.

알료샤는 할 말이 별로 없다. "고통은 치유되고 보상을 받을 거예요…… 이 세상의 마지막 때에, 영원한 조화의 순간에, 너무나 소중한 것이 충분하게 될 거예요…… 인간의 모든 죄를 보상할 만큼이요"라고 알료샤는 주장했다(p. 279). 하지만 그는 확신하지는 못한다. "우리 형들은 스스로를 망치고 있어요…… 아버지도 그러시고. 이것이 '카라마조프가의 원초적인 힘'이에요…… 신의 영이 이러한 힘을 능가할까요? 난 잘 모르겠지만요…… 어쩌면 저는 신의 존재조차도 모르는 걸요"(p. 262). 이반이 중요한 문제를 거론하자, "이런 상황에서 조물주에 동의하겠는가?" 알료샤는 조용히 대답한다. "아뇨, 난 동의하지 않을 거예요"(p. 292). 하지만 알료샤는 마지막으로 신께서 우리를 용서하심이 우리가 신을 용서하는 것을 훨씬 더 능가할 것이라는 말을 한다. 이반에게 해줄 수 있는 유일한 대답은 알료샤의 삶, 조시마 장로의 삶, 그리스도의 삶이다. 알료샤는 빌라도 앞에 서계신 그리스도처럼 조용히 이반 앞에 서있다. 이반의 반박을 이길 수 있는 논증은 없다. 사랑 이외에는.

이반은 대심문관에 얽힌 이야기를 가지고 알료샤를 더욱 압박한다. 이반은 16세기 그리스도가 이 땅에 두 번째로 오신 세빌리아에서 이야기를 시작한다. 그리스도는 죽은 자 가운데서 어린 소녀를 살리시고 여러 가지 기적을 행한다. 사람들은 그를 알아보고 좋아하지만, 세

빌리아의 중요한 교회 당국의 추기경인 대심문관은 그를 체포하라고 명령한다. 그는 예수가 그의 앞에 나타나자, 예수는 다시 올 권한도 없고 계시를 부언할 권한도 없다고 말한다. 예수는 모든 책임을 교회에게 넘겼고 이제 교회는 모든 것을 통제하게 되었다. 사람들은 이제 사랑이나 자유 따윈 원하지 않으므로, 모든 것을 그대로 두는 것이 최상이라고 심문관은 설명한다. 사람들은 권위를 더 선호하기 되었는데, 예수는 다시 와서 자신이 교회에 부여한 권위에 끼어들고 있는 것이다. 이 대심문관은 무신론자—어쩌면 그 이상—이다. 그는 악마를 "이 광야에서 현명하고 강력한 영"이라고 하였고 예수에게 "우리는 당신과 협력하지 않고 악마와 협력한다…… 우리가 악마의 편이 된 지는 꽤 오래—8세기—되었다"고 알린다(p. 299).

도스토예프스키는 서양 사상을 싫어했고, 가톨릭과 정교회 사이의 분열(800년 동안) 때문에 가톨릭 교회를 선택했다. 여전히, 그의 의도는 모든 기독교 교회와 모든 인간이 만든 제도를 비판하는 것이다. 우리들 각각은 우리에게 그리스도가 떠맡긴 쇠잔한 진리보다는 우리의 위안과 편견을 택하기 때문에, 대심문관이 상징하는 것은 모든 사람들이다. 심문관이 보인 반응은 우리와 마찬가지이다. 그는 예수를 비난해서, 사형 선고를 내리고, 결국은 선고를 추방으로 감형하는데, 다음과 같은 지독한 말을 남긴다. "가서, 다시는 돌아오지 마라, 절대로 돌아오지 마라, 절대로, 절대로!"(p. 311). 이 심문관에게, 빌라도처럼—

그리고 알료샤가 이반에게 한 것처럼—예수는 아무런 대답도 하지 않는다. 어떤 말도 무의미했을 것이다. 스스로에게 눈을 감도록 정해진 사람들은 보지 못하고, 치료받기를 거부하는 사람들은 여전히 눈이 먼다. 알료샤와의 논의 속에서, 이반은 신을 비난했고, 우화를 들먹이면서 인간들도 비난한다. 이반은 자비로운 사랑의 신이 존재하더라도, 우리와 같은 창조물에게는 어떠한 영향도 미치지 못할 것이라고 주장한다.

알료샤의 삶이 이반의 주장에 대한 답이 되는 것처럼, 조시마 장로의 삶은 이반이 제시한 우화의 답이 된다. 그 이유는 도스토예프스키가 대심문관에 관한 문단 바로 뒤에 공동체를 위해 사는 사제의 일대기를 끌어들이기 때문이다. 형제들은 인간이 저지른 죄를 두려워하지 않는다. 사람을 사랑하라, 심지어 그의 죄까지도. 이것이야말로 신의 사랑과 비슷해지는 것이고 이 땅에서 지고의 사랑이므로. 신의 모든 창조물들, 그 안에 있는 모래알 하나까지도 사랑하라. 모든 나뭇잎, 신이 내린 모든 빛을 사랑하라. 동물과 식물 그 모든 것을 사랑하라. 모든 것을 사랑하면, 그 안에서 벌어지는 신성한 신비를 알게 될 것이다. 그것을 깨닫게 되면, 날이 갈수록 그러한 신비로움을 더 잘 이해하게 될 것이다. 그렇게 되면 마침내 모든 것을 끌어안는 사랑으로 모든 세상을 이해하게 될 것이다…… 나의 형제는 새들이 자신을 용서해주기를 요청했다. 이런 짓은 어리석어 보이지만 올바른 것이다. 모든 것은 바다와 같으므로, 모든 것은 흐르고 섞인다. 한곳을 치면 지구의 다른 쪽 끝을 움직이게 한다"(pp. 382-383) 이렇게 조시마 장로는 말한다. 조시마 장로는 악을 이해하는 것도 중요하지만, 기쁨과 사랑이 악을 이긴다는 것도 이해해야 한다고 간청한다. 지옥은 "사랑할 수 없는 존재들이 고통받는 곳"이다(p. 387). 이반과 같은 무신론에 관해 말하자면, 서양 사회에 만연한 파우스트적인 태도, 사랑도 없이 냉정하게 지식을 추구하는 태도의 산물이다. 완전히 인간적이 되려면, 우리가 신의 자식이라는 것을 인식해야 한다.

이반이 악마의 존재를 부인한 것은 자기 안의 악마적인 것을 부인하는 것인데, 이 둘은 환상이나 악몽의 형태로 다시 그를 엄습한다. 이반은 처음에 악마를 약간 운이 기울었지만 트릭스터와 모습을 바꾸는 자로서 본연의 역할에 충실한 잘생기고 매력적인 신사로 본다. 사탄은 이반의 눈앞에서 계속해서 자기의 모습을 바꾼다. 그의 표정은 "융통성이 있어서 필요할 때마다 모든 친근한 표정을 취할 준비가 되어 있다"(p. 771). 사람들은 나를 타락한 천사라고 하지만 난 사실 늙은 신사일 뿐이고 "나는 스스로에게 친근하게 대하도록 노력하면서 내가 할 수 있는 대로 산다"고 능청스럽게 스스로를 인정한다. 모습을 바꾸는 늙은 신사는 악마이며 어쩌면 그 이상이다. 그는 대체로 인간으로 나타난다. 그는 말한다. "나는 사탄이고 인간적인 것치고 나와 상관없는 것은 아무것도 없다고 생각한다"(p. 777). 물론 원래 오라스(Horace)에 나오는 마지막 대사는 "나는 인간이고 인간적인 것치고 나와 상관없는 것은 아무것도 없다고 생각한다"이다. 사탄의 말은 인간 본성의 저변에 흐르는 악마적인 것뿐만 아니라 악마이며 동시에 인간인 자신의 정체성을 밝힌 것이다. 좀더 구체적으로 악마는 이반 자신이다. 이반은 이것을 알고 있다. 비록 악마성이 주장하는 것만큼 자신을 압도하는 권능이 강하지 않다는 것을 감지하기도 하지만. "너는 내 자신이 육화된 것이다. 그러나 나의 한 부분만이 구현되었다"라고 그는 유령에게 소리친다(p. 775).

이 말에 대한 사탄의 대답 때문에 많은 비평가들이 오해에 빠지게 되었다. 사탄은 정중하게 이반의 말에 동의한다. "나는 당신의 악몽일 뿐이오, 그 이상은 아니오"(p. 777) 스스로가 인정한 바에 따라, 사탄은 현혹된 환상 속에서 표면으로 떠오르는 이반이 지닌 무의식의 일부일 뿐이다. 그러나 이와 같은 악마는 이미 자신이 속임수와 거짓의 주인임을 밝혔고, 자신이 환영이라는 생각에 기꺼이 동의한 것은 곧바로 독자에게 경고가 되어 도스토예프스키는 우리들이 악마가 그 이상일 것이라고 의심하도록 의도한 것이다. 나중에, 이반이 악마를 붙잡아 그에게 자신이 사로잡혔던 일화를 말하고 자기가 본 환상이 허구라는 증거로 제시하자, 악마는 점잖을 빼며 대답한다. "나는 나에 대한 너의 희망을 철저하게 없애기 위해 일부러 네가 잊어버렸던 일화를 이야기해주었던 것이다"(p. 784) 이것은 악마가 존재하지 않는다는 것을 우리가 확신하도록 꾸며낸 악마의 가장 교묘한 책략이다. 이것은 보들레르에 대한 도스토예프스키의 입장이기도 하다. 사탄은 자신이 존재하지 않는다는 것을 이반이 믿게 만들려고 노력함으로써 이반은 말할 것도 없고 독자와 비평가들도 함정에 빠뜨리는 데 성공한다. 이렇게 함정에 빠진 사람들이 가정하기를 도스토예프스키가 의도한 바에 따르면 악마란 이반의 무의식이 투영된 것에 불과한 것으로 설정되었다는 것이다. 화가 나서 이반이 와인 잔을 악마에게 던지자, 사탄은 비꼬는 듯이 인정한다. "이 사람은 루터의 잉크병을 기억하는구나" 그러고는 정중하게 사라진다. 그가 사라지자 곧이어 이 세상에 악마의 행동이 진짜로 있었다는 또 다른 증거를 가지고 알료샤가 등장한다. 스메르댜코프가 목을 매달았다는 소식.

이반과 알료샤의 대화, 그리고 이반과 사탄의 대화에서 보이는 믿음에 맞서는 불신의 투쟁은 카라마조프가 모두가 대표하는, 그리고 궁극적으로 도스토예프스키 자신이기도 한 초인격자의 정신에 내재한 투쟁이다. 도스토예프스키의 신앙과 악마의 존재에 대한 믿음은 악과 악을 이기는 은총, 지적인 의구심과 의심을 극복하는 사랑에 대한 성숙하고 깊은 경험을 통해 형성된 것이다. 카라마조프 형제들이 마지막으로 남긴 말은 이 세상의 소박한 즐거움에 대한 관심(예수의 관심과 마찬가지로)과 더불어 친구들의 사랑 공동체가 다시 부흥할 것이라는 알료샤의 확신에 찬 말이다.

> 우리는 틀림없이 부활할 거야. 그리고 다시 한 번 서로 만나서 지난 일들의 기쁘고 즐거웠던 이야기를 하게 될 거야. 알료샤는 한편으로는 웃고, 또 한편으로는 희열에 가득 차서 이렇게 대답했다. 자아, 이야기는 그만하고 추도식에 가자. 사양하지 말고 마음껏 케이크를 먹는 거야. 이건 옛날부터 내려온 풍습이고 좋은 일이야. 알료샤는 웃었다. 자아, 가자 이제부터는 이렇게 손에 손을 잡고 사이좋게 가는 거야(p. 940).

도스토예프스키의 작품은 당대의 가장 심오한 기독교적 세계 전망을 담고 있었고, 악에 대한 강렬한 인식을 바탕으로 악이 엄청나지만 그보다 더 위대한 것에 의해 제압당한다는 신념, 공허한 현실이 은총이라는 더 큰 현실로 채워진다는 신념에 의해 배양된 전망을 담고 있었다. 이것이 기독교적 세계관의 본질이다. 인간 본성에 대한 비관적 견해와 그로 인해 절실한 구원의 은총에의 소망이 그것이다.

전후 세계에서 이러한 전망은 약화되었다. 유물론이 점차 서구 사회를 떠받치는 세계관으로 기독교를 대신하게 되었고, 물질이 궁극적인 실재의 위치까지 올라감으로써 궁극적 실재의 특징은 생명이 없는 것, 부족한 지능, 본질적인 무의미등이 된다. "개인적이고, 감각적이며, 의식적인 것은 비인칭적인 "실재 세계"와 맞서야만 하고 '실재 원리'에 따라야 하는 부차적인 실재로 간주되게 되었다. 경제 변화라는 보이지 않는 힘, 계급투쟁의 변증법, 적자생존."[36] 세계대전과 더불어 발생한 극악무도한 사건은 이 세상은 비참할 뿐 아니라 무의미함을 확인해주는 듯했다. 고통은 언제나 존재해왔지만, 지금의 고통은 무의미했다. 이런 세계에서, 악마라는 관념은 점차로 약해졌지만, 반면에 근본적인 악의 활동은 점점 더 늘어났던 것이다.

7. 적대적인 세계 속의 악마

1914년 이래로, 세계대전, 유대인 대학살, 캄보디아 대학살, 기근, 그리고 핵전쟁에 의한 전멸의 위기와 더불어 인간이 겪는 고통의 강도는 새로운 전기에 도달하게 되었다. 1986년 현재, 지구상에 있는 핵무기는 TNT 140억 톤 이상과 맞먹는다. 2억 톤 이하의 핵무기—무기고에 저장돼 있는 아주 소량—가 도시나, 핵발전소, 석유 정제소 등에 떨어지면, 지구상의 모든 살아 있는 동물들을 말살하는 "핵겨울"을 초래할 수 있다. 더욱 놀라운 것은 많은 사람들이 이런 광란을 막기 위해 아무런 조치도 취하지 않는 무기력한 상태에 빠져 있다는 것이다. 악마란 정의되어온 바에 따르면 자신의 권능을 믿고 신이 창조한 우주를 부정하고 파괴하려는 영이다. 핵무기를 배치하도록 우리를 부추긴 힘은 존재 그 자체를 부정하려고 항상 분투해온 힘과 같은 것은 아닐까? 우리

지구가 맞고 있는 이러한 극도의 위기 상황에서, 우리는 그 가능성을 배제할 수 없다.[1]

아우슈비츠와 히로시마에서처럼 그렇게 악의 그림자가 극악무도하게 집단화되면서, 개인적인 감정에 연연하는 낭만주의자들은 무의미한 존재로 그 빛이 바래진다. 책임감이라는 것이 관료화되면서 근대사회에서 엄청나게 집단화된 세력들에게 안나 아렌트가 말했듯이 악이란 것은 새삼스러울 것도 없게 되어버렸다. 서류가 작성되면 유태인들은 신속하게 가스실로 보내질 수 있다. 익명으로 좌표가 설정된 지도가 만들어지면 아무런 양심의 가책도 없이 폭탄병들은 학교나 병원을 폭파할 수 있다. 이런 세계에서라면, 사자처럼 세상을 주유(周遊)하는 것보다는 책상 뒤에 앉아 있는 것이 더 효율적이라는 것을 악마는 분명히 알게 된다.

20세기 중, 후반에 기독교적인 전통은 점점 쇠퇴하고 있었다. 로마 제국의 개종 이래 최초로, 서양 문명의 본토에 사는 대다수의 사람들은 가장 기본적인 종교적인 교리를 거의 전적으로 무시하면서 성장해왔다. 이러한 공백 상태를 어느 정도는 마르크스주의(그 자체가 다양한 종교인)나 자유주의적 진보주의가 메워왔는데, 이 두 가지 사상은 모두 인간이 진보할 것이라는 신념을 가지고 있다. 비록 진보론자들은 대체로 예정된 진보의 목표를 정의하지 않은 채 남겨두지만, 인간의 본성이 선하다는 근거도 없는 믿음과 더불어 자신들의 문제를 해결하는 인간의 능력에 대한 파우스트적인 신념은 선과 악에 대한 직관을 어떠한 초월적인 실재에 근거 하지도 않고 물질적, 기계적인 용어로 설명되는 심리적인 현상으로 환원해 버렸다. 그 결과, 모호하지만, 도덕적인 상대주의가 팽배하게 된다.[2] 대중적인 상대주의는 절대로 아무것도 모른다는 명제를 제외하면 우리가 알 수 있는 것은 아무것도 없다고 가정한다. 초월적인 가치란 존재하지 않으며, 모든 것은 개인이나 사회적인 선호도에 따라 전적으로 상대적이다. 진리란 역시 선호도에 의존한다. 지적인 유행들이 차례대로 끊임없이 서양 지성계의 관심을 끌어왔는데, 그 이유는 어떤 사상의 유효성을 판가름하는 기준은 진리에 얼마나 근사하는가보다는 그 사상의 참신성이 되었기 때문이다.

20세기 말이 다가옴에 따라, 양립할 수 없다는 점이 무시된 채, 두 가지 세계관이 지배하게 된다. 한편으로는, 상대주의, 허무주의 그리고 문화적인 절망이, 다른 한편으로는 인간의 진보에 대한 희망. 이 두 가지 부류의 사상은 절대적으로 모순이 된다. 왜냐하면, 목적이 없는 진보란 불가능하기 때문이다. 목적지가 보스턴으로 정해졌다면, 보스턴을 향하는 한걸음 한걸음은 아주 작은 전진을 의미한다. 그런데 목적지가 없다면, 1만 마일로 날아가는 제트기를 타고 있어도 조금도 전진한 것이 못 된다. 어떠한 초월적인 가치도 존재하지 않는다면, 모든 목적은 상대적이고 자의적이며, 변화하고 있으므로, 전반적인 진보라는 사상은 허튼 소리가 될 뿐이다. 우리가 상대주의와 진보를 동시에 추구할 수 있다는 것은 거짓말이고, 어쩌면 아무런 희망도 없다는 두려움 때문에 우리는 거짓에 집착하게 된다.

희망이란 것이 이러한 환영에 의해 좌우되는 무서운 세상에서는, 신도 악마도 자리 잡을 여지가 없다. 초월적인 악이 존재한다는 사실을 공격하게 되면 필연적으로 초월적인 선이 존재한다는 사실도 공격할 수밖에 없다. 악마와 신이 모두 존재한다는 믿음은 18세기 이래로 급격하게 쇠퇴하게 되었다. 악이 존재한다는 믿음이 쇠퇴한다고 해서 이 세상에서 악의 활동이 그와 덩달아서 줄어드는 것도 아니지만, 1980년대 이래로, 악마라는 존재에 대한 믿음은 보수적인 가톨릭, 카리스마파들, 보수적인 프로테스탄트, 동방 정교회, 이슬람, 그리고 소수의 비교(秘教) 등을 제외하면 자취를 감추게 되었다.

1960년대에 시작된 오컬트의 부흥은 한때 "뉴 에이지" 사상으로 알려진 반기성사회 그리고 반문화 운동의 일부로서 악마론적 요소를 포함하고 있다. 〈로즈마리의 아이〉(1968) 그리고 〈엑소시스트〉(1973) 같은 영화의 인기는 사람들로 하여금 근본적 악에 대한 인식의 억압, 핵무기와 사회적 폭력에 대한 두려움, 문화적 황폐함, 종교와 유사한 어떤 것에 의한 전통종교의 부재로 남겨진 빈 공간을 채울 필요성 등에서 연원한 관심을 촉발시켰다. 비교가 부흥하게 된 이유에 대한 사회 역사적 연구가 분명히 필요하지만, 사회학자 한스 세발트(Hans Sebald)는 상대주의가 만연되면서 전통적인 종교, 과학적 유물론, 그리고 뉴 에이지의 근본주의 등이 막다른 길에 접어든 사회에서, 모든 가치를 근본적으로 거부하는 이러한 형태들이 생겨나는 것은 놀랄 만한 일도 아니라고 주장했다. 실질적으로 악마에 대한 믿음은 1965년부터 1975년까지 증가하였고, 그 열기는 가라앉았어도, 사탄주의를 이루는 여러 가지 요소들은 대중문화 안에서 다시 힘을 얻고 있다.[3)]

돌이켜보면, 1960년에서 1980년대의 사탄주의는 독특한 형태의 스타일로 여겨질 수 있다. "사탄적인" 집단들 사이에서도 어떤 구분이 이루어져야 했다. 밀교의 덫에 걸려 극렬한 성적 쾌락주의에 빠진 소위 세트의 사원(Temple of Set)이라고 불리우는 것처럼, 어떤 것들은 천박하기 그지없다. 또 어떤 것들은 원조를 맨슨 패밀리로 삼아 진짜로 잔인한 행동을 일삼는다. 신성을 가장한 세 번째 부류는 기독교라는 미명하에 수백 명을 구야나 정글에서 기괴하게 자살하게 한 짐 존스 종파를 예로 들 수 있다.[4)]

앤턴 잔더 라베이는 1966년에 자신의 사탄교회를 창립했고, 1975년에는 하나의 분파로 세트의 사원을 만들었다. 그들이 만든 사탄의 성서는 쾌락적인 경구와 잘못 알려진 오컬티즘이 뒤섞인 것이다. 대부분의 밀교 집단과 마찬가지로, 라베이 집단도 그 기원을 고대에서 찾고 있다. 자신들의 종교가 마치 고대 이집트의 신 세트를 숭배하는 집단에서 유래한 것처럼 사칭한다. 현대의 세트 숭배자들에게, 악마는 타락한 천사가 아니라 과학이나 종교가 설명할 수 있는 힘을 초월해서

20세기에 악마는 악과 공포의 상징 가운데 하나에 불과했다. 아브라함 래트너, 1946(호프 펀드, 인디아나 대학 미술관).

자연 속에 숨겨진 힘이다. 사탄이 악하다는 생각은 수세기 동안 험담꾼들로부터 나온 것이고, 그러나 사실 악마는 쾌락적인 본성을 가진 영, 세트와 동일한 것이다.

세트가 쾌락주의적 본성을 지닌 영이 아니었다는 것과 세트와 사탄 사이에는 어원학상의 연관성이 없다는 사실을 차치하고라도, 이러한 주장은 의미가 없다. 이 입장에 따르면, 인간이 사탄이라는 개념에 대해 알고 있는 모든 것은 절대적이고 객관적인 사탄이라는 실재와는 정반대라고 주장한다. 사탄의 궁극적 실체, 그것이 무엇이든지 우리가 알 수 있는 방법이 없다는 사실을 간과한다. 우리가 사탄에 대해 알 수 있는 유일한 것은 사탄에 대해서 인간이 만들어낸 개념뿐이다. 악마가 악하지 않고 선하다는 관념은 더욱 더 비합리적이다. 왜냐하면 사탄에 대해서 인간이 만들어낸 개념은 근본적인 악을 정확하게 인격화할 목적으로 마즈다교, 유대교, 기독교, 그리고 이슬람교에서 발전되었기 때문이다. 정의에 따르면 사탄은 악하다. "험담꾼"이라는 증거만 남아있어서, 악마의 선함을 입증할 증거가 없어져버렸다는 주장도 마찬가지로 어리석은 것이다. 첫째 이유로는, 이 이론이 전혀 존재하지도 않는 증거에 기반한다는 사실 때문이고, 또 다른 이유는, 그러한 "증거"가 있을 수 있다는 가능성조차도 존재하지 않기 때문이다. 왜냐하면, 그 주제의 정의 그 자체와도 모순 되기 때문이다. 이는 마치 "국회"라는 말이 실제로 KGB를 언급하는 것이라고 주장하는 것과 같다.

요컨대, 이러한 주장들은 틀렸다기보다는 아예 본래부터 무의미하다. 어떤 명제가 내적으로 일관되거나 어떤 식으로든 검토해 볼 수만 있다면, 그에 따라 옳은 것일 수도 있고 틀린 것일 수도 있다. 그러나 그 자체로 모순되는 명제는 단순히 틀린 것이 아니라 전혀 의미가 없는 것이다. 세트의 사원 자체가 중요하기 때문이 아니라 명제적인 지식을 지배하는 간단한 규칙들에 대한 부주의가 낭만주의 시기 이래로 문학에서도 유사하게 증가하고 있기 때문에 이러한 부조리한 상황들은 나를 힘들게 해왔다.

마찬가지로 "최후의 심판 종파"의 교리도 반박될 수 있다. 다른 모든 종파와 마찬가지로 이 종파도 여러 가지 이단과 분파들로 분열되었지만, 저변에 흐르는 생각은 서너 가지 신성들—여호와, 그리스도, 루시퍼, 사탄—이 통합되는 과정에 있다는 것이었다.[5] 찰스 맨슨 종파는 신론이나 악마론 따위를 흉내내지는 않았지만, 맨슨은 "과정 교회"의 영향을 받아왔던 것으로 보인다. 맨슨은 그리스도와 사탄 둘 다 되어 보아야 한다고 주장했고, 사실 예수는 관능주의자였는데, 자신의 사상이 "성직자다운 조심성" 때문에 억제되어왔다고 주장했다. 맨슨의 추종자 텍스 왓슨은 샤론 테이트를 살해하게 되었을 때, 이렇게 말했다. "나는 악마다. 그래서 나는 악마의 임무를 수행하러 여기 온 것이다."[6] 맨슨 종파는 사탄주의를 드러내놓지 않고도 급진적인 악에 몰두했다는 점에서 존스 종파를 닮았다.

공공연한 사탄주의는 1970년대 이후로 급격하게 시들어 갔지만, 문화적 사탄주의의 요소들은 헤비메탈 록 뮤직을 통해 1980년대 속으로 이어졌다. 그 음악은 수시로 악만의 이름을 연상케 하고 잔인함, 마약, 추함, 침울, 방종, 폭력, 소란과 혼란, 쓸쓸함과 같은 악마적 가치를 상당히 숭상한다. AC/DC, 블랙 사바스, 디오, 머틀리 크루, 주다스 프리스트, 아이언 메이든, 그리고 오즈 오스본과 같은 그룹이나 음악가들은 악마의 이미지를 폭넓게 사용하였다. 오즈 오스본의 주요 작품으로는 "Speak of the Devil," "Sabbath, Bloody Sabbath," "War Pigs," 그리고 "Iron Man/Children of the Grave"와 같은 것들이 있었다. 디오의 첫 번째 솔로 앨범의 자켓에는 쇠사슬을 휘두르는 짐승 모습의 악마가 묘사되어 있다. 몇몇 곡들에는 "backmasked"되어 악마의 메시지를 표현하고 있지만, 그럴 필요도 없이, 겉으로 드러난 가사들도 충분히 악마적이었다. 머틀리 크루는 자신들의 상징으로 사탄의 5각형을 사용하였고, 이 그룹의 노래 "Red Hot"에는 다음과 같은 가사가 실려 있다.

검은 상어와 맞서 싸워라—악이 무엇을 가져오는지 보라.[7)]

크루의 "악마에게 외침(shout at the Devil)"이란 곡에는 다음과 같은 가사들이 수록되어 있다:

그는 밤에 외롭게 울부짖고 있는 늑대다.

그는 무대 위에 떨어진 핏자국이다.

그는 네 눈 속의 눈물이다.

그의 거짓에 유혹당하고

그는 네 등 뒤에 꽂힌 칼이다.

그는 격노한다.

오, 그는 칼날이다……

악마에게 환호하라, 환호하라, 환호하라, 환호하라.[8)]

대개 이런 그룹들은 진짜 사탄주의와의 연관성을 부인한다. 청년기에 느끼는 권위에 대한 분노에서 기인되어서, 그들은 오컬트적인 용어나 상징을 사용함으로써 개인적인 믿음보다는 문화적인 저항을 표출한 것이었다. 그들은 또한 악마주의가 상업적인 충격 효과를 줄 수 있다는 것도 알고 있었다. "우리는 당신들이 그동안 들어본 가장 시끄럽고, 불쾌하고, 역겨운 노래를 만들어왔고, 우리는 어떤 노래든 그것이 보육원에서 나오는 리듬과 다른 것이라면 기를 쓰고 만들려 한다"[9)] 라고 말했다고 전해진다.

많은 사람들은 나쁜 삶에 경도되지 않고도 이러한 음악을 들을 수 있었고 실제로 들었지만, 어느 정도 진지하게 지속적으로 악을 선전하게 되면 어리석고 약한 정신을 변하게 하는 효과를 가져왔다. 그 결과,

아이들에 대한 폭력이나 동물 도살 등을 포함해서 소름끼치는 일련의 변질된 범죄를 야기해왔다. 어떤 대가를 치르더라도 근본적인 악의 존재성을 부인하기로 합의된 사회만이 이러한 현상들을 지속적으로 견뎌낼 수 있었다.

당연히 악마는 문화적인 절망 상태, 사탄의 유행, 그리고 악마를 숭배하는 록 그룹들에 관심이 있겠지만, 핵무장, 강제 노동 수용소, 그리고 약탈적인 제국주의에 훨씬 더 열광할 것이 틀림없고, 최근 20세기의 진지한 철학과 신학이 관심을 기울였던 방향도 이와 같은 문제들이다. 그러나 역설적이게도, 냉소적인 절망과 악에 맞서려는 단호한 결심은 동시에 일어나게 되었다.[10]

전후 실존주의에는 악에 대한 신랄한 의식과 문화적인 절망감으로 인한 냉소적인 무관심 사이의 긴장 관계가 지배적이었다. 알베르 카뮈(1912-1960)는 『이방인』(1942), 『페스트』(1947), 『반항적 인간』(1951), 그리고 『전락』(1956)과 같은 작품에서 초월적인 가치가 없는 이 세상에서 악의 문제와 맞섰다.[11] 『페스트』라는 작품은 프랑스령 알제리의 한 도시에 역병이 끼친 끔찍한 영향과 그것을 받아들이려는 거주민들의 노력을 묘사하고 있다. 정직하고 신실한 사제 파늘루는 이 역병이 세상을 위한 신의 신비로운 계획의 일환이라고 설명하려 하지만 실패하고 만다. 세속주의자 뤼 박사는 그러한 참사에 맞서 싸우는 것 말고는 아무런 의미도 없는 이 세상에서 그저 각자의 최선을 다해야 한다는 것을 알고 있다. 카뮈의 작품은 깊이 있고 연민의 정이 넘쳤고, 탈기독교적인 서구 사회에 팽배해 있는 마음 상태를 날카롭게 묘사했지만, 초월적인 가치 없이 의미를 구축해보려는 희망은 결국 수포로 돌아간다. 정말로 무의미한 세상에서는, 뤼가 보여준 용기와 진실성도 이기주의나 심지어는 잔인함보다 본질적으로 더 나을 것도 없는 것이다.

실존주의의 공허함은 장폴 사르트르(1905-1980)의 작품에서 분명해진다. 사르트르의 희곡 『악마와 신』(1951)에서는 신과 악마가 서로를 대항하여 싸우게 하나 둘 다 실존적이지 않고 결국 무의미한 이 세상에 의미를 부여하는 것은 인간에게 달려 있다는 결론을 내린다. 이러한 견해가 파산한 것은 사르트르가 관료주의적인 소비에트 공산주의를 받아들이면서 분명해졌다. 그의 희곡 『출구 없음』(1947)은 실존주의의 저변에 깔린 절망을 가장 잘 보여준다. 등장인물들은 어둠 속에 말없이 따로 떨어져 앉아 끊임없이 불평거리를 곱씹으면서 자신들이 만든 아성에서 스스로를 보지 못하게 하고 스스로를 가둔다.[12]

서구의 신학—유대교, 가톨릭, 그리고 개신교—은 아우슈비츠와 히로시마로 인해 급격한 변화를 겪어야 했다. 20세기에 벌어진 참사들을 겪으면서 1914년 이전의 신학의 특징인 낙관적 진보주의는 자취를 감추었고 근본적인 악에 대해 주의를 강화하였다. 레제크 콜라코프스키는 다음과 같이 주장해왔다. 우리는 악을 직접적이고도 직관적으로 경험한다. 우리가 잔인한 행위를 목도할 때, 우리는 사실적이고 중립적인 데이터를 추상적인 윤리 체계의 기준에 따라 가치 분석을 수행하는 복잡한 과정에 관여하지 않는다. 우리는 그 행동은 나쁘다는 확실한 지식에 의해 반응한다. 제롬 코간이나 여타 심리학자들의 연구는 아이들은 그러한 직접적인 직관을 세 살이 되면 소유하게 되고 사회에서 그러한 의식을 없애지 않는 한 계속 보유한다는 것을 보여주고 있다. 양적으로나 질적으로나 개인적인 악을 능가하는 아우슈비츠나 히로시마에서처럼 개인의 한계를 넘어서는 악도 역시 직관적으로 이해될 수 있다. 그러나 복잡하고 왜곡된 근대 상대주의의 논의들 때문에, 도덕적인 현실에 대한 직관적인 이해를 잃게 될 수 있고, 많은 신학자들은 여전히 당대의 회의적인 사조를 따르고 근본적인 악을 무시하거나 부인함으로써 직관을 피하려 한다. 코라코프스키는 악에 대한 신의 책임이라는 문제가 연루되어 있으므로, 사탄의 문제는 사소한 것이 아니라고 주장해왔다.[13]

자유주의적 프로테스탄트주의에서, 칼 바르트나 그의 추종자들이 신정통주의를 부활시키고, 신화의 가치에 대해서 칼 융과 미르치아 엘리아데 등이 새롭게 통찰했지만, 기독교를 "탈신화화"하려는 노력의 일환으로 신학과 성서 비평에 집착하려는 경향은 계속해서 영향력을 발휘하였다. 보수적인 프로테스탄트주의는 "고등 비평"을 거부하는 경향을 보이고 자신들의 관점을 계속적으로 성서에 기초한다. 보수적인 프로테스탄트들은 종교개혁을 이룬 자신들의 선조들과 마찬가지로, 오류가 전혀 없다고 여기는 성경에만 오로지 의존한다고 주장한다. 사실 그들은 무엇에도 아랑곳하지 않고 전통적인 논의를 따른다. 종교개혁자들 자신들과 마찬가지로 교부적이고 스콜라적인 주해와 전통에 기초한 악마에 대한 자신들의 교리보다 더 정확한 것은 어디에도 없다고 생각한다.

이와는 상대적으로 1960년대 이전에 통합된 가톨릭은 그 이후로 프로테스탄트주의와 마찬가지로 전통적인 진영과 자유주의적인 진영으로 갈라지는 경향을 보였다. 한쪽은 전통이 발전하는 과정에서 성령의 인도를 강조하고 사도계승의 권위를 손상시킬 위험에 대해 인식하고 있다. 다른 한쪽은 전통에서 급격하게 이탈하고 탈신화하는 과정에 열려 있어서 토미즘의 오랜 지배에 반대한다. 사탄의 존재에 대해 여러 시대에 걸쳐 교회에서는 거의 이견이 없다는 것을 알고 있는 전통주의자들은 계속해서 이 견해를 지지하고 있다. 한편, 자유주의자들은 성서 비판을 통해서 발견된 구태의연하고 용납되지 않는 교리들을 폐기한다.

1960년대 이래로 이 문제에 대해서 뜨거운 논쟁이 벌어졌다는 것은 교회의 본질적인 성격에 관해서 의견이 일치하지 않고 있다는 것을 반영한다. 전통적인 토마스주의적 견해는 20세기 중반까지도 확인될 수 있었고, 2차 바티칸 공의회(1962-1965) 자체에서도 여러 문맥 속에서 악마를 언급하였다. 1970년의 로마 미사 경본에는 미사의 기도서에 나오는 사탄에 대한 언급이 남아 있었고, 어른과 아이들을 위한 세례 기도서에는 악한 것에 대한 언급이 계속해서 배제되어 있었다. 그렇지만, 1960년대 이전까지만 해도, 가브리엘 마르셀, 칼 라너, 그리고 여타의 사람들이 스콜라주의와 결별할 방법을 준비하면서 변화가 시작되었다. 2차 바티칸 공의회가 변화에 대한 압력을 늦추자, 오히려 개혁의 속도가 빨라졌다. 변혁에 대한 열망 때문에, 스콜라주의에 반대하는 사람들은 종종 전반적인 가톨릭의 교리와 스콜라주의—특히 스콜라주의에 대한 제수이트들의 표현—를 혼돈하였고, 그래서 가톨릭교회가 존재하는 것은 성령이 보증하는 합법적인 전통 때문이라는 것을 망각함으로써 목욕물과 함께 아이를 집어던지는 우를 범했다.

1967년판 『가톨릭 백과사전』은 1907년 판과는 확연한 차이를 보이면서 악마를 외적인 실재라기보다는 심리적인 힘의 상징으로 다루는 방향으로 바뀌었고, 1974년에 행해진 신학자들의 여론 조사에서는 가톨릭 신학자들이 급격하게 프로테스탄트들의 회의적인 입장에 접근하고 있음을 보여주었다. 가톨릭 신자들의 3분의 1 이상은 신약성서에서는 1세기의 지배적인 세계관이 반영된 것으로 악마를 언급할 뿐이고, 악마는 실재하는 존재가 아니라 일종의 상징이었다는 입장을 지지하는 4분의 3 정도의 프로테스탄트들에 동의했다. 가톨릭의 견해에 이러한 변화를 주도한 인물은 독일의 헤르베르트 하그, 프랑스의 크리스티앙 뒤퀴오크, 그리고 영어권의 H. A. 켈리 등이었는데, 이들은 악마의 존재를 부인하는 많은 열광적인 추종자들과 이 문제에 대한 불가지론적인 입장을 취했던 더 많은 사람들을 알게 되었다. 1976년에, 클링겐베르그에 사는 어린 아넬리제 미켈이 주교가 승인한 액막이 동안에 죽게 되어 회의론적인 견해가 더욱 지지를 얻게 되었다.[14)]

교리에서부터 사회적인 실천에 이르기까지 폭넓고 다양한 근거에 기초해서 악마가 존재한다는 것을 공격해왔다. 신학에서 가장 유력한 주장은, 악마는 궁극적으로 수수께끼 같은 죄악들, 악의 문제를 설명하는 데 아무런 역할도 하지 않는다고 가장 강력하게 주장한다. 원죄에 대한 비난이 인간에게서 천사로 이동하더라도 이 세상에 악이 끼어들게 된 것을 설명할 수 없다. 이 견해에 따르면, 악마란 불필요한 가설일 뿐이고, 이 문제가 발생한 인간의 정신이라는 측면에서 악에 대항하는 선의 문제로 돌아가는 것이 더 나을 것이다. 초월적인 선과 악 사이의 광범위한 투쟁은 특정한 선과 악에 대한 인간적인 경험이 투영된 것이고, 이 세상에 내재하는 모든 악은 인간의 죄를 통해서 설명될 수 있다. 더 나아가, 악마를 일종의 사람으로 또는 인격으로 부르는 것은 무의미하다. 그 이유는 우리가 알고 있는 유일한 종류의 "사람"은 인간이라는 존재뿐이고, 분명히 악마는 인간의 생각으로는 사람일 수가 없기 때문이다. 그러므로 악마란 알 수 없는 초월성에 인간적인 범주를 투영한 것에 지나지 않는다.

회의론자들이 자신들의 신학적인 입장을 보강하는 방식은 성서를 근간으로 해서 역사성을 가진 논의들을 끌어들이는 것이었다. 악마라는 개념은 비기독교적인 신화나 마즈다교처럼 성서에 나오는 계시와 관계없는 종교적인 전통에 뿌리를 두고 있다고 회의론자들은 제기한다. 바빌론 유수 이전의 히브리인들은 악에 대한 책임을 신으로부터 다른 존재로 옮겨놓으려는 노력의 일환으로 악마를 자신들의 전통 안으로 끌어들였고, 구약성서에서는 악마에 대해 분명하게 묘사된 것이 없다. 신약성서에서도 마찬가지로 악마에 대한 일관된 언급이 나타나지 않고, 그런 식으로 언급된 것들도 상징적인 의미를 지닌 것으로 보이고, 그 하나하나가 모두 "죄" 또는 "악"이라는 말로 대체되어도 문제가 되지 않는다. 신약성서에서 예수가 악마를 심각하게 다루었다는 지적에 대해, 회의론자들은 다양하게 반응해왔다. 복음서의 저자들만이 그러한 말들을 입에 올렸으므로, 예수는 자신이 나서서 직접 악마를 심각하게 언급하지 않았다. 예수와 사도들은 단지 1세기의 세계관을 통해서 사람들과 의사소통해야 했기 때문에 악마를 언급했다. 실제로 예수와 사도들은 악마의 존재를 믿지 않았지만, 그들의 믿음은 태양이 지구 주위를 돈다는 믿음과 더불어 1세기의 세계관을 구성하는 일부가 되었다. 예수의 사상을 둘로 나누어보면, 하나는 보편적인 의미를 가지는 것이고, 다른 하나는 악마라는 존재처럼, 일시적이고 시대적인 호기심에만 국한된 것이다.

초기부터 기독교는 전통적으로 악마의 존재를 인정하는 데 이의가 없었음에도 불구하고, 사탄의 존재에 대한 믿음이 신앙의 핵심을 이루지는 않는다는 주장은, 이러한 사실을 입증하기 위해서 굳이 어떤 강령이나 공의회도 필요하지 않았다는 것은 논쟁의 여지가 없는 사실이다. 악마의 존재에 대해 공의회에서 나온 진술은 구시대적인 세계관의 일부로서 거부될 수도 있다는 주장은 완고하지 않으면서도 좀더 융통성이 있다. 전(全) 그리스도 공의회 가운데, 제4차 라테란과 트렌트 공의회만이 악마에 대해 의미 있는 관심을 보였고, 제4차 라테란 공의회는 악마의 존재를 신앙의 문제로 명확하게 정의하지는 않았다. 제1 법규집과 주요한 신학 법규집에서 악마의 본성과 활동 상황에 대한 언급이 두드러지지만, 악마를 다루는 두 개의 문장은 법규집의 주안점—신의 보편적인 주권—에 비해 부차적으로 여겨졌기 때문에, 회의론자들은 그 문제가 공의회에서 중요하게 다루어지지 않았다고 주장한다.

하지만, 공의회의 입장은 매우 다른 식으로도 이해될 수 있다. 첫째, 악마가 나오는 부분은 공의회에서 발행한 가장 중요한 성명 가운데서도 가장 중요한 부분을 차지하고 있다. 둘째, 양적으로나 논리적으로나, 그 문장들은 성명의 중요한 부분을 구성하고 있다. 다음으로, 공의회에서 언급된 말을 통해 알 수 있는 것은 악마라는 존재가 논쟁거리가 될 만한 문제도 아니고 정의할 필요도 없이 이미 해결된 문제라는 것이다. 마지막으로, 공의회는 악마의 권능을 과장한 순결파의 이원론자들에 반대하는 성명을 의식하고 있었기 때문에, 사탄이 존재하는 데는 어떤 경향이 있었다는 주장을 의심해볼 수 있는 완벽한 기회를 제공했던 것이다.

마지막으로, 회의론자들은 공의회가 원시적이고, 잘못된 세계관을 가졌다는 입장으로 억지로 회귀한다. 그들은 "나쁜 전통"을 교정할 필요성을 주장한다. 잘못된 생각에 기초된 어떠한 전통도 유효할 수 없다는 것은 당연한 사실이다. 그러나 "나쁜 전통"이라고 단정짓는 문제는 매우 미묘한 것이다. 이러한 논의는 가톨릭교회가 의존하고 있다고 주장하는 사도직 계승의 근간을 훼손할 수도 있다.

회의론자들은 또한 악마에 대한 믿음으로 인해, 아웃사이더들은 부정적으로 묘사되어 악마화되고, 악이 다른 존재에 전가됨으로써 악에 대한 인간의 책임이 약화되면서, 사회적으로도 해를 끼친다고 주장하였다.

보수주의자들은 1970년대에 회의론자들에 대한 대대적인 반격에 착수하였다. 1972년 6월 29일에 교황 바오로 6세의 설교(1972년, 6월 30일자 《오세르바토레 로마노》 지에 실림)는 1972년 11월 15일에 교황의 공식적인 훈시로 받아들여졌다. 교황은 자신의 입장을 밝히면서 1975년 6월 26일에 《오세르바토레 로마노》에 장문의 익명 기사를 작성한 신앙의 거룩한 성화가 제기한 문제를 공식적으로 연구할 것을 명령하였다. 여러 신학자들 특히 래틴저(Joseph Ratzinger) 추기경의 지원을 받은 교황은 성서적이고 전통적인 입장에서 악마론을 옹호하였다.[15] 성서 비평가들은 교황이 제기한 성서 논쟁은 유치했고, 신약성서에서 일관된 악마론을 제시할 의도가 있었는지의 여부에 대한 근본적인 문제를 회피했다고 반응했다.

회의론자들 자체의 논의와 마찬가지로, 회의주의자들에게 반대하는 논의의 범위는 성서 비평에서부터 당면 문제에 이른다. 성서 비평은 그 자체로 거의 통일된 목소리를 내지 않는다. 비평가들과 성서 해석자들은 문단의 의미와 중요성에 대해 때로는 날카롭게 대립한다. 더 나아가 다른 모든 학문과 마찬가지로 성서 비평은 과거에 대한 우리의 이해에 현재의 가정들을 억지로 끼워넣곤 하므로 성서에 대한 문자 그대로를 이해하려는 노력을 어렵게 만든다. "문자 그대로"의 가장 정확한 의미는 필자의 원래 의도인데, 그러한 원래의 의도에 다가가는 것은 전통이라는 외피뿐만 아니라 당대의 역사적이고 과학적인 전제라고 하는 외피도 벗겨내야 한다는 것을 의미한다. 신약성서를 문자 그대로 가장 잘 읽는 방법은 개인적인 죄는 물론이고 단순한 인간을 초월하는 악의 권세와 맞서 싸우는 예수의 모습을 보여주는 것으로 여겨진다. "악마적인 세력이 실재한다는 믿음은 예수의 삶을 모든 면에서 지배하였다. 이것이 당대의 사상에 맞는지 아니면 당황스러운 것인지는 전적으로 논점에서 벗어나 있다."[16]

악마의 존재에 대한 예수의 믿음은 원시적인 세계관의 일부를 차지할 뿐이었다는 주장은 심각한 위험성을 제기한다. 각 문화와 각 시대는 자기자신의 세계관을 절대적인 진리로 믿도록 결정되는 듯이 보이지만, 역사가 보여준 것이 있다면, 그것은 세계관은 변한다는 것, 그래서 그 모든 세계관들은 똑같이 불확실하다는 것이다. 1세기 아니면 20세기의 관점이 진리에 가깝다고 단정할 아무런 이유도 없고, 프랑스 사회가 중국보다 더 우월하다는 식으로 두 가지 중에 다른 하나가 더 우월하다고 가정할 아무런 이유도 없는 것이다. 시간중심주의의 오류는 모든 학자들에게 위험하지만, 기독교 신자인 학자들에게 예수와 사도들이 우리들만큼 개화하지 못한 원시적인 사고를 가진 사람들이었다고 주장하는 것은 특히 상식 밖이다. 악마에 대한 믿음이 신약성서에 퍼져 있기 때문에, 악마에 대한 믿음이 폐기되면, 결과적으로 신약에 표현된 다른 믿음—성육신과 부활에 대한 믿음을 포함해서—도 같은 취급을 당할 수밖에 없게 되고, 어떤 신학자들도 이런 결과를 모면하지는 못한다.

역사가는—기독교인이든 아니든지—기독교가 성서와 전통에 기초되어야 하고, 성서와 전통을 통해서만 의미 있게 정의될 수 있다고 주장한다. 성서와 전통에서 뚜렷하게 벗어난 교리는 어떤 의미에서도 기독교적이라고 불려질 수 없다. 그것은 사람들이 600년 동안 의회라고 불러왔던 것이 사실은 다른 어떤 것이라고 주장하는 것과 같다. 성서와 더불어 가장 최초의 그리고 가장 이견이 없는 기독교의 전통이 모두 악마의 존재를 확언하므로, 회의론자들이 그것을 부인하게 되면 기독교는 진정한 본성을 알 수 없는 예수라는 인물에 대한 설명할 수 없는 감상적인 집착에 빠지는 모호한 집단이 되고 만다. 이런 식으로 탈신화화된 "기독교"는 사도들을 포함해서 18세기 이전의 기독교인들이라면 알아볼 수도 없게 되어버린다.

악마의 존재 여부는 악마를 어떻게 정의하느냐에 달려 있고, 그 안에서 어떠한 개념적 틀이 작동하고 있냐에 달려 있다. 악마는 "과학적으로" 또는 "역사적으로"도 존재하지 않고 존재할 수도 없다—즉, 악마라는 존재는 과학이나 역사적인 방법으로 설명될 수 없다—고 해서 악마가 다른 어떠한 틀 내에서도 존재할 수 없다고 말할 수 있는 것은 아니다. "존재"라는 용어에는 인간의 범주에 선행하는 필연적인 의미는 없다. 악마는 사람일 수 없다는 회의론자들의 주장은 분명히 혼란을 초래한다. 인간적인 존재는 사람인 것과 마찬가지 논리로 분명히 악마는 사람은 아니지만, 사실 인간 존재 이외에도 "사람"이라는 개념을 사실상 사용하고 있다. 예를 들면, 우리와 아무리 다르더라도, 의식, 지능, 의지 등을 가지고 있으면 외계의 존재라 하더라도 "사람"이라고 부른다. 인간적인 "사람(人)", 삼위일체의 "사람", 외계에서 온 "사람", 또는 천사 같은 "사람"이라는 말을 할 때 "사람"이라는 용어를 사용하는 것은 분명히 유비적이지만, 이렇게 사용되는 근본적이고 분명한 근거는 모든 경우에 의식, 지능, 의지를 가지고 있다는 공통점을 가진다는 것이다.

회의론자들의 또 하나의 주장은 신약성서에 묘사된 악마가 일으키는 빙의는 현대의 의학이나 정신병학으로 더 잘 설명될 수 있다는 것이지만 이는 악마와는 무관하다. 악령들과 악마—육체적인 침울과 도덕적인 악—를 하나의 범주로 융합하는 것은 부적절하다. 왜 어떤 육체적인 질병에는 육체적 정신적 원인도 나타나지 않는지를 논리적으로 설명할 수 없지만, 의학이 악마학보다는 육체적으로 나타나는 증상을 더 잘 이해할 수도 있다. 그러나 악마는 도덕적인 악을 상징하지만, 과학이나 의학은 당연히 의심이나 도덕성을 다룰 수 없다. 악마 안에 구현되어 있는 근본적인 악의 개념은 과학이 아무리 발전해도 시대에 뒤떨어지게 되거나 폐기되지 않는다.

사탄에 대한 믿음은 사회적으로 바람직하지 않다는 회의론자들의 견해에 반대해서, 악마의 존재를 부인하는 소비에트 공산주의나 여타 이데올로기에서도 효과적으로 적을 악마로 만드는 행위가 계속되고 있다는 것은 명백하다. 역사적으로 행위는 환경에 의해 결정된다는 근대적인 신념만큼이나 악마에 대한 믿음 때문에 도덕적인 책임감이 약화된 것 같지는 않다. 악마에 대한 회의론은 근본적 악에 대한 회의론으로 흐르게 되고 이것은 잘못된 낙관주의와 임시 방책들을 배양한다.

대체로, 회의론적인 견해는 성서 비평이나 역사보다는 당대의 세계관에 더 큰 비중을 둔다. 하지만 냉철한 역사가라면 모든 세계관은 근거가 불확실하다는 것을 알고 있다. 어떤 곳에서 진보로 여겨지는 것이 다른 곳에서는 퇴보로 여겨진다. 우리 시대의 과학은 바울 시대보다는 발전했지만, 신학은 상당히 약화된 것일 수도 있다.

20세기에 근본적인 악에 맞서려는 몇몇의 신학적인 노력은 새로운 방향으로 빠져버렸다. 그 가운데 가장 독창적인 견해를 가지고 있는 것은 프로테스탄트의 신정통주의의 창시자, 칼 바르트(1886-1968)였다. 바르트는 현실을 세 가지 요소로 구분하였다. 신, 신의 창조, 그리고 "무(nothingness)". 무는 신이 창조한 것이 아니다. 신도 아니고 신의 창조물도 아닌 무는 모든 진정한 존재가 결여된 것이다. 하지만 존재를 완전히 결여한 것은 아니다. 왜냐하면, 신이 자신의 창조적인 권능을 거두어들이는 영역에서는 스스로 갑자기 생명이 되기 때문이다. 신은 "무"가 스스로 발생할 수 있는 영역에서는 자신의 창조적인 권능을 제한하는 방식으로 이 우주를 구성한다. 악에는 두 종류가 존재한다. 인간 본성의 한계로부터 야기되는 악, 그리고 적극적으로 신에 저항하고 부정하며 전적으로 파괴적이고 부활할 수 없는 무. 융과는 달리 바르트가 주장하는 무는 절대로 신의 일부로 귀속될 수 없으므로, 신에게는 악한 측면이 존재하지 않고 선과 악이 통합되는 대립된 성질들의 일치도 일어나지 않는다(31.2; 51.3).[17] 악마는 무의 일부이고 모든 거짓에 잠재되어 있는 거짓이다(31.2; 51.3). 악마와 악은 창조 과정 안에 존재하지만, 신이 행하는 일의 일부는 아니고, 그것들은 진정한 존재에 대항하는 무이며 혼돈이다(3.2; 33.1; 50.3; 51.3). 악마는 진정한 존재는 아니지만, 빈 공간처럼, 뒤틀고 파괴하는 엄청난 힘을 가진다. 악마의 목표는 이 우주를 파괴함으로써 자신의 권능을 증명해서 인간들에게 영향력을 발휘하는 것이다(33.1). 신은 자신의 넓은 시야 안에서 위와 같은 악마의 절멸계획을 용인하지만, 또한 신은 악마에 대항해서 무에 대항하는 창조의 권능을 불러일으킨다(50.3-4).

어떤 새로운 전망이 주어지기는 하였지만, 바르트의 견해는 전통적인 결핍 이론과 상당히 유사하고, 따라서 비슷한 난점에 직면한다. 무는 신으로부터 유래된 것이거나 아니면 신 이외의 원리, 신을 제한하는 어떤 힘(이것은 이원론을 야기할 수 있다)이 존재해야 한다. 바르트는 원래 악마가 신이 창조한 천사였다는 전통—바르트가 보기에 악마는 완전한 무이므로, 어떠한 창조된 본성도 가지고 있지 않다—을 거부함으로써 이원론으로 기울 위험이 한층 강해진다. 그러나 바르트는 실재에 반대되는 무는 실재보다 앞선 존재를 의미하므로, 무란 신이 창조하는 과정에서 발생한 우발적인 사태라고 주장함으로써, 이원론을 거부했다. 또한 무는 작용하려면 전적으로 신의 허락에 의존해서 한다.

바르트는 항상 신과 악마 사이의 우주적인 투쟁보다는 선과 악 사이의 인간의 투쟁을 강조하였다. 악은 절대적으로 해를 끼치고자 하는 갈망을 본질적으로 가지고 있기 때문에 초인적인 권능이라는 상징을 통해서 가장 잘 이해될 수 있다.

제수이트 고생물학자 피에르 테야르 드 샤르댕(1881-1955)은 전통적인 신비주의와 과학 혁명으로부터 낙관적이고 진보적인 신학을 창조하였다. 테야르의 주장에 의하면, 창조란 최초의 알파점에서 최후의 오메가점으로 늘어나는 과정이다. 이러한 과정은 이 세계를 위해서 신이 계획한 것이다. 이 우주는 신의 지휘하에 신적인 원리가 현현됨으로써 발전한다. 무생물의 창조로부터 시작해서, 더욱 더 복잡한 분자구조를 거치면서 생명이 창조되고, 그런 다음에 지능을 가진 개체들로 그리고—미래에는—개별적인 지능들이 지력을 가진 전체 안으로 스스로 결합하면서 새로운 종류의 정신으로까지 발전된다. 이러한 신성한 과정은 멈출 수 없지만, 살아 있는 유기적인 과정이 "약화"되거나 "결정화"되는 지점에서 억제되거나 저항을 받을 수 있다. 악마는 신성한 과정에 저항하는 상징이 된다.[18]

현대 신학자 짐 개리슨(1921-)은 20세기에 나타나는 악이 양적으로 달라졌음을 상징하는 것으로 히로시마를 예로 끌어들인다. 히로시마를 자신의 경험 안으로 통합하지 못한 어떠한 세계관도 설득력이 없다고 그는 강하게 주장한다. 히로시마를 직시한다는 것은 신의 어두운 측면이 가지고 있는 초월적인 비밀을 직시하는 것이다. "신을 찾는 것은 어둠 속에서 불을 들고 있는 것과 같다는 것을 알게 되었다. 빛이 증가하면, 어둠의 영역도 마찬가지로 넓어진다"[19]라고 개리슨은 말한다. 신은 궁극적으로 선을 위해 악을 이용하지만, 그렇다고 해서 악이 환영이 되지는 않는다. 악—차갑고, 잔인하며 본질적으로 파괴적인—은 단순히 인간이 만들어낸 범주가 아니라 초월적인 실재이다. 신은 실재하는 악을 창조한다.[20] 우리가 알 수 없지만 진실일 수 있는 까닭은 신은 인간이 만들어낸 모든 범주들을 초월하기 때문이다. 하지만, 우리는 경험을 통해 신을 알 수 있는데, 이러한 경험은 개인적이고 성서에 입각한 것이지만, 모호하다. "우리가 경험한 신은 자비롭고 관대한 만큼 포악하고 끔찍하다"(p. 26). 신은 오직 선할 뿐이라는 "단극적"인 편견을 극복하고 궁극적으로 자비로운 통합 안에서 순수한 선과 순수한 악이 결합되는 것으로 신을 바라보는 "양극적"인 견해로 바뀔 필요가 있다(pp. 170, 173-174).

어째서 신의 궁극적인 자비로움은 악을 통합하는지를 우리는 이해할 수 없지만, 개인적인 경험이나, 성서적인 계시 그리고 논리를 통해 신이 자비롭다는 것을 우리는 알고 있다. 궁극적으로 정의를 창조하지 못했다면 신은 불완전하게 되므로 신이 아니다. 기독교도에게 신비로움은 십자가에 못박힘에 집중된다. 십자가에 못박힘을 통해서 신은 자신에게 고통을 가하기도 하고 당하기도 한다. 그리스도의 수난을 통해 신은 직접 이 세상의 고통을 공유한고 있다는 것을 설명하고 있는 것이다. 히로시마는 새로운 십자가형이고 우리 자신과 신의 어둠에 나타난 새로운 계시이다. 핵전쟁은 그리스도가 죽었을 때와 마찬가지로 지구도 사라질 수 있다는 경고이다. "히로시마라는 사건 이래로, 함께 종말을 만들어 내는 신과 인간에 대해 언급해야만 한다"(p. 207). 악마는 신의 어두운 측면이다. "신을 이율배반으로 경험하기 이전에 최고선으로 신을 경험하기란 불가능하다. 모든 대립물들은 신과 같다: 빛과 어둠, 선과 악, 십자가에 못박힘과 부활"(pp. 173-174). 신이 가진 어두운 측면도 숭배할 가치가 있다고 결론지을 위험도 있지만, 그 어둠이 통합되지 않는다면 아무런 긍정적인 가치도 없는 것이고 그러한 통합과정의 일부도 악에 대한 투쟁이다. 악마란 우리가 전력을 다해 대항해야 하는 통합되지 않은 악의 상징이다.

루마니아의 방명 작가 페트루 두미트리우(Petru Dumitriu, 1924-)는 신학을 반영한 소설 『미지의 신에게』라는 작품에서 악마가 독립적인 인격체로 존재하는지 여부는 알 수 없지만 악마는 근본적인 악을 상징하는 데 꼭 필요하다고 주장한다.[21] 악은 인간의 악을 무한히 능가하고 우주만큼 광대하고 신만큼 대단하다. 신은 이율배반적이다. 한쪽 얼굴은 아름다움, 즐거움, 그리고 사랑의 모습을 하고, 다른 한쪽 "악을 묵인하는 신의 끔찍한 모습은 공포, 고통, 소란, 굶주림 갈증, 육체적인 고통, 지독히 괴로운 고통이다." 그러나 아무리 자연발생적인 악이 끔찍하다 해도, "모든 창조물 가운데 인간이 가진 악의만큼 잔인한 것은 없다." 우리가 알고 있는 모든 존재들 가운데 오직 인간들만이 잔인함 속에서 즐거움을 얻는다. "해를 끼치고 싶어 한다는 것은 비밀스런 내성(內省), 인간 존재와 희생자의 동일시, 그리고 그 둘 사이의 감정이입

을 의미한다. 인간은 자신을 희생자의 자리에 앉혀놓고 희생자가 겪는 고통을 즐긴다"(p. 58).[22)]

오늘날 악마의 존재를 부인하는 것은 책임 회피라고 두미트리우는 주장한다. "악마의 존재를 거부하는 것은 단순하게 악이 인격화되는 것을 거부하는 것이 아니다. 그것은 바로 죄를 지으려는 의도를 가지고 있다는 생각, 죄를 지니고 있다는 생각, 죄라는 관념을 거부하는 것이다"(p. 59). 현대 사회에서 악한 행동의 원인을 유전학적 혹은 환경적인 원인에서 찾으려는 시도는 핑계에 불과하다. 우리는 진정한 도덕적인 자유를 가지고 있고 따라서 모든 악한 행동은 비난받아야 한다. 인간의 존엄성은 정말로 악이 존재하느냐 여부에 의해 결정된다. 왜냐하면 악이 존재하지 않는다면 우리는 단순히 프로그램된 기계에 불과하기 때문이다(p. 61). 악마가 가장 좋아하는 원리는 악에 대한 결정론적인 구실이다. 두 번째로 좋아하는 원리는 우리들 자신의 악을 희생양에게 전가하고 자신의 책임을 부인하는 것이다. 그 다음으로 좋아하는 것은 너무나 죄가 많아서 은총과 변화의 희망이 가로막히는 것이다. 그 다음은 악이 너무나 복잡해서 해결할 수 없게 되었다는 논리에 따라, 간단하게 파괴 본능을 버리고 사랑으로 돌아가기로 결단하기 보다는 군비 축소라는 복잡한 계획을 유지하면서 핵전쟁에 다가가는 것이다.

철학이나 신학과 마찬가지로, 현대 문학도 20세기의 참사를 직시할 것인지 아니면 회피할 것인지를 선택해야만 했다. 제1차세계대전 이후 극도로 냉소적인 시기에 베론 리(Vernon Lee: Violet Paget의 가명)의 『사탄』, 『파괴자』와 같은 작품들이 나오게 되었는데, 그 작품 속에서 사탄은 전쟁에서 인간의 생명을 황폐하게 하는 국수주의, 애국주의 그리고 무모한 영웅주의의 상징으로 나온다. 〈지옥의 묵시록〉(1979), 〈메피스토〉(1982), 〈소피의 선택〉(1982) 같은 영화는 최근의 전쟁에 대해 같은 관점을 취하고 있고, 이 영화에서 소피로 하여금 말로 다 할 수 없는 선택을 강요한 집단 수용소의 장교는 가장 설득력 있게 악마적인 인물이 될 수 있다.[23)]

20세기의 작가들은 혐오와 절망을 통한 악에 대한 도덕적인 분노로부터 극도의 냉소주의로 급격하게 옮아가는 경향을 보였다. 1926년, 앙드레 지드는 다음과 같이 주장하였다. "이 세상에서 신은 항상 침묵을 지키고 있다는 것을 알고 있었는가? 말하는 것은 오직 악마뿐이다…… 악마의 목소리는 신의 목소리를 압도한다…… 신과 악마는 한통속이다. 그들은 서로 돕는다…… 신은 생쥐를 괴롭히는 고양이처럼 우리를 가지고 논다. 그리고 나서 신은 우리가 자신에게 고마워하기를 또한 바란다. 잔인함! 이것이야말로 신이 가지고 있는 근본적인 속성이다."[24)] 심리분석가에게 호소하는 사탄에 관한 제레미 레벤의 소설과 함께 1982년까지는 실재하는 가치에 대한 냉소적인 무관심이 지배적인 사고방식이 되었다.[25)] 그의 설명에 의하면 사탄이 하늘에서 추방당한 것은 불공평한데 그 이유는 "나(사탄)는 신처럼 유대인이기" 때문이다. 사탄은 자신의 고상한 포부를 신이 불쾌하게 여긴다는 것을 알게 된다. 악마는 이 소설 자체에서처럼 교활하고, 추잡하며 가치가 없다. 이 우주와 마찬가지로 악마는 무의미한 공식으로 환원될 수 있다. "Devil = $y^4 + my^2 — x^4 = nx = 0$."

메피스토펠레스를 가장 야망 있고 냉소적인 인물로 다룬 것은 폴 발레리(1871-1945)의 미완성 작품 『나의 파우스트』(1941)였다. 발레리가 그리고 있는 메피스토펠레스는 빈정대는 듯하고 냉소적이며, 현실적인 인간의 고통으로부터 초연해 있다. 맨 처음에 그는 우아하지만 당시의 스타일과는 거리가 먼 의상을 차려 입은 키 크고 마른 목사로 나온다. 그의 설교 역시 좀 이상하고 러시아어의 강세로 이탈리아어를 말한다. 그의 당나귀 귀는 진짜 같지 않았지만, 대체로 그의 풍채는 만족스럽다. 왜냐하면 그가 설명하는 대로 그는 그가 괴물로 보이지 않을 때 사람들과 더욱 성공적 관계를 맺을 수 있기 때문이다. 억울하게도, 그는 당시의 세계가 자신에게 어떤 형태로든 감명을 받지 않는다는 것을 알아버린다. 파우스트는 그를 해고한다. "나는 유감스럽게도 당신이 다소 시대에 뒤떨어져 보인다는 사실을 당신에게 숨길 수가 없군요…… 당신은 과거에 그랬던 것처럼 이 세상에서 대단한 위치를 차지하지는 못해요…… 당신이 핵심적인 부분을 차지했던 모든 체계는 파멸하고 사라질 지경이 되어버렸군요."[26)]

제1차 세계대전 연합국의 포스터는 빌헬름 2세를 악마화된 존재로 그리고 있다. 1915.

20세기 중반에 이르러, 악마를 신화적으로 각색하거나 공포 이야기와 같은 무시무시한 형식으로 제시되지 않고는 전통적인 악마를 효과적으로 묘사하기가 힘들어졌다. 1960년대와 1970년대에, 수많은 소설과 영화가 성공한 덕분에 사탄에 대한 관심이 짧게나마 부활하게 되었다. 이 작품들 가운데, 아이라 레빈(Ira Levin)의 〈로즈마리 베이비〉(1967)와 윌리엄 P. 블래티의 〈엑소시스트〉(1971)는 가장 성공적이었고, 우연의 일치지만 신학적으로도 제법 그럴듯하였다. 〈엑소시스트〉는 전통적인 개념들을 끔찍하게 과장하였지만, 어느 정도는 사실성을 담고 있었다. 하지만, 1970년대 말과 1980년대 초의 영화들은 전통에 잠재되어 있는 몰락을 완벽하게 그리고 있다.

시대의 만연한 회의주의를 극복하기 위해 악을 의인화하는 진지한 과정이 판타지 또는 과학소설의 형식으로 종종 소개되어왔다. 『인페르노(*Inferno*)』(1976)에서, 래리 니벤과 제리 푸르넬은 단테의 통찰력을 활용하여 주목할 만하고 신학적으로 정교한 공상과학소설 판본으로 만들어냈다. 20세기의 신화론은 악마적이거나 천사적인 특성을 "초자연적인" 실체로부터 추측하건대 "과학적인" 외계 생명체로 전이되는 경향을 보였다. 〈2001〉(1968)과 〈2010〉(1985)라는 영화에서는 천사들을 육체가 없는 외계인으로 묘사하고, 1978년에 리메이크된 〈The Invasion of the body Snatchers〉라는 영화에서는 쉿쉿 소리를 내며 앞으로 쭉 나오는 혀를 가지고 있고, 잔인하며, 전통적인 악령의 특징처럼 인간의 형태로 변하는 능력을 지닌 외계인을 등장시켰다. J. R. R. 톨킨(1892-1973)은 중세 지구의 가상적인 세계에서 벌어지는 초월적인 선과 악 사이의 투쟁을 설정했다. 겉으로는 다른 세계인 듯 설정됐지만, 베오울프와 마찬가지로 반지의 제왕의 배경은 암묵적으로 기독교적인 세계이다. 톨킨의 작품에 나오는 모르도르의 마왕 샤우론은 뱀이나 용을 통해 악마와 제휴하고, 악한 마법사 사루만이라는 이름은 사우로스나 마즈다교의 악한 신, 아리만과도 비슷해 보인다.[27]

현대 문학에서 신화적 표현이 전통에 가장 충실하게 나타난 것은 루이스(C. S. Lewis, 1898-1963)의 작품이다.[28] 루이스가 가장 독창적으로 기여한 것은 악령들은 두려움과 굶주림 때문에 자극을 받았다는 주장이었다. 현실적으로 영양 공급원이 차단되어, 굶주린 공복감을 채우기 위한 필사적인 노력의 일환으로 세상을 돌아다니며 인간의 영혼을 찾아 게걸스럽게 먹어 치운다. 방해를 받으면 방향을 바꾸어 또 다른 것을 먹어 치운다. 하지만 아무리 먹어도 자신들의 끝없는 공허를 달래길이 없다. 그 이유는 그 자체만으로도 만족할 수 있는 생명의 양식을 먹지 않기 때문이다. 이러한 생각이 개진된 『스크루테이프의 편지(*The Screwtape Letters*)』(1942)는 상급 악령 스크루테이프로부터 그의 사촌 웜우드에 이르기까지 일련의 성명서(코뮈니케)로 되어 있다. 그들은 인간의 타락 특히 웜우드에게 배속된 한 인간의 타락에 대해 실제로 도움이 될 만한 충고를 한다. 여기서 악마는 일상적인 인간의 나약함 때문에 악이 저질러지는 기회에 관심을 보인다. 다른 사람의 표현이나 목소리의 어조에 격분하고, 다른 사람들의 성공이나 사회적 지위를 질투하고, 다른 사람의 의견을 경멸하고, 지식을 자랑하는 등 이 모든 인간적인 단점은 우리를 신으로부터 떼어놓으려고 노력하는 악마에게 지렛대를 사용할 지점을 제공해준다. 우리들 대부분은 악마를 고귀한 지위의 높은 왕좌에서 발견하기보다는 이렇게 보잘것없는 모습 속에서 훨씬 더 자주 악마와 맞서는 것을 루이스는 보았다.

루이스의 『페렐란드라(*Perelandra*)』(1943)와 이것의 연작소설인 『심오한 우주』에서, 화성, 지구 그리고 금성은 지능을 가진 존재들이 살고 있고, 그 각각의 행성은 "오야르사"(oyarsa, 천사)가 지배한다. 화성에는 유혹을 잘 견디어내어 창조자 말렐딜(Maleldil)과 조화롭게 살아가는 좀 더 오래된 문명국들이 살고 있다. 원죄의 대가로, 지구는 "화가 난 오야르사", 악한 집정관의 권세 안에 놓이게 되고, 말렐딜은 지구를 다른 행성들로부터 격리시켜 놓았다.[29] 페렐란드라—금성—는 아직 유혹이 개입되지 않은 파라다이스이다. 그곳에 살고 있는 것은 아름다운 식물들과 동물들, 그리고 한 쌍의 지능을 가진 부부, 주와 그의 부인, 이 신성한 새로운 세계에 나타난 아담과 이브이다. 흉악한 집정관은 지구에서 온 웨스톤이라고 하는 과학자를 보내어 페렐란드라에 죄를 끌어들여 주와 그의 부인을 타락시킨다. 말렐딜의 반응은 옥스퍼드의 명사 랜섬을 보내어 그에게 대항하게 한다. 최초의 페렐란드라인 아담과 이브는 완전한 자유의지를 가지고 있으므로, 웨스톤과 랜섬은 페렐란드라의 주와 그의 부인이 자신들의 견해를 따르도록 설득하는 데 경쟁을 벌여야만 한다. 악마는 그들을 강요할 수 없고 신은 강요하지 않을 것이다.

웨스톤이라는 이름은 그가 방향을 가리키는 별, 악마를 상징할 뿐만 아니라 이 세상을 자신의 욕망에 굴복시키려고 노력하는 파우스트적인 서양의 인간상을 상징한다는 것을 암시한다. 이전의 소설에서, 웨스톤은 인간의 "선"을 위해 화성에 사는 것들을 착취하려고 시도했었다. 그의 윤리는 다른 종의 권리를 무시하고 우리의 손길이 닿을 수 있는 이 우주의 어떤 부분이라도 인간의 지배가 확장되어가야 한다는 점에서 진보를 규정하는 공격적이고 제국주의적인 부류의 인간주의이다. 첫 번째 소설과 『페렐란드라』가 나오는 사이의 시기에, 파우스트적인 지식과 권력에 대한 웨스턴의 맹목적인 헌신은 자신의 영혼을 어둠의 천사에게 열게 하였고, 그가 금성에 도착할 때까지, 자기자신의 성격을 드러나지 않게 하였다. 그는 "인도되고", "선택 받았다"는 느낌을 가지게 되지만 자신을 인도하는 것이 정말로 누구인지 알 수 있는 분별력이 부족하였다. 랜섬은 이 과학자에게서 악마의 존재를 추정하는데 그는 과학적 증거에 대한 거짓, 사기, 왜곡을 의도하며 성공한 인간의 목적이라고 상상하나 실재로는 뒤틀린 집정관의 목적을 발전시키려 한다. 그는 악마 안에 악마를 통해 행동한다(pp. 95-96).

말렐딜은 페렐란드라를 꽃과 평화로운 동물들로 가득 찬 어름다운 섬들이 떠 있는 아름다운 바다 행성으로 만들었다. 지능이 있는 거주민을 맞이할 최초의 부모인 주와 그의 부인은 이 행성에서 자유를 부여받았는데, 유일한 제한사항은 밤에 건조하고 변하지 않는 땅을 통과하지 말라는 것이었다. 그들은 변하지 않는 땅에 신의 선물을 받아 저장해둘 수 있다는 망상보다는 자신들의 선을 위해 떠다니는 섬을 안내하는 말렐딜을 믿어야만 한다. 악한 집정관의 목적은 부인을 설득해서 그녀 자신의 의지를 믿도록 하고 남편도 그렇게 하도록 설득하는 것이었다. 웨스톤을 통해서 그는 아래쪽에 텅 빈 만(灣)이 감추어져 있다는, 겉으로 그럴듯해 보이는 주장을 포함해서 온갖 교활한 수사적인 술수를 사용한다(pp. 116-118). 부인에게 거짓말을 속삭이지 않을 때, 악한 집정관은 랜섬을 고용하는데 그는 끝없는 논쟁으로 지구에서의 웨스턴의 행사를 망쳐놓았던 또 다른 랜섬을 연상케 한다. 신과 악마는 같은 세력을 대표한다고 그는 말한다. 이러한 세력들의 확고한 의지는 기술을 가진 인간이 이 우주를 지배하는 것이다. 지구의 거주민들이 페렐란드라가 발전하도록 준비하게 된 것은 바로 이러한 의지, 웨스톤의 속임수에 따른 것이다.

이러한 논쟁에서 보여준 웨스톤의 교묘함은 놀랄 만한 것이고, 비록 랜섬이 그의 능력을 제한하기 위해 모든 방책을 사용하지만, 그는 진실에 아무런 관심도 없고 근본적으로 순전히 비이성적인 존재를 이성으로는 이길 수 없다는 것을 점차 알게 된다. 웨스톤은 자신의 복잡한 계획이 일시적으로 지연될 때마다, 어리석게도 악의 공허함에 빠지게 된다. 떠다니는 섬의 창조물 가운데서, 작고 개구리처럼 생긴 동물 종이 있다. 끔찍하게도, 랜섬이 발견한 것은 웨스톤이 그 개구리들을 손톱으로 찢어발긴 다음 고통스러워 죽도록 내버려두면서 정신없이 여기저기를 돌아다녔다는 것이다. 잔인함 그 자체를 즐기기 위해 자행되는 이러한 잔인함을 보고서 랜섬을 악에 직면하게 한 것은 철학적인 논의라는 화려한 겉치레를 통해서가 아니라 "자신을 부끄러움에 떨게 했던 참을 수 없이 외설적인 적나라한 단순함을 통해서였다. 이런 일이 생기는 것보다는 온 우주가 존재하지 않았더라면 더 좋았을 텐데라고 그는 그 순간에 생각했다"(pp. 108-109). 연약한 동물들이 겪는 고통도 참을 수 없지만, 고의로 그것들을 고통스럽게 만든 잔인성은 더욱 더 참을 수 없다.

웨스톤의 지적인 겉모양의 이면에 숨어 있는 공허한 어리석음은 그 정체를 더욱 더 드러낸다. 그의 웃음은 "너무나 천진하게 환대하면서, 랜섬을 자신의 쾌락의 세계로 부르는 듯 보였다. 마치 모든 사람들이 하나로 그 쾌락에 빠져 있다는 듯이, 마치 그러한 쾌락이 이 세상에서 가장 자연스러운 것인 양, 그리고 이에 대해서 어떠한 논쟁도 발생할 수 없다는 듯이"(p. 110) 웨스톤의 악은 악덕을 훨씬 뛰어넘는다. 악덕이란 육감적인 쾌락을 추구하는 것으로, 이러한 쾌락에는 적어도 어떤 현실적인 근거를 가지고 있지만, 웨스톤이 추구하는 것은 순전히 환상이다. 인간의 복지를 위한다고 주장하지만 사실은 오직 멸망에 이를 뿐인 환상이다.

웨스톤이 부인에게 행한 수사학적인 유혹의 극치는 완전한 지식의 남용이다. 그는 이 땅에서 그리스도의 희생을 통해서 신의 관대함을 설명하고 원죄가 없었다면 구원이라는 사건도 일어나지 않았을 것이라고 주장하면서 펠레란드라에서 죄가 행해짐으로써 또 다른 성육신이 발생하게 되는 것이 바로 말렐딜의 숨겨진 의도라고 결론을 내린다. 랜섬은 자신의 마지막 지력을 불러 모아 웨스톤을 논박한다. 신은 악에서 선을 끌어내고 가장 강력한 악으로부터 가장 강력한 선을 이끌어낸다. 그러나 악이 행해지는 것은 절대로 신의 의지가 아니다. 자신의 가장 음흉한 주장이 실패한 것을 알고는 웨스톤은 갑자기 아무런 예고도 없이 자신의 머리를 되돌려 개처럼 짖는다. 이 장면은 『실낙원』에서 악마가 쉭쉭 소리를 내는 뱀으로 변환되는 것을 모델로 삼은 것이고, 결과적으로 악의 교묘한 겉모습 이면에 숨어 있는 분별없는 분노를 드러내는 것과 같다.

결국 랜섬은 악마와의 말싸움이 끝날 수 없다는 것을 깨닫는다. 옥스퍼드의 명사 루이스는 히틀러에 대항해 싸우는 전쟁 기간 동안에 『페렐란드라』를 썼고, 옥스퍼드의 학장 랜섬은 신께서 자신을 불러 악마가 사용하고 있는 육신에 대항해서 잔인하게 육체적으로 싸우게 한다는 것을 알게 된다. 두렵고 혐오스러워서 그는 망설인다. 그러나 말렐딜이 남긴 "나의 이름도 랜섬이다"라는 말 때문에, 그는 예수는 악마와 논박을 벌이지 않았고 십자가에서 죽었다는 사실을 상기하게 된다.

무시무시한 싸움이 전면적으로 철저하게 시작된다. 잠시 동안의 소강상태가 지난 후, 악마는 마지막으로 아무도 모르는 사이에 랜섬의 이성을 공격한다. 악은 정말로 존재한다는 것을 확언하면서, 그는 무서운 결말을 향해 돌진한다. 랜섬에 이해하지 못하는 것은 악이야말로 유일한 실제라는 사실이다. 행복과 친절은 고문이나 공포 그리고 절망이라는 현실을 덮은 얇은 외피에 불과하다. "이것이야말로 항상 존재할 진짜 우주이다. 이것이야말로 모든 것을 의미하는 것이다"(p. 167). 잠시 동안 랜섬은 압도당하지만, 그리고 나서는 이것이 사실일 리가 없다는 것을 알게 된다. 왜냐하면 고통뿐만 아니라 동정심과 부드러움 그리고 관대함으로 충만한 우주를 경험하기 때문이다. 다시 회복된 그는 스스로 잔혹하게 육체적인 투쟁을 재개하고, 그 대부분의 싸움은 지옥 같은 어둠 속에서 행성의 하나뿐인 산맥의 내부에서만 발생한다. 그곳에서 랜섬은 악마의 육체적 도덕적 권세를 부수고 단테가 연옥의 산에 올랐던 것처럼 산을 오른다.

선과 악 사이의 전쟁은 단순한 환상이 아니라 일련의 개별적인 선택인데, 그 각각의 선택이 내포하고 있는 의미는 보편적이라는 것을 루이스는 보여주려고 하였다. 아무리 사소하더라도 선을 선택할 때마다, 적에 대항하는 전략적인 근거를 획득하게 된다. 이 현실 세계의 궁극적인 가치는 유물론적인 사회가 전망하는 지평을 넘어선다고 루이스는 알고 있었다. 그에게 있어서, 초점을 벗어나 "기울어져" 있는 것은 물질적인 세계였다(pp. 141-142, 198). 신과 악마는 현실이고, 그들이 존재하지 않는다는 우리들의 신념은 망상이다.

조르주 베르나노스(1888-1948)의 세계 또한 좀 더 음울하고 비관적인 경향을 지닌 기독교의 정통주의에 뿌리를 두고 있다. 이상주의적 왕정옹호자인 베르나노스는 친구들과 반동적 악시옹 프랑세즈가 파시스트와 비시에 협력하자 그들을 떠나 양차 대전 사이에 폴 클로드, 프랑수아 모리악, 그리고 앙투안 페귀와 함께 가톨릭 르네상스의 일부를 형성하였다. 유물론, 경제적 탐욕, 전쟁, 그리고 무기 개발 기술이 발전하게 되면서 그들은 권력이 악한 적의 손 안에 점차 집중되고 있는 것으로 보았다. 베르나노스는 신학적인 측면에서는 이성적이기보다는 항상 영적이었고 치료를 위해서는 지적인 논쟁보다는 근본적인 영적인 변화가 더 도움이 된다고 믿었다. 그가 이해하기로는, 진정한 세계관이란 세계의 악과 세계를 구하기 위한 은총의 권능을 충분히 비교판단해야만 하는 것이다. 은총으로 받은 사랑이 배제된 모든 인간 이념과 노력들은 단지 우리를 더 깊은 사탄의 굴레 속으로 빠지게 할 뿐이다.

루이스의 경우처럼 베르나노스에게도, 개별적인 영혼 안에서 벌

한 카페에서 추종자들에게 둘러싸여 있는 아돌프 히틀러. 악하더라도 카리스마를 지닌 존재를 향한 마력과 추종은 악마의 심리를 드러낸다.

어지는 선과 악의 투쟁은 신과 악마 사이에 벌어지는 보편적인 대립의 축소판이고, 인간의 죄는 우리가 악이라고 부르는 더 거대한 그림자의 일부이다. 악은 단순히 인간이 만들어낸 범주만이 아니라 그 궁극적인 특성이 무와 부동성인 실재하는 것이다. 악은 본질을 가지고 있지 않으므로 근본적으로 이해 불가능하다. 악의 중심은 공허이다. 이러한 무는 우리들의 정신에 침투해서 지옥에 동참할 것을 유혹하면서 덩굴 같은 손을 뻗치는 무한한 차가움이다. 인간의 악이 비밀스런 원천으로서 무는 신에 대한 증오와 죽음에 대한 사랑이 스며나오는 의식의 가장 깊은 부분에 숨어 있다. 치명적인 죄는 우리 자신을 이러한 무와 관련시키고, "사탄의 계략에 의식적으로 공모하며, 사탄의 타락시키는 권능을 흔쾌히 받아들이고 기꺼이 사탄에 굴복하는 것이다."[30] 무에 대한 욕망은 우리 안 깊은 곳에 심어져 있고, 그러한 영향 하에서, 우리는 시선을 빛으로부터 너무나 멀리 돌려서 어둠만을 볼 수 있게 되고 그 자체를 위해 어둠을 택할 수 있다.[31] 이런 선택을 하게 되는 징후는 우리를 사랑으로부터 떼어놓는 자만심이고, 우리를 진실로부터 떼어놓는 거짓이며, 우리를 자비로부터 떼어놓는 절망이다.

악의 권세는 베르나노스의 모든 인물들, 특히 자유주의적이고 세속적인 기독교인들, 관료들, 교권 반대자들, 인색한 부르주아들, 냉소적인 농민들, 그리고 애정 없는 지식인들을 지배하고 있다. 사태가 잘못되었지만 악에 저항하는 것보다는 더 수월하므로 받아들여야 한다고 생각하는 평범한 사람들, 동정심 대신에 자신들의 신념을 앞세우는 이데올로그들, 그리고 영혼이 없는 호기심을 가지고 지식을 추구하는 지식인들, 이들 모두는 최악의 죄를 저지르고 있는 것이다. 1940년대 후반 당시에, 베르나노스는 스스로가 절망에 빠지게 되었다. 그는 다음과 같이 부르짖는다. "지옥 같은 세상이여 핵무기고 위에 움츠리고 앉아 증오로 누렇게 뜬 얼굴 심장은 조금의 사랑도 없이 텅 비어 있구나."[32)]

베르나노스의 소설에 나오는 영웅들은 직접 그리고 다른 사람들과 함께 사탄의 권세에 저항하는 사람들이다. 그들의 사랑, 정직한 순진함 때문에 그들은 평판이 나빠지고, 소외되며 착취당하는데, 그 이유는 사회가 너무나 타락해서 생명의 양식을 맛볼 수 없기 때문이다. 이러한 씁쓸한 전망으로 인해 어떤 비평가들은 베르나노스의 그노시스주의적 이원론을 비난하지만, 그의 어떤 작품도 전통적인 신학을 위반하지 않는다. 사탄은 "단 한번도 아니오라고 말하지 않았지만, 단 한 번에 자신의 모든 실체를 던져 돌이킬 수 없는 행동을 했던 반역자 천사이다."[33)] 악한 인물이 사탄과 함께한다면, 고통받는 선한 인물들은 그리스도와 함께한다. 이 세상에서 악의 권세는 언제나 존재하고 어디에서건 은총의 은총의 힘이 승리한다.

사탄은 마치 그리스도가 선의 중심에 있는 존재인 것처럼 악의 중심에 있는 존재이다. 베르나노스는 그 각각이 존재한다는 것을 의심하지 않았고, 아이처럼, 그는 사탄에 대한 직접적인 직관적인 경험을 주장하였다. 사탄의 존재를 믿지 않으면, 신의 존재도 완전하게 믿을 수 없다고 그는 주장했다. 이 세상은 악투성이고, 이러한 사실을 일부러 외면하면 이 세상에 대한 진실 그리고 신에 대한 진실마저도 가려진다. 이 세상에 있는 악의 규모는 인간이 그 자체를 야기할 수 있었던 것을 훨씬 초월하고, 이러한 초월성을 이해하지 못하고 이 세상을 발전시키려는 모든 노력은 결국 실패로 돌아간다. 아나톨 프랑스와 같은 20세기 작가들이 냉소적이고 희화적으로 악마를 다루는 경향은 현실을 회피하려는 명백한 징후이고, 그런 작가들이 인기가 있다는 것은 사탄이 우리를 자신의 권능 안에 가지고 있음을 암시한다고 베르나노스는 보았다.

베르나노스의 사탄은 이중의 인격을 가지고 있다. 한편으로 악마는 난폭하고 강력하며 위협적이다. 다른 한편으로는, 공허하고 진부하다. 악마는 스스로를 위협적으로 보이게 만들지만 그의 과장된 권능은 신의 통제 아래 있기 때문에 우리를 압도할 수도 우리가 죄를 짓도록 강요할 수도 없다. 어리석은 파괴와 절멸에 불과한 악마의 목표는 전적으로 무의미하다. 악마의 웃음은 기쁨도 없고 조롱하는 것 같은, 모든 양상을 다 알고 있지만 아무 것도 이해하지 못하는 빈정거리는 사람의 거만한 웃음이다. 악마는 우리들이 인생은 무의미하다는 것을 믿게 하고 싶어 하고, 죄를 저지르는 데 아무런 즐거움을 얻지 못하면서도 죄를 짓게 하고, 다른 사람들의 고통에 무심한 채 기쁨 없이 음울하고 우울한 삶을 살게 하고 싶어한다. 사탄은 "나는 영원히 닫혀 있는 문이며, 어디로도 열려 있지 않은 길이다"라고 자랑한다.[34]

베르나노스가 보기에 사탄은 별 어려움 없이 우리의 정신에 들어온다. 우리는 우리의 지성과 의지를 기꺼이 사탄에게 열어놓기 때문이다. 사탄은 엄청나게 논리적이므로 아주 쉽게 지성에 대해 작용한다.[35] 사탄은 철학과 수사학을 이용해서, 우리가 무작위로 결합된 분자에 불과하고, 존엄성도 없으며, 선택의 자유도 없고 궁극적인 결정에 직면하지 않고도 하루하루를 효과적으로 살아갈 수 있다고 설득한다. 사탄은 이상적인 목표를 왜곡한다. 자유에 대한 욕망을 무정부주의나 무장봉기로, 의무를 아무 생각 없는 복종으로, 조화를 부과된 질서나 확정으로, 사랑을 육욕으로, 평등을 균일성으로, 겸손을 범용하므로, 자비를 호기심으로 왜곡한다.[36] 악마가 설득하는 방식은 항상 사기, 거짓이며, 사태를 다른 식으로 보이게 만들려고 노력하는 것이다. 베르나노스는 자기자신의 내부는 물론이고 대체로 모든 인간이 내적으로 직면하는 투쟁을 강렬하게 알게 되었다. 지구상에 있는 우리들 각각은 전쟁터에 있는 것이다. 그는 이렇게 말했다. "사탄과 그 자신 사이에서 신은 자신의 마지막 성벽으로 우리를 세웠다. 그렇게 한 이유는 수세기 후에도 똑 같은 증오가 그에 도달하려고 시도하는 것은 우리를 통해서이기 때문이다. 말로 할 수 없는 살해가 완성되는 것은 바로 이 미천한 인간의 육체 안에서이다."[37]

베르나노스는 자신의 첫 번째 소설, 『사탄의 태양 아래서(*Sous le Soleil de Satan*)』를 제1차세계대전이라는 암울한 시절에서 시작해서 1926년에 출판하였다. 여기서 은유로 사용된 것은 어두운 빛, 그리고 사탄의 태양, 잘못된 태양 혹은 반태양이라는 참을 수 없는 차가움, 이 세상에서 악마의 권세가 우리를 지배한다는 징표인 하늘에 나있는 텅 빈 구멍 등이다. 이 소설의 주요 부분은 상파뉴라는 마을의 대리 모사였다가 나중에 륌브르의 교구 목사가 된 아베 도니산이라는 인물에 할애된다. 도니산은 아르스의 교구 목사 성 장 비아니를 모델로 하고 있다. 베르나노스가 묘사하는 다른 영웅들과 마찬가지로, 그는 완전하고도 철저하게 신에게 헌신한다. 그 결과, 그에게는 가까운 친구가 없어서, 늘 따로 떨어져 있어서 유혹에 빠지기 쉬웠고, 절망에 빠지게 된다. 그의 영혼은 선과 악을 구분하는 깊은 직관에 열려 있다. 한번은, 마을길을 잃게 되었을 때, 그는 도움을 주겠다는 쾌활한 작은 사람을 만난다(pp. 167-184). 다정하고, 동정심도 많고 식견이 풍부한 이 사람은 도니산의 신뢰를 얻는다. 그 사람은 도니산을 안내해주고, 자신의 외투도 주고 심지어는 마음을 달래서 잠을 자게 해준다. 이 착한 사람은 자신의 정체에 관한 단서를 흘린다. 그는 사는 거처도 없고, "고통과 결혼"했다. 그는 날카롭고 말울음소리 같은 웃음을 가지고 있다. 그러나 도니산은 외롭고 친구가 필요하기 때문에, 그는 스스로 남에게

심한 짓을 하게 된다. 그 사람은 도니산에게 확신을 준다. "나는 당신의 진정한 친구가 될 거요, 나는 당신을 친절하게 사랑할 거예요."

점차 도니산은 자신의 새 친구가 어떤 사람인지를 알게 되고, 마침내 그 작은 사람은 자신의 정체를 밝힌다. "나는 빛을 가지고 있는 루시퍼다. 하지만 내 빛의 본질은 참을 수 없는 차가움이다"(p. 175). 악마는 자신의 미래의 희생자에게서 놀랄 만한 차가움과 스스로에 대한 준엄함, 악에 대한 굳건하고 늦추어지지 않는 저항감이 있다는 것을 알게 된다. 이에 실망한 그는 자신의 노력을 강화한다. 그는 "너의 기도를 중얼대지 마라. 네가 악령을 쫓는 행위는 아무런 가치도 없다"라고 비웃는다(p. 177). 도니산이 친구의 눈을 들여다보자 두려움이 엄습하여 등골 사이로 땀이 흘러내린다. 악마는 길에서 돌 하나를 주워, 높이 쳐들고 희롱조로 성찬식의 봉헌에 사용되는 말을 지껄인다(p. 178). 악마는 그 본질이 없어지는 순간에 이르는 그 자신의 불행의 무게에 짓눌려 영원히 고통받는다는 것을 도니산이 알게 되자, 사탄은 그 즉시로 진리에 패배하고 스스로를 진흙 구덩이 속에 집어던져 끔찍한 경련을 일으켜 파멸된다. 자신의 성격을 드러내는 이러한 모습은 밀턴과 C. S. 루이스가 묘사한 장면에 필적하는데 그러한 장면 속에서 악마가 지닌 동물성은 갑작스런 동물적인 행위를 통해 밝혀진다. 사탄은 무서운 유혹에 대한 자신의 평정을 회복한다. 사탄은 자신의 모습을 그 목사와 완벽하게 일치하는 쌍둥이로 바꾼다. 도니산은 자신과 자신의 쌍둥이 사이에 차이가 없어서 저항할 수 없다는 고뇌에 찬 생각을 가지게 된다.

그럼에도 불구하고, 이 목사는 냉정을 되찾고 악마가 떠나가도록 명령한다. 그리고 나서, 거의 승리를 거둘 즈음에, 숨겨진 결함 때문에 해를 당한다. 바로, 호기심과 허영심이 그것이다. 자기자신의 저항하는 능력에 감탄하고 자신이 얼마나 멀리 사탄을 쫓아낼 수 있는지 궁금해져서, 교구에 있는 모든 사람들에게 끼쳤던 모든 영향력을 사탄이 포기할 것을 요구하면서 공세를 취한다. 즉각 기회가 왔음을 알아차린 사탄은 그 목사에게 피할 수 없는 미끼를 던진다. 오늘날, 신은 당신에게 특별한 은총을 주셨다고 사탄은 목사에게 말한다(p. 182). 도니산은 그것이 무엇인지를 가르쳐달라고 요구한다. "당신은 알 겁니다"라고 사탄은 대답한다. 호기심과 자만심에 굴복당한 목사는 이렇게 말한다. "나는 너의 비밀을 갖게 될 것이다. 네가 사는 곳까지 쫓아가서라도 네게서 그 비밀을 빼앗을 것이다. 나는 네가 두렵지 않다"(p. 181).

악마는 조롱하는 듯한 웃음으로 대답하고, 도니산은 악마에게 저항할 수 있었던 것은 자기자신의 미덕 때문이 아니라 신의 은총이었다는 사실을 잊고 있었음을 깨닫는다. 이런 식으로 역경을 이겨낸 것은 부질없고 불완전하다는 것, 그리고 또 다른 공격에 대비해야 한다는 것을 깨닫고는 그는 부끄러움에 몸을 떤다. 사탄은 자신 다시 돌아올 것이고 그렇게 되면, 자기가 신이라는 환영에 빠져 도니산은 자신을 받아들이고 숭배하게 될 것이라는 확신에 찬 위협을 남기고 그 목사를 떠나간다.

상파뉴로 돌아오면서 도니산은 길에서 한 어린 소녀를 우연히 만나는데 그가 그녀의 비밀스런 죄에 관한 이야기를 그녀하게 들려줌으로써 그들 둘은 모두 놀란다. 신이 그에게 주었던 선물은 영혼을 꿰뚫어볼 수 있는 능력이다. 이것은 그의 생애 동안 계속된 진정한 은총이고 그가 어떻게 그렇게 하는지 질문을 받을 때마다, 그는 자신의 도움을 구하는 사람들을 위해 자신 안에서 엄청난 동정심이 솟아오른다고 어쩐 일인지 그로부터 동정심은 권능이 된다고 대답한다.

몇 년 후, 도니산이 룀브르의 교구 목사가 되었을 때, 악마는 돌아온다는 자신의 경고를 지킨다. 수막염으로 죽어가는 한 아이의 침대 곁에 그 목사가 오게 된다. 이 부름을 받은 것은 목사가 깊은 우울에 빠져 있을 때이다. 그가 아이에게 당도해서 이미 그 아이는 죽어 있다는 것을 알게 되자, 차가운 절망감이 너무나 맹렬하게 그를 휩싸서 그의 심장이 멎는 것 같았다. 그의 모든 죄와 나약함이 그를 엄습한다. 이 세상의 참사는 너무나 막대해서 신은 그것을 극복할 수 없다는 절망감, 그 아이의 죽음과 도움을 줄 수 없다는 사실에 대한 신을 향한 분노, 신이 보상해주는 사랑에 대한 의구심, 신이 정말로 무엇을 할 수 있는지를 알아보려는 어리석은 호기심, 그리고 자신의 영적인 능력에 대한 감추어진 자만심. 이 모든 감정이 휩쓸고 지나간 후에, 그는 신에게 죽은 자 가운데서 그 아이를 살리실 것을 요구한다. 사랑이 아니라 자만심과 분노에서 나온 이러한 요청은 받아들여지지 않는다. 신은 사랑만을 인정하므로. 그 아이의 눈이 잠깐 동안 서서히 열리면서, 그를 올려다본 사람은 아이가 아니라 몇 년 전 상파뉴의 어두운 길에서 만났던 사람이었다. 목사는 공포에 질려 뒤로 물러나기 시작하고 눈은 다시 감긴다. 그 아이는 다행히도 다시 죽은 상태로 돌아간다. 하지만, 도니산이 저지른 죄의 결과는 그렇게 빨리 사라지지 않는다. 자기의 아이가 살아날 수도 있다는 희망이 잠깐이나마 솟아올랐던 그 아이의 어머니는 이제는 배가된 고통을 겪어야 하므로. 륌브르의 목사를 통해서 베르나노스가 증언하고자 했던 것은 가장 위대한 성인들은 가장 큰 유혹을 당하지만 이해할 수도 없고 때로는 격렬하게 은총은 이겨나간다는 것이다.[38]

베르나노스는 자신의 저작 『지방 목사의 일기(*Journal d' un curé de campagne*)』에서 사탄의 내적인 본성을 보여준다. 사탄은 바보 같은 20세기의 사람들을 설득해서 신이 가지고 있는 단순함보다 자신의 복잡한 억지 이론이 더 현실적이라고 믿게 하였다. 파멸에서 우리를 구원할 수 있는 유일한 방법은 신과 이웃을 사랑하는 일인데, 그것은 웬지 부족하고 단순해서 복잡한 경제학, 협상, 그리고 무기에 필적하지 못하는 것으로 사람들은 생각한다. 신의 마음을 이용하려는 사탄은 알지도 못한 채 그 마음을 미워할 뿐 아니라 그것을 완전히 반대로 이해하고 있다는 생각을 나는 가끔씩 해본다. 그것을 깨닫지 못하면, 사탄은 생명의 흐름에 충만하지 못하고, 그 흐름에 역행해서 싸워야 하고, 어리석게도 모든 창조를 현재의 정반대로 다시 계획하는 어이없는 노력에 스스로를 고갈시킨다"(p. 1087)고 베르나노스는 의견을 말한다. 사탄이 가장 좋아하는 현실의 반전은 사랑을 증오로 바꾸는 것이다. 젊은 교구 목사가 이기적이고 공허함을 느끼는 교구민들 가운데 한 사람에게 "지옥은 더 이상 사랑하지 않는 것입니다"(p. 1157)라고 말한다. 이 지구는 사랑이 없는 사탄의 빛 때문에 어둡고 차가움에 둘러싸이고 이 장막을 뚫는 사랑이 없다면, 베르나노스의 전망은 그를 비판했던 사람들의 주장만큼이나 비관적이었을 것이다. 그러나 사랑의 빛은 이 어두운 세상의 따뜻한 중심을 꿰뚫는다. 지방 목사가 남긴 마지막 말은 "이 모든 것은 은총이다"(p. 1259)였다.

괴테 이후로 파우스트 주제를 가장 훌륭하게 개작한 토마스 만(1875-1955)의 소설 『파우스트 박사』(1947)는 전통과 동시에 고의로 비정통에 근거를 두고 있다. 만은 프로테스탄트로 성장해서 유태인과 결혼했고, 가톨릭 도시 뮌헨에서 살았으며, 세속적인 정치와 사상에도 심취했었다. 이후에, 그는 나치즘에 대한 강한 반감 때문에 더 심오한 세계관을 찾게 되었고, 도스토예프스키의 저작에서 그러한 방향의 선구자를 찾게 되었다. 정통 기독교도는 아니었지만, 그는 기독교적인 인문주의자로 뛰어난 인물이 되었다.

만은 1943년에 『파우스트 박사』를 쓰기 시작해서 전쟁이 끝나고 2년이 지난 1947년에 완성하였다. 중심인물 아드리안 레베르퀸이 파우스트인데 그는 또한 루시퍼, 니체, 바그너, 그리고 독일, 특별히 1918년 이후의 독일을 상징한다. 유럽 문명의 쇠락과 특별히 그것이 독일에서는 완전히 붕괴된 것에 대해 의기소침했던 만은 괴테의 낙관주의를 뒤집어서 파우스트가 파멸하고 마는 원래의 「파우스트 서」가 지니고 있는 비관주의로 회귀한다. 파우스트를 파멸시키면서 만은 20세기 서구 사회가 가지고 있던 파우스트적인 충동을 비난했다. 1945년에 독일이 몰락한 것과 마찬가지로 레베르퀸의 몰락은 철저한 것이었다. 하지만, 베르나노스처럼 만의 비관주의에는 여전히 희망의 여지가 남아 있었다. 그 이유는 애드리안이 그의 사촌 네포무크를 사랑하고 있다는 것은 애정이 없는 상태의 재앙이 완전한 것은 아니고 그—그리고 독일—가 아직은 구원될 수 있다는 징표이기 때문이다.

만은 자기자신과 독자 사이에 차이트블롬(Serenus Zeitblom)이라는 회의론적인 내레이터를 두고 있는데, 그의 이름은 그를 동시대의 사람임을 나타낸다. 가톨릭과 유물론, 종교와 회의주의가 기묘하게 뒤섞인 차이트블롬의 견해는 항상 그런 것은 아니지만 가끔씩 만의 견해와 일치한다. 이 소설은 기독교적인 용어로도 동시에 세속적인 용어로도 해석될 수 있기 때문에, 만은 차이트블롬을 이용해서 자기자신의 입장을 일부러 냉철하고 도가 지나치지 않으며 심지어는 애매모호하게 유지하였다.

차이트블롬의 친구인 뛰어난 젊은 음악가 애드리안은 신학과 철학을 공부하면서 자신의 경력을 쌓아나간다. 이러한 과목들의 무미건조하고 몰인정함에 혐오감을 느낀 그는 취미삼아 마술을 하다가 작곡가로서 빼어난 성공을 거두는 대가로 기쁨과 사랑을 포기하겠다는 계약을 악마와 체결한다. 그는 창조력을 얻고 갈채를 받음으로써 그가 원하는 모든 것을 얻지만, 전설 같은 24년이 끝나자 자신의 영혼을 내주어야만 한다. 이 끔찍한 순간은 한 콘서트장에서 시작된다. 레베르퀸은 자신의 음악 친구들을 초대해 '파우스트 박사의 애가' 라고 그럴듯하게 이름붙여진 애드리안의 마지막이자 가장 위대한 곡의 시연을 들려주려 한다. 피아노 앞에 앉자 그는 피아노를 부수고는 초대 손님들에게 자신이 사탄과 계약을 맺었었고, 그 심원한 권능과의 영적인 교류를 끊을 수 없었기 때문에 중용과 애정 그리고 사랑이 충만한 삶을 거부해왔다고 말한다. 그는 자신이 저주를 받았다고 선언하고는 의식을 잃고 마룻바닥에 쓰러진다. 청중들은 그가 미쳤다고 생각했고 그는 정신병원으로 이송된다. 사실 그의 정신은 매독으로 유린되었지만 청중들은 그의 고백이 진실에서 나온 것임을 깨닫지 못한다. 정신병원에서, 그는 자신의 몸을 희생해서 영혼을 구하겠다는 헛된 희망으로 자살을 시도한다. 그는 다시는 정신이나 자유를 얻지 못하고 1940년 독일이 프랑스에 엄청난 승리를 거둔 날에 사망한다.

어둠, 광기, 그리고 부정이라는 악마적인 기세가 이 소설에 배어 있다. 젊어서부터 줄곧, 애드리안은 계속적으로 인간의 모습을 한 악마를 만난다. 즉, 애드리안에게 바다의 비밀과 우주의 초인적인 광대함을 가르친 카페르칼리제나 아우어한처럼; 사악한 중세의 마녀 사냥꾼 하인리히 인스티토리스의 이름을 연상시키는 미술 사학자 헬무트 인스티토리스(p. 381); 창조적인 혼돈을 찬미하며 말을 더듬는 음악 선생 헤르 크레트쉬마르; 매혹적인 번역가, 그리고 사기꾼인 마르틴 쉴트크나프(ch. 20); 빨간 머리 물리학자 짐발리스트 박사(ch. 19); 자신의 망토로 애드리안을 공중을 가로질러 데리고 다니며 예술적인 명성의 영광을 보여주고 싶어하는 사울 피텔베르그(ch. 37); 붉은 얼굴과 뾰족한 턱수염을 가진 에라스미 박사(ch. 19); 이삭이라는 이름으로 유황 같은 노란색을 띠고 있는 수고양이를 기르고 공포물을 매우 좋아하는 클라리사 로데(pp. 262, 379); 애드리안의 아버지가 죽은 것들을 수집하면서 가지고 있던 나비의 이름이며 애드리안에게 창조성을 강화시켜주고 그를 미치게 만든 매독을 옮게 한 창녀의 이름이기도 한 헤타에라 에스메랄다(chs. 19, 22); 애드리안을 에스메랄다에게 데려다주고 사탄 같은 쉴렙푸스 박사를 닮은 뚜쟁이(ch. 16).

대부분의 악마 같은 사람들은 현대 지성의 비뚤어진 무가치함을 대표하는 신학교수들이다. 악마와 열띤 대화를 나누고 구석에 있는 악마에게 비스킷을 던져준 루터처럼 생긴 쿰프 박사는 "악한 것과 당연히 바람직하지 않은 협상을 벌였지만 결합하기로 받아들인다"(p. 130). 에버하르트 쉴렙푸스 박사는 악마, 신정론, 그리고 악에 대해 강연한다. 그의 이름 "드래그푸트(Dragfoot)"는 그의 불구가 된 지성, 영혼의 결함, 그리고 당연히 주로 불구이거나 기형이 되거나 괴테에서처럼 자기의 갈라진 발을 보이지 않게 감추고 있는 악마 그 자체를 암시한다. 쉴렙푸스는 악의 문제에 사로잡혀 있어서 이 문제에 대해 여러 가지 신학적인 설명을 제시한다. 이를테면, 신은 자유의지를 위해서 악을 허락한다든가 신이 가진 선함은 악에서 선을 끌어내는 그의 능력에 있다든지, 최상의 선은 선과 악의 초월과 통합에 있다는 등으로 설명한다. 쉬렙푸스는 당시의 심리학을 사용해서 당대의 악마론을 더욱 이해할 수 있고 알기 쉽게 설명한다. 차이트블롬—그리고 분명히 만 자신—은 이러한 악에 대한 집착을 악에 대한 용인으로 간주하고, 나치즘이라는 추상적인 이데올로기와 마찬가지로 기독교의 추상적인 이데올로기는 인간의 현실과 인간에 대한 애정을 비껴가는 악마적 후퇴라고 주장한다(pp. 133-149).

만은 이러한 악마적인 경향을 영성, 신비주의, 탈속성과 더불어 독일 정신 깊숙이 각인된 추상성과 형이상학적인 성향에서 발견했다. 만은 진정한 기독교라면 어떤 대가를 치르더라도 사랑해야 한다는 십계명의 정신에 집중되어야 하는데, 독일의 신학은 기독교를 추상적인 학문으로 만들었고 그 결과 기독교는 괴물로 변해버렸다고 주장했다.

그는 개인의 복지보다 기꺼이 이데올로기를 더 위에 놓으려는 경향에서 이데올로기의 사탄적인 특성을 보았다.

사탄은 직접 이탈리아의 팔레스트리나에서 애드리안 앞에 나타난다. 이곳은 위대한 다성학적 작곡가 지오반니 다 팔레스트리나가 태어났던 곳이다. 그때가 1912년, 전쟁이 발발하기 바로 전이다. 그들은 함께 유럽 문화의 운이 다한 아름다움을 상징한다. 악마는 바로 그때 그 장소에 나타나 유럽과 애드리안의 가슴에 있던 조화를 산산히 부순다 (pp. 294-333). 레베르퀸과 악마 사이의 대담은 사탄과 이반 카라마조프 사이의 대담을 모델로 한 것이 명백하다. 메피스토는 자기의 모습과 화법을 바꾸어 애드리안의 기분을 맞춘다. 처음에 그는 빨간 머리와 눈썹, 창백한 얼굴, 구부러진 코, 핏발이 선 눈을 가진 키 작고 약한 남자의 모습을 취한다. 그의 옷차림은 상당히 희한하다. 그는 모자를 쓰고, 너무 짧은 소매의 체크 무늬 재킷 안에 줄 친 셔츠를 입고 있고, 노란색 구두를 신고, 도발적으로 꽉 끼는 바지를 입고 있다. 하지만 대화 도중에 그는 자신에 넘치는 남자에서 지성인으로, 육체적인 질병의 보균자로, 신학자, 의학 전문가, 뚜쟁이, 범죄자, 세상에서 성공한 사람, 강사로 변하고, 어떤 식으로든 애드리안의 기질이 딱 알맞았는데, 그럴 수 있었던 이유는 전적으로 애드리안 자신의 기억을 통해서 말하고 애드리안이 알고 있는 것만을 알고 있기 때문이다.

신학과 음악에 대한 길고 현학적인 토론을 마친 후에, 메피스토는 애드리안의 엄청난 재능 때문에 그와 특별한 분쟁에 휘말리게 될 거라고 설명하면서 애드리안이 사랑의 마음을 갖지 못하는 저주를 받아들인 대가로 24년 동안 성공하게 해주겠다고 제안하다(pp. 331-332). 이 비밀스런 계약은 애드리안 자신에게서 나온 것이다. 그는 이미 야망의 노예가 되었고, 친구나 가족에게도 무관심하고, 매독에도 걸려 있었다. 악마의 제안을 받아들인 것은 그의 의지가 이미 택했던 방향을 확인한 것일 뿐이다.

작가와 독자 사이에서 모든 굴절되는 면들을 통해서 만은 일부러 악마에 대한 자신의 견해를 우리들이 분별하기 어렵게 만들어놓는다. 만은 차이트블롬을 통해서만 말을 하는데, 차이트블롬은 애드리안이 그에게 말했던 것을 설명하고 애드리안은 악마가 말한 것을 전한다. 악마는 자신만이 종교를 이해하고 자유주의적인 신학자들은 아무것도 알지 못한다고 자랑한다. 마치 만의 관점과 같다는 듯 그는 진실을 말하고 있는 것처럼 보이지만 대체로 그의 본질이 거짓이라는 그것만이 유일한 진실이다. 독자들은 애드리안의 정신을 제외하면 악마는 어떠한 실체도 없다고 하는 차이트블롬의 회의적인 견해를 받아들이는 데 또한 조심해야 한다. 왜냐하면 차이트블롬은 악마에 대해서 모호하게 다른 진술을 하기 때문이다. 예를 들면, 그는 음악가 크레츠슈마르에게는 악마적인 아무런 특징도 없다는 것을 애드리안에게 확신시킬 때 머뭇거린다.[39] 많은 당시의 비평가들—이들 스스로 당시의 전성기인—은 너무 쉽게 차이트블롬의 입장을 받아들였다. 그들은 애드리안이 걸린 매독은 환각의 원인이 된다고 보는데 이는 사실이다. 그러나 그들은 이 소설에 담긴 복합적인 차원을 간과한다. 애드리안의 도덕적인 나약함은 그의 개인적인 의식을 초월하는 암흑으로 통하는 문을 열어두었다. 대담이 끝나자, 마치 이반 카라마조프가 악마에게 던졌던 와인 잔이 깨지지 않은 것처럼, 악마적인 차가움으로부터 자신을 보호하는 데 사용했던 외투와 담요가 옷장 속에 여전히 있다는 것을 애드리안이 알게 된다는 것을 회의론자들은 지적한다. 그러나 전통적인 악마론에서, 악마는 항상 환영을 통해서 작용하고 자신이 존재한다는 물질적인 흔적을 전혀 남기지 않는다. 전통적인 악마처럼, 애드리안의 방문자는 애드리안의 심리적 도피수단들 하나하나를 통해 그를 파악하고 그것들이 도와주지 않을 거라고 경고한다. 게다가 차이트블롬 자신은 확신이 없다. 그는 애드리안이 진짜 방문자를 맞았다는 것을 믿게 되면 미쳤을 것이라고 말하지만, 시종일관 냉소적이고 신랄한 대담이 자기 친구 자신의 머리에서만 나왔다는 생각에 몸서리쳤다.

만 자신의 입장은 모호했다. "맨 처음부터 이 소설에서는 악마의 존재가 느껴지지만 직접 등장한 것은 소설 중간쯤 악마가 계약을 체결하기 위한 장면에서이다. 차이트블롬은 그의 존재를 믿지 않으려고 매우 노력한다. 나 역시 그렇다."[40] 악마는 직접 말한다. "너는 나를 보고 있다. 그래서 나는 너를 위해 여기 있다. 내가 실재하는지 여부를 물어

볼 가치가 있을까? 실재하는 것은 정말로 작용하는 것이 아닌가? 실재는 경험과 감정이 아닌가?"(p. 385). 레베르퀸의 장례식에서, 차이트블롬은 마지막 흙 한덩이가 관위에 떨어지자 사라진 가면을 쓴 신비로운 인물을 본다(p. 676). 차이트블롬이 마지막으로 악마를 보고 있는 것인가 아니면 그 자신의 환각인가? 만은 악마적인 것들의 힘을 강렬하게 느꼈고, 악마적인 것이 외적이거나 내적인 실재인지를 알 수 있는 방법이 없다는 것을 알고 있었기 때문에, 분명한 답을 제시하려고 의도하지 않는다. 만이 묘사하는 악마의 근원이 무엇이든 간에, 그는 변덕스러운 인물이 아니라 맹렬하게 개인과 이 세상을 파괴할 의도를 가진 세력이다.

아무리 강력할지라도 악마의 저주를 봉쇄할 수 있다는 것은 조카가 수막염으로 죽어가고 있을 때 애드리안이 느끼는 강렬한 고통을 통해 설명된다. 그 아이의 고통은 애드리안에게서 악마, 우주, 신, 그리고 그 자신, 무고하고 사랑스런 아이가 고통에 몸부림치며 죽게 하는 존재의 모든 질서에 대한 저주를 끌어낸다(pp. 627-636). 그러나 이러한 저주는, 단 한 사람의 인간 존재에 대한 그의 사랑은 그가 악마와 맺은 계약의 조건과는 모순되므로, 교화된다. 네포의 고통을 통해 애드리안은 자신의 구원에 필요한 사랑의 고뇌를 받는다. 그리고 처음으로 그는 그의 얼굴에 예수 같은 어떤 면을 갖게 된다"(p. 640). 그의 고통을 통해서 잠시 동안이나마 애드리안은 환영을 뚫고 이 세상의 내적인 따뜻함으로 들어가게 된다. 불운한 오라토리오의 마지막 음표—작곡가가 세상에 남긴 마지막 음표—는 첼로로 지속되는 G 장조, 암흑의 빛 속으로 전달되는 소리와 같은 슬픈 음조이다.

플래너리 오코너(1925-1964)의 작품은 환영을 간파하면서 현실을 파고드는 데 전념하였다.[41] 그녀는 자신이 다루는 주제를 "대부분 악마가 점유한 영역에서 벌이는 우아한 행동"[42]이라고 묘사했다. 이러한 영역이란 인간의 영혼, 특히 우리 시대의 세속적인 사회를 말한다. 악마의 도움으로 우리의 영혼은 그 주위가 두꺼운 외피로 가로막혀 있는데 이것은 오직 은총으로만 뚫릴 수 있다. 외피가 두꺼우면 두꺼울수록, 꿰뚫기 위해서는 더욱 폭력적인 방법이 필요하다. 오커너는 호손, 멜빌, 포, 그리고 암흑을 탐험한 여타 미국인들에게서 철저하게 미국적이고 남부적인 것을 받아들였고, 베르나노스와 유럽 가톨릭 부흥운동으로부터 철저하게 가톨릭적인 것을 받아들였다.

우리는 스스로가 구축해온 복잡한 세상 안에서 뒤얽혀 있다고 오코너는 믿었다. 그 세상은 죄와 어리석음으로 인해 우습게도 부조리한 희미하고 어두운 곳이다. 신은 빛과 은총으로 이 어둠을 밝히려고 하지만, 우리는 주로 명백한 현실보다는 우리 자신의 불투명한 환영을 더 선호하면서 빛과 은총을 인식하지 않으려 한다. 일상생활의 모든 말과 행동은 온 우주에 영향을 주는 도덕적인 의미를 지닌다. 이 점을 설득력있게 전달하기 위해, 오코너는 일상적인 인간 행동에서 일어나는 코미디나 직접적으로 드러나는 남부 풍경의 삭막함 속에 자신의 이야기를 과감하게 설정했다. 독자들은 악이나 은총의 역할을 확신할 수 있게 되기 전에 일상적인 세계의 현실성을 날카롭고도 분명하게 보아야 한다는 것을 그녀는 알고 있었다. 그녀의 이야기 속에는 상징이 풍부하게 들어 있는데, 그것들은 기독교에서 유래된 대중적인 상징들이고 누구에게나 접근하기 쉬운 것들이다. 죄와 은총은 실제 사람들 속에서 작동한다. 죄와 은총이라는 것이 이 땅에서 충분하게 실현되지 않으면 결국은 창백한 추상이 되어버린다는 것을 오코너는 알고 있었다. 그녀는 자주 날카로운 무기처럼 인간에 대한 그녀의 사랑을 휘두르기도 하지만, 그녀가 이런 식으로 풍자하는 목적은 자비로움에서 나온다. 예언자처럼, 우리는 신에게로 돌아가야 한다는 그녀의 바람을 뜨거운 언어로 그녀는 표현한다. 머릿속으로만 등장인물들을 감독하지 않고, 오코너는 자기자신과 독자들을 끌어들여 우리 자신이 가지고 있는 유물론, 자만심, 진부함, 자기만족 등의 어리석음을 그들 안에서 인식하게 한다. 자만이라는 외피는 20세기에 사람들이 불신자가 된 것은 말할 것도 없고 불신을 일종의 미덕으로 찬미하게 되면서 특히 두꺼워진다. "당신이 오늘 하루를 살면, 당신은 허무주의로 숨을 쉬게 된다."[43] 그러나 폭력이 난무하지만, 은총으로 극복할 수 있다.

우리가 대항해서 세운 어리석은 방어물을 공격하는 은총은 익살스럽고 종종 폭력적일 뿐만 아니라 기괴하기도 하다. 이러한 기괴함은 우리가 평범함이라고 부르는 것이 지닌 진부한 환영으로부터 우리를 흔들어 깨운다. 대부분의 사람들이 죄조차도 믿지 않는 오늘날에 활동하고 있는 죄는 잠재되어 있는 무감각보다도 이 세상에 위협이 되지 못한다. 적극적으로 죄를 짓는 사람은 적어도 자신들의 삶에 대한 불안감을 가질 수도 있지만, 평범한 사람들은 폭발할 수밖에 없는 자만심 안에 스스로를 숨긴다. 익살스러움과 기괴함, 그리고 폭력은 독선과 자기만족에 대항하는 은총의 무기이다. 오코너 작품의 등장인물들이나 20세기를 사는 사람들의 머리는 "너무나 단단해서 거의 아무 일도 하지 않을 것이다."[44] 몇몇 인물들은 껍질을 깨려면 엄청나고 반복적인 충격이 필요하다. 또 다른 인물들은 자신들의 독선 아래에 두려움과 근심에서 기인된 깊은 불안감을 감춘다. 우리가 처한 현실에 대해 방어물을 세우도록 자극하는 두려움과 근심이 또 한편으로 그 방어물에 대한 의구심을 낳고 그 결과 여러 가지 형태를 취하는 은총을 얻기 위한 빈자리를 제공한다는 것은 역설적이다. 즉, 신이 존재한다는 것에 대한 갑작스런 깨달음, 신비로움에 대한 갑작스런 민감함, 선과 악 사이의 진정한 선택의 순간에 대한 인식, 자기자신의 성격과 자신의 신에 대한 의존성에 대한 쇄도하는 지각. 은총이란 여러 가지 방식으로 신이 자기자신을 헌납하는 것이다. 은총에 대한 우리의 반응은 신앙, 아니면 신앙에 대한 거부이다. 때때로 이야기 속에 등장하는 은총은 저항할 수 없고 신의 의지에 반하는 등장인물의 방어를 분쇄한다. 때로 은총은 자유롭게 받아들여진다. 아주 드물긴 해도, 때로 은총은 거부되고 등장인물의 영혼은 길을 잃는다. 오코너는 우리가 사는 세상처럼 현실에 둔감한 세계에서, "빛을 절멸시키는 일종의 광풍, 평생 동안 지속될 광풍 속에 있는 자기자신을 발견하지 않고서 어느 누가 개심할 수 있을지 의문이다"라고 말했다.[45]

오커너는 자신의 가장 강력한 등장인물들을 남부 프로테스탄트 근본주의라는 배경으로부터 끌어온다. 그 이유는 그녀 자신이 믿는 가톨릭처럼 근본주의는 성경, 하나님, 그리고 악마를 진지하게 다루고 있기 때문이다. 『악한 자(*The Violent Bear It Away*)』에 나오는 늙은 타르워터와 같은 근본주의적인 인물들은 희극적으로 기괴하게 보이도록 의도되어서 그 등장인물들이 내뱉는 말들이 하나같이 진실이라는 것을 우리가 알 수 있도록 작가가 의도한다는 것을 깨닫게 될 때 우리들이 받는 충격이 더욱 커진다.

오코너는 선과 악 사이의 투쟁은 신학적으로도 물론이거니와 문학적으로도 필요한 것이라고 믿었다. 그녀는 "악마의 도덕의식은 모든 점에서 그의 극적인 의식과 일치한다. 그리고 작가의 도덕의식은 그의 극적인 의식과 일치해야만 한다"[46]고 주장하였다. 다시 말하면, 문학은 선과 악 사이의 전쟁의 중심에 위치해야 하며, 도덕적으로도 일관된 방식으로 그렇게 해야 한다. 낭만주의자들과는 달리, 오코너는 선과 악의 대비를 날카롭고도 확실하게 단정지었다. "덕과 마찬가지로 문학은, 악마가 그 자체로도 그리고 작가를 위한 극적인 필요물로서도 존재한다는 것을 인정하지 않는 분위기에서는 발전하지 못한다."[47]

유물론자들은 "은총이나 악마라는 문제에 거의 관심을 기울이지 않기" 때문에 근대의 유물론자들이 오코너가 악마를 진지하게 다루고 있다고 믿기 힘들다는 것을 알고 있다고 그녀는 인정했다. 하지만 그녀가 외적이고 개별적인 실체로서 악마의 존재를 믿는다는 입장을 분명히 하는 데에는 고충이 되풀이된다. "우리의 구원은 악마와 함께 끝까지 펼쳐지는 한 편의 연극이다. 여기서 악마란 그저 일반화된 악이 아니라, 자기자신의 주권으로 결정된 악한 지성이다."[48] "나는 악마가 단순히 이러저러한 심리적인 경향으로 취급되는 것이 아니라 악마로서의 정체성이 확실하게 밝혀지기를 원한다"라고 말했고, 그녀가 말하는 사탄은 전통적인 신학에서 유래된 것이다. 즉, 사탄이란 자만심 때문에 타락하고 원죄를 부추기고 구원이라는 신의 계획을 방해하려고 세상을 주유하는 천사 루시퍼이다.[49] 그러나 오코너가 보기에, 훼방받는 자는 항상 훼방꾼이고 사기를 당하는 사람은 늘 사기꾼이다. 악은 궁극적으로 그리고 항상 선에 의해 극복된다. "나는 악마 이상으로 은총의 징후에 관심이 있다."[50]

악마는 실질적인 고통을 야기하는 능력을 가지고 있음에도 그의 이런 모든 노력을 신이 선의 계기로 바꾸어 결국 "그는 자신이 의도하지 않았던 목적을 이루게 되기" 때문에 희극적인 존재가 된다.[51] 『착한 시골사람(*Good Country People*)』에 나오는 악마적인 성경책 판매 사원 맨리 포인터가 건방진 절름발이 소녀에게서 나무처럼 굳어 있는 그녀의 허무주의적 철학을 상징하는 나무로 된 다리를 빼앗자, 신은 줄곧 판매원의 뒤틀린 의도에 작용해서 그 희생자인 소녀를 깨워 현실에 눈뜨도록 만드는 유익한 은총을 제공하게 한다. 악마가 자신의 목적을 위해 한 인물을 공격하고 망치려고 할 때, 신은 그 인물이 쌓은 요새의 열린 틈 사이로 신의 은총과 사랑을 쏟아붇는다. "악마가 가르치는 내용이란 대부분 자기 인식에 이르는 것이다."[52] 『패트리지 축제(*The Partridge Festival*)』에서, 정신 이상 살인자 싱글톤은 자신과 인터뷰하게 된 풋내기 작가에게 폭력적이고 외설적인 행위를 함으로써 그에 대한 다른 사람들의 환영과 그들 스스로에 대한 망상이 모두 무너진다. 나중에 오코너는 "여기서 비록 싱글톤이 악마이기는 하지만, 그에게 전적으로 찬성한다라고 말했다. 그는 열심히 위선을 깨뜨리려고 노력한 악마 가운데 한 사람이다."[53] 악마의 공격은 항상 은총의 계기가 되지만, 파멸이 올지 아니면 구원이 올지는 항상 개인에게 달려 있다. 『흑인(*The Artificial Nigger*)』에 나오는 헤드 씨는 은총을 받아들이지만, 『숲의 경치(*A View of the Woods*)』에 나오는 포츈 씨는 은총을 거부한다.

『불구자 먼저(*The Lame Shall Enter First*)』에서, 노튼이라는 아이가 자신의 엄마의 죽음으로 인해 음산하고 어리석은 불행 속에 빠지고 만다. 아버지 셰파드는 자기자신과 자신의 일에 만족하고 노력과 결단만

이 세상을 바르게 세울 수 있다고 생각하는 냉담하고 지적인 사회 노동자이다. 자기 아들이 침체된 절망에 빠져 있는 것에 대해 화가 나고 부끄러워서 그는 비행 소년 루퍼스 존슨을 집으로 데려와 함께 살면서 이 아이에게 다른 이들을 돌보는 것을 가르치기로 결심한다. 루퍼스의 뭉쳐진 발은 그가 어렵지 않게 감추었던 악마적인 본성을 가지고 있다는 상징이다. 루퍼스는 자신이 악마의 사역에 동참하고 있다는 것을 정확히 인식하고 있는 데 반해 셰파드는 인간의 선함과 범인을 개화하는 자기자신의 능력에 대한 방만한 환상을 가지고 있다. 셰파드는 청소년의 비행에 관해 진부한 설명을 늘어놓는다. 그는 선심을 쓰는 척하면서 말한다. "아마도 나는 네게 네 안에 들어 있는 악마에 대해 설명해줄 수 있단다." 하지만 루퍼스가 더 잘 알고 있다. "전 이미 내가 왜 이런 짓을 하는지는 알아요…… 사탄은 자신의 권능으로 나를 사로잡았어요…… 내가 죽으면 난 지옥으로 갈 거예요…… 예수를 제외하면 어느 누구도 나를 구할 수 없어요." 루퍼스는 자기자신의 영적인 상태는 물론이거니와 셰파드의 상태에 대해서도 명확하게 알고 있다. "사탄은 자기의 권능으로 아저씨도 사로잡을 거예요…… 나뿐만이 아니라 아저씨도요." 이 비행소년은 셰파드의 자기 만족감을 비난하면서 오코너의 목소리로 말한다.[54] 무능한 양치기는 루퍼스 존슨을 사회에 적응할 수 있게 하면서 스스로를 정당화하고 찬양하려는 노력 때문에 자기 아들에게 소홀히 한다.

한편, 그는 존슨의 성격과 근본주의적인 생각들이 노튼을 지배하기 시작했다는 사실에 대해 어리석게도 감지하지 못한다. 이 아이는 자신의 어머니가 어딘가에 존재하고 아직도 자기를 사랑하고 있다는 것을 아버지가 믿어주기를 바랬을 때, 셰파드는 자신의 아들에게 엄마는 단지 기억 속에만 살아 있을 뿐이라고 매몰찬 위로를 한다. 하지만 존슨은 엄마는 별과 함께 하늘에 살아계신다고 말하자, 노튼은 선뜻 그의 말을 믿는다. 셰파드는 마침내 자기자신의 자존심 때문에 자기 아들을 희생시켰다는 것을 깨닫고 나서야 비로소 자기 눈에서 자기기만이라는 비늘이 뒤늦게나마 떨어지자 마음속에서 솟아나는 그의 불성실함에 대한 자책과 노튼에 대한 사랑 때문에 전율한다. 그는 이해하기를, 그가 "자기자신의 공허함에 대식가처럼 좋은 작품들을 채워놓고…… 이러한 자기자신의 전망을 만족시키기 위해 자기 아이는 무시했다. 그는 존슨의 눈으로부터 그에게 추파를 던지면서 맑은 눈을 가진 악마, 마음의 탐침을 보았다." 그러나 때는 너무 늦는다. 셰파드가 루퍼스에게 천문학을 가르치려고 망원경을 설치해놓았던 다락방에서, 노튼은 별 속에 있는 엄마를 찾으려고 스스로 몸을 던져 들보에 매달린 채 죽어 있었다.[55)]

오코너가 마지막으로 완성한 소설 『악한 자』는 단순한 인간의 수준을 확실히 뛰어넘는 악마와 은총 사이의 투쟁이 전개되는 장대한 이야기이다. 네 명의 등장인물들이 사탄 자신으로 현현한다. 젊은 타르워터의 머리 속에 들려지는 음성의 주인공이며 유령 같은 형상이 따라다니는 "낯선 사람", 그를 태워준 동관 판매원 믹스, 도시 공원의 중년 남자, 타르워터를 괴롭히는 동성애 강간범. 오코너는 이런 등장인물로 나왔던 사람들의 정체를 이해하지 못했던 비평가들을 아주 싫어했다. "현대의 독자는 너무나 심하게 탈기독교화되어서 보고 있으면서도 악마를 알아보지 못한다면, 나는 이 책이 받아들여질지 염려된다"라고 의기소침해서 논평했다.[56]

어린 타르워터는 종조부에 의해 외딴 마을에서 성장한 젊은이이다. 종조부라는 사람은 독자들에게 기괴한 모습으로 이채를 띠지만, 하는 말마다 진실하고 예언적인 구 복음주의 교회의 신도이다. 그의 모든 말이 오코너의 견해와 일치한다. 그 노인은 아이에게 가르치기를 아이 역시 예언자로 부름받았음을 믿으라고 한다. 나이 든 타르워터 역시 레이버라는 나이가 더 많은 조카가 있는데, 이 사람은 현실에 대한 무관심을 상징하는 보청기를 사용하는 냉혹하고 지적인 학교 선생이다. 어린 타르워트와 레이버는 쌍둥이이다. 둘 다 예언자의 조카이고, 엄마를 여의고 바보 같은 아버지와 살았으며, 노인에 의해 그들 안에 예언자의 씨가 심어졌고, 둘은 은총과 악마로 갈라진다.

레이버는 경계를 늦추면 자기 삼촌처럼 미쳐버릴 것이라고 확신하면서, 과감하게 은총의 소명에 저항한다. 그는 상식적이고 유물론적인 표현을 사용해서 말한다. 그는 거의 항상 이치에 맞고 거의 항상 틀린다. 더 먼저 만들어진 초고에서, 오코너는 레이버를 더 악마적으로 묘사했고, 그 초고의 흔적이 약간은 남아 있다. "마치 악마처럼 그 학교 선생은 그에게 어울렸던 것이라면 어떤 모습이라도 취할 수 있는 듯했다"(p. 55). 레이버는 "무로 충만하다"(p. 56). 그는 악마 같은 판매원 믹스와 사악하고 내면적인 "낯선 사람"(pp. 83, 173)을 모두 닮았다. 하지만 레이버는 그 견고한 외투 안에 상처받기 쉬운 약점을 가지고 있다. 즉, 그의 백치 아들 비숍에 대한 사랑. 그는 스스로에게 그 아이는 죽는 것이 낫다고 이성적으로 납득시켰고 그 아이를 물에 빠뜨리려고 시도했지만, 제어할 수 없는 동정심 때문에 멈출 수밖에 없었다. 이따금씩 밀려오는 그 아이에 대한 사랑을 쏟아붓지만, 자기자신이 누군가에 대한 사랑에 마음을 열게 되면, 모든 것을 포용하는 사랑 때문에 상처받을 수 있다는 것을 알기 때문에 광적으로 사랑을 막는다. 어린 타르워터가 비숍을 물에 빠뜨렸을 때 사랑에 대항한 그의 싸움이 승리를 거두는 것처럼 보인다. 그 아이의 마지막 처절한 울부짖는 소리에, 레이버는 자신의 보청기를 끈다. 아무 소리도 듣지 않고, 아무것도 느끼지 않으면서, 그는 자신을 공허와 죽음에 던진다. 오코너는 레이버가 또 한번 기회를 가질 수 있도록 결말을 계획했었지만, 마무리된 소설의 맥락에서 그는 끝까지 은총을 거부한다.[57]

이 소설의 핵심은 어린 타르워터의 내부에 존재하는 은총과 악마 사이의 정신적 감응이다. 그의 종조부가 죽자 곧바로, 이 소년은 마음속으로 온갖 계략을 사용해서 예언자의 소명을 포기하도록 설득하는 낯선 사람의 목소리를 듣는다. 이 목소리는 무의식의 그림자, 노인이 그에게 확신했던 부름받은 고통의 삶을 거부하는 그의 내부에 존재하는 모든 것이다. 사막의 교부들은 어떤 식으로 악마가 우리 영혼의 열린 틈 사이로 밀려들어와 우리를 나약하게 하는지를 그리고 사탄이 우리 안에 살아서 활동하는 한 우리는 악마의 초자연적인 육체의 일부가 된다는 것도 지적했다. 그 목소리는 점차로 어린 타르워터에게 친숙하게 되어 마침내 "가끔씩만 그에게 낯선 사람의 목소리처럼 들리게 되었고, 이제 그는 그 자신을 만나고 있다고 느끼기 시작했다"(p. 35). 마침내, 그 낯선 사람은 너무나 친숙해져서 "더 이상 낯선 사람이 아니라 이제는 그의 친구가 된다"(p. 161). 이 지점에서, 악마가 친구가 되면서, 그리스도는 제3자가 된다.

나이 든 타르워터가 말하는 모든 말은 진실이지만, 그 낯선 사람이 말하는 모든 말은 거짓이다. 늙은 예언가가 미쳤다고들 할 때, 우리는 그가 분명히 제정신이었다는 것을 알고 있다(pp. 37-39). 은총, 부활, 그리고 지옥을 부인할 때, 아담, 구약의 선지자들, 그리고 예수를 조롱할 때, 우리는 그것들이 분명히 당연한 현실이라는 것을 안다(pp. 39-46). 이반이나 애드리안의 사탄과 마찬가지로, 어린 타르워터의 사탄도 자기자신의 존재를 부인하다. 그 낯선 사람은 비웃는다. "악마 같은 존재는 없다." "나는 내 자신의 경험으로부터 네게 말할 수 있다. 나는 진실을 알고 있다. 그것은 예수 혹은 악마가 아니다. 그것은 예수 혹은 당신이다"(p. 39). 이 말이 담고 있는 아이러니는 다의적이다. 악마가 의도한 모든 것은 거짓이므로, 그가 존재하지 않는다는 그의 말도 거짓이다. 하지만, 악마는 자신이 원하든 원하지 않든 진실을 드러낼 수밖에 없고, 그 혀의 실수로 악마가 존재하지 않는다는 것을 경험에서가 아니라 자기경험으로부터 알고 있다고 말하면서 본의 아닌 말실수를 하게 된다. 악마가 "그런 것은 존재하지 않는다"라고 말할 때, 무의식적으로 그는 악이란 궁극적으로 실재의 부정일 뿐이라는 진실을 누설한다. 근본적으로 선택은 예수와 악마 사이가 아니라 예수와 자기자신의 의지 사이에서 이루어진다는 것을 인정함으로써 악마는 궁극적으로 자기자신은 중요하지 않음을 누설한다. 결국 여기서 강조하고 있는 것은 사탄과 타르워터 자신의 죄를 지으려는 의지 사이의 도덕적 정체성이다.[58)]

낯선 사람과 살아 있는 인간으로 현현한 사탄은 유사한 방식으로 그 소년을 괴롭힌다. 나이 든 타르워터는 일찍이 그의 종손에게 경고했다. "너에게는 항상 악마가 붙어다니면서 도움을 주려고 하고 담배나 술을 권하고 태워주겠다고 제의하고 네게 부탁하려 할 것이다"(p. 58). 이 예언은 실현된다. 낯선 사람도 강간범도 그 아이에게 담배를 권하고, 믹스나 강간범 모두 태워주겠다고 제의하고, 강간범이 그에게 주었던 알코올이 들어 있는 약은 낯선 사람이 그 아이에게 종조부의 증류소에서 가져오라고 부추긴 그 술을 기억나게 한다(pp. 36-37, 44-46, 228-230). 타르워터는 태워주겠다는 제의를 세 번 승낙한다. 첫 번째는 불안정한 이동성을 상징하는 모빌로 가고 있는 믹스의 제의이다. 믹스의 삶은 사람들에게서 냉혹하게 돈을 착취하는 것을 기반으로 하고 있고, "나는 내 인생에서 외면당해본 적이 없었다"고 자신이 회개해본 적이 없음을 의도치 않게 인정하면서 자랑한다. 마지막은 강간범과 함께 한 것이었다. 이 둘 사이에, 비록 운전수는 악마적이지 않았지만, 그 자체가 사탄을 상징하는 트럭에 타게 된다. 그 트럭은 고래가 요나를 삼키듯이 타르워터를 삼켜버린다. 트럭 안에서, 두려움에 떨며 예전에 그가 비숍을 물에 빠뜨렸지만 바로 그때에 그에게 세례를 주었던 것을 실토했다. 마치 은총 때문에 혐오감을 느낀 것처럼, 그 괴물 같은 차량은 길 바깥으로 그를 토해낸다(pp. 216-217).

"친구"가 된 마음속의 낯선 사람이 비숍을 물에 빠뜨리라고 타르워터를 설득할 때, 악마는 그 어린 예언자에 대한 승리를 확보했다고 생각한다. 그러나 이제 타르워터의 무의식에는 새로운 "낯선 사람"이 머무른다. 과거에 사탄은 낯선 사람이었지만, 그 소년은 자신의 의지가 악마와 너무나 일치해서 이제 그는 "친구"가 된다. 타르워터를 선으로 인도하려 하는 이 새로운 "낯선 사람"은 그리스도이고, 새로운 친구를 위해 그 아이를 죽이는 바로 그 순간에, 새로운 낯선 사람은 그를 부추겨서 세례식의 말을 하게 한다.[59] 이 새로운 낯선 사람은 폭력적인 행위를 은총의 계기로 바꾸고, 그 소년은 "어둠 속으로 사라지는 그 친구의 끔찍하고 거친 맹세 소리"(p. 216)를 듣는다. 최후의 폭력적인 행위로 인해 은총은 마지막 과업을 완수한다.[60] 사탄의 지배로부터 빠져나오기 시작하는 타르워터를 보면서 사탄은 라벤더 색 차를 가진 남자의 모습으로 나타나 그를 마지막으로 괴롭힌다. 그 남자가 약이 든 술을 주자, 그는 울면서 받아들인다. "이것이 생명의 양식보다 더 낫다"(p. 230). 운전수는 약에 취한 아이를 숲 속의 개척지로 데려가 그 아이를 강간한다. 타르워터는 깨어나 무슨 일이 벌어졌는지를 알게 되고는 더럽혀진 장소에 불을 놓았다. 그는 산산이 부서져 변화되었고, 그의 눈은 깨끗하게 불탔다. "그의 타는 듯한 눈은 이제 더 이상 허공을 바라보지 않거나 마치 그를 앞으로만 인도하는 듯했다. 예언자의 눈처럼 숯에 닿은 듯했고 마치 다시는 평범한 시력으로 사용되지 않을 듯했다"(p. 233). 악마는 강간을 통해 구원의 순간에 타르워터를 다시 가로채려고 의도했지만, 신은 그 사건을 통해 지옥의 입구로부터 그를 잡는다.

이 소설의 제목은 「마태복음」 11장 12절의 모호한 문구에서 가져온 것이다. 여러 어려움 가운데 원래 라틴어가 불분명하다. 비아제타이(biazetai)라는 말은 중간태 혹은 수동태로 되어 있어서 "폭력을 행하다", "폭력을 당하다", 또는 "힘을 사용하다" 등으로 다양하게 해석될 수 있다. 어쩌면 가장 좋은 번역은 다음과 같은 것일 수 있다. "하늘 나라는 자기의 방식대로 폭력을 행사하고 힘 있는 자가 그것을 잡는다." "당하다"라고 번역한 오코너는 그 말이 "묵인된" 폭력을 상징했다고 확신했던 것으로 보인다. 그리스어에서는 불가능하지만 "묵인하다"라는 의미로도 사용되는 영어 단어 "suffer"에 들어 있는 애매한 의미 때문에 가능한 의미. 적어도 이 문제에서 두 가지 차원으로 보았다는 것은 다음과 같은 그녀의 진술을 통해 확실해 보인다. "폭력은 선을 위해서도 악을 위해서도 사용될 수 있는 힘이고 폭력으로 취해진 여러 것들 가운데에는 하늘나라도 있다."[61]

오코너는 스스로도 폭력을 애매모호하게 사용한다. 바로 나이 든 타르워터의 농장 이름 파우더헤드(Powderhead)—탄약(gunpowder)과 소나기구름(thunderhead)을 연상시키는—는 처음부터 분위기를 잡는다. 강간으로 인해 어린 타르워터의 눈은 깨끗하게 태워서 진실을 볼 수 있게 된다. 비숍을 물에 빠뜨린 것도 그를 정화한다. 악마는 자기자신의 이유 때문에 강간하고 물에 빠뜨리도록 부추기지만, 신은 폭력적인 행위 각각을 은총을 내리는 강력한 계기로 바꾼다.[62] 이러한 이중성을 통해, 오코너는 악의 핵심을 간파한다. 어떤 면에서, 악은 진정한 악이고, 신은 우리의 모든 힘을 기울여 악에 맞서 싸우기를 바란다. 또 다른 면에서, 발생하는 모든 일은 신의 의지에 의한 것이다. 또 다른 면에서, 신의 의지는 모든 것을 선으로 바꾼다. 기독교의 중심 사상은 신이 있을 수 있는 가장 강한 악, 예수의 십자가형 등을 가능한 가장 위대한 선, 이 세상의 구원으로 바꾸어놓는다는 것이다.

강간으로 인해 모욕을 당하고 정신이 빠진 타르워터는 은총의 손안으로 뛰어들 준비가 거의 다 되었지만 아직 그 시기는 결정되지 않았다. 그는 파우더헤드로 향하는 길로 내려가기 시작해서 도착할 무렵에도 여전히 악마는 그를 따라다니고 있다. "따뜻하고 부드러운 몸 같은 공기가 그를 둘러싸고 있고, 보라색 그림자가 그의 어깨 주변에 걸려 있다"(p. 237). 하지만 그는 "스스로 벗어났다"(p. 238). 일찍이 그는 노인의 시체와 함께 농장에 불을 질러 예언능력이 있는 영혼을 파괴하려고 시도하였다. 이제 다시 시도하지만 이번에는 불꽃을 사탄에게 넘긴다. 그는 자신과 웃고 있는 영 사이에 솟아오르는 불로 된 벽을 만든다...... 그의 영들은 그의 적이 이글거리는 불길 속에서 곧 태워질 것을 알았을 때 물러갔다(p. 238). 타르워터의 정신 속에서 낯선 사람으로부터 친구로 적으로 옮아갔던 악마는 이제 소멸된다. 그의 눈은 불타 깨끗해지고 그 아이는 예언자의 소명을 받아들인다. "신의 아이들에게 가서 엄청난 속도의 자비에 대해 경고하라." 늙은 예언자는 수년 전에 이 도시로 부름을 받았고, 이제 젊은 예언자는 자기자신의 선별된 눈 깊고 검은 눈동자로 어두운 도시를 향해 나아가는데 그곳엔 신의 아이들이 잠들어 있다(pp. 242-243).

베르나노스, 만, 그리고 오코너의 작품은 우리들을 문화적으로 절망 상태에 빠진 20세기 후반이라는 거친 바다에 던져졌을 때 달라붙을 수 있는 어떤 의미 있는 세계로 이어주는 생명줄로 여겨질 수 있다. 세계대전 이후로 우리는 그 생명줄을 놓칠까 봐, 그 반대편에서 아무것도 발견하지 못할까 봐, 핵전쟁으로 사라져버리거나 영원히 무의미하게 사라질까 봐 걱정해왔다. 그러나 새로운 세계관이 20세기의 끝에서 솟아오르기 시작하면서 새로운 희망이 떠오르고 있다.

17세기 내내 서양 문명을 지배했던 전통적인 세계관은 의미, 가치, 그리고 진리가 일관성있게 통합되는 통일적이고 모순되지 않는 완전한 체계였다. 이러한 세계관은 18, 19세기 동안에 물질적인 세계로 적절하게 범위가 한정된 자연과학에 의존하는 철학자들에 의해서 생성된 유물론적이고 기계적인 견해로 대체되었고 그러면서 과학주의 철학이나 실증주의 철학—유일한 실재는 물질적이라는 입장—이 생겨난다. 하지만 유물론적인 견해는 정신, 영혼, 의식, 애정, 그리고 미의식을 무시하거나, 이런 것들을 단순한 물질에 따르는 부수현상으로 만들었기 때문에, 완전한 체계, 일관된 전체성이 될 수 없었다. 살아 숨쉬는 우주는 생명력 없는 우주, 즉 전체에 대한 언급 없이 각각의 부분들만 고립시켜 집약적으로만 분석될 수 있는 우주가 되어버렸다.

유물론을 창조한 것은 과학이 아니라 철학이었고, 이제 새로운 세계관을 창조하는 것은 과학의 몫이 아니다. 유물론으로부터의 지원이 제거되면서, 과학은 이전의 어떤 것보다도 더 깊고 더 복잡하고 더 자비로운 일관된 전체 안에서 과학, 신학, 철학, 역사, 심층 심리학, 그리고 예술들과 같은 이 모든 것들이 통합되는 새롭고 일관된 세계관을 형성할 수 있게 될 것이다. 양자물리학은 이제 우주는 통합되고 일관되고 살아 움직이며 의미, 가치, 그리고 진리는 다시 통합된 전체의 일부라는 새로운 우주론이 만들어지는 것을 서서히 가능하게 하면서, 물질의 궁극적 실체를 기계적 관점으로 인식하지 않게 했다.[63] 이러한 새로운 우주론이 궁극적으로 어떻게 될지는 아직 분별하기 힘들지만, 분명히 그러한 우주론에는 근본적인 선과 악이라는 의식이 포함될 것이다. 근본적인 악—어떤 식으로 불리고 은유되든—은 현실이며, 이런 이유 때문에 악마라는 개념이 항상 관련될 것이다.

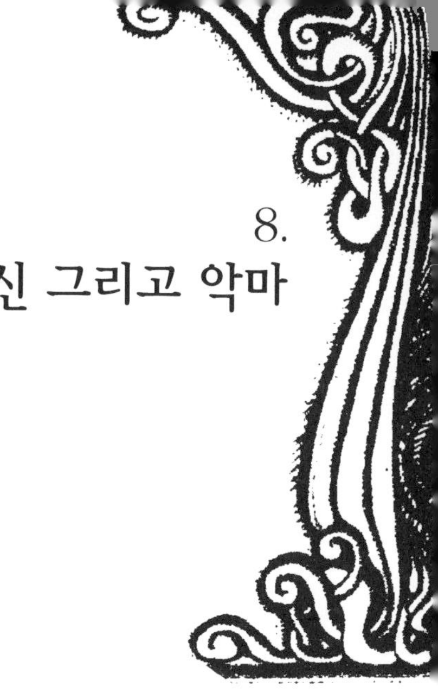

8.
신 그리고 악마

악마가 존재한다고 믿는 것이 의미가 있는지 없는지는 그 사람의 세계관에 달려 있다. 기독교적인 세계관에서는 분명히 의미가 있지만, 마찬가지로 유물론적인 세계관에서는 의미가 없다. 하지만 어떤 영적인 실체가 존재하는지, 그렇지 않은지에 대해 더 넓은 맥락에서 문제가 제기되어야만 한다. 신은 악마만큼이나 비과학적인 개념이다. 20세기에 만연된 "상식"이 되어버린 유물론 때문에, 대부분의 교육받은 사람들은 대체로 중요한 증거를 통해서 어떠한 영적인 실체의 존재도 부정된다고 가정한다.

하지만, 사실, 자명한 일이지만 유물론적인 과학은 영적인 실체를 옹호하거나 거부하는 아무런 증거도 제공할 수 없다. 따라서 그러한 증거는 이런 실체들을 배제하지 않는 또 다른 세계관들에 비추어 고려

되어야만 한다. 더 나아가, 4장의 흄에 대한 논의에서 밝혀졌듯이, 영적 실체가 활동하는 체계는 그렇지 않은 체계보다는 존재 가능성이 더 클 듯하다.

악마—악에 몰두하는 영적인 인격체—가 정말로 존재할 수도 있다는 징후에는 어떤 것이 있을까? 이 문제는 두 가지 양상으로 나누어져야 한다. 종교에 대해 언급하지 않는 징후들, 둘째, 종교적인 맥락 안에 있는 징후들. 첫 번째는 "자연발생적인 악마로"이라고 불릴 수 있고, 두 번째는 "계시된 악마론"으로 불릴 수 있다.

자연발생적 악마론이라고 하는 첫 번째 징후는 우리들이 사실상 도덕적으로 중립적인 세계를 경험하지 못한다는 입장이다. 성장하면서 양면적인 가치가 정교해지겠지만, 아주 어릴 때는 상황을 선과 악으로 경험하기 시작한다는 것을 심리학에서 확인할 수 있다. 선과 악에 대한 경험은 우리에게 행해진 것과 우리가 다른 사람에게 행한 것 모두에 적용되고, 보통 사람들의 경우에 이러한 경험은 사회에 의해 제거될 수 없는 선천적인 것이다. 우리는 우리들 자신과 다른 인간 존재에게서 선과 악을 경험한다. 하지만 우리는 또한 인간 존재를 넘어서는 선과 악도 경험한다. 또한 우리는 악을 상상속의 다른 지능을 가진 존재에게 외삽하기도 한다. 우리는 외계인들을 일관된 지능과 의지를 가진 진짜 "사람들"이라고 상상할 때마다, 선할 수도 악할 수도 있고, 고통을 당하기도 하고 고통을 가하기도 하는 존재로 상상한다. 이 우주에서 적극적으로 악을 행하는 존재는 인간들로 제한해서 생각할 아무런 이유도 없다.

인간이 지닌 악의 원인이 인간의 본성에만 있다고 가정할 아무런 이유도 없다. 우리는 극히 소량으로도 수많은 사람들에게 절대적인 고통을 가져다줄 수 있는 핵전쟁을 준비하고 있다. 그들 한 사람 한 사람은 부모가 오븐 안에 가두어 구워 죽였던 그 아이가 겪은 만큼의 고통을 당할 것이다. 군비 경쟁은 핵전쟁의 기회를 줄일 것이라는 주장은 정치적 수사로 들린다. 이 주장은 해마다 이 세계는 점점 더 위험해지고 있다는 단순한 사실만으로도 폐기된다. 어느 누구도 고의적으로 핵전쟁을 일으킬 준비는 하지 않는다는 주장은 우발적인 핵전쟁의 위험성은 믿을 수 없이 빠르게 증가하고 있다는 사실과 지구를 파괴할 수도 있는 무기의 비축량과 배치는 인간들이 만들었고 인간들이 번복할 수 있는 의도적인 선택이라는 사실을 간과하고 있다.

군비 경쟁이라는 악마적인 특징은, 대학살을 위한 이러한 준비가 누구를 위한 것인가?라고 물으면 더 분명해진다. 어느 개인도, 어느 민족도 어떤 이념도, 어느 누구도 핵전쟁으로부터 이익을 볼 수는 없다. 그렇다면, 우리가 정확히 감당할 수 있는 만큼의 파괴, 지구 상 인간의 생명이 파멸을 예비하도록 하는 힘은 무엇인가? 군사기지가 우주 공간 안에, 달이나 화성 혹은 태양계 어디든지에 세워진다면, 파괴를 지향하는 우리들의 계획은 확장되어 그 모든 곳을 포함할 것이다. 만일 우리가 힘을 가지게 된다면 우리들은 전 은하계를 통해 또는 전 우주로 위협을 확대할 것이라는 데는 누구도 의심할 수 없다. 하지만 온 우주의 파괴를 의도할 수 있는 이러한 힘의 본질은 무엇인가?

많은 사람들은 이러한 무한정한 파괴 본성은 개별적인 인간의 파괴 본성이 확장된 것이라고 추측한다. 우리들 각각의 안에 악이 있다는 것은 사실이지만, 엄청난 수의 개별적인 악을 모두 합쳐도 이 지구의 파멸은 말할 것도 없이 아우슈비츠도 설명되지 않는다. 이 정도 규모의 악은 양적으로도 질적으로도 다르게 보인다. 이것은 더 이상 개인적인 악이 아니라 모종의 집단적인 무의식을 유발하는 개인의 한계를 초월한 악이다. 그것은 개인의 한계를 넘어서는 것이고 정말로 초월적인 것으로 인간 정신의 내부는 물론이고 외부에도 존재하는 실체이며, 어떤 인종도 상상할 수 없더라도 존재하는 실체일 수 있다.

이러한 초월적인 악마는 철학적으로 옹호하기 어렵다. 전적으로 악할 뿐만 아니라, 자신의 영향력을 전 우주로 확장할 수 있거나 아니면 적어도 어디에서든 지적으로나 도덕적으로 자유로운 삶의 방식들이 존재할 수 있을 정도로 엄청난 지식과 권능을 가진 인격체이어야 한다. 악마는 항상 어디에서든 신의 과업에 반대해야 한다. 하지만 아무리 천사의 권능을 가졌다 해도 창조물이 과연 그러한 지식을 가질 수 있을까? 이 우주는 심지어 우리가 1세기 전에 알고 있던 것보다 믿지 못할 만큼 더욱 복잡하고, 너무 복잡해서 우주적으로 극히 기발하게 신에 반대하는 어떤 존재가 나타날 수 있다. 영원한 순간에 만일 신이 각각 수십조 개의 별을 담고 있는 우주 안에 있는 셀 수 없이 많은 은하계에 들어 있는 모든 원자적 미립자의 운동을 관찰할 수 있고 벌써 200억년이나 된 우주 안의 매순간마다 각각의 미립자를 볼 수 있고, 더 나아가 미립자가 무작위 운동을 할 때마다 발생하는 잠재적인 우주의 모든 무한성을 볼 수 있다면, 어떤 창조물이 충분한 지능을 가지고 있어 신에게 반대할 수 있다는 생각은 공상처럼 보인다.[1]

자연 발생적인 악마론은 시사하는 바는 있지만 결론에 이르기는 힘들다. 계시된 악마론이 훨씬 확실하다. 기독교나 이슬람에 한정해서 보면, 악마에 관한 주장은 매우 강하다(이 책의 시리즈가 다루는 범위를 제한하고 간결하게 하기 위해서, 논의를 기독교로 한정하지만, 유사한 논의가 이슬람교에도 적용된다). 기독교의 인식론은 성서, 전통, 이성, 그리고 경험을 바탕으로 한다. 기독교의 맥락에서 이 세계에 대한 모든 진술은 한두 가지 이러한 배경에 대한 이해를 언급하면서 이루어지고, 두 개의 중심적인 기둥은 성서와 정통이다. 이 두 가지는 확실하게 악마의 존재를 단언하다. 악마의 존재에 대한 믿음이 기독교의 핵심적인 부분은 아니라는 것은 사실이다. 어떤 주요한 기독교적인 전통에서도 이 문제를 교리의 문제로 주장하지 않는다. 동시에, 성서와 전통에 반대하는 견해를 주장하면서 스스로를 기독교도라고 부르는 것도 이치에 맞지 않는다.

역사비평을 통해 신약성서와 교회의 공의회에서는 진실을 말하지 않았다고 확언하는 신학자들은 자신들의 견해를 역사적 진실을 추구하는 열린 생각보다는 당대의 유물론적인 가정들에 바탕을 두고 있는 것으로 보인다. 그들이 악마를 부인함으로써 나타나는 논리적 귀결을 직시하려고 하는 사람들은 거의 없다. 사탄이 존재하지 않는다면, 신은 악에 대해 적어도 자연 발생적인 악에 대해 책임을 져야 한다. 만일 우리가 신이 암이나 수막염을 만들어냈고 적어도 암이나 수막염 등이 존재하는 세상을 만들었다는 것을 인정한다면, 이 세상을 사는 우리들의 의식으로는 신은 전적으로 선한 것만도 아니게 된다. 하지만 만일 신이 그림자를 가지고 있다면, 그러한 그림자는 악마의 또 다른 이름이 아니면 무엇이겠는가?

회의론자들도 역시 악마라는 관념은 사회적으로 부정적이고, 악마의 존재를 믿는 것은 악에 너무나 막대한 권능을 부여하는 것이라고 주장한다. 분명히 은총에 대한 우리들의 관심을 어떤 식으로든 약화시키는 악마라는 관념을 강조하는 것은 영적으로 건강하지 못한 일이다. 하지만 20세기 후반에 이르러 악마는 너무 많은 관심이 아니라 지나치게 적은 관심을 받고 있는 것으로 보인다. 회의론자들도 악마라는 개념이 상대방을 악마로 만드는 일을 부추기는 상황에는 반대하고 있지만, 악마를 부인하는 소비에트 공산주의와 같은 체제에서는 마찬가지로 적들을 악마화하는 경향을 보인다. 회의론자들은 악마에 대한 믿음은 인간이 져야 할 책임을 약화시킨다고 주장하지만, 기독교에서는 항상 악마는 인간의 의지를 강제할 힘을 가지고 있지 않다고 주장했다. 사실 근본적인 악을 인식하고 지정함으로써 그에 맞서 싸울 무기를 얻을 수도 있다. 근본적인 악을 이해하게 되면 문제의 핵심에서 과거의 완화할 수 있는 수단(군비조절이나 감방개혁과 같은)을 얻는 데 도움이 된다. 더욱이, 지각된 영적인 목소리가 악의 권능으로부터 나온다는 것을 더 잘 이해하게 되면, 신의 목소리로 말한다고 주장하는 위험스런 종파의 인물들은 거의 추종자들을 거느리지 못하게 될 것이다.

궁극적으로 악마라는 관념은 이 우주 안에 왜 악이 존재하는가라는 문제를 해결하는 데 거의 기여하지 않는다. 악마나 다른 악한 존재들이 이처럼 헤아릴 수도 없는 고통을 산출하는 우주를 왜 신은 자유로이 창조하기로 결심해야 했는가라는 물음이 문제의 핵심에 놓여 있다. 이 우주를 자기 마음대로 결정지어놓은 신이 어떻게 책임이 없을 수 있는가? 그리고 만일 신에게 책임이 있다면, 우리는 왜 악마라는 개념을 필요로 하는가?

신에 대한 악의 관계는 아우슈비츠의 세기를 부르고 히로시마는 다시 한번 철학적이고 신학적인 논쟁의 중심이 된다. 악의 문제는 단순하게 제시될 수 있다. 신은 전능하고 완전하게 선하다. 이러한 신은 악이 존재하도록 허락하지 않는다. 그러나 우리는 악이 존재한다는 것을 보고 있다. 그러므로 신은 존재하지 않는다. 이러한 주제는 거의 끝도 없이 변형되어 나타난다. 문제는 추상적이고 철학적일 뿐만 아니라 개별적이고 직접적이다. 신자들은 자신들이 믿고 있는 신이 사람들이 관심을 가지는 모든 것, 즉 소유, 안락함, 성공, 직업이나 기술, 지식, 친구, 가족, 그리고 생명 등 이 모든 것을 가져가버린다는 것을 망각하는 경향이 있다. 이런 신은 우리에게 어떤 신으로 다가오는가? 아무리 고상한 종교라도 이 문제를 정직하게 직시해야 하고, 죽어가고 있는 아이들 앞에서 주어질 수 없는 어떠한 답도 신뢰할 수 없다. 하지만, 신자들은 자신들이 경험하는 심층으로부터 이 우주는 신과 함께 움직인다는 것을 알고 있다.

이러한 사태들이 어떻게 조화될 수 있을까? 내가 할 수 있는 것이라고는 그저 몇 가지를 제안하는 것뿐이다. 어떤 면에서, 악마는 신이 창조했던 이 우주가 가지고 있는 한 측면으로서, 따라서 신이 지닌 의지의 산물로 보아야 한다. 신은 전혀 다른 우주를 창조할 수도, 아니면 아무것도 만들어내지 않을 수도 있었다. 그러나 또 다른 측면, 우리 모두가 살고 있는 공간과 시간이라는 차원에서, 악마와 악은 신의 안티테제이고 신은 우리가 가지고 있는 모든 힘을 발휘해서, 그것들과 맞서 싸우길 바란다.

악마라는 개념은 부분적으로 이러한 딜레마와 맞서는 신자들의 고뇌로부터 기인한다.

악마가 정말로 존재한다면, 그의 정체는 무엇인가? 이 개념이 어떤 의미를 가진 것이라면, 이 악마는 전통적인 악마이다. 그는, 이 우주를 파괴하고 창조물들이 비탄에 빠지도록 하는 데 자신의 에너지를 쏟아붓는 지능과 의지를 가진 강력한 존재이다. 악마는 아이를 오븐 안에 집어넣고 지하 격납고 속에 핵무기를 저장한다. 우리들의 모든 건전한 정신을 동원해서 이러한 악에 맞서 싸워야 한다. 더 큰 악을 가지고 악에 대응할 수는 없다. 더 강한 부정으로 부정을 물리치고, 더 막대한 양의 핵미사일로 핵미사일을 제압할 수는 없다. 부정의 과정은 거꾸로 진행되어야 한다. 부정을 극복할 수 있는 것은 긍정뿐이고, 악을 극복할 수 있는 것은 선뿐이며, 사랑만이 증오를 제압한다. 이 책은 줄곧 우울한 어조를 띠어왔고, 나는 겁내지 않고 악의 문제와 맞서려고 노력했다. 낙관주의적인 분위기로 마치는 것도 괜찮겠다고 생각한다. 우리가 지닌 과거의 비참한 기록에도 불구하고, 우리는 우리의 자유를 통해 새로운 사유 양태를 포용하고, 악을 초월하고 통합할 방법을 찾아서 악이 지닌 엄청난 세력을 선으로 바꿀 수 있는 능력을 가지고 있다. 그리고 이 우주는 우리가 그렇게 할 수 있도록 우리에게 힘을 주고 도와주는 어떤 권능과 함께 우리는 이 우주에서 살아간다고 생각한다. 핵전쟁이 우리의 희망을 꺾기 전에, 이제 우리 스스로 결심한다면, 이 세상은 변화될 것이다.

이 겨울밤에 창문을 통해 바라보며, 별들의 이름을 불러본다. 프로키온, 시리우스, 미르잠, 알데바란 그들은 여기 따뜻한 카리나의 남부 카노머의 해변 위에 낮게 드리워 있다. 난 이 별들의 이름을 불러보지만, 내가 그 별들을 알고 있는 것은 이름을 부를 수 있어서가 아니라 그 별들을 사랑해서이다. 왜냐하면 사랑이란 것은 그들의 존재와 나의 존재가 공유하는 본질이기 때문이다. 정말 푸르게 빛나는 리겔, 머리 부분이 타오르는 긴 쌍둥이 별, 포도밭의 포도송이 같은 밤의 별들. 혈액이 뇌로 공급되지 않으면 지식은 멈추지만, 사랑은 멈추지 않는다. 사랑은 태양과 다른 별들을 움직이는 존재의 진정한 본질이므로. 그렇기 때문에, 지금까지 네 권의 책에서 다룬 악마는 그가 어떤 식으로 존재하든 결여된 비실재이며 부정된 부정이며, 사랑의 빛으로 어둠 속을 환히 비치는 은하계의 의미 그 속으로 파열된 무의미인 것이다.

본문의 주

1장 악

1) R. S. Jones, *Physics as Metaphor*(Minneapolis, 1982), pp.49, 171.
2) S. Toulmin, *Human Understanding,* 3 vols.(Princeton, 1972-), vol.1, p.49는 모든… 유형의 개념—심지어 우리의 가장 근본적인 과학적인 관념들을 포함해서—이 가지고 있는 상대성에 대해 말한다. "보편적인 권위는 보편적이고 절대적인 권위가 의존하는 어떤 토대를 최초로 드러내기만 한다면 '합리적인 기준들'에 대한 추상적이고 시간을 초월한 체계로 주장될 수 있지만, 어떤 형식적인 체계도 그 자체로, 스스로의 권위를 입증할 수 없다"고 존슨은 지적한다(p.63). 유물론적, 실증주의적, 과학주의적 세계관이 입증되었다는 생각은 환상이다.
3) 오클리(F. Oakley)는 *Omnipotence, Covenant, and Order*(Ithaca, 1984), pp.15-40에서 관념의 역사를 설득력 있게 옹호하고 있다.

2장 종교개혁 시대의 악마

1) 종교개혁 전반에 대해서는 S. Ozment, *The Age of Reform*, 1250-1550(New Haven, 1980), L. Spitz, *The Protestant Reformation,* 1517-1559(New York, 1985) 참조.
2) 마술에 대해서는 F. Yates, *The Occult Philosophy in the Elizabethan age*(London, 1979) 참조.
3) 요술에 관해서는 B. Easlea, Witch Hunting, *Magic and the New Philosophy*(Brighton, Sussex, 1980), J. B. Russell, *A History of Witchcraft*(London, 1980) 참조.
4) 당시 예술에 나타난 악마의 권능에 관해서는, B. Bamberger, *Fallen Angels*(Philadelphia, 1952); H. Bekker, "The Lucifer Motif in the German Drama of the Sixteenth Century," *Monatshefte für deutsche Sprache und Literatur*, 51(1959), 237-247; H. Vatter, *The Devil in*

English Literature(Bern, 1978) 참조. 존 베일에 관해서는 Vatter, pp.108-113, 그리고 D. P. Walker, *Unclean Spirits*(Philadelphia, 1981) 참조.

5) G. Aconcio, *Stratagematum Satanae libri VIII*, 1565(Florence, 1946).

6) A. E. Buchrucker, "Die Bedeutung des Teufels für die Theologie Luthers: Nullus diabolus-nullus Redemptor," *Theologische Zeitschrift*, 29(1973), pp.385-399; K. Thomas, *Religion and the Decline of Magic*(New York, 1971), pp.170, 469.

7) 루터에 관해서는, H. Oberman, *Luther: Mensch zwischen Gott und Teufel,* 2d ed.(Berlin, 1893); J. M. Todd, *Luther: A life*(New York, 1982) 참조. 나는 다음의 표준 루터 저작 요약본을 사용한다. WA-Weimar Ausgabe(Kritische Gesamtausgabe), *Werke*, 61 Vols.(Weimar, 1883); WAT-Weimar Ausgabe(Kritische Gesamtausgabe), *Tischreden*, 6 vols.(Weimar, 1883); WAB-Weimar Ausgabe(Kritische Gesamtausgabe), *Briefwechsel*, 17 vols. (Weimar, 1883).

8) WA 18.635; 17/1.47-48; 56.182. 루터의 운명예정론에 관해서는 L. Urban, "루터는 철저한 결정론자였는가?" *Journal of Theological Studies*, 22(1971), pp.113-137; F. Brosché, Luther on Predestination(Stockholm, 1978), p.121; E. Winter, *Erasmus-Luther Discourse on Free Will*(New York, 1961) 참조.

9) WA 56.187. Cf. WAT 2.10; WA 18.709.

10) WAT 2.20: 신은 시련(Anfechtung)을 좋아하기도 미워하기도 한다. 신은 그것이 우리들이 기도하도록 재촉할 때는 좋아하지만 우리들을 절망에 빠지게 하면 미워한다.

11) WA 15.451; 16.140; 40/2.414-418; 42.110. H. Obendick, *Der Teufel bei Martin Luther*(Berlin, 1931), pp.193-201; Brosché, p.67, 137-140 참조.

12) WA 36.428-430; 40.2/417-420; 44.429; Brosché, p.116.

13) WA 17/2.13; 41.675; 43.229-232; R. Bainton, *Here I Stand*(New York, 1950), p.179; Buchrucker, p.399.

14) WA 23.402-431, esp.424-425.

15) WA 16.143.

16) WA 39/1.249-250; 426-427; 41.675. 또한 H. M. Barth, *Der Teufel und Jesus Christus in der Theologie Martin Luthers*(괴팅엔, 1967), pp.201-202 ckaw.

17) WA 18.635; 709. 칼뱅도 인용했던 이 유명한 비유는 위(僞)아우구스티누스, *Hypomnesticon*(c. A.D. 435), *Patrologia Latina*, 45.1632, 그리고 궁극적으로는 「시편」 73:22

에서 유래된 것이다. A. Adam, "Die Herkunft des Lutherwortes vom menschlichen Willen als Reittier Gottes," *Luther-Jahrbuch*, 29(1962), pp.25-33; Oberman, pp.232-234 참조. 악이란 것이 원래 그렇기 때문에 악한 사람은 악행을 저지를 수밖에 없다(WA 18.709).

18) WAT 1.153; 232-233; 244-245, 289; 2.306; 6.215-219; 5.328-329; WA 16.435; Obermann, pp.108-114, 163-166, 260-285, 304-307.

19) WA 1.269; 15.473; 25.456; 37.286; 40/2.138-140; 41.488; 42.18.62; 43.3. 루시퍼가 인간에게 질투하는 이야기에는 두 가지가 전통적으로 전해진다. 첫째, 신이 우리들을 자신의 형상대로 만들었기 때문에 우리가 창조되면서 그 일이 발생했다는 것이다. 두 번째로는, 신이 인간의 본성을 그리스도로써 취했다는 것이 하늘나라에 알려지면서 그 일이 발생했다는 것이다. 이 두 번째 시나리오는 몇 가지 난점을 제기했다. 즉, 만일 사탄이 자신이 타락하게 된 필연적인 결과가 성육신이라는 것과 그리스도의 손에 패배 당할 것을 알았다면, 사탄이 반역을 저질렀을까? 그리고 만일 그가 반역을 일으키지 않았다면, 성육신은 필요하지 않았을 수도 있다. 밀턴은 실낙원에서 이러한 사실을 분명히 하려고 시도했다. 그러나 밀턴은 또 다른 중요한 측면에서 루터와 달랐다. 루터는 이 세계가 시작되면서 하늘나라에서 전쟁이 있었다는 것을 믿지 않았다. 오히려 그는 「요한계시록」 12장을 박해자들에 맞서 싸우는 초기 기독교인들의 투쟁을 언급하는 것으로 해석했다. 루터에게서, 악마는 신의 단순한 결단에 의해 하늘나라에서 추방—중세의 신비극에서와 같이—되었다. S. P. Revard, *The War in Heaven*(Ithaca, 1980), p.109 참조.

20) WA 9.638; 16.435; 18.659; 32.176; 42.414; WAT 1.506-511.

21) 새, 유인원, 거인, 염소, 뱀, 그리고 늑대를 포함하는 다양한 존재들. WAT 1.153, 511, 2.358; 4.687; 5.150; WA 14.434; 34/1.311; 50.644-647. 악마는 그리스도인 척한다: WA 40/2.13. A. Adam, "Der Teufel als Gottes Affe: Vorgeschichte eines Lutherwortes," *Luther Jahrbuch*, 28(1961), pp.104-109 참조.

22) 루터는 브랜트(Seastian Brandt)의 *Narrenschiff*(1494)에 영향을 받았다. 그 책에서 인간이란 존재는 어리석고, 악덕한 악령이라는 선원들로 배치된 배로 항해하는 바보들로 묘사되어 있다.

23) 그리스도에 의해 사탄의 권능이 분쇄되는 것을 강조한 루터는 속죄 이론의 가설이 부활하는 데 이바지하는데, 이 이론은 12세기 이래로 관심 밖으로 밀려났다. WA 7.596; 20.343; 27.109; 28.607; 28.607 참조.

24) WA 13.467; 15.460; 16.97; 17/2.220; 29.80; 40/2.21; 44.756; 45.505; 50.270.

25) WA 17/1.64; 28.404; 32.14-15; 40/2.495.

26) WA 9.598; 17/1.69; 20.316, 327, 360; 29.253; 34/1.225; 36.58; 37.22, 50; 40/1.276; 40/1.279; 57C.128.

27) WA 17/2.106, 217; 18.743; 31/1/178; 32.341; 42.229; 44.754. 이 세상을 악마와 동일시하는 문제에 대해서는 WAB 8.353 참조.

28) WAB 2.293.

29) WA 9.589; 15.460; 17/1.46-47; 23.70; WAT 2.527.

30) 세례에 관해서는 WA 19.537-541; 30/1.212-222를 보라. 성경에 대해서는 WA 9.638; 18.659; 30/1.127-129, 146 참조. 복음과 복음성가에 대해서는 WA 28.289를 보라.

31) Gustav Roskov, Geschichte des teufels(Leipzig, 1869), vol.2, p.475에서 원어로 볼 수 있다. 또한 E. Hirsh, Lutberstudien, 2 vols.(Gütersloh, 1954), pp.93-98 참조.

32) 교회에 관해서는, WA 30/1.190; 44.793; 46.500 참조. 종교개혁에 대해서는 WA 39/1.489; 44.398; 447 참조.

33) WAT 1.483-484; 2.19-20, 28-31, 131-132.

34) WAT 1.233: "Die besten kempff, die ich mit yhm gehabt hab, hab ich in meynem bett gehabt an meiner Kethen seyten." *Junker Teufel, schwarze Tausenkünstler, Kuckuck, Mönder, Böseuicht, Ketzer* 그리고 *Rottengeist*를 포함해서, 루터가 악마에게 모욕을 준 기록에 대해서는 K. Roos, *The Devil in 16th Century German Literature*(Frankfurt, 1972), p.18 참조. 루터는 악령들을 일컫는 무수한 모욕적인 이름들을 민속학으로부터 매우 열심히 끌어 왔다.

35) 루터의 *Kleine Katechismus*에 관해서는 WA 30/1.239-425를, 그리고 *Grosse Katechismus*는 WA 30/1.123-238 참조.

36) WA 30/1.186, 197; 202-213, 232. 또한 J. Delumeau, *Catholics between Luther and Voltaire*(London, 1977), p.173 참조.

37) *Institutes(Christianae religionis institutio)*는 1536년에 초판이 발행되었고, 1539년에 2판이, 1543년에 3판, 그리고 1559년에 4판이 발행되었다. 불어본 초판은 1541년에 나왔는데, 나는 1559년 판을 사용한다. 아래에 인용된 각주들은 *Calvini opera quae supersunt omnia*, 59 Vols.(Berlin, 1863-1900), vols 45-55에서 찾아볼 수 있다.

38) Inst. 1.14.1-19; 1.17.5; 1.18.1; 2.4.2-5; Comm. on Matt. 6:13.

39) Inst. 3.21.5. Cf. 2.5; 3.21.7; 3.22.11; 3.23.5; Comm. on John 8:34; 13:27. 칼뱅이 인간의 의지라는 이미지를 하나님이나 악마에 의해 조정되는 짐승으로 사용한 것에 대해서는 Inst. 2.4.1 참조.

40) *Inst*. 2.4.3. 칼뱅과 악마에 관해서는 다음을 보라. P. F. Jensen, "Calvin and Witchcraft," Reformed Theological Review, 34(1975), pp.76-86; O. Pfister, Calvins Eingreifen in die Hexer- und Hexenprozesse von Peney 1545 nach seiner Bedeutung für Geschichte und Gegenwart(Zurich, 1947).

41) Inst. 1.14.13-16; 「베드로후서」 2:4.

42) Com. on Luke 1:68. 악마 일반에 관해서는 『강요』, 1.14.13-18; 2.5.1; Comm. on Gen. 3:1-3; Comm. on Isa. 36: 10; Comm. on Matt. 25: 41-43; 27:11; Comm. on John 3:17; 6:15; 8:44; Comm. on 1John 3:8; Comm. on 1 Pet. 5:8; Comm. on 2 Pet. 2:4 참조. 악마의 권능에 대해서는, Comm. on Isa 13:21, 24:14; Comm. on Matt. 12:22; Comm. on Luke 4:33, 13:10 참조. 요술과 천주교 제도에 대한 악마의 책임에 관해서는, Comm. on John 7:41 참조. 선택에 대한 사탄의 제한된 권능에 대해서는, Comm. on Acts 12:23. 그리스도에 의해 분쇄된 사탄의 힘에 대해서는, 『강요』 2.8.15; 2.16.7; 2.11.15; Comm. on Isa. 59:19; Comm. on Luke 10:18 ; Comm. on Eph. 4:8; Comm. on Heb. 2:14. 사탄과 원죄에 대해서는, 『강요』 1.14.18; 2.1-5; Comm. on 1Cor. 12;2; Comm. on Gen. 3:15, 8.21; Comm. on Amos 5:15; Comm. on John 13:27. 루터와 마찬가지로 칼뱅은 천상의 전쟁에 관해 언급하지 않았다. 칼뱅에 있어 루시퍼의 파멸과 관련된 성서 텍스트는, 2 Pet. 2-4, Jude 6과 Luke 10.8. 또한 Revard, p.109.

43) 츠빙글리에 관해서는 G. R. Potter, *Zwingli*(Cambridge, 1976)를 보라. 급진론자들에 관해서는, G. H. Williams, *The Radical Reformation*(Philadelphia, 1962)에서 특히, pp.202, 562를 보라.

44) Bruno de Jésus-Marie, ed., *Satan*(Paris, 1948).

45) Jacob Boehme, *Der Weg zu Christo*, W. E. Peuckert, Jacob Boehme sämtliche Schriften, 11 vols.(Stuttgart, 1955-1961), vol.4(1957), the Fourth Treatise, 30; the Fourth Treatise, 1-30; the Fourth, 8; the Eighth, 1-22; the Ninth, 43-63을 보라. 뵈메는 "그리스도로 가는 길"을 1622년에 썼다; 참조. 뵈메의 "Aurora"(1612), "The Three Principles of the Divine Essence"(1619), 그리고 *Mysterium magnum*(1624). 뵈메에 관해서는, A. Liem의 *Jacob Boehme: Insights into the Challenge of Evil*(Wallingford, Pa., 1977); C. Musès, *Illumination on*

Jacob Boehme(New York, 1951)를 보라.

46) Santa Teresa de Jesús, Obras completas, 2d ed. ed. E. de la Madre de Dios(Madrid, 1967), Camino e perfeccion, Moradas del castillo interior, 그리고 특히 Libro de la vida, 12-13장, 26장, 30-32장을 보라. 테레사에 관해서는 S. Clissold, St. Teresa of Avila(London, 1979); M. Lépée, "St. Teresa of Jesus and the Devil," in Bruno de Jésus-Marie, pp.97-102를 보라. 또한, Juan de la Cruz, Obras, ed. D. Silverio de Santa Teresa(Burgos, 1931), 특히, Subida del Monte Carmelo, 그리고 Noche oscura를 보라. 요한에 관해서는, Crisógono de Jesús Sacramentado, *The life of St. John of the Cross*(London, 1958); L. Cristiani, *St. John of the Cross*(New York, 1962); A. Cugno, *Saint John of the Cross: Reflections on Mystical Experience*(New York, 1982)를 보라.

47) 보슈와 브뤼겔에 관해서는 L. Baldass, *Hieronymus Bosch*, 2d ed.(Vienna, 1959); W. S. Gibson, *Bruegel*(New York, 1977); S. Orienti, *Hieronymus Bosch*(New York, 1979); J. Wirth, "La démonologie de Bosch," in *Diables et diableries*(Geneva, 1977), pp.71-85 참조. 기타 중요한 그림들로는 Lorenzo Lotto, *Saint Michael Driving Out the Devil*(1554-1556), 그리고 Albrecht Dürer(1471-1528)의 유명한 *Ritter, Tod, und Teufel* 등이 있다.

48) 악마서에 관해서는, K. L. Roos, *The Devil in 16th Century Literature: The Teufelsbücher*(Frankfurt, 1972)를 보라. 많은 악마서들은 출판업자 Sigmund Feyerabend의 Theatrum diabolorum(Frankfurt, 1569; 2d ed., 1575; 3rd ed., 1587)에 편집되었다.

49) 파우스트에 영향을 받지 않은 가장 중요한 파우스트 이전 작품들과 파우스트 이후 작품들은 1473년에 독일어로 번역되어 출간된 것들로 다음과 같은 것이 있다. Jacobus de Theramo의 *Berial*; Sprenger와 Instiroris의 *Malleus maleficarum*, 1486; Federico Frezzi, *Il Quadriregio*(1481); Baptista Mantuan, *Georgius*(1507); Bernard of Como, *Tractatus de strigis*(1508); Johann Trithemius, *Liber octo quaestionum*(1508); Martin of Arles, *Tractatus de superstitione*(1510);

50) A. Gilbert, ed., *Machiavelli: The Chief Works and Others*(Durham, N. C., 1965), pp.869-877에 나오는 N. Machiavelli, "Belfagor"; F. Rabelais, *Les cinq Livres*, 2 vols.(Paris, 1552). E. M. Duval, "Pantagruel's Genealogy and the Redemptive Design of Rabelais' Pantagruel," Publications of the Modern Language Association, 99(1984), pp.162-178; R. Griffin, "The Devil and Panurge," *Studifrancesi*, 47/48(1972), pp.329-336; R. C. La Charité, "Devildom and Rabelais' Pantagruel," *French Review*, 49(1975), pp.42-50 등 참조. Gréban에 관해서는

LUCIFER, 9장 참조.

51) 이 인물은 마술에 관한 논문을 쓴 저자의 이름 Picatrix에서 유래된 것이다. L. Thorndike, *A History of Magic and Experimental Science*, 8 vols.(New York, 1923-1958), vol.2, pp.813-821 참조.

52) 파우스트 전설에 관해서는, A. Dabezies, *Le Mythe de Faust*(파리, 1972); J. W. Smeed, *Faust in Literature*(London, 1975)를 보라.

53) 아마도 이 사람은 1478-1480년경에 태어난 것 같다. 그의 성이 파우스트라는 것까지도 확실하지 않다. 왜냐하면, 파우스트(라틴어로 "행운")라는 이름은 르네상스의 인문주의자들 사이에 일반적이었던 고전적인 가명이었을 수도 있기 때문이고, 또 어떤 설에 따르면 그를 Georg Helmstetter라고 하는 학생이라고 확인하고 있다. 자료상에 최초로 그가 나타난 것은 바로 파우스트이고, 가장 최초의 자료에 따르면 그의 이름은 요한이 아니라 게오르그이다.

54) 「파우스트 서」에서 다소간 독립된 판본들이 1580년대와 1590년대에 원고나 인쇄물의 형태로 수없이 나타났지만, 정본이 된 것은 1587년판이었다. 말로(Marlowe)의 희곡이 1588년이나 1589년에 씌어졌으므로 최초로 영어로 번역된 때는 아마도 1587 아니면 1588년 이었을 것이다. 하지만 현존하는 최초의 번역은 1592년으로 되어 있다. 1592년에 네덜란드어로 번역되었고, 1598년에 프랑스어로 번역되었다. 독일어본 「파우스트 서」에 관해서는, H. G. Haile, ed., *Das Faustbuch nach der Wolfenbüttler Handschrift*(Berlin, 1963); H. Wiemken, ed., *Doctor Fausti Weheklag: Die Volksbücher von D. Johann Faust und Christoph Wagner*(Bremen, 1961) 참조. 영어 번역본의 원판은 *Recueil des travaux de l'Université de Gand*, 24(1900)을 가지고 로지먼(H. Logeman)이 작업한 것이고, W. Rose, *The Historie of the Damnable Life and Deserved Death of Doctor John Faustus*(Notre Dame, 1963) 판으로 쉽게 이용할 수 있게 된다. 이와 유사한 마술이나 계약에 관한 이야기는 16세기에 만연하였다. 예를 들면, 마술을 지도해 주는 대가로 사탄에게 성적으로 복종했던 Mariken von Nieumeghen의 이야기(L. De Bruyn, *Woman and the Devil in Sixteenth Century Literature*(Tisbury, Wilts., 1979), p.3).

55) 루시퍼가 다섯 개의 왕국으로 나눠져 있는 지옥의 황제라고 영혼은 설명한다: 동쪽은 루시퍼가 직접 통치하고, 북쪽은 바알세불이, 남쪽은 베리알이, 서쪽은 아스타로스가, 중앙은 플레게톤이 통치한다. 인문주의의 영향과 연금술과 마녀의 전통이 혼합되면서 전통적인 유대-기독교의 악령들의 중심으로 고전적인 플레게톤의 형상이

도입되었다.

56) Bachtold-Stäubli, Handwörterbuch des deutschen Aberglaubens, 11 vols.(Berlin-Leipzig, 1927-1942), vol.6, cols. 174-182 에서는 외견상 가공적인 히브리어 기원으로 보이지만 다양한 가능성을 제시한다. 가능한 대로 글자의 위치를 바꾸어보면 *Mephotosphiles*에서 *Mephostophiles*까지도 나올 수 있지만 전자는 확실하지 않다. 「파우스트 서」와 대략 같은 시기에 나온 *Passauer Höllenzwang*에서는 히브리의 천사 이름들은 대체로 *-el*("주, 신")로 끝난다는 사실을 민감하게 나타나면서, *Mephistophiles*뿐만 아니라 *Mephistophiel*도 사용된다. A. Oehlke, "Zum Namen Mephistopheles," *Goethejahrbuch*, 34(1913), pp.198-199 에서는 Mephiboseth와 Ahitophel(「사무엘 하」 4:4; 15:12) 같은 성서에 나오는 이름들을 결합한 것이라고 주장하였다.

57) 이 저자는 중세의 신학자들만큼이나 루시퍼의 지위에 대해 혼돈하고 있었다. 10장에서는 루시퍼를 세라핌이라고 했다가 13장에서는 케루빔(9품 천사 가운데 제2위로 지식의 천사임)이라고 한다.

58) 여기서 파우스트는 Chamagusta, Dythycan, Brachus 그리고 Anobis 같은 고전적이거나 새로운 악령들뿐만 아니라 바알세불이나 기타 전통적으로 높은 지위의 악령들을 만난다. 지옥으로의 여행은 다른 세계로의 여행을 주제로 한 중세의 설화에서 유래한다.

59) 말로의 『파우스트 박사(*Doctor Faustus*)』는 1604년도와 1616년도 판본이 있는데, 가장 잘 나온 판본은 W. Greg, *Doctor Faustus 1604-1616*(Oxford, 1950)이다. 나는 1616년도 판본을 인용한다.

60) 너무나 많은 것들이 말로의 회의론이라고 생각되어왔다. 그는 반역적이고 비정통적이었지만, 적어도 *Faustus*를 쓸 때만 해도, 그가 신이나 악마를 심각하게 받아들이지 않았다는 증거는 없다.

61) D. Sayers, "The Faust-Legend and the Idea of the Devil," *Publications of the English Goethe Society*, n.s.15(1945), 7.

62) Robert Greene, *Friar Bacon and Friar Bungay*(1594)에서 사탄을 익살스럽게 다룬다. 기타 악을 중요하게 다룬 작품들로는 Barnabe Barnes, *The Devil's Charter*(1607); Thomas Adams, *The Blacke Devill or The Apostate*(1615); John Webster, *The Devil's Law Case*(1623); Thomas Middleton, *The Changeling*(1623) 등이 있다.

63) 나는 John Dover Wilson(Cambridge, 1980)판, *The Complete Works of William Shakespeare*를

사용한다. 방대한 셰익스피어의 서지에서 다음은 특히 악, 악행, 악마적인 것을 다루는 데 도움이 되는 것들이다: C. N. Coe, *Demi-Devils: The Character of Shakespeare's Villains*(New York, 1963); L. W. Cushman, *The Devil and the Vice in the English Dramatic Literature before Shakespeare*(Halle, 1900); G. W. Knight, "Macbeth and the Nature of Evil," *Hibbert Journal*, 28(1930), pp.328-342; E. Prosser, *Hamlet and Revenge*, 2d, ed.,(Stanford, 1971); B. Spivack, *Shakespeare and the Allegory of Evil*(New York, 1958); C. Spivack, *The Comedy of Evil on Shakespeare's stage*(Rutherford, N.J., 1978).

64) 또한, *3 Henry VI* 5.6.57-58; *Richard III* 1.1.14-41, 118-120; 1.2.104-109; 2.2.107-111; 3.1.94; 5.5.194-202를 보라.

65) 나는 프로저(Prosser)의 *Hamlet and Revenge*를 읽기 전에 독자적으로 유령을 악마와 동일시했었고 추가적인 세부사항들과 더불어 내 자신의 견해가 확인되어 기뻤다. 여기에서는 나와 프로저의 입증된 견해가 혼합되어 나타난 것이다. 셰익스피어와 거의 동시대에 유령에 대한 학구적인 묘사에 관해서는, Robert Burton(1576-1640), *Anatomie of Melancholie*, pt. 1. 2, mem. 1, subject. 2를 보라.

66) 데스데모나는 그리스어 deisdaimonia, "영을 두려워함"이라는 말에서 적절하게 유래된 것 같다.

67) 이 장면의 중요성을 내게 전해준 오코널(Michael O'Connell) 교수에게 감사한다.

68) 에드가가 미친 사람 "톰"으로 변장해서 방황하면서, 그는 제수이트 윌리엄 웨스톤이 1585-1586년에 악령들을 물치칠 때 나왔던 악령들의 이름—Flibbertigibbet, Hobbibidence, Mahu, Modo, Obidicut, 그리고 Smulkin—을 읊조린다(『리어왕』 3.3; 4.1). 셰익스피어는 사무엘 하스넷의 *Declaration of Egregious Popish Impostures*(London, 1603)이라는 책에서 이런 내용을 알게 되었다. 나는 이 정보도 주신 오커넬 교수에게 감사드린다.

3장 두 세계 사이의 악마

1) K. M. Briggs, *Pale Hecate's Team*(London, 1962), p.151.

2) R. Mandrou, *Magistrats et sorciers en France au XVIIe siècle*(Paris, 1980)

3) K. Thomas, *Religion and the Decline of Magic*(New York, 1971), p.476에서 인용함.

4) F. Bacon, Novum organum(London, 1620), 아포리즘, 43, 59-60. 토마스 홉스(1588-1679) 『리바이어던』에서 유물론과 종교적인 회의주의에 관해 베이컨보다 더욱 공격적인 주장을 펼쳤다.

5) R. Descartes, *Meditations de prima philosophiae*, ed. G. Lewis(Paris, 1970). 또한 B. Calvert, "Descartes and the Problem of Evil," *Canadian Journal of philosophy*, 2(1972), 117-126 참조.

6) J. P. Jossua, *Pierre Bayle ou l'obsession du mal*(Paris, 1977). 17세기 전반에 관해서는 F. Billicsich, Das Problem des Ubels in der Philosophie des Abendlandes, 2d ed., 3 vols.(Viena, 1952-1959), 특히, vol 2. 『합리주의자들에 관하여』를 보라.

7) 윌리엄 왕의 *De origine mali*(London, 1702)는 1731년 윌리엄 로에 의해 영어로 번역되었다. G. W. Leibniz의 *Essais de theodicée sur la la bonté de Dieu, la liberté de l'homme et l'origine du mal*은 1710년에 암스텔담에서 나왔다. 나는 E. M. Huggard(New Haven, 1952)이 번역한 변신론을 인용한다. 또한, D. Copp, "Leibniz's Theory That Not All Possible Worlds Are Compossible," *Studia Leibnitiana*, 5(1973), pp.26-42; L. Howe, "Leibniz on Evil," *Sophia*, 10(1971), pp.8-17; J. Kremer, *Das Problem der Theodicee in der Philosophie und Literatur des 18 Jahrhunderts*(Berlin, 1909)를 보라.

8) J. M. Evans, *Paradise Last and the Genesis Tradition*(Oxford, 1968), pp.242-271.

9) R. H. West, Milton and the Angels(Athens, Ga., 1955)를 보라.

10) Richard Montagu, *The Acts and Movement of the Church*(London, 1642), p.7, 은 C. A. Patrides, "The Salvation of Satan," *Journal of the History of Ideas*, 28(1967), p.472에 인용되었다.

11) G. Boucher, *Dieu et Satan dans la vie de Catherine de Saint-Augustin*, 1632-1668(Tournai, 1979).

12) W. D. Howarth, *Life and Letters in France: The Seventeenth Century*(London, 1965); A. Huxley, *The devils of Loudun*(New York, 1952); G. Mongrédien, *Madame de Montespan et l'affaire des poisons*(Paris, 1953); H. T. F. Rhodes, *The Satanic Mass*(London, 1954); D. P. Walker, *Unclean Spirits: Possession and Exorcism in France and england in the Late Sixteenth and Early Seventeenth Centuries*(Philadelphia, 1981); G. Zacharias, *Satanskult und Schwarze Messe*, 2d ed.(Wiesbaden, 1970).

13) Thomas, pp.51-55, 74-76, 265, 479-481.

14) A. L. Cilveti, El demonio en el teatro de Calderón(Valencia, 1977); J. L. Flecniakoska,

"Les rôles de Satan dans les 'Autos' de Lope de Vega," *Bulletin hispanique*, 66(1964), pp.30-34; U. Müller, *Die Gestalt Lucifers in der Dichtung vom Barock bis zur Romantik*(Berlin, 1940); S. Sola, *El diablo y lo diabolico enlas letras americanas*(1580-1750)(Bilbao, 1973). Boileau(Nicolas Boileau-Despréaux, 1636-1711)는 자신의 *Art poétique*(1674)에서 고전 문학이 이교의 신들에게 했던 식으로 신, 악마, 천사들, 악령들 그리고 성인들을 단순히 신화적인 존재로 만들었다는 이유로 문학 속에서 그것들을 포함하는 관습이 증대하는데 반대했다. 시각 예술에서는 초기에 비해서 이 시기에 악마에게 관심이 훨씬 시들해졌지만, 장 프래고나르드(1732-1806)는 벌거벗은 여인을 보고는 놀란 사탄의 모습을 익살스럽게 그려냈다. 주세페 타르티니(1692-1770)는 악마가 와서는 자신과 바이올린을 켜며 놀았던 꿈을 꾸고 영감을 받았다고 우기면서 "악마의 소나타"를 썼다.

15) Lope de Vega, Obras publicadas por la Real Academia Espa.

16) J. Bunyan, *The Pilgrim's Prigress*(London, 1678). R. M. Frye, *God, Man and Satan: Patterns of Christian Thought and Life in Paradise Lost, pilgrim's Progress, and the Great Theologians* (Princeton, 1960), 특히 pp.124-125를 보라. 버니언의 자서전, *Grace Abounding*(1666)에서는 그가 악마의 외적인 존재를 믿고 있음을 밝히고 있다.

17) Phineas Fletcher, *The Locusts or Apollyonists*(1627); Serafino della Salandra, *adamo caduto*(1647); Abraham Cowley, *Davideia*(1656); John Dryden, *The State of Innocence and the Fall of Man*(1674: 밀턴의 실낙원을 극화한 것); Manz Noël, *Lucifer*(1717). 18세기의 처음 4분의 1이 지나면서, 이 장르는 급격하게 쇠퇴하였다. 이러한 작품들이 밀턴에게 준 영향이 어느 정도인지에 대한 논쟁은 악마의 역사와는 상관없는 것이다. A. B. Chambers, "More Sources for Milton," *Modern Philosophy*, 63(1965), pp.61-66; W. Kirkconnell, *The Celestial Cycle: The Theme of Paradise Lost in World Literature with Translations of the Major Analogues*(Toronto, 1952); E. S. LeCompte, "Milton's Infernal Council and Mantuan," *Publications of the Modern Language Association*, 69(1954), pp.979-983; J. W. Lever, "Paradise Lost and the Anglo-Saxon Tradition," *Review of English Studies*, 23(1947), pp.97-106; I. Samuel, *Dante and Milton: The Commedia and Paradise Lost*(Ithaca, 1966) 참조.

18) Joost van den Vondel, *Adam in Ballingschap*은 *De Werken van Vondel*, vol.10(Amsterdam, 1937), pp.94-170에 수록되어 있고, *Lucifer*는 *De Werken van Vondel*, vol.5(Amsterdam, 1931), pp.601-696에 수록되어 있다.

19) 이 책에서는 CD, PL, 그리고 PR로 약칭되었다. 최고의 전집판은 F. Patterson et.al.,

eds., *The Works of John Milton*, 18 vols.(New York, 1931-1938); 가장 좋은 CD 편집판은 *Christian Doctrine, in The Complete Prose Works*(New Haven, 1973), vol.6과 J. H. Hanford and J. G. Taaffe, *A Milton Handbook*, 5th ed.(New York, 1970).

20) West, *Milton and the Angels*; R. H. West, "Milton's Angelological Heresies," *Journal of the History of Ideas*, 14(1953), pp.116-123 참조.

21) 전쟁에 관해서는, S. Revard, *The war in Heaven*(Ithaca, 1980), 특히, 6장 참조. 밀턴과 아에네아스에 관해서는, G. B. Christopher, *Milton and the Science of the Saints*(Princeton, 1982), pp.62-66 참조.

22) 사탄이 진정한 도덕적인 영웅이라는 견해에 찬동하는 근대의 작가들에는 W. Empson, *Milton's God*, 2d ed.(Cambridge, 1981)이 포함된다. 밀턴과 밀턴의 견해를 옹호하는 사람들 가운데는 우선, C. S. Lewis, *A Preface to Paradise Lost*, 2d ed.(London, 1960) 포함된다. D. R. Danielson, *Milton's Good God: A Study in Literary Theodicy*(Cambridge, 1982); R. Comstock, *The God of Paradise Lost*(Berkeley, 1986) 참조.

23) 영으로서의 천사에 관해서는, 『실낙원』 1.423-425 참조.

24) 루시퍼라는 이름이 세 번 언급되는 것은 『실낙원』의 5.760; 7.131; 10.425에서이다.

25) 또한, 『실낙원』 1.129, 157, 209-222, 315-316, 324, 358, 589-593; 2.300; 4.828; 5.696-708 참조. 단테가 묘사하는 사탄과 고전에 나오는 티탄들을 비교해보라.

26) CD 1.7.

27) 밀턴은 『실낙원』(9.344-456)에서 천사와 인간이 지닌 자유의지를 주장한다. 밀턴은 1647년 웨스트민스터 신앙 고백—여기에는 전적인 타락, 무조건적인 하나님의 선택, 제한적인 그리스도의 속죄, 불가항력적인 은총, 그리고 성인들에 대한 궁극적인 구원 등이 포함되었다—에서 발표된 칼뱅주의적인 입장에 반대하는 아르미니주의적인 자유의지를 취했다.

28) Lewis, *Preface to Paradise Lost* 그리고 Evans, pp.230-231 참조.

29) Steadman, pp.161-163. 참조. 『실낙원』 5.922.

30) Later, 9.141; PL 5.668-903; 7.145; 9.141 참조.

31) Revard, p.135.

32) PL 6.855-856; 6.262-353 참조. 사탄과 미카엘의 싸움은 6.438-652. 하나님이 아들을 보낸 것과 아들의 승리는 6.801-892 참조.

33) 9라는 숫자는 전통적으로 천구의 숫자이다.

34) 동물들에 관해서는, 『실낙원』 3.431; 4.183, 192-196, 402-403, 431, 800; 5.658-659를 보라.

35) Christopher, p.80.

36) Steadman, p.253.

37) Christopher, p.83.

38) J. Steadman의 "Eve's Dream and the Conventions of Witchcraft," *Journal of the History of Idea*, 26(1965), pp.567-574를 보라. 밀턴이 악령의 마술을 염두에 둔 것일 수도 있지만, 이 꿈에 나타나는 여러 특징들은 대체로 전통적인 기독교 악마론의 일부이다.

39) 최소주의와 최대주의에 관해서는 Evans, pp.242-271 참조.

40) 밀턴은 「마태복음」이 아니라 「누가복음」에 나타난 유혹의 순서에 따른다. 왜냐하면, 누가는 탑 위에서의 유혹을 마지막으로 하여 극적인 효과를 거두려하기 때문이다.

4장 죽어가는 사탄

1) B. Willey, *The Eighteenth-Century Background*(London, 1940), p.3에서 인용. 또한 J. Delumeau, *Catholicism between Luther and Voltaire*(London, 1977); P. Gay, *The Enlightenment: An Interpretation*, 2 vols.(New York, 1966-1969); H. Günther, *Das Problem des Bösen in der Aufklärung*(Frankfurt, 1974); I. O. Wade, *The Structure and Form of the French Enlightenment*, 2 vols(Princeton, 1977) 참조.

2) P. Gay, *The Enlightenment: An Interpretation*, 2 vols(New York, 1966-1969), vol.1, p.122에서 인용함. 기독교에 관한 회의론적인 견해는 토마스 울스톤(1670-1733), 앤서니 콜린스(1676-1729), 그리고 조셉 프리스트리(1733-1804)에 의해서도 발전되었다.

3) G. Berkeley, *Alciphron*(1732); J. Butler, *The Analogy of Religion*(1736). 볼테르는 이 입장을 자신의 *Letters philosophiques*(1734)에서 공격했다. 신비주의의 부활에 관해서는, 윌리엄 로(1686-1761) 그리고 뵈메에 관한 Dionysius Andreas Freher의 해석을 다룬 C. Musès의 *Illumination on Jacob Boehme*(New York, 1951) 참조.

4) 독일에서, 경건주의의 대표적인 인물로는 필립 야콥 스페너(1635-1705), 니콜라스 폰 친첸도르프(1700-1760), 아우구스트 헤르만 프랑케(1663-1727)등이 있었고, 영국에

서는, 존 웨슬리(1703-1791)와 존 화이트필드(1714-1770)이 있었으며, 미국에서는, 조나단 에드워즈(1703-1758)이 대표적이었다. 웨슬리의 악마에 대한 견해에 관해서는 R. W. Burtner와 R. E. Chiles, eds., *A Compend of Wesley's Theology*(Nashville, 1954), pp.96-97, 112-113 참조.

5) Alexander Pope, *Essay on Man*, ed. Maynard Mack(London, 1950), 1.294; 4.145, 394.

6) 버클리(1685-1753)는 관념론, 회의론 그리고 기독교를 혼합해서 독창적인 철학을 만들어 냈다. 사무엘 존슨(1709-1784)은 당시의 적대적인 지적인 경향에 직접적으로 개입하면서 기독교의 정통성을 옹호했다. 버클리에 대해서는, J. P. Hershbell, "Berkeley and the Problem of Evil," *Journal of the History of Ideas*, 31(1970), 543-554; 존슨에 대해서는 R. B. Schwartz, *Samuel Johnson and the Problem of Evil*(Madison, 1975)를 보라.

7) 볼테르, 『철학 서한』(1734) 참조.

8) Essai sur les moeurs(1756), 서문, 48 참조.

9) 흄, 『인성론』(1739); 『인간 오성에 관한 철학 논집』.

10) 인용은 에세이의 10장부터이다.

11) Gay, vol.1, pp, 147-148.

12) 만일 그렇다면, 제대로 증명된 기적들이 수없이 보고되었기 때문에, 20세기 프랑스야 말로 미신적이고 야만적인 나라들 사이에 반드시 포함되어야 한다. François Leuret, *Les guérisons miraculeuses modernes*(Paris, 1950) 참조.

13) 흄의 신정론에 관한 논의에 관해서는, Dialogues, pts. 10 그리고 11, 그리고 Enquiry, pt. 8, sec.2를 보라.

14) 칸트, 『순수이성 비판』(1781; 2d ed.), 1787;

15) 칸트는 자의적으로 행하는 의지(Willkür; 참조. 아우구스티누스의 arbitrium)와 보편적인 의지(Wille; 참조. 아우구스티누스의 voluntas)를 구분했다.

16) 사실상 칸트는 '덕'과 '덕의 결여'를, '의무'와 '태만'을 대조시켰다.

17) Willey, p.162.

18) Diderrot, *La Promenade du sceptique*(Paris, 1747).

19) J. B. Russell, *A History of Witchcraft*(London, 1980), pp.131-132.

20) L. G. Crocker, *Nature and Culture*(Baltimore, 1963), p.107.

21) Sade, *Dialogue entre un prêtre et un moribond*(1788); *Justine*(1791); *Juliette*(1797); *La Philosophie dans le boudoir*(1795); *Les crimes de l'amour*(1800).

22) *La philosophie*, Crocker, p.96에 인용됨.

23) *La philosophie,* vol.2, p.15.

24) *Juliette*, vol.2, p.349.

25) La Mettrie, *L'homme machine*(1747); *L'art de jouir*(1743).

26) Crocker, pp.404, 413에서 인용함.

27) Crocker, p.428에서 인용함.

28) 시간에 대한 새로운 견해에 관해서는, 특히, M. T. Greene, *Geology in the Nineteenth Century: Changing Views of a Changing World*(Ithaca, 1982); A. Schweitzer, *The Quest of the Historical Jesus*(New York, 1948); S. Toulmin and J. Goodfield, *The Discovery of Time*(London, 1965)를 보라.

29) Kant, *Allgemeine Naturgeschichte und Theorie des Himmels*(Königsberg, 1755)

30) Buffon, *Historie naturelle*(1749-1788); Hutton, *Theory of the Earth*(Edinburgh, 1788); Lyell, *Principles of Geology*(London, 1830-1833).

31) 예컨대, Paul Davies, *Space and Time in the Modern Universe*(Cambridge, 1977) 참조.

32) 가장 중요한 성서 비평가들 중에는 파울루스(1761-1851)와 브루노 바우어(1809-1882) 등이 있었다. 슈바이처는 이들과 여타 비평가들의 견해를 논의했다.

33) Vico, *La scienza nuova*(1725-1730), ed. N. Abbagnano(Torino, 1966).

34) Schleiermacher, *On Religion*(1799); *The Christian Faith*(1821-1822); *Brief Outline on the Study of Theology*(1830). 악마에 대한 슐라이어마허의 논의는 *The Christian Faith*, 1.1.1.2에 나온다.

35) John Hick, *Evil and the God of Love*, 2d ed.(New York, 1979).

36) Rousseau, *La nouvelle Héloise*(1761); *Emile*(1762), including bk. 4, "Profession de foidu vicaire savoyard"; *Du contrat social*(1762); *Confessions*(1782).

37) Rousseau, "Profession de foi."

38) "Tout est bien sortant des mains du Createur": *Emile*.

39) E. C. Mason, "Die Gestalt des Teufels in der deutschen Literatur seit 1748," in W. Kohlschmidt and H. Meyer, eds., *Tradition und Utsprünglichkeit*(Bern, 1966), pp.113-125.

40) Goethe, *Faust: Eine Tragödie*, 2 vols.(Basel, 1949); C. Hamlin, ed., 그리고 W. Arndt, 역, *Faust: A tragedy*(New York, 1976). 나는 계속 독일어판을 인용한다. 또한, S. Atkins, *Goethe's Faust: A literary Analysis*(Camdridge, Mass., 1958); A. P. Cottrell, *Goethe's View of*

Evil and the Search for a New Image of Man in Our Time(Edinburgh, 1982)를 보라.

41) 예컨대, 파우스트를 음악적으로 개작한 것들로는 베를리오즈의 *Dammation de Faust* (oratorio 1846; opera 1896); 리스트의 *Faust-Symphonie*(1854-1857); 구노의 *Faust*(1859); 그리그의 *Peer Gynt*(1890) 등이 포함된다.

42) 1772년에서 1775년 이라는 기간 동안에 작곡된 *Urfaust*는 1887년이 되서야 비로소 출판되었다. 1788년에서 1790년 사이에 씌어진 *Faust: Ein Fragment*는 1790년 라이프치히에서 출판되었다; 이 괴테의 작품에서 처음으로 메피스토펠레스가 등장한다. *Faust: Eine Tragödie*는 두 부분으로 이루어져 있는데, 그 첫 번째 부분은 1787년에서 1806년 사이에 씌어져 1808년에 출판되었고, 두 번째 부분은 1825년에서 1831년 사이에 씌어져 1832년에 출판되었다.

43) "Dichtung und Wahrheit," in *Autobiographische Schriften*, cited by A. P. Cottrell, *Goethe's View of Evil*(Edinburgh, 1982), pp.27-30.

44) Jane K. Brown, *Goethe's Faust: The German Tragedy*(Ithaca, 1986).

45) E. C. Mason, "The Paths and Powers of Mephistopheles," in *German Studies Presented to Walter Horace Bruford*(London, 1962), p.93.

46) 바그너는 나중에 모든 것을 알려는 이러한 욕망을 반영한다: "Zwar weiss ich viel, doch möcht ich alles wissen"(Ⅰ. 601).

47) "Zwei Seelen wohnen, ach, in meiner Brust"(Ⅰ. 1112).

48) 도스토예프스키와 만은 자신들이 그리는 악마의 특징에 따라 모습을 바꾸는 능력을 부여하면서 이 장면을 모방한다.

49) "Ich bin der Geist, der stets verneint! / Und das mit Recht; denn alles was entsteht / Ist wert, dass es zugrunde geht"(Ⅱ. 1338-1340).

50) *Faust*, Ⅱ.1349-1350, 1384.

51) 이러한 불확실함은 도스토예프스키와 만에게서도 다시 나타난다.

52) Tarry a while: "Verweile doch!"(Ⅰ. 1699).

53) Cottrell, pp.106-166.

54) A. Schöne, *Götterzeichen, Liebeszauber, Satanskult,* 2d ed.(Munich, 1982).

5장 낭만주의 시대의 악마

1) 악마는 예술에서도 다양한 형태를 취했는데, 주로 전통적인 악마에 대한 회의주의와 인간의 악에 대한 통찰을 혼합해서 풍자의 방식으로 나타났다. 가장 눈에 띄는 것으로는 고야(1746-1828)가 그린 긴 연작들이 있다. 또한 페르디난드 들라크루아(1798-1863)의 *Walpurgisnacht*, 윌리엄 블레이크의 이 주제에 관련된 여러 삽화들, 구스타브 도레(1832-1883)가 단테와 밀턴의 삽화를 그린 유명한 판화들을 보라.

2) 제1차 바티칸 공회(1869-1870)는 제4차 라테란 공회(루시퍼, pp.189-190)의 Firmiter 교령을 갱신하면서 이 문제에 대해 어떤 의견 충돌도 내포하지 않았지만, 악마가 존재한다는 것을 특별하게 확인하고 있지 않았다. 제1차 바티칸, *Constitutio dogmatica* no. 1: *De fide, caput primum, De Deo rerum omnium creatore*를 보라. 제1차 바티칸에 대해서는, J. Mansi의 *Sacrorum conciliorum nova et amplissima collectio*, vols. 49-53(Graz, 1961) 참조.

3) G. Rowell, *Hell and the Victorians: A Study of the Nineteenth-Century Theological Controversies concerning Eternal Punishment and the Future Life*(Oxford, 1974), p.212에서 인용함.

4) Rowell, pp.217-218.

5) E. Burke, A Philosophical Enquiry of the Sublime and the Beautiful(1757), ed. J. T. Boulton(New York, 1958). "숭고"라는 말은 1800년대까지 유행되었다.

6) M. Milner, *Le Diable dans la littérature française*, 2 vols.(Paris, 1960), vol.1, p.520, 1834년, 5월, 3일, *Le Figaro*에서 인용.

7) W. Blake, Jerusalem, Pt. 52. 블레이크 저작들의 최근 판본으로는 케인스(G. Keynes)가 편집한 *The Complete Writings of William Blake*(London, 1966)이 있다.

8) A. C. Swinburne, "Choruses from Atalanta in Calydon."

9) *Jerusalem*, pt. 52.

10) W. Blake, *The Marriage of Heaven and Hell,* "The Voice of the Devil."

11) *The Marriage of Heaven and Hell,* conclusion.

12) *The Marriage of Heaven and Hell,* "Proverbs of Hell."

13) K. Raine, *William Blake*(London, 1970), p.86에서 인용함. 또한 블레이크의 작품에 나타난 사탄의 모습에 대해서는 K. Raine, *Blake and Tradition*, 2 vols.(Princeton, 1968), vol.2, pp.214-238 참조.

14) Complete Writings, p.213.

15) Byron, *Cain*, *The Poetical Works of Lord Byron*(London, 1960), 3.88-91; 1.144-147; 2.490, 515-517.

16) 파우스트를 모델로 했던 미완의 드라마 *The Deformed Transformed*(1824)에서, 악마는 "Caesar"이라고 불리던 "손님"으로 나온다. *The Vision of Judgment*(1822)에서 사탄은 오만한 성직자로 나온다. 극시 *Manfred*(1817)에서, 영웅은 (좋은 의미에서)악마와 같이 악의 왕 아리마네스(아리만)을 무시하는데 그는 악하고 포악하다는 점에서 사탄과 같은 존재이다.

17) 신은 늘 눈에 보이지 않는다: *Cain* 1.500-505.

18) Shelley, *Defence of Poetry*(Indianapolis, 1965), p.60.

19) Mary Shelly, *Frankenstein*(London, 1818), p.101.

20) 이러한 비관적인 견해를 사실에 입각해서 해명해 주는 것은 역사적으로 실제 했던 코끼리 인간의 생애이다. 그는 두렵고 경멸스럽게 취급되지만 관대한 마음을 유지했다.

21) Chateaubriand, *Les martyrs*, ed. V. Giraud(Paris, n.d.), p.141: "Le jour de gloire est arrivé."

22) *Le diable peint par lui-même*(1819), *Démonomanie*(1820), *Dictionnaire infernale*(1818)과 같은 저작을 통해서 악마론을 강조한 작가로는 플랑시(Collin de Plancy)가 있었다.

23) Vigny, Eloa, *Poèmes antiques et modernes*(Paris, 1826)에서 출간됨.

24) 단편들이 비니의 *Journal d'un poète*(Paris, 1867)에 유작으로 보존되어 있었다.

25) *Postscriptum de ma vie*(Paris, 1901), 1844, 8월 25일. 위고에 대해서는 C. Villiers, *L'univers métaphysique de Victor Hugo*(Paris, 1970) 참조.

26) *Postscriptum*, 1852-1854.

27) "Les bonnes intentions de Rosa" "L'éternel petit roman," from Victor Hugo, *Chansons des rues et des bois*(Paris, 1865).

28) V. Hugo, *Poésie*, 3 vols., ed. B. Leuilliot(Paris, 1972). *La fin de Satan*은 3권, pp.216-301에 나온다. 위고가 이 시를 끝내지 못해서, 본문과 구성이 일정하지 않다. 그러므로 이하에서는 구체적으로 줄의 숫자보다는 대체적인 절로 언급한다.

29) "Nox facta est".

30) 이 구절들은 "Hors de la terre" Ⅲ절과 Ⅳ절에 나온다.

31) Gérard de Nerval(Gérard Labrunie의 필명, 1808-1855)는 *Le diable amoureux*의 개정판에

나온 구절들을 사용했다.

32) Milner, vol.2, pp.246-256.

33) Onuphrius, p.34.

34) *Journaux intimes*, no. 17.

35) 『악의 꽃(*Fleurs*)』은 초판이 1857년에 나왔고, 2판은 1861년에 나왔으며, 3판은 1868년에 나왔다. 검열관에게 삭제당하거나 추가되었기 때문에, 이 세 판본은 현저하게 다르다. J. Crépet와 G. Blin(Paris, 1942)의 원문비평 연구판과 *Les fleurs du mal: Texte de la deuxième édition*, ed. J. Crépet와 G. Blin(Paris, 1968) 참조. 『파리의 우울(*Le Spleen*)』은 1860년에 처음 나왔다.

36) I. Azimov, "The Brazen Locked Room," *Magazine of Fantasy and Science Fiction*(1956, 11);

37) 음악에 나타난 악마에 관해서는, S. Leppe, "The Devil's Music: A Literary Study of Evil and Music," Ph.D. diss., University of California Riverside, 1978; R. Hammerstein, *Diabolus in musica: Studien zur Ikonographie der Musik im Mittelalter*(Bern, 1974)를 보라. 악마는 19세기와 20세기 초반에 특히 오페라에서 자주 등장했다. Daniel Auber, *Fra Diavolo*(1830); Michael Balfe, *Satanella*(1858); Arrigo Boito, *Mefistofele*(1868); Ferruccio Busoni, *Doktor Faust*(1920); Anton Dvořák, *The Devil and Kate*(1899); Charles Gounod, *Faust*(1859); Douglas Moore, *The Devil and Daniel Webster*(1938); Vincenzio Tommasini, *Le diable s'amuse* (ballet, 1950).

6장 악마의 그림자

1) 과학과 종교 사이의 관계에 대한 새로운 견해에 관해서는, D. C. Lindberg와 R. L. Numbers, eds., *God and Nature: A History of Encounter between Christianity and Science*(Berkeley, 1986), 그리고 R. L. Numbers, "Sciences of Satanic Origin: Advenist Attitutes toward Evolutionary Biology," *Spectrum*, 9(1979), 17-28 참조. 진화론적 사유의 기원에 관해서는 S. Toulmin과 J. Goodfield, *The Discovery of Time*(New York, 1965)를 보라.

2) F. Schelling, *Philosophie der Offenbarung*, 2 vols.(Stuttgart, 1858).

3) H. Martensen, *Christian Dogmatics*(Edinburgh, 1866) 참조. J. S. Banks, *Manual of Christian*

Doctrine, 4th ed.(London, 1893) 그리고 W. Beyschlag, *New Testament Theology*(Edinburgh, 1895)에서도 사탄을 메타포로 간주했다. 폭넓게 읽혀진 W. N. Clarke, *Outline of Christian Theology*(Cambridge, 1894)에서는 그들 모두를 무시했다.

4) A. Réville, *Histoire du diable, ses origines, sa grandeur, et sa décadence*(Strasbourg, 1870).

5) W. James, *The Varieties of Religious Experience*(New York, 1902), pp.50, 161.

6) 세기말의 사탄주의에 관해서는, G. Zacharias, *The Satanic Cult*(London, 1980) 참조.

7) 장미 십자회원들은 1610년에 창설되어 1870년대와 1880년대에는 영어권 국가들에게까지 세력이 퍼져나갔다. 프리메이슨을 악마숭배라고 비난한 것에 대해서는, J. Doniel, *Lucifer démasqué*(Paris, 1895)나 혹은 D. Margiotta, *Le palladisme: Culte de Satan-Lucifer dans les triangles maçonniques*(Voiron, 1895)를 보라.

8) H. S. Levine, *Yeats's Daimonic Revival*(Ann Arbor, 1983), p.9; 또한 S. de Guaita, *Le serpent de la Génèse*(Paris, 1891) 그리고 *Essais de sciences maudites*, 3 vols(Paris, 1915-1920) 참조. Stanislas de Guaita(1860-1897)과 그를 추종했던 대륙의 장미십자회원들은, 악마는 물질의 토대, "이 세계의 조형적(造形的)이고 상상적인 영혼"(Le serpent, pp.103-104)이었다라고 하는 새로운 오컬트 체계 내에서 과학과 종교를 화해시키려 하였다.

9) H. Blavatsky, *The Secret Doctrine*, 2 vols.(London, 1888), vol.1, pp.443-456; vol.2, pp.241-257, 532-564(p.254에서 인용).

10) J. -K. Huysmans, *Là-bas*(Paris, 1891). 또한 G. R. Ridge, *Joris-Karl Huysmans*(New York, 1968) 참조.

11) 예를 들면, 다음과 같은 사람들의 저작을 보라. J. S. Mill(1806-1873), F. Brentano(1838-1917), W. G. Sumner(1840-1910), W. Windelband(1848-1914), J. Royce(1855-1916), H. Bergson(1859- 1941), E. Troeltsch(1865-1923), H. A. Prichard(1871-1947), G. E. Moore(1873-1958), M. Scheler(1874-1923).

12) *Jenseits*, Nachgesang 279.

13) *Jenseits*, W. Kaufmann, *Beyond Good and Evil*(New York, 1966), p.48.

14) *Jenseits*, epigram 4.129.

15) 예를 들어, Arthur Machen의 이야기 "The Great God Pan," The House of Souls(London, 1922), pp.167-243 참조. 이 모티브는 심지어 Kenneth Grahame, *The Wind in the Willows*(London, 1908)과 같은 어린이들의 이야기 속에서도 등장했다. 문학 속에 나타난 판에 관한 기록에 관해서는 Merivale, *Pan the Goat-God*(Cambridge, Mass., 1969)를

보라.

16) Philp, pp.21-37.

17) Freud, "Charater und Analerotik," *Sammlung kleiner Schriften zur Neurosenlehre*, 2dser.(1909), p.136.

18) E. Jones, *Nightmares, Witches and Devils*(New York, 1911).

19) M. Klein, *Contributions to Psycho-Analysis*(London, 1965), pp.221-224, 288, 346, 358, 366; M. Klein, ed., New Directions in Psycho-Analysis(New York, 1957), pp.23-25에 나온 P. Heimann, "A Contribution to the Re-evaluation of the Oedipus Complex—The Early Stages".

20) 융과 융의 사상에 관해서는, *Evil*, ed. the Curatorium of the C. G. Jung Institute(Evanston, 1967); H. L. Philip, *Jung and the Problem of Evil*(London, 1958); J. A. Sanford, *Evil: The Shadow Side of Reality*(New York, 1981); R. A. Segal, "A Jungian View of Evil," *Zygon*, 20(1985), 83-89; M. L. Von Franz, *The Shadow and Evil in Fairy Tales*(New York, 1974) 등 참조. 가장 도움이 될 만한 융의 저작 가운데는 *Modern Man in Search of a Soul*(New York, 1933); *Answer to Job*(New York, 1954); *Psychology and Religion*(New Haven, 1960); Memories, Dreams, Reflections, "Septem sermones ad mortuos"(New York, 1961), pp.378-390; 그리고 그의 선집 20 vols.(New York, 1957-1979)에 나오는 에세이들 "The Shadow," vol.9:2, pp.3-7; "The Fight with the Shadow," vol.10, pp.218-226.

21) 융은 결핍으로서의 악이라는 전통적인 관념을 거부했지만, 제대로 이해하지도 못했다. 결핍 이론은 우주나 인간의 성격에 내재하는 악이라는 실재적인 힘을 부인하지 않고 오히려 그러한 악이 궁극적으로 형이상학적인 존재라는 것을 부인한다. 즉, 악이 신이라는 존재 그 자체에서 기인한다는 생각을 부인한다. 결핍 이론은 악을 추위에 비유한다. 추위란 쇠진해버리면 사라지는 열이 부재한 상태이다. 융 스스로는 악을 이 세상에서 생명, 기쁨, 빛깔 그리고 사랑을 빼내는 "공허의 목구멍을 영원히 빨아들이는 것"이라고 부르면서 이러한 이미지를 사용했다. "Septem sermones contra mortuos," pp.382-383, 386, 389를 보라.

22) 몇몇 비평가들은 악에 대해서 강조했다는 점 때문에 융을 이원론자로 오해해왔다. 반대로 융은 선과 악이란 전체가 가지고 있는 두 가지 양상이라고 주장하는 엄격한 일원론자였다.

23) Jung, *Modern Man in Search of a Soul*, pp.41, 215; "Septem sermones contra mortuos," p.382.

24) S. Yochelson과 S. Samenow, *The Criminal Personality*, 2 vols.(New Yor, 1977), vols 1, p.104; 또한 S. Samenow, *Inside the Criminal Mind*(New York, 1984)를 보라.

25) R. Beaber, "The Pathology of Evil," *Los Angeles Times*, January 6, 1985. 또한 M. S. Peck, *People of the Lie*(New York, 1983), 그리고 *The Construction of Life and Death*(New York, 1982)에서 사람들은 자기 자신의 세계관을 형성하는 데 책임을 져야 한다는 로위(Dorothy Rowe)의 주장을 보라.

26) *Christopher Pearse Cranch*(1813-1892), *Satan: A Libretto*(Boston, 1874),

27) *The Mysterious Stranger*의 최초 판본은 트웨인이 사망한 후에 페인(A. B. Paine)과 덩커(F. A. Duncka)가 편집하였다. 이것은 때로 "Esedorf 판본"이라고 불리운다. 두 번째 판본의 제목은 The Chronicle of Young Satan이라고 붙여졌다. 세 번째 판본은 "Printshop 판본"이라고도 불려지는데, 제목은 No. 44, *The Mysterious Stranger*(Berkeley, 1982)이다.

28) *No. 44,* pp.186-187.

29) 이와 유사한 냉소적인 견해들이 Mario Rapisardi(1841-1912), Anatole France(1844-1924), Guy de Maupassant(1850-1893), H. L. Mencken(1880-1956) 그리고 G. B. Shaw(1856-1950) 등에 의해 제기되었다.

30) G. Papini, Un uomo finito(Florence, 1912), p.73: "Suicidio in masso, suicidio cosciente, concordemente deliberato, tale da lasciar sola e deserta la terra a rotolare inutilmente nei cieli." 이 구절은 인간의 파괴 본능과 이 세계에 대한 신의 계획을 망치려는 악마의 희망 사이의 간격(equation)을 포괄한다(encapsulate).

31) "악마적인 사람들은 악마의 존재를 믿지 않는다"라고 파피니는 "Cristo e santi"에서 주장했다; *I classici contemporanei italiani*, vol.5(Verona, 1962), p.112를 보라.

32) J. Royce, *The World and the Individual*(New York, 1959), vol.2, p.340.

33) 나는 러시아어를 읽지 못하지만 도스토예프스키는 너무나 중요해서 원전을 읽지 못하는 작가는 다루지 않는다는 내 자신의 규칙에 예외를 만들지 않을 수 없었다. 나는 가넷(Constance Garnett)이 번역한 『죄와 벌』(1866), 『백치』(1868), 『악령』(1872; 악마들이라고도 알려져 있는) 그리고 『카라마조프의 형제들』(1880)을 참조한다. 도스토예프스키에 관해서는 V. Cerny, *Dostoevsky and His Devils*(Ann Arbor, 1975); I. Dolenc, *Dostoevsky and Christ*(Toronto, 1978); P. Evdokimov, *Dostoevsky et le problème du mal*(Paris, 1978); J. Fletcher, "Literature and the Problem of Evil," *Theology*, 79(1976), pp.274-280, 337-343; J. Frank, *Dostoevsky*, 3 vols.(Princeton, 1976-) 참조.

34) F. Dostoevsky, *The Possessed*, trans. C. Garnett(New York, 1936), p.697.

35) F. Dostoevsky, *The Brothers Karamazov*, trans., C. Garnett(New York, 1912), p.160.

36) F. Turner, "Escape from Modernism," *Harper's Magazine*, November 1984, p.50.

7장 적대적인 세계 속의 악마

1) 근대 사회에 나타나는 악의 원리에 관해서는, H. Arendt, *Eichmann in Jerusalem*, 2d ed.(New York, 1976); Arendt, *On Violence*(New York, 1970); J. Ellul, *Violence*(New York, 1969); L. Kolakowski, Religion, *If There Is No God*(New York, 1982); C. Nugent, *Masks of Satan*(London, 1983) 참조.

2) 혼란이 너무나 대단해서 아인스타인의 상대성 원리가 광범위하게 도덕적 상대주의에 적용 가능하다고 추정되었다. 아원자적 행동에서 발견되는 무작위성은 초월적인 질서를 반증한다고 여겨지기도 한다. 그러나 사실, 수학적으로나 물리학적으로나, 미시적 차원에서의 무작위성은 중간 차원이나 거대차원에서 규칙성을 산출하므로, 분자나 은하계의 작용은 대체로 규칙적이고 예측 가능하게 된다. 문외한을 위한 근대 물리학을 가장 명쾌하게 설명한 것은 H. Pagels, *The Cosmic Code*(New York, 1982)이다.

3) H. Sebald, "New-Age Romanticism: The Quest for an Alternative Lifestyle as a Force of Social Change," *Humboldt Journal of Social Relations*, 11:2(1984), pp.106-127. 또한 C. Z. Nunn, "The Rising Credibility of the Devil in America," *Listening*, 9(1974), pp.84-100 참조.

4) James Reston, *Our Father Who Art in Hell*(New York, 1981).

5) W. S. Bainbridge, *Satan's Power*(Berkeley, 1979)를 보라. "과정 교회"는 A. N. 화이트헤드와 하트숀(C. Hartshone)의 사상에서 유래된 과정 신학이라는 학파와는 전혀 아무런 관계도 없었다.

6) V. Bugliosi, *Helter-Skelter*(New York, 1974), pp.175-177.

7) "Red Hot"(Nikki Sixx, Mick Mars, Vince Neil) ⓒ 1983 Warner-Tamerlane Publishing Corp.& Motley Crue Music Company. All rights reserved. 허락을 받고 게재함.

8) "Shout at the Devil"(Nikki Sixx) ⓒ 1983 Warner-Tamerlane Publishing Corp.& Motley

Crue Music Company. All rights administered by Warner-Tamerlane Publishing Corp. All rights reserved. 허락을 받고 게재함.

9) *Hit Parader*(1985, 1), p.13.

10) 20세기 후반에 악을 다루는 더욱 중요한 철학적인 저작에는 다음과 같은 것들이 포함된다. E. Harris, *The Problem of Evil*(Milwaukee, 1977); A. Hofstadter, *Reflections on Evil*(Lawrence, Kan., 1973); N. R. Moehle, *The Dimensions of Evil and Transcendence: A Sociological Perspective*(Washington, D. C., 1978); C. Musès, *Destiny and Control in Human Systems*(Dordrecht, 1985); N. Sanford and C. Comstock, *Sanctions for Evil*(San Francisco, 1971); P. Siwek, *The Philosophy of Evil*(New York, 1951). 가장 도움이 될 만한 신학 서적으로는 다음과 같은 것들이 있다. A. Farrer, *Love Almighty and Ills Unlimited*(New York, 1961); M. Kelsey, *Discernment: A Study in Ecstasy and Evil*(New York, 1978); J. Maritain, *God and the Permission of Evil*(Milwaukee, 1966); M. Nelson and M. Eigen, eds., *Evil: Self and Culture*(New York, 1984); A. Olson, *Disguises of the Demonic*(New York, 1975); F. Sontag, *The God of Evil*(New York, 1970). 악의 문제를 단호한 입장에서 다룬 것으로는 다음과 같은 것들이 있다. S. David, ed., *Encounting Evil*(Atlanta, 1981); J. S. Feinberg, *Theologies and Evil*(Washington, D. C., 1979); D. Griffin, *God, Power, and Evil; AProcess Theodicy*(Philadelphia, 1976); J. Hick, *Evil and the God of Love*, 2d ed.(New York, 1977); N. Pike, ed., *God and Evil*(Englewood Cliffs, N.J., 1964); A. Plantinga, *God, Freedom, and Evil*(New York, 1974); G. Wall, *Is God Really Good?*(Washington, D. C., 1983).

11) B. Mijuskovic, "Camus and the Problem of Evil," *Sophia*, 15:1(1976), 11-19를 보라.

12) 사르트르에 관해서는, J. Amato, *Ethics, Living or Dead*(Marshall, Minn., 1982), pp.100-107 참조.

13) Kolakowski, pp.112-113, 179-181; J. Kagan, *The Nature of the Child*(New York, 1984).

14) M. Adler, ed., *Tod und Teufel in Klingenberg*(Aschaffenburg, 1977).

15) 「마태복음」 6:13, 12:43; 「마가복음」 1:12-13, 5:8-9, 8:28-34; 「누가복음」 11:18-26, 22:31, 22:53; 「요한복음」 12:31, 14:30, 16:11; 「사도행전」 10:38; 「로마서」 7:23-24, 16:20; 「갈라디아서」 5:17; 「에베소서」 2:1-2, 4:27, 6:11-16; Col.1:13; 「데살로니카후서」 2:3-11; 「요한계시록」 12-13을 인용함. 주기도문에서 구체적으로 악마가 언급된다는 주장에 관해서는, J. Carmugnac, *Recherches sur le "Notre Père"*(Paris, 1969), pp.305-319를 보라. 악마에 관한 가톨릭의 근대적인 논쟁에 관해서는 특히 C. Duquoc,

"Symbole ou realité?" *Lumière et vie*, 78(1966), pp.99-105; A. Greeley, *The Devil, You Say*(New York, 1974); H. Haag, *Abschied vom Teufel*(Einsiedeln, 1969); H. Haag, "Ein fragwürdiges römisches Studiendokument zum Thema Teufel," *Theologische Quartalschrift*, 156(1976), pp.28-34; H. Haag, *Teufelglaube*(Tübingen, 1974); W. Kasper와 K. Lehmann, *Teufel-Dämonen-Besessenheit*(Mainz, 1978); H. A. Kelly, *The Devil, Demonology, and Witchcraft*, 2d ed.(Garden City, N.Y., 1974); H. A. Kelly, *Le diable et ses démons*(Paris, 1977; 1974년 영어판부터 보론에 실림); Paul Ⅵ, "Confronting the Devil's Power," *The Pope Speaks*, 17(1973), pp.315-319(번역. of the pope's address "Liberarci del male" 옵세르바톨레 로마노, 1972년 11월 15일자) 등 참조.

16) J. Kallas, *Jesus and the Power of Satan*(Philadelphia, 1968), p.202.

17) 바르트에 관한 참고문헌은 *Kirchliche Dogmatik*, 13 vols.(Zollikon, 1939-1967); 번역본은 *Church Dogmatics*, 13 vols.(Edinburgh, 1955-1976).

18) P. Teilhard de Chardin, *Le phénomène humain*(Paris, 1955).

19) J. Garrison, The Darkness of God: Theology after Hiroshima(London, 1982), p.8.

20) 욥기 16:12-17; 예레미야서 45:4-5을 인용함.

21) P. Dumitriu, *Au dieu inconnu*(Paris, 1979); 나는 원본을 구할 수가 없어서 J. Kirkup(New York, 1982)의 번역본을 사용하였다.

22) 1984년 11월 26일자 *Newsweek*지 pp.100-106에 보도된 "The Random Killers"와 같은 대량 살인이 나타나는 현상 속에서 경험적으로 확인할 수 있는 것으로 보인다.

23) 이 영화는 William Styron의 소설 『소피의 선택』(New York, 1979)을 바탕으로 만들어진 것이다.

24) A. Gide, *Les faux-monnayeurs*(Paris, 1925), pp.498-499.

25) J. Leven, *Satan: His Psychotherapy and Cure by the Unfortunate Dr. Kassler, J. S. P. S.*(New York, 1982).

26) P. Valéry, *Mon Faust: Ebauches*(Paris, 1946), pp.52-54. 또한 Aldous Huxley(1894-1963), *The Devils of London*(London, 1952); Dorothy Sayers(1893-1957), *The Devil to Pay*(London, 1939); Roland Duncan, *Death of Satan*(New York, 1954); Albert Lepage, *Faust et Don Juan*(Paris, 1960) 참조.

27) J. R. R. Tolkien, *The Lord of the Rings*(London, 1954). 또한 William Golding, *The Lord of the Flies*(London, 1954); Nikos Kazantzakis, *The Last Temptation of Christ*(New York, 1960)

등 참조.

28) 루이스의 우주 삼부작 가운데 첫 번째 소설, *Out of the Silent Planet*이 1938년에 나왔고, 두 번째 소설, *Perelandra*는 1943년에 나왔으며, 세 번째 소설, *That Hideous Strength*는 1945년에 나왔다. *The Screw-tape Letters*는 1942년에 출판되었고 아동서 *Narnia* 시리즈는 1950년과 1956년 사이에 추팔되었다. 또한 루이스는 *The Great Divorce*(1945)에서 악의 문제를 다루었고, *The Problem of Pain*(1940)에서는 자연 발생적인 악을 다루었으며, *A Grief Observed*(1961)은 상당히 개인적인 작품이었다. *Mere Christianity*(1952)라는 작품은 자연발생적인 악과 도덕적인 악을 다룬 명쾌한 신학 에세이이다.

29) C. S. Lewis, *Perelandra*(London, 1943), p.23: "the black archon." Archon은 신약에서 악마를 부르는 이름으로, 이 세상의 "왕"이다.

30) J. E. Cooke, *Georges Bernanos*(Amersham, 1981), p.33.

31) Bernanos, *Sous le soleil de Satan*, pp.221, 237.

32) Cooke, p.42에서 인용.

33) G. Bernanos, *Le crépuscule des vieux*(paris, 1956), p.19.

34) Bernanos, *Journal d'un curé de campagne*, p.1046.

35) Bernanos, *L'imposture*, pp.380-382.

36) Cooke, p.32에서 인용.

37) Bernanos, *Soleil*, p.256.

38) Soleil, p.308: "Toute belle vie, Seigneur, …"

39) P. 251: "Nein, mit dem Teufel hast du nichts zu schaffen." 참고. 그의 또 다른 이상한 실수는 p.249에 나온다: "Wer an den Teufel glaubt, der gehört ihm schon"(악마의 존재를 믿는 사람은 누구든지 이미 그에게 귀속된다).

40) G. Bergsten, *Thomas Mann's Doctor Faustus*(Chicago, 1969), p.203에서 인용.

41) 나는 플래너리 오커너의 작품을 다음의 판본에서 인용한다: *The Complete Stories*(New York, 1979); *The Habit of Being*(New York, 1979); *Mystery and Manners*(New York, 1969); *The Violent Bear It Away*(New York, 1960); *Wise Blood*(New York, 1952). 플래너리 오커너의 친한 친구이자 편지자인 샐리 피츠젤러드가 내게 보여준 비상한 친절과 관대함 그리고 지혜에 대해 깊이 감사한다. 오커너와 악에 관해서는, K. Feeley, *Flannery O'Connor: Voice of the Peacock*, 2d ed.(New York, 1982); S. Fitzgerald, "Rooms with a View," *Flannery O'Connor Bulletin*, 10(1981), 5-22; P. Nisly, "The Mystery of Evil: Flannery O'Connor's

Gothic Powers," *Flannery O'Connor Bulletin*, 11(1982), pp.25-35를 보라.

42) *Mystery and Manners*, p.118.

43) *Habit of Being*, p.97.

44) *Mystery and Manners,* p.112.

45) *Habit of Being*, p.427.

46) *Habit of Being*, 124, 147.

47) *Mystery and Manners*, p.117.

48) *Mystery and Manners*, pp.118, 168.

49) *Habit of Being*, pp.360, 456. 오코너는 자신을 "촌스러운 토마스주의자"라고 불렀다: p.81.

50) *Habit of Being*, p.367.

51) *Habit of Being*, p.367. 오코너는 중세의 성가 Pange Lingua에 나오는 가사를 잘 알고 있었는데, 그 내용은 신이 "자신보다 더 깊은 계획을 모의하는"뱀에 반대한다는 것이다.

52) *Habit of Being*, p.439.

53) *Habit of Being*, p.443.

54) *Habit of Being*, p.464: "여기서, 나는 악마의 목소리가 내 자신의 목소리임을 인정할 것이다."

55) 오코너의 작품에 등장하는 기타 다른 악마적인 인물에는 "A View of the Woods"에 나오는 노란색 불도저와 점원 틸만, "The River"에 나오는 파라다이스 씨, "Revelation"에 나오는 메리 그리스, "The Comforts of Home"에 나오는 토마스의 아버지와 사라 햄의 영혼, "The Life You Save May Be Your Own"에 나오는 쉬프트렛 씨, 그리고 "A Good Man Is Hard To Find"에 나오는 부적응자들 등이 포함된다.

56) The Habit of Being, pp.361, 367: 믹스는 "자신 안에 악마에 저항 하는 부분이 없기 때문에 악마와 같다. 그들을 구분하려고 해도 별 소용이 없다."

57) 레이버의 내적인 갈등에 관해서는, The Violent Bear It Away, pp.64-68, 73, 114-115, 182, 192; 레이버의 공허에 관해서는, pp.7, 55-56, 76, 114-115, 169, 200 참조.

58) Tarwater와 낯선 사람과의 또 다른 논쟁에 관해서는, pp.11-13, 35-37, 45(참고 228-229), 51-58, 93, 161-167, 237 참조.

59) 그리스도는 그의 새로운 적이다: p.93.

60) *Habit of Being*, p.368.

61) *Mystery and Manners*, p.113.

62) 폭력에 대한 필요성에 관해서는, pp.200-202, 220; 불의 이중성에 관해서는 pp.5-6, 15, 20, 23-25, 41, 50-51, 76, 91, 134-135, 162, 232, 238, 242-243 참조.

63) 예를 들면, O. Barfield, Saving the Appearances(New York, 1965).

8장 신 그리고 악마

1) 또 하나의 주장은, 근본적으로 부조리하고 당연히 모순되므로, 악은 지적인 원천으로 초점이 맞춰질 수 없었다는 것이다.

참고문헌

이 목록은 악마와 직접 연관되고 1890년 이전에 나온 2차 주요저술과 1890년 이후에 발표된 모든 책과 논문을 수록한 것이다. 본문에서 다루는 중요한 다른 자료들은 본문의주에 수록했다.

Adam, Alfred. "Die Herkunft des Lutherwortes vom menschlichen Willen als Reittier Gottes." *Luther-Jahrbuch*, 29 (1962), 25–33.

——. "Der Teufel als Gottes Affe: Vorgeschichte eines Lutherwortes." *Luther-Jahrbuch*, 28 (1961), 104–109.

Adler, Manfred, ed. *Tod und Teufel in Klingenberg*. Aschaffenburg, 1977.

Alemany, José J. "A vueltas con el diablo." *Hechos y dichos* (1974), 41–44.

——. "Fe en el diablo? Teología actual y satanisma." *Razón y fe*, 191 (1975), 239–250.

Alexander, Brooks. "The Disappearance of the Devil." *Spiritual Counterfeits Newsletter*, 10:4 (1984), 6–7.

Alexander, Marc. *To Anger the Devil: An Account of the Work of the Exorcist Extraordinary The Reverend Dr. Donald Omand*. Sudbury, Suffolk, 1978.

Allen, E. L. "The Devil's Property in the United States." *Outlook*, 127 (1920), 246–247.

Amades, J. "El diable." *Zephryus*, 4 (1953), 375–389.

Andreas-Salomé, Lou. *Der Teufel und seine Grossmutter*. Jena, 1922.

Andreev, Leonid. *Satan's Diary*. New York, 1920.

Anshen, Ruth Nanda. *The Reality of the Devil: Evil in Man*. New York, 1972.

Anstice, Robert H. *The "Satan" of Milton*. Folcroft, Pa., 1969.

Aparicio López, Teófilo. "Satán y el pecado en la novelística contemporánea." *Religion y cultura*, n.s. 21 (1975), 505–537.

Armstrong, Herbert W. *Did God Create a Devil?* n.p., 1978.

Ashton, John. *The Devil in Britain and America*. London, 1896.

Atfield, Henry. "Can One Sell One's Soul (The Faust Legend)." In Robert M.

MacIver, ed., *Great Moral Dilemmas in Literature, Past and Present*. New York, 1956. Pp. 83–97.
Aylesworth, Thomas G. *Servants of the Devil*. Reading, Mass., 1970.
Bachmann, Franz. *Lucifer: Drama in vier Aufzügen*. Dresden, 1903.
Bainbridge, William Sims. *Satan's Power: A Deviant Psychotherapy Cult*. Berkeley, 1979.
Bak, Felix. "La chiesa di Satana negli Stati Uniti." *Rassegna di teologia*, 16 (1975), 342–353.
Baker, Roger. *Binding the Devil: Exorcism Past and Present*. London, 1974.
Balducci, Corrado. *Gli indemoniati*. Rome, 1959.
Balthasar, Hans Urs von. "Vorverständnis des Dämonischen." *Internationale katholische Zeitschrift*, 8 (1979), 238–242.
Bamberger, Bernard J. *Fallen Angels*. Philadelphia, 1952.
Barbeau, Anne T. "Satan's Envy of the Son and the Third Day of the War." *Papers on Language and Literature*, 13 (1977), 362–371.
Barth, Hans-Martin. *Der Teufel und Jesus Christus in der Theologie Martin Luthers*. Göttingen, 1967.
——. "Zur inneren Entwicklung von Luthers Teufelsglauben." *Kerygma und Dogma*, 13 (1967), 201–211.
Barth, Hans-Martin, Heinz Flügel, and Richard Riess. *Der emanzipierte Teufel: Literarisches, Psychologisches, Theologisches zur Deutung des Bösen*. Munich, 1974.
Baskin, Wade. *Dictionary of Satanism*. New York, 1971.
Bass, Clarence. "Satan and Demonology in Eschatologic Perspective." In John W. Montgomery, ed., *Demon Possession*. Minneapolis, 1976. Pp. 364–371.
Bataille, Georges. *Literature and Evil*. London, 1973.
Bausani, Alessandro. "Satana nell'opera filosofico-poetica di Muhammad Iqbal (1873–1938)." *Rivista degli studi orientali*, 30 (1955), 55–102.
Baxter, James K. *The Devil and Mr. Mulcahy*. Auckland, 1971.
Bazin, Germain. "The Devil in Art." In Bruno de Jésus-Marie, ed., *Satan*. New York, 1952. Pp. 351–367.
Beard, John R. *Autobiography of Satan*. London, 1872.
Béguin, Albert. "Balzac and the 'End of Satan.'" In Bruno de Jésus-Marie, ed., *Satan*. New York, 1952. Pp. 394–404.
Bekker, Hugo. "The Lucifer Motif in the German and Dutch Drama of the Sixteenth and Seventeenth Centuries." Ph.D. diss., University of Michigan, 1958.
——. "The Lucifer Motif in the German Drama of the Sixteenth Century." *Monatshefte für deutsche Sprache und Literatur*, 51 (1959), 237–247.
Belloc, Marie. "Satanism, Ancient and Modern: M. Jules Bois—Some of His Views." *Humanitarian*, 11 (1897), 80–87.
Bender, Hans. "Teufelskreis der Besessenheit." In M. Adler, ed., *Tod und Teufel in Klingenberg*. Aschaffenburg, 1977. Pp. 130–139.
Bennett, Joan S. "God, Satan, and King Charles: Milton's Royal Portraits." *Publications of the Modern Language Association*, 92 (1977), 441–457.
Bernanos, Georges. *Sous le soleil de Satan*. Paris, 1926.
Bernhart, Joseph. *Chaos und Dämonie: Von den göttlichen Schatten der Schöpfung*. Munich, 1950.
Bernus, Alexander von. *Gesang an Luzifer*. 3d ed. Nürnberg, 1961.

Birrell, T. A. "The Figure of Satan in Milton and Blake." In Bruno de Jésus-Marie, ed., *Satan*. New York, 1952. Pp. 379–393.
Bizouard, Joseph. *Des rapports de l'homme avec le démon: Essai historique et philosophique*. 6 vols. Paris, 1863–1864.
Blatty, William Peter. *The Exorcist*. New York, 1971.
——. *Legion*. New York, 1983.
Blisset, William. "Caesar and Satan." *Journal of the History of Ideas*, 18 (1957), 221–232.
Bloch, Ernst. "Aufklärung und Teufelsglaube." In Oskar Schatz, ed., *Hat die Religion Zukunft?* Graz, 1971. Pp. 120–134.
Blomster, W. V. "The Demonic in History: Thomas Mann and Günther Grass." *Contemporary Literature*, 10 (1969), 75–84.
Bloom, Harold. *The Flight to Lucifer: A Gnostic Fantasy*. New York, 1979.
Blunt, Wilfrid. *Satan Absolved: A Victorian Mystery*. London, 1899.
Böhm, Anton. *Epoche des Teufels: Ein Versuch*. Stuttgart, 1955.
Bois, Jules. *Les noces de Satan: Drame esotérique*. Paris, 1892.
——. *Le satanisme et la magie*. Paris, 1895.
Boltwood, Robert M. "Turnus and Satan as Epic 'Villains.'" *Classical Journal*, 47 (1952), 183–186.
Boucher, Ghislaine. *Dieu et Satan dans la vie de Catherine de Saint-Augustin 1632–1668*. Tournai, 1979.
Bounds, Edward M. *Satan: His Personality, Power, and Overthrow*. New York, 1922.
Bouvet, Alphonse. "Rimbaud, Satan et 'Voyelles.'" *Studi francesi*, 21 (1963), 499–504.
Brandon, Samuel G. F. "The Devil in Faith and History." *History Today* (1963), 468–478.
Breig, James. "Who in the Hell Is Satan?" *U.S. Catholic*, 48:2 (1983), 7–11.
Bricaud, Joanny. *J.-K. Huysmans et le satanisme: D'après des douments inédits*. Paris, 1913.
Brik, Hans Theodor. *Gibt es noch Engel und Teufel?* Stein am Rhein, 1975.
Brincourt, André. *Satan et la poésie*. Paris, 1946.
Brouette, Emile. "The Sixteenth Century and Satanism." In Bruno de Jésus-Marie, ed., *Satan*. New York, 1952. Pp. 310–350.
Browning, Preston M. "Flannery O'Connor and the Demonic." *Modern Fiction Stories*, 19 (1973), 29–41.
——. "Flannery O'Connor's Devil Revisited." *Southern Humanities Review*, 10 (1976), 325–333.
Bruffee, Kenneth A. "Satan and the Sublime: The Meaning of the Romantic Hero." Ph.D. diss., Northwestern University, 1964.
Bruno de Jésus-Marie, ed. *Satan*. New York, 1952.
Bruns, J. Edgar. "Toward a New Understanding of the Demonic." *Ecumenist*, 4 (1966), 29–31.
Buchrucker, Armin-Ernst. "Die Bedeutung des Teufels für die Theologie Luthers: 'Nullus diabolus—nullus Redemptor.'" *Theologische Zeitschrift*, 29 (1973), 385–399.
Cabell, James Branch. *The Devil's Own Dear Son: A Comedy of the Fatted Calf*. New York, 1949.

Čajkanović, Veselinus. "De daemonibus quibusdam neohellenicae et serbicae superstitioni communibus." In *Atti del V congresso internazionale di studi bizantini.* Rome, 1939. Pp. 416–426.
Caldwell, Taylor. *Dialogues with the Devil.* New York, 1967.
Camerlynck, Elaine. "Féomininité et sorcellerie chez les théoriciens de la démonologie à la fin du Moyen Age: Etudes du *Malleus maleficarum.*" *Renaissance and Reformation*, 19 (1983), 13–25.
Carducci, Giosuè. *Satana e polemiche sataniche.* 13th ed. Bologna, 1879.
Carlsson, Anni. *Teufel, Tod, und Tiermensch: Phantastischer Realismus als Geschichtschreibung der Epoche.* Kronberg, 1978.
Carsch, Henry. "The Role of the Devil in Grimms' Tales: An Exploration of the Content and Function of Popular Tales." *Social Research*, 35 (1968), 466–499.
Carus, Paul. *The History of the Devil and the Idea of Evil, from the Earliest Times to the Present Day.* Chicago, 1900.
Cavendish, Richard. *The Powers of Evil in Western Religion, Magic and Folk Belief.* London, 1975.
Černý, Vaclav. *Dostoevsky and His Devils.* Ann Arbor, 1975.
"Ces merveilleux démons du cinéma." *Relations*, 34 (1974), 178–179.
Chafer, Lewis S. *Satan and the Satanic System: An Exhaustive Examination of the Scripture Teaching from Genesis to Revelation.* Glasgow, n.d.
———. *Satan: His Motive and Methods.* 2d ed. Philadelphia, 1919.
Chambers, Whittaker. "The Devil." *Life*, February 2, 1948, pp. 77–84.
Charcot, Jean-Martin, and P. Richer. *Les démoniaques dans l'art.* Paris, 1887.
Checca, Peter Anthony. "The Role of the Devil in Golden Age Drama." Ph.D. diss., Pennsylvania State University, 1976.
"Christian Faith and Demonology: A Document Commissioned by the Sacred Congregation of the Faith." *The Pope Speaks*, 20:1 (1975), 209–233.
Cilveti, Angel L. *El demonio en el teatro de Calderón.* Valencia, 1977.
Clavel, Maurice. *Deux siècles chez Lucifer.* Paris, 1978.
Cocchiara, Giuseppe. *Il diavolo nella tradizione popolare italiana.* Palermo, 1945.
Coe, Charles N. *Demi-Devils: The Character of Shakespeare's Villains.* New York, 1963.
Colleye, Hubert. *Histoire du diable.* Brussels, 1946.
Collier, J. *Defy the Foul Fiend.* London, 1934.
Collins, Gary. "Psychological Observations in Demonism." In John W. Montgomery, ed., *Demon Possession.* Minneapolis, 1976. Pp. 237–251.
Coomaraswamy, Ananda. "Who Is Satan and Where Is Hell." *Review of Religion*, 12 (1947), 36–47.
Corelli, Marie. *The Sorrows of Satan; or, The Strange Experience of One Geoffrey Tempest, Millionaire.* London, 1895.
Corte, Nicolas [L. Cristiani]. *Who is the Devil?* New York, 1958.
Cortés, Juan B., and F. M. Gatti. *The Case against Possessions and Exorcisms: A Historical, Biblical, and Psychological Analysis of Demons, Devils, and Demoniacs.* New York, 1975.
Craig, Terry Ann. "Witchcraft and Demonology in Shakespeare's Comedies." Master's thesis, Duquesne University, 1974.
Cristiani, Leon. *Présence de Satan dans le monde moderne.* Paris, 1959.
———. *Satan in the Modern World.* London, 1961.
———. *Satan, l'adversaire.* Paris, 1956.

Cullen, Patrick. *Infernal Triad: The Flesh, the World, and the Devil in Spenser and Milton*. Princeton, 1974.
Curto, Girolamo. *Die Figur des Mephisto im Goethe'schen Faust*. Turin, 1890.
Cushman, Lysander. W. *The Devil and the Vice in the English Dramatic Literature before Shakespeare*. Halle, 1900.
Dahiyat, Eid A. "Harapha and Baal-zebub/Ashtaroth in Milton's 'Samson Agonistes.'" *Milton Quarterly*, 16 (1982), 60–62.
Daniels, Edgar F. "The Seventeenth-Century Conception of Satan with Relation to the Satan of *Paradise Lost*." Ph.D. diss., Stanford University, 1952.
Dansereau, Michel. "Le diable et la psychanalyse." *Relations*, 34 (1979), 168–172.
Daur, Albert, *Faust und der Teufel*. Heidelberg, 1950.
Davenport, Basil, ed. *Deals with the Devil: An Anthology*. New York, 1958.
Davidson, Gustav. *A Dictionary of the Angels, Including the Fallen Angels*. New York, 1967.
Davison, R. M. "*The Devils*: The Role of Stavrogin." In Malcolm V. Jones and G. M. Terry, eds., *New Essays on Dostoevsky*. Cambridge, 1983. Pp. 95–114.
De Bruyn, Lucy. *Woman and the Devil in Sixteenth-Century Literature*. Tisbury, Wilts., 1979.
De Haan, Richard W. *Satan, Satanism, and Witchcraft*. Grand Rapids, Mich., 1972.
Dehmel, Richard. *Lucifer: Ein Tanz- und Glanzspiel*. Berlin, 1899.
Delaporte, Albert. *Le diable, existe-t-il et que fait-il?* 2d ed. Paris, 1864.
Delpech, Henri. *Satan: Epopée*. 2 vols. Paris, 1859.
——. *Satan: Poème*. Bordeaux, 1856.
Delumeau, Jean. "Attentes eschatologiques et peur de Satan au début des temps modernes." *Ricerche di storia sociale e religiosa*, 12 (1977), 141–161.
Demos, John. *Entertaining Satan: Witchcraft and the Culture of Early New England*. New York, 1982.
Devine, Philip E. "The Perfect Island, the Devil, and Existent Unicorns." *American Philosophical Quarterly*, 12 (1975), 255–260.
Le diable dans le folklore de Wallonie. Brussels, 1980.
Didier, Raymond. "Satan: Quelques réflexions théologiques." *Lumière et vie*, 78 (1966), 77–98.
Dieckhoff, John S. "Eve, the Devil, and *Areopagitica*." *Modern Language Quarterly*, 5 (1944), 429–434.
Dilthey, Wilhelm. "Satan in der christlichen Poesie." In Dilthey, *Die grosse Phantasiedichtung*. Göttingen, 1954. Pp. 109–131.
Doderer, Heimito von. *The Demons*. New York, 1961.
Doinel, Jules. *Lucifer démasqué*. Paris, 1895.
Dragon, Antonio. *Mephistophélès et le problème du mal dans le drame de Faust*. Paris, 1907.
Dreher, Diane E. "Diabolical Order in Hell: An Emblematic Inversion in *Paradise Lost*." *Studia mystica*, 8 (1985), 13–18.
Dubal, Rosette. *La psychanalyse du diable*. Paris, 1953.
Duhr, Bernhard. "Teufelsmystik in Deutschland in der Zeit nach dem dreissigjährigen Kriege." *Görresgesellschaft Vereinschrift*, 3 (1918), 5–20.
Duncan, Ronald. *The Death of Satan*. In *Satan, Socialites, and Solly Gold: Three New Plays from England*. New York, 1954. Pp. 11–110.
Duquoc, Christian. "Symbole ou réalité?" *Lumière et vie*, 78 (1966), 99–105.

Dustoor, P. E. "Legends of Lucifer in Early English and in Milton." *Anglia*, 54 (1930), 213–268.
Ebon, Martin. *The Devil's Bride: Exorcism Past and Present*. New York, 1974.
Eliade, Mircea. *The Two and the One*. London, 1965.
Elliot, Gil. *Lucifer*. London, 1978.
Elliot, Robert, and M. Smith. "Descartes, God, and the Evil Spirit." *Sophia*, 17:3 (1978), 33–36.
Elwood, Roger. *Prince of Darkness*. Norwalk, Conn., 1974.
——. *Strange Things Are Happening: Satanism, Witchcraft, and God*. Elgin, Ill., 1973.
Emmanuel, Pierre. *Baudelaire: The Paradox of Redemptive Satanism*. University, Ala., 1970.
Epstein, Jean. *Le cinéma du diable*. Paris, 1947.
Ernst, Cecile. *Teufelaustreibungen: Die Praxis der katholischen Kirche im 16. und 17. Jahrhundert*. Bern, 1972.
Evans, John M. *Paradise Lost and the Genesis Tradition*. Oxford, 1968.
Evil, ed. C. G. Jung Institute. Evanston, 1967.
Fahrenkrog, Ludwig. *Lucifer: Dichtung in Bild und Wort*. Stuttgart, 1917.
Fallon, Stephen M. "Satan's Return to Hell: Milton's Concealed Dialogue with Homer and Virgil." *Milton Quarterly*, 19 (1985), 78–81.
Farrell, Walter, B. Leeming, and F. Catherinet, eds. *The Devil*. New York, 1957.
Fehr, Hans von. "Gottesurteil und Folter: Eine Studie zur Dämonologie des Mittelalters und der neueren Zeit." In *Festgabe für Rudolf Stammler*. Berlin, 1926. Pp. 231–254.
Feuchtwanger, Lion. *Wahn: Oder der Teufel in Boston*. Los Angeles, 1948.
Fishwick, Marshall W. *A Brief History of the Devil*. Roanoke, Va., 1962.
——. *Faust Revisited: Some Thoughts on Satan*. New York, 1963.
Flannagan, Roy. "Belial and 'Effeminate Slackness' in *Paradise Lost* and *Paradise Regained*." *Milton Quarterly*, 19 (1985), 9–11.
Flatter, Richard. "Mephistopheles und die Handlungsfreiheit." *Chronik des Weiner Goethe-Vereins*, 60 (1965), 37–40.
Flecniakoska, Jean-Louis. "Les rôles de Satan dans les 'Autos' de Lope de Vega." *Bulletin hispanique*, 66 (1964), 30–44.
Flick, Maurizio. "Riflessioni su Satana, oggi." *Rassegna di teologia*, 20 (1979), 58–65.
Flores Arroyuelo, Francisco. *El diablo y los Españoles*. Murcia, 1976.
Florescu, Radu. "The Devil in Romanian Literature and Folklore." In A. Olson, ed., *Disguises of the Demonic*. New York, 1975. Pp. 69–86.
Forsyth, Neil. *The Old Enemy: Satan as Adversary, Rebel, Tyrant, and Heretic*. Princeton, 1986.
France, Anatole. *La révolte des anges*. Paris, 1913.
Franz, Erich. *Mensch und Dämon*. Tübingen, 1953.
Freeman, James A. "Satan, Bentley, and 'The Din of War.'" *Milton Quarterly*, 7 (1973), 1–4.
French, Robert W. "Satan's Sonnet." *Milton Quarterly*, 11 (1977), 113–114.
Freud, Sigmund. *Eine Teufelsneurose im siebzehnten Jahrhundert*. Leipzig, 1924.
Frey, Dagobert. "Uomo, demone, e Dio." In E. Castelli, ed., *Filosofia dell'arte*. Milan, 1953. Pp. 115–126.
Freytag, Gustav. "Der deutsche Teufel im sechzehnten Jahrhundert." In Freytag, *Gesammelte Werke*. Berlin, 1920. Ser. 2, vol. 5, pp. 346–384.

Frick, Karl R. H. *Das Reich Satans: Luzifer/Satan/Teufel und die Mond-und Liebesgöttinnen in ihrer lichten und dunklen Aspekten*. Graz, 1982.
Frossard, André. *Les 36 preuves de l'existence du diable*. Paris, 1978.
Frye, Roland M. *God, Man, and Satan: Patterns of Christian Thought and Life in Paradise Lost, Pilgrim's Progress, and the Great Theologians*. Princeton, 1960.
Fuchs, Albert. "Mephistophélès." *Etudes germaniques*, 20 (1965), 233–242.
Gabriel-Robinet, Louis. *Le diable: Sa vie, son oeuvre*. Paris, 1944.
Gagen, Jean. "Adam, the Serpent, and Satan: Recognition and Restoration." *Milton Quarterly*, 17 (1983), 116–121.
Gardner, Helen. "Milton's 'Satan' and the Theme of Damnation in Elizabethan Tragedy." *English Studies*, n.s. 1 (1948), 46–66.
Gasparro, Giulia Sfameni. "I miti cosmologici degli Yezidi." *Numen*, 21 (1974), 197–227, and 22 (1975), 24–41.
Gattiglia, Anna, and Maurizio Rossi. "Saint Bernard de Menthon et le diable dans les croyances populaires." *Histoire et archéologie: Les dossiers*, 79 (1983–1984), 60–69.
Gellner, Ernest. *The Devil in Modern Philosophy*. London, 1974.
Gilbert, Allan H. "The Theological Basis of Satan's Rebellion and the Function of Abdiel in *Paradise Lost*." *Modern Philology*, 40 (1942), 19–42.
Gildea, Peter. "Demoniacal Possession." *Irish Theological Quarterly*, 41 (1974), 289–311.
Ginzburg, Carlo. "Présomptions sur le sabbat." *Annales*, 39 (1984), 341–354.
Gloger, Bruno, and W. Zollner. *Teufelsglaube und Hexenwahn*. Leipzig, 1983.
Goebel, Julius. "Mephistopheles und das Problem des Bösen in Goethes Faust." *Internationale Wochenschrift für Kunst und Technik*, 5 (1911), 995–1008.
Goldston, Robert. *Satan's Disciples*. New York, 1962.
Goll, Iwan. *Lucifer vieillissant*. Paris, 1933.
Gombocz, Wolfgang. "St. Anselm's Disproof of the Devil's Existence in the Proslogion: A Counter Argument against Haight and Richman." *Ratio*, 15 (1973), 334–337.
———. "St. Anselm's Two Devils but One God." *Ratio*, 20 (1978), 142–146.
Gómez Valderrama, Pedro. *Muestras del diablo*. Bogotá, 1958.
González, Gonzálo. "Dios y el diablo: Superación cristiana del dualismo." *Ciencia tomista*, 104 (1972), 279–301.
Gorecki, John. "Milton's Similitudes for Satan and the Traditional Implications of Their Imagery." *Milton Quarterly*, 10 (1976), 101–108.
Grant, C. K. "A Marlovian Precedent for Satan's Astronomical Journey in 'Paradise Lost' IX 63–67." *Milton Quarterly*, 17 (1983), 45–47.
———. "The Ontological Disproof of the Devil." *Analysis*, 17 (1957), 71–72.
Greef, A. "Byron's Lucifer." *Englische Studien*, 36 (1906), 64–74.
Greeley, Andrew. *The Devil, You Say! Man and His Personal Devils and Angels*. Garden City, N.Y., 1974.
Griffin, Robert. "The Devil and Panurge." *Studi francesi*, 47/48 (1972), 329–336.
Grillet, Claudius, *Le diable dans la littérature au XIXe siècle*. Lyon, 1935.
Grimm, Heinrich. "Die deutschen 'Teufelbücher' des 16. Jahrhunderts." *Archiv für Geschichte des Buchwesens*, 2 (1960), 513–570.
Griswold, Wendy. "The Devil's Techniques: Cultural Legitimation and Social Change." *American Sociological Review*, 48 (1983), 668–680.

Gross, Seymour. "The Devil in Samburan: Jones and Ricardo in *Victory*." *Nineteenth-Century Fiction*, 16 (1961), 81–85.
Grossmann, Rudolf. "Vom Teufel in der lateinamerikanischen Literatur." In *Studia Iberica* in honor of Hans Flasche. Munich, 1973. Pp. 197–213.
Guilfoyle, Cheryl. "Adamantine and Serpentine: Milton's Use of Two Conventions of Satan in *Paradise Lost*." *Milton Quarterly*, 13 (1979), 129–133.
Günther, P. Bonifatius. *Maria: Die Gegenspielerin Satans*. Aschaffenburg, 1972.
——. *Satan: Der Widersacher Gottes*. Aschaffenburg, 1972.
Guthrie, Ellis G. "Satan: Real or Fictitious?" *Brethren Life and Thought*, 14 (1969), 160–167.
Haack, Friedrich-Wilhelm. *Satan-Teufel-Lucifer*. Munich, 1975.
Haag, Herbert. *Abschied vom Teufel*. Einsiedeln, 1969.
——. "Ein fragwürdiges römisches Studiendokument zum Thema Teufel." *Theologische Quartalschrift*, 156 (1976), 28–34.
——. "Der Teufel in der Bibel." In M. Adler, ed., *Tod und Teufel in Klingenberg*. Aschaffenburg, 1977. Pp. 66–83.
——. *Teufelsglaube*. Tübingen, 1974.
Hagen, Martin. *Der Teufel im Lichte der Glaubensquellen*. Freiburg, 1899.
Haight, David, and Marjorie Haight. "An Ontological Argument for the Devil." *Monist*, 54 (1970), 218–220.
Haining, Peter, ed. *The Satanists*. New York, 1970.
Hall, Frederic T. *The Pedigree of the Devil*. London, 1883.
Hallie, Philip P. "Satan, Evil, and Good in History." In S. M. Stanage, ed., *Reason and Violence*. Totowa, N.J., 1975. Pp. 53–69.
Hamilton, George R. *Hero or Fool? A Study of Milton's Satan*. London, 1944.
Hammers, A. J., and U. Rosin. "Fragen über den Teufel." In E. Baur, ed., *Psi und Psyche*. Stuttgart, 1974. Pp. 61–73.
Hargrave, Anne. "'Lucifer Prince of the East' and the Fall of Marlowe's Dr. Faustus." *Neuphilologische Mitteilungen*, 84 (1983), 206–213.
Hawkes, John. "Flannery O'Connor's Devil." *Sewanee Review*, 70 (1962), 395–407.
Hélot, Charles. *Le diable dans l'hypnotisme*. Paris, 1899.
——. *Névroses et possessions diaboliques*. 2d ed. Paris, 1898.
Henning, Hans. "Mephistos Vorausschau." *Faust-Blätter*, n.s. 6 (1969), 232–234.
Henry, Caleb S. *Satan as a Moral Philosopher*. New York, 1877.
Hirsch, Emanuel. "Das Wörtlein, das den Teufel fällen kann." In Hirsch, *Lutherstudien*, 2 vols. Gütersloh, 1954. Vol. 2, pp. 93–98.
Hohlfeld, Alexander, R. "Pact and Wager in Goethe's Faust." *Modern Philology*, 18 (1920–1921), 513–536.
Holl, Adolf. *Death and the Devil*. New York, 1976.
Holquist, James M. "The Devil in Mufti: The Märchenwelt in Gogol's Short Stories." *Publications of the Modern Language Association*, 82 (1967), 352–362.
Huckabay, Calvin. "The Satanist Controversies of the Nineteenth Century." In Waldo F. McNeir, ed., *Studies in English Renaissance Literature*. Baton Rouge, La., 1962. Pp. 197–210.
Hunter, William B., Jr. "Belial's Presence in *Paradise Lost*." *Milton Quarterly*, 19 (1985), 7–9.
——. "Eve's Demonic Dream." *ELH: A Journal of English Literary History*, 13 (1946), 255–265.

Huxley, Aldous. *The Devils of Loudun*. New York, 1952.
Huysmans, Joris-Karl. *Là-bas*. Paris, 1891.
Iersel, Bastiaan, ed. *Engelen en Duivels*. Hilversum, 1968.
Jackson, Basil. "Reflections on the Demonic: A Psychiatric Perspective." In J. W. Montgomery, ed., *Demon Possession*. Minneapolis, 1976. Pp. 256–267.
Jacobi, Jolande. "Dream Demons." In F. J. Sheed, ed., *Soundings in Satanism*. New York, 1972. Pp. 36–45.
Jamison, Mary T. "The Twentieth Century Critics of Milton and the Problem of Satan in Paradise Lost." Ph.D. diss., Catholic University, 1952.
Jewett, Edward H. *Diabology: The Person and Kingdom of Satan*. New York, 1889.
Jones, Ernest. *Nightmare, Witches, and Devils*. New York, 1931.
Joseph, Isya. *Devil Worship: The Sacred Books and Traditions of the Yezidis*. Boston, 1919.
Journet, Charles, Jacques Maritain, and Philippe de la Trinité. *Le péché de l'ange: Peccabilité, nature, et surnature*. Paris, 1960.
Jung, Carl G. *Answer to Job*. New York, 1954.
——. "The Fight with the Shadow." In Jung, *Collected Works*. Princeton, 1970. Vol. 10, pp. 218–226.
——. "Psychology and Religion: The Definition of Demonism." In Jung, *Collected Works*. Princeton, 1976. Vol. 18, p. 648.
——. "Septem sermones ad mortuos." In Jung, *Memories, Dreams, Reflections*. New York, 1961. Pp. 378–380.
——. "The Shadow." In Jung, *Collected Works*. Princeton, 1968. Vol. 9:2, pp. 3–7.
Jurt, Joseph. *Bernanos et Jouve: Sous le soleil de Satan et Paulina 1880*. Paris, 1978.
Kahler, Erich. "Die Säkulisierung des Teufels." In Kahler, *Verantwortung des Geistes*. Frankfurt, 1952. Pp. 143–162.
Kaiser, Gerhard. "Doktor Faust, sind Sie des Teufels?" *Euphorion*, 78 (1984), 188–197.
Kallas, James. *Jesus and the Power of Satan*. Philadelphia, 1968.
——. *The Real Satan: From Biblical Times to the Present*. Minneapolis, 1975.
——. *The Satanward View: A Study in Pauline Theology*. Philadelphia, 1966.
Kasper, Walter, and K. Lehman, eds., *Teufel-Dämonen-Besessenheit*. Mainz, 1978.
Kastor, Frank S. "In His Own Shape: The Stature of Satan in *Paradise Lost*." *English Language Notes*, 5 (1968), 264–269.
——. "Lucifer, Satan, and the Devil: A Genesis of Apparent Inconsistencies in *Paradise Lost*." Ph.D. diss., University of California, Berkeley, 1965.
——. *Milton and the Literary Satan*. Amsterdam, 1974.
Kehl, D. G. "The Cosmocrats: Diabolism in Modern Literature." In J. W. Montgomery, ed., *Demon Possession*. Minneapolis, 1976. Pp. 107–140.
Kelly, Henry Ansgar. "Demonology and Diabolical Temptation." *Thought*, 35 (1965), 165–194.
——. *The Devil at Baptism*. Ithaca, 1985.
——. *The Devil, Demonology, and Witchcraft*. 2d ed. Garden City, N.Y., 1974.
——. "The Devil in the Desert." *Catholic Biblical Quarterly*, 26 (1964), 190–220.
——. *Le diable et ses démons: La démonologie chrétienne hier et aujourd'hui*. Paris, 1977 (English text of 1974, with additions).
Kemp, Marie Ann. *Manifestations of Satan in Two Novels of Georges Bernanos*. Hemel Hempstead, Herts., 1976.

Kerényi, Karl. "Thomas Mann und der Teufel in Palestrina." *Neue Rundschau*, 73 (1962), 328–346.
Kerssemakers, A. "De Daemon." *Ons Geloof*, 30 (1948), 435–453.
Key, D. M. "The Life and Death of the Devil." *Religion in Life*, 21:1 (1951), 73–82.
Kiessling, Nicholas. *The Incubus in English Literature: Provenance and Progeny*. Pullman, Wash., 1977.
King, Albion R. "The Christian Devil." *Religion in Life*, 20:1 (1950), 61–71.
Kirchschläger, Walter. "Engel, Teufel, Dämonen: Eine biblische Skizze." *Bibel und Liturgie*, 54 (1981), 98–102.
Kirsten, Hans. *Die Taufabsage*. Berlin, 1959.
Klaits, Joseph. *Servants of Satan: The Age of the Witch Hunts*. Bloomington, Ind., 1985.
Kohák, Erazim. "Speaking of the Devil: A Modest Methodological Proposal." In A. Olson, *Disguises of the Demonic*. New York, 1975. Pp. 48–56.
Kolakowski, Leszek. "Can the Devil be Saved? A Marxist Answer." *Encounter*, 43 (1974), 7–13.
——. *The Devil and Scripture*. London, 1973.
——. *Gespräche mit dem Teufel: Acht Diskurse über das Böse und zwei Stücke*. Munich, 1968.
——. *Religion, If There Is No God: On God, the Devil, Sin, and Other Worries of the So-Called Philosophy of Religion*. New York, 1982.
Kolin, Philip C. "Milton's Use of Clouds for Satanic Parody in *Paradise Lost*." *Essays on Literature*, 5 (1978), 153–162.
Kretzenbacher, Leopold. *Teufelsbündner und Faustgestalten im Abendlande*. Klagenfurt, 1968.
Krüger, Horst. "Das Teufelsmotiv im modernen Roman." *Welt und Wort*, 8 (1953), 334–335.
Kubis, Patricia. "The Archetype of the Devil in Twentieth-Century Literature." Ph.D. diss., University of California, Riverside, 1976.
La Bigne de Villeneuve, Marcel de. *Satan dans la cité: Conversations entre un sociologue et un théologien sur le diabolisme politique et social*. Paris, 1951.
La Charité, Raymond. "Devildom and Rabelais's Pantagruel." *French Review*, 49 (1975), 42–50.
Lampe, Hans-Sirks. *Die Darstellung des Teufels in den geistlichen Spielen Deutschlands von den Anfängen bis zum Ende des 16. Jahrhunderts*. Munich, 1963.
Lancelin, Charles. *Histoire mythique de Shatan; De la légende au dogme; Origines de l'idée démoniaque, ses transformations à travers les âges . . .* Paris, 1903.
Lange, Ursula. *Untersuchungen zu Bodins Demonomanie*. Frankfurt, 1970.
Langgässer, Elisabeth. *Triptychon des Teufels*. Dresden, 1932.
Langton, Edward. *Satan, a Portrait: A Study of the Character of Satan through All the Ages*. London, 1945.
——. *Supernatural: The Doctrine of Spirits, Angels, and Demons, from the Middle Ages until the Present Time*. London, 1934.
Lattimore, Richmond. "Why the Devil Is the Devil." *Proceedings of the American Philosophical Society*, 106 (1962), 427–429.
Laurance, Theodor. *Satan, Sorcery, and Sex*. West Nyack, N.Y., 1974.
LaVey, Anton Szandor. *The Satanic Bible*. New York, 1969.
——. *The Satanic Rituals*. Secaucus, N.J., 1972.

Lecanu, Auguste-F. *Histoire de Satan: Sa chute, son culte, ses manifestations, ses oeuvres, la guerre qu'il fait à Dieu et aux hommes*. Paris, 1861.
LeCompte, E. S. "Milton's Infernal Council and Mantuan." *Publications of the Modern Language Society of America*, 69 (1954), 979–983.
Lee, Vernon [Violet Paget]. *Satan, the Waster*. London, 1920.
——. "Satan's Epilogue to the War." *English Review*, 20 (1915), 199–221.
——. "Satan's Prologue to the War." *English Review*, 29 (1919), 129–140.
Leendertz, P. "Zur Dämonologie des Faustbuchs." *Zeitschrift für Bücherfreunde*, n.s. 15 (1923), 99–106.
Legge, F. "Devil-Worship and Freemasonry." *Contemporary Review*, 70 (1896), 468–483.
Lehmann, Karl. "Der Teufel—ein personales Wesen?" In W. Kasper and K. Lehmann, eds., *Teufel—Dämonen—Besessenheit*. 2d ed. Mainz, 1978. Pp. 71–98.
Lehner, Ernst, and Johanna Lehner. *Devils, Demons, Death, and Damnation*. New York, 1971.
Lenz, Joseph. "Die Kennzeichen der dämonischen Besessenheit und das Rituale Romanum." *Trierer theologische Zeitschrift*, 62 (1953), 129–143.
Leonhard, Kurt. "Der Geist und der Teufel." *Neue Rundschau*, 61 (1950), 588–602.
Lépée, Marcel. "St. Teresa of Jesus and the Devil." In Bruno de Jésus-Marie, ed., *Satan*. New York, 1952. Pp. 97–102.
Leppe, Suzanne. "The Devil's Music: A Literary Study of Evil and Music." Ph.D. diss., University of California, Riverside, 1978.
Leven, Jeremy. *Satan: His Psychotherapy and Cure by the Unfortunate Dr. Kassler, J.S.P.S.* New York, 1982.
Lewis, Clive S. *Perelandra*. London, 1944.
——. *The Screwtape Letters; and, Screwtape Proposes a Toast*. London, 1943.
——. *That Hideous Strength*. London, 1946.
Lewis, Edwin. *The Creator and the Adversary*. New York, 1948.
Lhermitte, Jean. "Pseudo-Possession." In Bruno de Jésus-Marie, ed., *Satan*. New York, 1952. Pp. 280–299.
Lieb, Michael. "Further Thoughts on Satan's Journey through Chaos." *Milton Quarterly*, 12 (1978), 126–133.
Lillie, Arthur. *The Worship of Satan in Modern France*. London, 1896.
Lindberg, Carter. "Mask of God and Prince of Lies: Luther's Theology of the Demonic." In A. Olson, ed., *Disguises of the Demonic*. New York, 1975. Pp. 87–103.
Lindsey, Hal, and C. C. Carlson. *Satan Is Alive and Well on Planet Earth*. Grand Rapids, Mich., 1972.
Liou, Kin-ling. *Etude sur l'art de Victor Hugo dans "La fin de Satan."* Paris, 1939.
Longford, Elizabeth. "Byron and Satanism." *Illustrated London News*, 265, no. 6951 (October 1977), 67–70.
Lucien-Marie de Saint-Joseph, P. "The Devil in the Writings of St. John of the Cross." In Bruno de Jésus-Marie, ed., *Satan*. New York, 1952. Pp. 84–96.
Lussier, Ernest. "Satan." *Chicago Studies*, 13 (1974), 3–19.
Madariaga, Salvador de. *Satanael*. Buenos Aires, 1966.
Madaule, Jacques. "The Devil in Gogol and Dostoievski." In Bruno de Jésus-Marie, ed., *Satan*. New York, 1952. Pp. 414–431.

Mader, Ludwig. "Zum Pakt in Goethes Faust." *Zeitschrift für Deutschkunde*, 37 (1923), 188–191.
Mager, Aloïs. "Satan in Our Day." In Bruno de Jésus-Marie, ed., *Satan*. New York, 1952. Pp. 497–506.
Magny, Claude-Edmond. "The Devil in Contemporary Literature." In Bruno de Jésus-Marie, ed., *Satan*. New York, 1952. Pp. 432–468.
Mahal, Günther. *Mephistos Metamorphosen: Fausts Partner als Repräsentant literarischer Teufelsgestaltung*. Göppingen, 1972.
Maior, Mário Souto. *Território da danação: O diabo na cultura popolar do nordeste*. Rio de Janeiro, 1975.
Mallet, Raymond. *Les obsédés*. Paris, 1928.
Mallow, Vernon R. *The Demonic: A Selected Theological Study*. Lanham, Md., 1983.
Mann, Alfred. "The Riddle of Mephistopheles." *Germanic Review*, 24 (1949), 265–268.
Mann, Thomas. *Doktor Faustus*. Frankfurt, 1947.
Maple, Eric. *The Domain of Devils*. London, 1966.
Maquart, Francis X. "Exorcism and Diabolical Manifestation." In Bruno de Jésus-Marie, ed., *Satan*. New York, 1952. Pp. 178–203.
Marion, Jean-Luc. "Das Böse in Person." *Internationale katholische Zeitschrift*, 8 (1979), 143–250.
Marranzini, Alfredo. "Si può credere ancora nel diavolo?" *Civiltà cattolica*, 128 (April–June 1977), 15–30.
Martin, Malachi. *Hostage to the Devil: The Possession and Exorcism of Five Living Americans*. New York, 1976.
Martins Terra, J. E. *Existe o diabo? Respondem os teólogos*. São Paulo, 1975.
Marty, Martin. "The Devil You Say; The Demonic Say I." In Richard Woods, ed., *Heterodoxy, Mystical Experience, Religious Dissent and the Occult*. Chicago, 1975. Pp. 101–104.
Mason, Eudo C. "Faust and Mephistopheles." In Cyrus Hamlin, ed., *Johann Wolfgang von Goethe—Faust: A Tragedy*. New York, 1976. Pp. 484–504.
——. "Die Gestalt des Teufels in der deutschen Literatur." In W. Kohlschmidt and H. Meyer, eds., *Tradition und Ursprunglichkeit*. Bern, 1966. Pp. 113–125.
——. "The Paths and Powers of Mephistopheles." In *German Studies Presented to Walter Horace Bruford*. London, 1962. Pp. 81–110.
Massignon, Louis. "The Yezidis of Mount Sindjar." In Bruno de Jésus-Marie, ed., *Satan*. New York, 1952. Pp. 158–162.
Massin, Jean. *Baudelaire "entre Dieu et Satan."* Paris, 1946.
Masson, David. *The Three Devils: Luther's, Milton's, and Goethe's*. London, 1874.
Masters, Anthony. *The Devil's Dominion: The Complete Story of Hell and Satanism in the Modern World*. New York, 1978.
Matuszewski, Ignacy. *Duabeł w poezyi, historya i psychologia postaci uosabiających zlo w literaturze pięknej wszystkick narodów i weików: Studyum literackoporównawcze*. 2d ed. Warsaw, 1899.
Maurice, René. "De Lucifer à Balthasar: En suivant Robert Bresson." *Lumière et vie*, 78 (1966), 31–53.
May, John R. "American Literary Variations on the Demonic." In A. Olson, ed., *Disguises of the Demonic*. New York, 1975. Pp. 31–47.
McCaffrey, Phillip. "*Paradise Regained:* The Style of Satan's Athens." *Milton Quarterly*, 5 (1971), 7–14.

McDermott, Timothy. "The Devil and His Angels." *New Blackfriars*, 48 (1966), 16–25.
Mellinkoff, Ruth. "Demonic Winged Headgear." *Viator*, 16 (1985), 367–381.
Meyer, C. "Doctrina del magisterio sobre ángeles y demónios." *Concilium: Internationale Zeitschrift für Theologie*, 103 (1975), 391–400.
Meyer, Charles R. "Speak of the Devil." *Chicago Studies*, 14 (1975), 7–18.
Milner, Max. *Le diable dans la littérature française: De Cazotte à Baudelaire 1772–1861*. 2 vols. Paris, 1960.
Minon, A. "La doctrine catholique sur les anges et les demons." *Revue ecclésiastique de Liège*, 38 (1951), 205–210.
Mischo, Johannes. "Dämonische Besessenheit." In W. Kasper and K. Lehmann, eds., *Teufel—Dämonen—Besessenheit*. 2d ed. Mainz, 1978. Pp. 99–146.
Modras, Ronald. "The Devil, Demons, and Dogmatism." *Commonweal*, February 4, 1977, pp. 71–75.
Moeller, C. "Reflexions en marge du 'Satan' des *Etudes Carmélitaines*." *Collectanea Mechliniensia*, 34 (1949), 191–203.
Mohr, Wolfgang. "Mephistopheles und Loki." *Deutsche Vierteljahrsschrift*, 18 (1940), 173–210.
Montgomery, John W., ed. *Demon Possession: A Medical, Historical, Anthropological, and Theological Symposium*. Minneapolis, 1976.
Moore, Olin H. "The Infernal Council." *Modern Philology*, 16 (1918–1919), 169–193, and 19 (1921–1922), 47–64.
Morel, Auguste. *Histoire générale du diable pendant la mission de Jésus-Christ*. Paris, 1861.
Morris, Max. "Mephistopheles." *Goethe-Jahrbuch*, 22 (1901), 150–191, and 23 (1902), 139–176.
Mountford, W. M. "The Devil in English Literature from the Middle Ages to 1700." Ph.D. diss., University of London, 1931.
Muldrow, George M. "Satan's Last Words: 'Full Bliss.'" *Milton Quarterly*, 14 (1980), 98–100.
Müller, Ursula. *Die Gestalt Lucifers in der Dichtung vom Barock bis zur Romantik*. Berlin, 1940.
Murphy, John V. *The Dark Angel: Gothic Elements in Shelley's Works*. Lewisburg, Pa., 1975.
Muschg, Walter. "Goethes Glaube an das Dämonische." *Deutsche Vierteljahrsschrift*, 32 (1958), 321–343.
Musgrove, S. "Is the Devil an Ass?" *Review of English Studies*, 21 (1945), 302–315.
Myre, André. "Satan . . . dans la Bible" [*sic*]. *Relations*, 34 (1979), 173–177.
Nauman, St. Elmo. *Exorcism through the Ages*. New York, 1974.
Neil-Smith, Christopher. *The Exorcist and the Possessed*. St. Ives, Cornwall, 1974.
Newport, John P. *Demons, Demons, Demons: A Christian Guide through the Murky Maze of the Occult*. Nashville, 1972.
———. "Satan and Demons: A Theological Perspective." In J. W. Montgomery, ed., *Demon Possession*. Minneapolis, 1976. Pp. 325–345.
Nicoletti, Gianni. "Sull'origine giacobina del Satana romantico in Francia." *Convivium*, 30 (1962), 416–431.
Niven, Larry, and Jerry Pournelle. *Inferno*. New York, 1976.
North, Sterling, and C. B. Boutell, eds. *Speak of the Devil*. Garden City, N.Y., 1945.
Nugent, Christopher. *Masks of Satan*. London, 1983.

Numbers, Ronald C. "'Sciences of Satanic Origin': Adventist Attitudes toward Evolutionary Biology and Geology." *Spectrum*, 9 (1979), 17–28.
Nunn, Clyde Z. "The Rising Credibility of the Devil in America." *Listening*, 9 (1974), 84–98.
Nyquist, Mary. "The Father's Word / Satan's Wrath." *Publications of the Modern Language Association*, 100 (1983), 187–202.
Obendiek, Harmannus. *Der alt böse Feind: Das biblisch-reformatorische Zeugnis von der Macht Satans*. Neukirchen, 1930.
——. *Satanismus und Dämonie in Geschichte und Gegenwart*. Berlin, 1928.
——. *Der Teufel bei Martin Luther*. Berlin, 1931.
Oberman, Heiko. *Luther: Mensch zwischen Gott und Teufel*. 2d ed. Berlin, 1983.
O'Briant, Walter H. "Is Descartes' Evil Spirit Finite or Infinite?" *Sophia*, 18:2 (1979), 28–32.
O'Connor, Flannery. *The Violent Bear It Away*. New York, 1960.
Oehlke, A. "Zum Namen Mephistophiles." *Goethejahrbuch*, 34 (1913), 198–199.
Oesterreich, Traugott K. *Possession: Demoniacal and Other among Primitive Races, in Antiquity, the Middle Ages, and Modern Times*. London, 1930.
Ohse, Bernard. *Die Teufelliteratur zwischen Brant und Luther*. Berlin, 1961.
Okubo, Kenji. "Mephistopheles in Goethe's Faust." *Doitsu Bungaku*, 31 (1963), 34–43 (in Japanese with German summary).
Olson, Alan M., ed. *Disguises of the Demonic: Contemporary Perspectives on the Power of Evil*. New York, 1975.
——. "The Mythic Language of the Demonic." In Alan M. Olson, ed., *Disguises of the Demonic*. New York, 1975. Pp. 9–16.
Orr, John. "The Demonic Tendency: Politics and Society in Dostoevsky's *The Devils*." *Sociology of Literature*, 26 (1978), 271–283.
——. "Dostoevsky: The Demonic Tendenz." In Orr, *Tragic Realism and Modern Society*. New York, 1977. Pp. 73–86.
Osborn, Max. *Die Teufelliteratur des XVI Jahrhunderts*. Berlin, 1893.
Osterkamp, Ernst. "Darstellungsformen des Bösen: Das Beispiel Luzifer." *Sprachkunst*, 5 (1974), 117–195.
——. *Lucifer: Stationen eines Motivs*. Berlin, 1979.
Oswald, Erich. *Die Darstellung des Teufels in der christlichen Kunst*. Berlin, 1931.
Paine, Lauran. *The Hierarchy of Hell*. New York, 1972.
Palms, Roger C. "Demonology Today." In J. W. Montgomery, ed., *Demon Possession*. Minneapolis, 1976. Pp. 311–319.
Panichas, George A. "Dostoevski and Satanism." *Journal of Religion*, 45 (1965), 12–29.
Panikkar, Raimundo, et al., *Liberarci dal male: Male e vie di liberazione nelle religioni*. Bologna, 1983.
Papini, Giovanni. *Il demonio mi disse* and *Il demonio tentato*. In Papini, *Il tragico quotidiano*. Florence, 1906. Pp. 39–51.
——. *The Devil*. London, 1955.
——. *Un uomo finito*. Florence, 1912.
Parker, Alexander. *The Theology of the Devil in the Drama of Calderón*. London, 1958.
Parry, Michel, ed. *The Devil's Children: Tales of Demons and Exorcists*. New York, 1975.
Parsons, Coleman O. "The Devil and Samuel Clemens." In E. D. Tuckey, ed.,

Mark Twain's Mysterious Stranger and the Critics. Belmont, Calif., 1968. Pp. 155–167.
——. *Witchcraft and Demonology in Scott's Fiction*. Edinburgh, 1964.
Pastiaux, Jean. "Satan, singe de Dieu: Notes sur un aspect de la pensée politique de Georges Bernanos." *Revue des lettres modernes*, 57 (1960), 75–105.
Patrides, C. A. "Renaissance and Modern Views on Hell." *Harvard Theological Review*, 57 (1964), 217–236.
——. "The Salvation of Satan." *Journal of the History of Ideas*, 28 (1967), 467–478.
Paul VI [Giovanni Battista Montini]. "Confronting the Devil's Power." *The Pope Speaks*, 17 (1973), 315–319. Translation of the pope's address "Liberarci del male," *Osservatore romano*, November 15, 1972.
Pearl, Jonathan L. "French Catholic Demonologists and Their Enemies in the Late Sixteenth and Early Seventeenth Centuries." *Church History*, 52 (1983), 457–467.
——. "Humanism and Satanism: Jean Bodin's Contribution to the Witchcraft Crisis." *Canadian Review of Sociology and Anthropology*, 19 (1982), 541–548.
Pelton, Robert. *The Devil and Karen Kingston*. Tuscaloosa, 1976.
——. *In My Name Shall They Cast Out Devils*. South Brunswick, 1976.
Pentecost, J. Dwight. *Your Adversary, the Devil*. Grand Rapids, Mich., 1969.
Perez y González. *El diablo cojuelo: Notas y commentarios*. Madrid, 1903.
Petersdorff, Egon von. *Dämonologie*. 2 vols. Munich, 1956–1957.
——. "De daemonibus in liturgia memoratis." *Angelicum*, 19 (1942), 324–339.
Petit, Jacques, ed. "Barbey d'Aurevilly: L'histoire des *Diaboliques*." *Revue des lettres modernes*, 403–408 (1974), 1–174.
Pezet, Charles. *Contribution à l'étude de la démonomanie*. Montpellier, 1909.
Pfaff, Lucie. *The Devil in Thomas Mann's "Doktor Faustus" and Paul Valéry's "Mon Faust."* Frankfurt, 1976.
Pimentel, Altimar. *O diabo e outras entitades míticas do conto popolar, Paraíba*. Brasilia, 1969.
Praz, Mario. *The Romantic Agony*. 2d ed. London, 1970.
Prévost, Jean-Laurent. *Satan et le romancier*. Paris, 1954.
Puech, Henri-Charles. "The Prince of Darkness in His Kingdom." In Bruno de Jésus-Marie, ed., *Satan*. New York, 1952. Pp. 127–157.
Quinlan, John. "Engelen en duivels." *Tijdschrift voor Theologie*, 7 (1967), 43–62.
Rade, Paul Martin. *Zum Teufelsglauben Luthers*. Gotha, 1931.
Rahner, Karl. "Besessenheit und Exorzismus." In M. Adler, ed., *Tod und Teufel in Klingenberg*. Aschaffenburg, 1977. Pp. 44–46.
——. "Dämonologie." *Lexikon für Theologie und Kirche*. Freiburg, 1959. Vol. 3, pp. 145–147.
Ratzinger, Joseph. "Der Stärkerer und der Starke." In M. Adler, ed., *Tod und Teufel in Klingenberg*. Aschaffenburg, 1977. Pp. 84–101.
Read, Hollis. *The Footprints of Satan; or, the Devil in History*. New York, 1884.
Reaske, Christopher. "The Devil and Jonathan Edwards." *Journal of the History of Ideas*, 33 (1972), 122–138.
Recker, Robert. "Satan: In Power or Dethroned?" *Calvin Theological Journal*, 6 (1971), 133–155.
Reisner, Erwin. *Der Dämon und sein Bild*. Berlin, 1947.
Resch, Andreas. "Wissenschaft und Teufel." In M. Adler, ed., *Tod und Teufel in Klingenberg*. Aschaffenburg, 1977. Pp. 102–107.

Revard, Stella P. "Milton's Gunpowder Poems and Satan's Conspiracy." *Milton Studies*, 4 (1972), 63–77.
———. "Satan's Envy of the Kingship of the Son of God." *Modern Philology*, 70 (1973), 190–198.
———. *The War in Heaven: Paradise Lost and the Tradition of Satan's Rebellion*. Ithaca, 1980.
———. "The Warring Saints and the Dragon." *Philological Quarterly*, 53 (1974), 181–194.
Rhodes, Henry T. F. *The Satanic Mass: A Sociological and Criminological Study*. London, 1954.
Richards, John. *But Deliver Us from Evil: An Introduction to the Demonic Dimension of Pastoral Care*. New York, 1974.
Richman, Robert J. "The Devil and Dr. Waldman." *Philosophical Studies*, 11 (1960), 78–80.
———. "The Ontological Proof of the Devil." *Philosophical Studies*, 9 (1958), 63–64.
Richter, Julius. "Der Character des Mephistopheles im Urfaust." *Neue Jahrbücher für das klassische Altertum, Geschichte, und deutsche Literatur*, 21 (1918), 204–224.
Ricks, Christopher. "Doctor Faustus and Hell on Earth." *Essays in Criticism*, 35 (1985), 101–120.
Ricoeur, Paul. *The Symbolism of Evil*. New York, 1967.
Robinson, William. *The Devil and God*. London, 1945.
Robles, Laureano. "Datos históricos para una revisión de la teologia del diablo." *Studium*, 4 (1964), 433–461.
Rocca, Annette di. *Uber den Teufel und sein Wirken: Beweise seiner Existenz mit Anhang "Teuflische Geschichten*." Munich, 1966.
Rodari, Florian. "Où le diable est légion." *Musées de Génève*, 18 (1977), 22–26.
Rodewyk, Adolf. "Die Beurteilung der Besessenheit: Ein geschichtlicher Uberblick." *Zeitschrift für katholische Theologie*, 72 (1950), 460–480.
———. *Die dämonische Besessenheit in der Sicht des Rituale Romanum*. Aschaffenburg, 1963.
Roets, A. "De duivel en de kristenen." *Collationes brugenses et gandavenses*, 2 (1956), 300–321.
———. "De duivel en de stichting van het Godsrijk." *Collationes brugenses et gandavenses*, 2 (1956), 145–162.
Romi [*sic*]. *Métamorphoses du diable*. Paris, 1968.
Roos, Keith. "The Devil-Books of the Sixteenth Century: Their Sources and Their Significance during the Second Half of the Century." Ph.D. diss., Rice University, 1968.
———. *The Devil in 16th Century German Literature: The Teufelsbücher*. Frankfurt, 1972.
Roskoff, Gustav. *Geschichte des Teufels*. 2 vols. Leipzig, 1869.
Rougemont, Denis de. *La part du diable*. Paris, 1942.
Rowell, Geoffrey. *Hell and the Victorians: A Study of the Nineteenth-Century Theological Controversies concerning Eternal Punishment and the Future Life*. Oxford, 1974.
Rudat, Wolfgang. "Godhead and Milton's Satan: Classical Myth and Augustinian Theology in *Paradise Lost*." *Milton Quarterly*, 14 (1980), 17–21.
———. "Milton's Satan and Virgil's Juno: The 'Perverseness' of Disobedience in *Paradise Lost*." *Renaissance and Reformation*, 15 (1979), 77–82.

———. "'Thy Beauty's Heav'nly Ray': Milton's Satan and the Circean Eve." *Milton Quarterly*, 19 (1985), 17–19.
Rudwin, Maximilian. "Béranger's 'Bon Dieu' and 'Bon Diable.'" *Open Court*, 38 (1924), 170–177.
———. *The Devil in Legend and Literature*. Chicago, 1931.
———. *Devil Stories: An Anthology*. New York, 1921.
———. *Les écrivains diaboliques de France*. Paris, 1937.
———. "Flaubert and the Devil." *Open Court*, 42 (1928), 659–666.
———. "The Francian Fiend." *Open Court*, 37 (1923), 268–293.
———. *Romantisme et satanisme*. Paris, 1927.
———. "Satan and Spiritism in Gautier." *Open Court*, 27 (1923), 385–395.
———. *Satan et le satanisme dans l'oeuvre de Victor Hugo*. Paris, 1926.
———. "Satanism in French Romanticism." *Open Court*, 37 (1923), 129–142.
———. "The Satanism of Barbey d'Aurevilly." *Open Court*, 35 (1921), 83–90.
———. "The Satanism of Huysmans." *Open Court*, 34 (1920), 240–251.
———. "Supernaturalism and Satanism in Chateaubriand." *Open Court*, 36 (1922), 257–271, 357–375, 437–448.
———. "Der Teufel bei Hebbel." *Modern Philology*, 15 (1917–1918), 45–58.
———. *Der Teufel in den deutschen geistlichen Spielen des Mittelalters und der Reformationszeit*. Göttingen, 1915.
———. "Des Teufels Schöpferrolle bei Goethe und Hebbel." *Neophilologus*, 4 (1918), 319–322.
Rupp, G. "Luther against 'the Turk, the Pope and the Devil.'" In P. N. Brooke, ed., *Seven-Headed Luther*. Oxford, 1983. Pp. 255–273.
Russell, Bertrand. *Satan in the Suburbs, and Other Stories*. New York, 1953.
Russell, Jeffrey B. *The Devil: Perceptions of Evil from Antiquity to Primitive Christianity*. Ithaca, 1977.
———. *A History of Witchcraft: Sorcerers, Heretics, Pagans*. London, 1980.
———. *Lucifer: The Devil in the Middle Ages*. Ithaca, 1984.
———. *Satan: The Early Christian Tradition*. Ithaca, 1981.
Russell, Ray. *The Case against Satan*. New York, 1962.
Samuel, Irene. "Satan and the 'Diminisht Stars.'" *Modern Philology*, 59 (1962), 239–247.
Santayana, George. *Lucifer*. 2d ed. Cambridge, Mass., 1924.
Sartre, Jean-Paul. *Le diable et le bon Dieu*. Paris, 1951.
Sasek, Lawrence. "Satan and the Epic Hero: Classical and Christian Tradition in 'Paradise Lost.'" Ph.D. diss., Harvard University, 1953.
Sauer, Karl Adolf, ed. *Wächter zwischen Gott und Satan: Priestergestalten aus der Dichtung unserer Zeit*. Rottenburg, 1952.
Sayers, Dorothy. *The Devil to Pay*. London, 1939.
———. "The Faust-Legend and the Idea of the Devil." *Publications of the English Goethe Society*, n.s. 15 (1945), 1–20.
Schaible, Marlene. "Darstellungen des teuflischen, untersucht an Darstellungen des Engelsturzes vom Ausgang des Mittelalters bis zu Rubens." Ph.D. diss., Tübingen University, 1970.
Scheffczyk, Leo. "Christlicher Glaube und Dämonenlehre." *Münchener theologische Zeitschrift*, 16 (1975), 387–395.

Schirmbeck, Heinrich. "Die Wiederkehr des Teufels." In Hermann Friedmann and O. Mann, eds., *Christliche Dichter der Gegenwart*. Heidelberg, 1955. Pp. 445–463.
Schmücker, Alois. "Gestalt und Wirken des Teufels in der russischen Literatur von ihren Anfängen bis ins 17. Jahrhundert." Ph.D. diss., University of Bonn, 1964.
Schneider, Marcel. *La littérature fantastique en France*. Paris, 1964.
Schöne, Albrecht. *Götterzeichen, Liebeszauber, Satanskult: Neue Einblicke in alte Goethetexte*. Munich, 1982.
Schwab, Günther. *Der Tanz mit dem Teufel: Ein abenteuerliches Interview*. Hannover, 1958.
Schwaeblé, René. *Chez Satan: Roman de moeurs de satanistes contemporains*. Paris, 1913.
———. *Le satanisme flagellé: Satanistes contemporains, incubat, succubat, sadisme, et satanisme*. Paris, 1912.
Schwager, Raymund. "Der Sieg Christi über den Teufel." *Zeitschrift für katholische Theologie*, 103 (1981), 156–177.
Scott, Walter. *Letters on Demonology and Witchcraft*. London, 1830.
Scouten, Kenneth. "The Schoolteacher as Devil in *The Violent Bear It Away*." *Flannery O'Connor Bulletin*, 12 (1983), 35–46.
Sedlmayr, Hans. "Art du démoniaque et démonie de l'art." In Enrico Castelli, ed., *Filosofia dell'arte*. Rome, 1953. Pp. 99–114.
Seiferth, Wolfgang S. "The Concept of the Devil and the Myth of the Pact in Literature Prior to Goethe." *Monatshefte für deutscher Unterricht, deutsche Sprache und Literatur*, 44 (1952), 271–389.
Seignolle, Claude. *Le diable dans la tradition populaire*. Paris, 1959.
———. *Les évangiles du diable selon la croyance populaire*. Paris, 1954.
Semmelroth, Otto. "Abschied vom Teufel? Mächte und Gewalten im Glauben der Kirche." *Theologische Akademie*, 8 (1971), 48–69.
Seth, Ronald. *In the Name of the Devil*. London, 1969.
Sheed, Francis J., ed. *Soundings in Satanism*. New York, 1972.
———. "Variations on a Theme." In Sheed, ed., *Soundings in Satanism*. New York, 1972. Pp. 231–236.
Sielmann, C. "The Devil Within: A Study of the Role of the Devil in Goethe's *Faust*, Dostoevski's *The Brothers Karamazov*, and Mann's *Doktor Faustus*." Master's thesis, Cornell University, 1951.
Sola, Sabino. *El diablo y lo diabólico en las letras americanas (1580–1750)*. Bilbao, 1973.
Sontag, Frederick. *The God of Evil: An Argument from the Existence of the Devil*. New York, 1970.
Souviron, José Maria. *El príncipe de este siglo: La literatura moderna y el demónio*. 2d ed. Madrid, 1967.
Spanos, Nicholas, P., and J. Gottlieb. "Demonic Possession, Mesmerism, and Hysteria: A Social Psychological Perspective on Their Historical Interrelations." *Journal of Abnormal Psychology*, 88 (1979), 527–546.
Spatz, Irmingard. "Die französische Teufeldarstellung von der Romantik bis zur Gegenwart." Ph.D. diss., Munich University, 1960.
Spivack, Charlotte K. "The Journey to Hell: Satan, the Shadow, and the Self." *Centennial Review*, 9 (1965), 420–437.
Stambaugh, Ria. *Teufelsbücher in Auswahl*. 5 vols. Berlin, 1970–1980.
Starkey, Marion L. "The Devil and Cotton Mather." In F. J. Sheed, ed., *Soundings in Satanism*. New York, 1972. Pp. 55–71.

———. *The Devil in Massachusetts.* New York, 1949.
Staroste, Wolfgang. "Mephistos Verwandlungen." *Germanische-Romanische Monatschrift*, n.s. 11 (1961), 184–197.
Stavrou, Constantine N. "Milton, Byron, and the Devil." *University of Kansas City Review*, 21 (1955), 153–159.
Steadman, John M. "Archangel to Devil": The Background of Satan's Metamorphosis." *Modern Language Quarterly*, 21 (1960), 321–355.
———. "Eve's Dream and the Conventions of Witchcraft." *Journal of the History of Ideas*, 26 (1965), 567–574.
———. "Satan's Metamorphoses and the Heroic Convention of the Ignoble Disguise." *Modern Language Review*, 52 (1957), 81–85.
Stein, William B. *Hawthorne's Faust: A Study of the Devil Archetype.* Gainesville, Fla., 1953.
Stock, Robert D. *The Holy and the Daemonic from Sir Thomas Browne to William Blake.* Princeton, 1982.
Stoll, Elmer E. "Belial as an Example." *Modern Language Review*, 48 (1933), 419–427.
———. "Give the Devil His Due: A Reply to Mr. Lewis." *Review of English Studies*, 20 (1944), 108–124.
Summers, Montague. *The History of Witchcraft and Demonology.* London, 1926.
Sutter, Paul. *Lucifer: Or, the True Story of the Famous Possession in Alsace.* London, 1922.
Ten Broeke, Patricia. "The Shadow of Satan: A Study of the Devil Archetype in Selected American Novels from Hawthorne to the Present Day." Ph.D. diss., University of Texas, 1971.
Teyssèdre, Bernard. *Le diable et l'enfer au temps de Jésus.* Paris, 1984.
———. *Naissance du diable: De Babylonie aux grottes de la Mer Morte.* Paris, 1984.
Thomas, Keith. *Religion and the Decline of Magic.* New York, 1971.
Thompson, Richard L. *The History of the Devil, the Horned God of the West.* London, 1929.
Tillich, Paul. "Das Dämonische." In Tillich, *Gesammelte Werke.* Stuttgart, 1963. Vol. 6, pp. 42–61.
Tisch, J. H. "Von Satan bis Mephistophelis: Milton und die deutsche Klassik." *Proceedings of the Australian Goethe Society* (1966–1967), 90–118.
Tonquédec, Joseph de. *Les maladies nerveuses ou mentales et les manifestations diaboliques.* 2d ed. Paris, 1938.
Townshend, Luther Tracy. *Satan and Demons.* New York, 1902.
Trachtenberg, Joshua. *The Devil and the Jews.* New Haven, 1943.
Trimpi, Helen P. "Melville's Use of Demonology and Witchcraft in Moby-Dick." *Journal of the History of Ideas*, 30 (1969), 543–562.
Turmel, Joseph. *Histoire du diable.* Paris, 1931.
Twain, Mark [Samuel Clemens]. *No. 44: The Mysterious Stranger.* Berkeley, 1982.
Ulanov, Ann B. "The Psychological Reality of the Demonic." In A. Olson, ed., *Disguises of the Demonic.* New York, 1975. Pp. 134–149.
Unger, Merrill F. *Biblical Demonology: A Study of the Spiritual Forces Behind the Present World Unrest.* Wheaton, Ill., 1967.
———. *Demons in the World Today: A Study of Occultism in the Light of God's Word.* Wheaton, Ill., 1971.

Urgan, Mîna. "Satan and His Critics." *Istanbul University: Ingiliz Filolojsi Subesi*, 2 (1951), 61–81.
Urrutia, Udalrico. *El diablo: su naturaleza, su poder, y su intervención en el mundo*. 2d ed. Mexico City, 1950.
Urtubey, Luisa de. *Freud et le diable*. Paris, 1983.
Van den Heuvel, Albert. *These Rebellious Powers*. London, 1966.
Van der Hart, Rob. *The Theology of Angels and Devils*. Notre Dame, 1972.
Van Nuffel, Herman. "Le pacte avec le diable dans la littérature." *Anciens pays et assemblées d'états*, 36 (1966), 27–43.
Vatter, Hannes. *The Devil in English Literature*. Bern, 1978.
Veber, Pierre. *L'homme qui vendit son âme au diable*. Paris, 1918.
Verdun, Paul. *Le diable dans la vie des saints*. 2 vols. Paris, 1896.
——. *Le diable dans les missions*. 2 vols. Paris, 1893–1895.
Villeneuve, Roland. *La beauté du diable*. Paris, 1983.
Vinchon, Jean, and Bruno de Jésus-Marie. "The Confession of Boullan." In Bruno de Jésus-Marie, ed., *Satan*. New York, 1952. Pp. 262–267.
Vlad, Roman. "Demonicità e dodecafonia." In Enrico Castelli, ed., *Filosofia dell'arte*. Milan, 1953. Pp. 115–126.
Vogel, Karl. *Begone Satan! A Soul-Stirring Account of Diabolical Possession in Iowa*. New Haven, 1935.
Wagenfeld, Karl. *Luzifer*. Warendorf, 1921.
Waite, Arthur E. *Devil Worship in France; or, The Question of Lucifer*. London, 1896.
Waldman, Theodore. "A Comment on the Ontological Proof of the Devil." *Philosophical Studies*, 10 (1959), 49–50.
Walker, Daniel P. *The Decline of Hell: Seventeenth-Century Discussions of Eternal Torment*. London, 1964.
——. *Spiritual and Demonic Magic: From Ficino to Campanella*. London, 1958.
——. *Unclean Spirits: Possession and Exorcism in France and England in the Late Sixteenth and Early Seventeenth Centuries*. Philadelphia, 1981.
Wallerstein, James, S. *The Demon's Mirror*. 2d ed. New York, 1951.
Walsh, Thomas F. "The Devils of Hawthorne and Flannery O'Connor." *Xavier University Studies*, 5 (1966), 117–122.
Walter, E. V. "Demons and Disenchantment." In A. Olson, ed., *Disguises of the Demonic*. New York, 1975. Pp. 17–30.
Warnke, Mike. *The Satan-Seller*. Plainfield, N.J., 1972.
Wedeck, Harry E. *The Triumph of Satan*. New Hyde Park, N.Y., 1970.
Welbourn, F. B. "Exorcism." *Theology*, 75 (1972), 593–596.
Wenzel, G. "Miltons und Byrons Satan." *Archiv für das Studium der neueren Sprachen und Literaturen*, 83 (1889), 67–90.
Werblowsky, Raphael J. Zwi. *Lucifer and Prometheus: A Study of Milton's Satan*. London, 1952.
West, Muriel. *The Devil and John Webster*. Salzburg, 1974.
Wheatley, Dennis. *The Devil and All His Works*. New York, 1971.
——. *The Devil Rides Out*. London, 1934.
——. *To the Devil—a Daughter*. London, 1953.
White, John. "Problems and Procedures in Exorcism." In J. W. Montgomery, ed., *Demon Possession*. Minneapolis, 1976. Pp. 281–299.

White, John Wesley. *The Devil: What the Scriptures Teach about Him*. Wheaton, Ill., 1977.
White, Lynn, Jr. "Death and the Devil." In Robert Kinsman, ed., *The Darker Vision of the Renaissance*. Berkeley, 1974. Pp. 25–46.
Wigler, Stephen. "The Poet and Satan before the Light: A Suggestion about Book III and the Opening of Book IV of *Paradise Lost*." *Milton Quarterly*, 12 (1978), 51–58.
Willers, Hermann. "Le diable boiteux (Lesage)—el diablo cojuelo (Guevara)." *Romanische Forschungen*, 49 (1935), 215–316.
Williams, Arnold. "The Motivation of Satan's Rebellion in *Paradise Lost*." *Studies in Philology*, 42 (1945), 253–268.
Wills, Garry. "Beelzebub in the Seventies." *Esquire*, 80 (December 1973), 222–224.
Wilson, William P. "Hysteria and Demons, Depression and Oppression, Good and Evil." In J. W. Montgomery, ed., *Demon Possession*. Minneapolis, 1976, Pp. 223–231.
Winklhofer, Alois. *Traktat über den Teufel*. Frankfurt, 1961.
Wolfe, Burton H. *The Devil and Dr. Noxin*. San Francisco, 1973.
Woodman, Ross. "Milton's Satan in Wordsworth's 'Vale of Soul-making.'" *Studies in Romanticism*, 23 (1984), 3–30.
Woods, Richard. *The Devil*. Chicago, 1973.
———. "Satanism Today." In F. J. Sheed, ed., *Soundings in Satanism*. New York, 1972. Pp. 92–104.
Woodward, Kenneth, and D. Gates. "Giving the Devil His Due." *Newsweek*, August 30, 1982, pp. 72–74.
Wooten, John. "Satan, Satire, and Burlesque Fables in *Paradise Lost*." *Milton Quarterly*, 12 (1978), 51–58.
Wurtele, Douglas. "Milton, Satan, and the Sophists." *Renaissance and Reformation*, 15 (1979), 189–200.
Zacharias, Gerhard. *Das Böse*. Munich, 1972.
———. "Satan in Kult und Kunst." In Zacharias, ed., *Das Böse*. Munich, 1972. Pp. 33–40.
———. *The Satanic Cult*. London, 1980.
———. *Satanskult und Schwarze Messe: Ein Beitrag zur Phänomenologie der Religion*. 2d ed. Wiesbaden, 1970.
Zenger, Erich. "Kein Bedarf für den Teufel?" *Herder-Korrespondenz*, 27 (1973), 128–131.
Zumthor, Paul. *Victor Hugo, poète de Satan*. Paris, 1946.
Zweig, Stephan. *Der Kampf mit dem Dämon: Hölderlin, Kleist, Nietzsche*. Leipzig, 1925.

역자후기

제프리 버튼 러셀은 20여 년 동안 인류의 문명사에서 악의 문제를 줄기차게 탐구해왔다. 저자는 인류 문명의 저 깊숙한 지하 속에서 켜켜이 먼지를 뒤집어쓰고 빛을 보지 못했던 또 하나의 유산을 마치 고고학자가 지층 속 유물을 탐사하듯 세심한 지성의 등불을 밝혀 우리 앞에 그 전모를 펼쳐 보인다. 고대로부터 초기 기독교, 중세와 근대를 아우르는 러셀의 지적 여정은 이전에 단편적으로 또는 산발적으로 흩어져 있던 악과 악마에 관한 문헌과 지식들을 총망라한 셈이다.

네 권의 저작을 통해서 러셀은 고대로부터 현재에 이르기는 악의 역사를 구체적인 개념 을 통해 규명하고자 했다. 고대로부터 기독교 시대, 그리고 중세를 거치면서 악의 상징은 그 시대의 상황과 맞물리면서 변용되어왔다. 악마의 개념은 종교개혁을 거치면서 다소 주춤하다가 합리론의 발흥으로 더욱 힘을 잃게 되었다. 그러다가 19세기에 접어들어 구체제에 대한 도전의 상징으로 강력하게 부상하면서 타락하고 어리석은 인간의 모습을 역설적으로 비춰주는 거울이 되었다. 러셀은 객관적인 역사학자의 시각으로 악과 악마의 개념을 추적했으며, 그가 참조한 분야는 신학과 철학, 문학, 미술 더 나아가 대중 예술에 이르기까지 전방위로 확대되면서 연구의 폭과 깊이를 넓혀나갔다. 명실상부하게 인간이 손댄 모든 분야의 이면을 뒤집어, 문명과 문화의 참모습을 남김없이 드러낸 것이다.

전권을 통해서 저자는 가장 극명한 악의 상징들이 역사 속에서 변용되어온 과정을 파고들면서도 탐구의 대상들이 단순히 학문의 영역으로만 제한되지 않고 인간의 삶 속에서 생생하게 경험하게 되는 엄연한 현실임을 줄곧 강조하고 있다.

빛이 그 밝음을 더할수록 그 이면엔 더 짙은 어둠이 드리워지는 법. 그저 멀리하며 들여다보기 꺼려 했던 인간 역사의 다른 한쪽이 드러나면서, 비로소 인류 문화사는 온전한 양 날개를 펼치게 되었다. 두려움과 무지가, 역사적 문맥과 지성으로 진실을 밝혀보려는 용기를 통해 극복된다면, 러셀의 이 도저한 작업은 우리에게 문명을 이해하는 균형감각을 갖게 해주리라 생각한다.

2006년 3월
김영범

찾아보기

찾아보기